lonely planet

VIETNAM

EDT

Brett Atkinson, Katie Lockhart, James Pham, Nick Ray, Iain Stewart, Diana Truong, Joshua Zukas

SOMMARIO

Pianificare

La guida

Isola di Phu Quoc (p343)

A DESTRA: ANEK.SOOWANNAPHOOM/SHUTTERSTOCK ©; IN ALTO A SINISTRA: INSIDEOUT78/SHUTTERSTOCK ©; IN BASSO: EFIRED/SHUTTERSTOCK ©

Risaie, Mu Cang Chai (p132)

Da sapere

Storia e società

Baia di Halong (p90)

VIETNAM

IL VIAGGIO INIZIA DA QUI

Sono stato in Vietnam per la prima volta nel 1991, quando vedere una motocicletta a Saigon o ad Hanoi era una rarità e la maggior parte della popolazione andava in giro pedalando sulle bici o a piedi. Al calare della sera le città erano immerse nel silenzio. Oggi l'energia e il ritmo di queste metropoli è stupefacente, la marea di mezzi a due ruote riempie le strade e trovare angoli tranquilli è una vera sfida. Quindi quando vado in giro a esplorare i quartieri mi faccio una lista di caffè, spesso in vie secondarie piene di verde, dove mi ricarico con il tipico mix vietnamita di caffeina e zucchero, il *ca phe sua đa* (caffè filtrato con latte condensato). Così posso rilassarmi e riflettere per un attimo prima di partire per l'avventura urbana successiva, magari in cerca della *banh mi* (baguette farcita in stile vietnamita) perfetta.

Iain Stewart
@iaintravel

La mia esperienza preferita è osservare le imbarcazioni di vimini dei pescatori e le onde oceaniche sulle **Isole Cham** dalla riva della stupenda spiaggia di An Bang, in compagnia di un boccale di Huda.

CHI VA DOVE

I nostri autori ed esperti scelgono i luoghi che definiscono il Vietnam

© NGUYEN QUANG NGOC TONKIN/SHUTTERSTOCK

Vivo ad Hanoi da anni e per me il **Quartiere Vecchio** (p72) non invecchia mai: è il mix di contrasti a rendere il tutto infinitamente interessante. Il benessere cozza con i valori tradizionali, l'architettura antica a più piani si trova ovunque, proprio come i turisti; eppure questo quartiere non ha mai venduto l'anima al turismo. Mi piace osservare la Cattedrale di San Giuseppe (in foto) aggrappata al margine fluido tra Hoan Kiem e il Quartiere Vecchio, mentre sorseggio un bicchiere di tè freddo al limone.

Joshua Zukas

@joshuazukas

Nato in UK ma residente ad Hanoi, Joshua scrive di viaggio, cultura e architettura.

© DUDAREV MIKHAIL/SHUTTERSTOCK

Niente mi fa sentire in Vietnam quanto un giorno in mezzo alla giungla. **Phong Nha-Ke Bang** (in foto; p156) è un mondo misterioso che cattura chiunque si avventuri nel suo regno verdeggiante. Coperto di fitte foreste, solcato da fiumi di un azzurro cristallino e costellato da grotte profonde, questo parco nazionale è uno splendore fatto di intriganti strati di storia, cultura e un potenziale infinito.

Diana Truong

@andsoigo

Diana è una vietnamita-americana che risiede in Vietnam dal 2015. È copywriter nonché proprietaria di un dog hotel.

Non tutti i vietnamiti amano le grandi città, preferiscono abitare in campagna e nei pressi dell'acqua. Ecco perché mi piace **Can Tho**. Si tratta della città più grande sul Delta del Mekong, ma a 30 minuti in auto dal centro si trovano commercianti che vendono le loro merci nel mercato galleggiante (in foto; p318), che portano i bambini a scuola in canoa, che raccolgono il cacao (sì, il Vietnam produce cioccolato!) e che lavorano nelle risaie color smeraldo. Questo per me è il Vietnam autentico.

James Pham

@fly.icarus.fly

James è un autore, editore e fotografo residente a Ho Chi Minh City.

I **templi di Angkor** in Cambogia non hanno bisogno di introduzione, ma a sorprendere molti visitatori è la grande quantità di templi altrettanto spettacolari. Oltre ad Angor Wat (in foto; p350), si contano decine di templi di prima categoria che in qualsiasi altro paese sarebbero in cima alla lista di cose da vedere. Siem Reap è il luogo perfetto per rilassarsi con una straordinaria varietà di ristoranti, caffè, bar, negozi e gallerie – da sola merita il viaggio.

Nick Ray

@lpnickray

Nick Ray è autore di numerose edizioni della guida Cambogia di Lonely Planet e lavora come location scout e produttore per cinema e tv.

ZORROTRAN/SHUTTERSTOCK ©

Incorniciato e tagliato da corsi d'acqua serpeggianti, il **Delta del Mekong** è in gran parte pianeggiante, ma a me piace salire in alto, sulla sommità del Nui Sam (Monte Sam; in foto; p298) vicino a Chau Doc. I sentieri in collina seguono percorsi tortuosi che conducono a templi variopinti, alcuni dei quali tra le pareti rocciose del Nui Sam. Dal punto più alto della montagna si gode una splendida vista sulle risaie e oltre il confine, verso la Cambogia, sul languido corso dei fiumi Bassac e Mekong.

Brett Atkinson

@travelwriternz

Brett scrive di viaggi, di cibo e di birra; esplora il Vietnam da trent'anni.

ANNA EWA BIENIEK/SHUTTERSTOCK ©

Il Vietnam è un posto davvero speciale - ti occorrono anni per grattarne la superficie e riuscire ad apprezzare la sua cultura, la lingua e l'ospitalità. Il modo migliore per cominciare a conoscerlo è un bicchiere di *cà phê sữa đá* (in foto; p402) in un'accogliente caffè con vista sulla strada.

Katie Lockhart

@findyourhappyplate

Katie, copywriter e giornalista giramondo, è specializzata in viaggi e gastronomia.

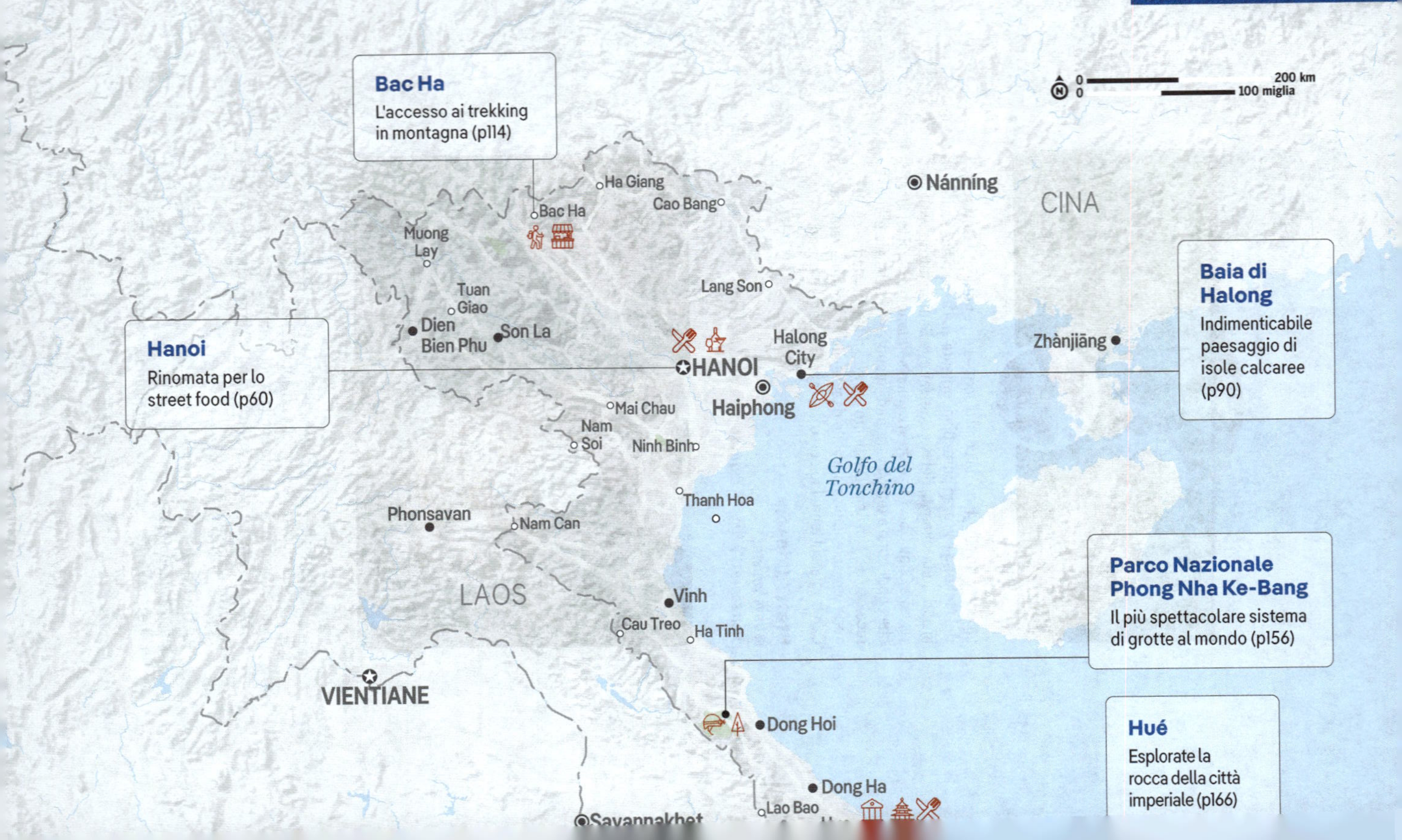
Bac Ha
L'accesso ai trekking in montagna (p114)
Hanoi
Rinomata per lo street food (p60)
Baia di Halong
Indimenticabile paesaggio di isole calcaree (p90)
Parco Nazionale Phong Nha Ke-Bang
Il più spettacolare sistema di grotte al mondo (p156)
Hué
Esplorate la rocca della città imperiale (p166)
0 200 km
0 100 miglia
Ha Giang
Cao Bang
Bac Ha
Muong Lay
Tuan Giao
Dien Bien Phu
Son La
Lang Son
Nánníng
CINA
Zhànjiāng
Halong City
HANOI
Haiphong
Mai Chau
Nam Soi
Ninh Binh
Golfo del Tonchino
Thanh Hoa
Phonsavan
Nam Can
LAOS
Vinh
Cau Treo
Ha Tinh
VIENTIANE
Dong Hoi
Dong Ha
Lao Bao

THAILANDIA
BANGKOK
CAMBOGIA
Angkor Wat
Affascinanti templi nella foresta pluviale (p358)
Siem Reap
Battambang
PHNOM PENH
Parco Nazionale di Cat Tien
Gibboni, coccodrilli e altri animali selvatici (p248)
Danang
Hoi An
Hoi An
Storico porto per i commerci (p192)
Quang Ngai
Kon Tum
Pleiku
Quy Nhon
Bai Xep
Bai Xep
La baia per il relax (p216)
Tuy Hoa
Buon Ma Thuot
Nha Trang
Dalat
Dalat
Affascinante atmosfera francese in collina (p250)
Phan Rang – Thap Cham
Phan Thiet
Mui Ne
Tay Ninh
Ho Chi Minh City
Ho Chi Minh City
Il Vietnam più vivace e brulicante di vita (p264)
Chau Doc
Ha Tien
Vinh Long
My Tho
Ben Tre
Vung Tau
Isola di Phu Quoc
Rach Gia
Can Tho
Soc Trang
Ca Mau
Bac Lieu
Golfo di Thailandia
Mar Cinese Meridionale (Mare Orientale)
Mui Ne
Famosa per le spiagge e gli sport acquatici (p229)
Isole Con Dao
Al largo, a est (p325)
Isole Con Dao

SPIAGGE DA SOGNO

La straordinaria costa del Vietnam è orlata da bellissime spiagge su buona parte dei suoi 3400 km di lunghezza. Avrete l'imbarazzo delle scelta, tra coste battute dalle onde, calette idilliache, baie nascoste e una serie di belle spiagge cittadine, per esempio a Nha Trang e Quy Nhon. Anche le isole, e in particolare Con Dao, sono orlate da litorali invitanti.

Stagioni

In inverno (da fine ottobre a febbraio) nel nord del Vietnam il mare è troppo agitato per nuotare e le temperature si abbassano; in questi mesi scegliete il sud.

Isole deserte

Se cercate la tranquillità totale, la stupenda Baia di Lan Ha ha un gran numero di isole disabitate dove potrete giocare a Robinson Crusoe per un giorno o due.

L'ambiente

Sfortunatamente i rifiuti sono un problema su molte spiagge e deturpano il paesaggio. Nelle città, apposite squadre addette alla ripulitura raccolgono la sporcizia.

DA SINISTRA A DESTRA: DENNIS GROSS/SHUTTERSTOCK ©, MUAZ JAFFAR/SHUTTERSTOCK ©, TRAN QUI THINH/SHUTTERSTOCK ©

Isola di Phu Quoc (p343)

ESPERIENZE TOP
SPIAGGE

Ammirare il sorgere del sole nella bellissima **spiaggia di An Bang** ❶, a est di Hoi An, con le luci di Danang a nord e le Isole Cham all'orizzonte. (p192)

Godersi la serata nella graziosa cala di **Bai Xep** ❷, dove le donne del posto cucinano pesce fresco sulla sabbia. (p203)

Sorprendersi di fronte all'affascinante costa che circonda **Bai Da Nhay** ❸, dove formazioni rocciose scoscese emergono dalla riva e dal mare. (p164)

Rilassarsi sulla straordinaria spiaggia di **Bai Dam Trau** ❹ sull'Isola di Con Son, la più ampia tra le 15 che compongono l'arcipelago di Con Dao. (p325)

Sfrecciare in scooter per le baie remote del nord dell'**Isola di Phu Quoc** ❺ in cerca di conchiglie e di fini sabbie bianche. (p343)

NOODLES

Sembra che la proposta di piatti di noodles in Vietnam sia infinita: dai classici del nord, al vapore in un ricco brodo come i *pho*, fino alle più speziate creazioni del sud. I noodles hanno molte forme, ma i più comuni sono quelli al riso (*bun*), quelli trasparenti (*mien*) e quelli spessi, di farina di riso e tapioca (o grano), chiamati *banh canh*. Si trovano anche quelli gialli all'uovo (*mi*), e Haiphong è famosa per i suoi noodles rossi *banh da*, con granchio.

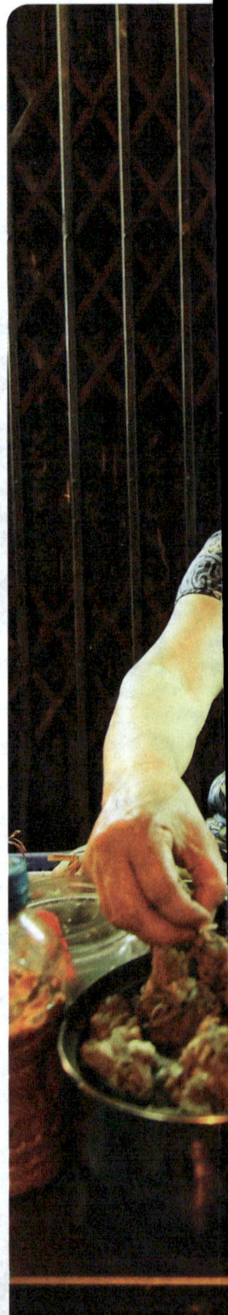

DA SINISTRA A DESTRA: JOEL WHALTON/SHUTTERSTOCK ©, BALATRAN/SHUTTERSTOCK ©, DTTMSTOCK/SHUTTERSTOCK ©

Nord

Qui le influenze cinesi sono evidenti, perché la salsa di soia domina e ci sono hotpot esposti ovunque. Nei dintorni di Ninh Binh si preferiscono quelli con carne di capra.

Centro

Creazioni come il cau lao (con maiale, noodles di riso e brodo) sembrano piatti fusion, con influenze globali che riflettono il passato commerciale della zona.

Sud

Preparatevi ad incontrare l'insolito, come gli stufati di crostacei fatti con vermicelli di riso e verdure, famosi nella regione di Phan Thiet, oppure gli hotpot di pastinaca apprezzati a Vung Tau.

Street food, Hanoi (p70)

ESPERIENZE TOP
NOODLES

Assaporare un **pho ad Hanoi** ❶, la sua patria spirituale, è un must ma non dimenticatevi il *bun cha,* altro noto piatto a base di noodles della capitale. (p70)

Assaggiare un **cao lau nella Città Vecchia di Hoi An** ❷ e apprezzare l'eredità culinaria giapponese e cinese. (p196)

Pasteggiare con un **bun nuoc leo** ❸ (zuppa di noodles di influenza cambogiana, con pesce fermentato, pollo, latte di cocco, fiori di banana ed erba cipollina) a Tra Vinh. (p308)

Ordinare un **my quang a Danang** ❹, il piatto di noodles più famoso in città; di solito è servito con maiale, gamberetti, uova, erbette fresche e arachidi. (p182)

Godersi una sostanziosa ciotola di **bun bo hue** ❺ (vermicelli di riso in brodo di carne con manzo, citronella, pasta di gamberi e zucchero) a Hué. (p170)

MERCATI AUTENTICI

I mercati vietnamiti sono un tripudio di colori e di scambi commerciali. Negli altopiani del nord sono il punto di aggregazione per i gruppi minoritari che si ritrovano e si godono un goccio di vino di riso mentre vendono i loro prodotti. Nel sud, nel Delta del Mekong, troverete mercati galleggianti dove i venditori in barca propongono frutta e verdura. Nelle città e nei centri di tutto il paese si trovano mercati centrali appositamente costruiti ma anche altri più informali, in strada.

Fotografie

Per un fotografo, il mercato è il posto ideale per scattare foto ai residenti dei villaggi, alle loro piramidi perfette di frutta tropicale o ai loro pesci luccicanti.

Siate mattinieri

Molti mercati aprono assai presto al mattino (e alcuni operano nel cuore della notte) quindi vi consigliamo di programmare le vostre visite alle prime ore del giorno.

A caccia di artigianato

I posti migliori per chi cerca oggetti d'artigianato e souvenir sono i mercati dove si ritrovano i turisti, come quelli di Ho Chi Minh City, Hoi An e Hanoi.

DA SINISTRA A DESTRA: GRACETHANG2/SHUTTERSTOCK ©, LARCSKY789/SHUTTERSTOCK ©, LOCHUYNH/SHUTTERSTOCK ©

Mercato galleggiante di Cai Rang (p318)

ESPERIENZE TOP
MERCATI LOCALI

Addentrarsi nel **mercato di Dong Xuan** ❶ ad Hanoi in cerca di articoli di artigianato vietnamita ma anche di oggetti di design falsificati. (p76)

Fare esperienza di uno dei mercati più colorati del Sud-est asiatico a Bac Ha, ❷ dove i hmong dei fiori sono i protagonisti. (p114)

Alzarsi all'alba, noleggiare una barca e percorrere le acque del Delta a **Cai Be**, ❸ dove si commercia di tutto, dal durian al pesce gatto. (p310)

Esplorare il **mercato di Binh Tay**, ❹ che combina influenze vietnamite e cinesi con il giardino centrale e i banchi di abbigliamento e di alimentari. (p286)

Meravigliarsi nel famoso mercato galleggiante di **Cai Rang** ❺ (p319) sul Delta del Mekong, con centinaia di venditori.

Il paesaggio tra Mu Cang Chai e Hà Giang

LONTANO DALLA FOLLA

Il Vietnam conta oltre 100 milioni di abitanti, e la maggior parte della popolazione risiede in una stretta striscia di terra che segue la costa tra Ho Chi Minh City e Hanoi. Se desiderate la solitudine di valli remote e spiagge deserte, dovrete fare un piccolo sforzo per evitare le folle.

Tour

Uscire dalle zone più battute non è così semplice a meno che non disponiate di un mezzo proprio. Un'idea è affidarsi a un tour operator specializzato nelle regioni remote.

Regioni

È possibile allontanarsi dalle aree più turistiche in un'ora o poco più da qualsiasi cittadina, ma è più facile nell'estremo nord poco popolato, con le sue epiche catene montuose.

ESPERIENZE TOP VIA DALLA FOLLA

Raggiungere **in barca** l'**Isola di Hon Son** ❶ vicino a Rach Gia; è aperta ai viaggiatori da pochi anni. (p349)

Percorrere su una moto le risaie terrazzate di **Mu Cang Chai** ❷, dove il panorama cambia con le stagioni. (p132)

Godersi la spiaggia di **My Hoa** ❸, apprezzata dai surfisti. (p227)

Alloggiare in un lodge rustico sulle rive del **Lago Lak** ❹ vicino a Buon Ma Thuot. (p258)

Un trekking da un villaggio remoto all'altro, vivendo le tradizioni etniche di **Pu Luong** ❺. (p121)

CAFFÈ E BIRRA

La cultura del caffè (p402) è molto radicata in Vietnam. Ogni quartiere in ogni città ha un piccolo caffè dove la gente del posto si rilassa dal lavoro, dalla famiglia o semplicemente dal traffico. La birra (p406) è un'altra ossessione nazionale: la si trova ovunque, di solito in lattina ma anche alla spina, artigianale e fresca, come la *bia hoi*.

Caffè

I locali vietnamiti servono il tradizionale caffè filtrato in molti modi diversi e sono un posto meraviglioso per ritirarsi dal caos della strada. Nelle città si trovano caffè specializzati in espresso.

Bar

Al ristorante si beve birra per accompagnare i pasti, ma anche i chiassosi locali di *bia hoi* (birra fresca; p406), con DJ e birre artigianali, sono molto frequentati.

Birre locali

Se volete provare qualche birra vietnamita, le etichette Saigon e Huda sono lager dignitose; la Larue, prodotta sulla costa centrale, è piuttosto buona.

ESPERIENZE TOP CAFFÈ E BAR

Unirsi alle persone più socievoli della capitale e godersi alcuni dei migliori cocktail di Hanoi nell'atmosfera del wine bar **Tadioto** ❶. (p71)

Bere nel leggendario **Saigon Saigon Rooftop Bar** ❷, un tempo ritrovo di autori, spie e politici e oggi famoso per la vista e l'happy hour. (p276).

Sorseggiare un caffè arabica di qualità nella cooperativa **K'Ho Coffee** ❸ della zona di Dalat, che sostiene la popolazione K'Ho. (p253)

Godersi l'ambiente di classe al **Te Bar** ❹, uno speakeasy molto stiloso nel cuore di Danang. (p184)

Sedersi in giardino di fronte all'oceano, guardare le onde e godersi un caffè al **Sound of Silence** ❺, sulla spiaggia di An Bang. (p194)

Altopiano carsico di Dong Van (p123)

ITINERARI

Il Vietnam offre moltissimi itinerari per chi viaggia con mezzi propri. L'estremo nord ha i panorami più spettacolari, con le vette alpine tra Sapa e Dien Bien Phu e il leggendario altopiano carsico di Dong Van. Verso sud, è imperdibile la splendida strada oceanica tra Quy Nhon e Nha Trang.

Easy Rider

Se non guidate una motocicletta, valutate un tour Easy Rider che vi consente di viaggiare come passeggero. Dalat è un ottimo punto di partenza per un giro.

Costi

Noleggiare un'auto con conducente è piuttosto costoso (da US$100 al giorno, di più per un 4x4), quindi fate squadra con altri viaggiatori per condividere le spese.

ESPERIENZE TOP IN MOTO O IN AUTO

Affrontare il tratto montano da Dong Van a Meo Vac, e il **passo di Mai Pi Leng** ❶. (p123)

Guidare sul tragitto tra Hué e Danang con gli infiniti tornanti del **passo di Hai Van** ❷. (p191)

Esplorare la **grande strada costiera** ❸ tra Tuy Hoa e Nha Trang, passando dalle dune di sabbia di Hon Gom. (p219)

Discendere da Dalat fino a Nha Trang passando per foreste di pini fino al **Parco Nazionale di Bidoup Nui Ba** ❹. (p255)

Seguire l'itinerario che attraversa il **Parco Nazionale di Phong Nha-ke Bang** ❺ per vivere la giungla. (p156)

QUARTIERI STORICI

I profili di molte città vietnamite ormai sono definiti dai grattacieli, perché costruirli è diventata una sorta di ossessione nazionale. Ma rimangono ancora alcuni antichi quartieri evocativi, in particolare Hué, la Città Vecchia di Hoi An, il quartiere antico di Hanoi e parti del Distretto 1 a Ho Chi Minh City. Sul Delta del Mekong, cittadine come Ha Tien hanno un fascino languido e un'architettura interessante.

Visite guidate

I tour a piedi sono un modo eccellente per comprendere la storia e la cultura dei distretti antichi del Vietnam; li troverete proposti in tutti i centri principali.

A piedi

Esplorare il frenetico Quartiere Vecchio di Hanoi può risultare impegnativo perché dovrete competere con le motociclette; il Quartiere Francese è più gestibile. La Città Vecchia di Hoi An è pedonalizzata.

Guide private

Ingaggiare una guida che accompagni soltanto voi in un giro personalizzato può risultare un'esperienza indimenticabile, che vi farà vivere la cultura e l'architettura del Vietnam in maniera molto più intima e immediata.

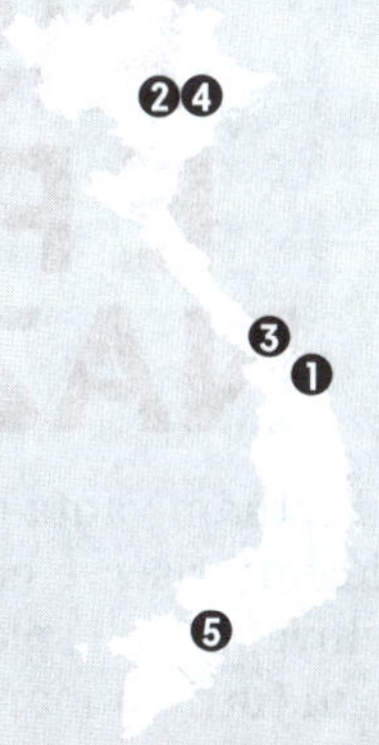

ESPERIENZE TOP QUARTIERI STORICI

Vagare senza meta per le viuzze piene di atmosfera della **Città Vecchia di Hoi An** ❶, che trabocca di vecchie case di mercanti, templi e pagode. (p192)

Perdersi nel labirintico **Quartiere Vecchio di Hanoi** ❷, dove ogni vicolo è associato a un antico mestiere. (p72)

Attraversare il fiume Perfume ed esplorare la **Cittadella di Hué** ❸, con i suoi palazzi, i giardini e i templi. (p393)

Apprezzare l'elegante architettura del **Quartiere francese di Hanoi** ❹ con le dimore storiche, i sontuosi alberghi e i musei. (p78)

Tuffarsi nel dedalo del **Distretto 1 di Ho Chi Minh City** ❺ con le case a schiera fatiscenti lungo il Saigon. (p289)

RISERVE E PARCHI NAZIONALI

Il Vietnam vanta oltre trenta parchi nazionali e più di cento riserve naturali protette. La fauna è molto schiva, ma gli splendidi paesaggi sono alla portata di tutti; ai margini delle riserve le minoranze etniche propongono alloggi in case private. I parchi sono distribuiti in tutto il territorio; le Isole Con Dao sono la meta di un'invitante escursione nel Mar Cinese Meridionale (Mare Orientale).

DA SINISTRA A DESTRA: NGOC TRAN/SHUTTERSTOCK ©, JAMESEHUNT/SHUTTERSTOCK ©, QUANG NGUYEN VINH/SHUTTERSTOCK ©

Pasti

Molti ristoranti all'interno dei parchi nazionali offrono pasti a orari ben precisi ed è necessario prenotare in anticipo perché i cuochi possano acquistare le materie prime.

Tutela

Sebbene il 9% del territorio del Vietnam sia ufficialmente tutelato, i guardaparco sono pochi e non si riesce a garantire la conservazione: i grandi mammiferi sono rari.

Caccia

I cacciatori frequentano i parchi e le riserve in cerca di animali per il commercio della selvaggina. Se sui menu trovate carne di animali selvatici, evitatela perché quasi sicuramente è illegale.

Parco Nazionale di Cat Tien (p248)

ESPERIENZE TOP
PARCHI NAZIONALI

Cercare gibboni e avvistare coccodrilli nel parco nazionale più gratificante del Vietnam meridionale, tra le foreste pluviali e le lagune di **Cat Tien** ❶. (p248)

Visitare le colline sempreverdi di **Ba Be** ❷, con i loro splendidi laghi, la foresta pluviale, le cascate, le vette calcaree, l'avifauna e i villaggi delle minoranze etniche. (p130)

Rimanere a bocca aperta davanti alla maestà e alle dimensioni gigantesche dello spettacolare sistema di grotte a **Phong Nha-Ke Bang** ❸. (p156)

Camminare con una guida in cerca degli elefanti a **Yok Don** ❹, una delle migliori esperienze avifaunistiche del Vietnam, e visitare i villaggi delle minoranze. (p259)

Esplorare in kayak o in barca a vela **Bai Tu Long** ❺, ammirando la bellezza delle sue isole calcaree, la foresta tropicale e le solitarie spiagge di sabbia. (p91)

STREET FOOD

Non esitate. Cercate un ambulante con molti clienti, sedetevi su uno sgabellino in plastica e gustatevi il pasto insieme alla gente del posto. Le varie regioni del Vietnam offrono centinaia di deliziosi piatti da strada diversi, dal *bun cha* (maiale al barbecue con vermicelli di riso) di Hanoi fino all'umile, gustosissimo *banh mi* (baguette farcita con pâté, carne affettata, verdure sottaceto e una miriade di altre possibilità), che potrebbe candidarsi al titolo di miglior sandwich del mondo.

DA SINISTRA A DESTRA: BEBE SEE/SHUTTERSTOCK ©, PHUONG D. NGUYEN/SHUTTERSTOCK ©, DH SARAGIH/SHUTTERSTOCK ©

Uno e uno solo

In Vietnam molte cucine di strada si specializzano in un solo piatto, o al massimo due, che in genere costa un dollaro circa (di più nella capitale e a Ho Chi Minh City).

In orario

Molti venditori ambulanti aprono soltanto all'ora dei pasti, quindi non aspettatevi che la signora che vi ha venduto il tortino di riso al mattino sia ancora lì dopo il tramonto.

Caccia allo street food

Trovare del cibo di strada non è difficile, ma il principale terreno di caccia sono le zone intorno ai mercati, alle scuole, alle fabbriche e agli ospedali: praticamente dove c'è gente che ha fame.

Barbecue in strada, Hoi An (p192)

ESPERIENZE TOP
STREET FOOD

Gustare un *banh cong*, un saporito 'muffin' a base di fagioli mungo e gambero da **Đ De Tham** a **Can Tho** ❶. (p320)

Assaporare una ciotola di *pho bo* (zuppa di noodle e manzo) a **Pho Thin** nelle stradine secondarie di **Hanoi** ❷. (p71)

Unirsi ai vietnamiti che cercano deliziosi ed economici piatti a base di riso e noodle alla **Food Alley at 76 Hai Ba Trung** di **Ho Chi Minh City** ❸. (p276)

Aggirarsi per i banchi alimentari del fantastico mercato del pesce di **Vung Tau** ❹ e gustare i piatti a base di granchio e vongole locali. (p238)

Scegliere tra le deliziose specialità culinarie nella **Città Vecchia di Hoi An** ❺. (p192)

TEMPLI, PAGODE E ALTRO

Il Vietnam vanta straordinari templi cham, sepolcri grandiosi, pagode e chiese coloniali francesi. I siti di interesse storico si concentrano intorno al Fiume dei Profumi di Hué, affiancato da monumenti e da una stupefacente serie di tombe imperiali. Storicamente, la nazione ha assorbito influenze religiose dalla Cina, dall'India e dai regni khmer, fondendole con le tradizioni locali.

Siti buddhisti

Le pagode (*chua*) incorporano motivi ornamentali cinesi, con gli edifici raggruppati intorno a cortili e giardini, e adornati da statue e stele.

Chiese

In Vietnam risiedono circa 10 milioni di cristiani, tra cattolici e protestanti. Le chiese più degne di nota sono state costruite durante il periodo coloniale francese.

Champa

I cham erano ottimi costruttori di templi; tra le strutture principali si citano i *kalan* (torri; sede della divinità), i *gopura* (porte d'accesso ornate) e le statue di pietra.

Tempio della Letteratura (p86)

ESPERIENZE TOP TEMPLI

Assimilare la grandiosità e lo splendore di **Angkor Wat** ❶, il complesso di templi più sontuoso di tutta l'Asia. (p358)

Meravigliarsi davanti ai milenni di storia del sublime **Tempio della Letteratura** ❷ di Hanoi, un tempo un'università. (p392)

Percorrere le strade di campagna per ammirare le splendide rovine cham di **My Son** ❸. (p201)

Visitare i templi e i monumenti all'interno della **Cittadella di Hué** ❹, situata sulle rive del Fiume dei Profumi. (p393)

Esplorare **Nui Sam** (Monte Sam) nei pressi di Chau Doc e i suoi molti templi e santuari, tra cui il **Tempio di Donna Xu** ❺. (p332)

MEMORIE BELLICHE

Nel Vietnam centrale, la Zona Demilitarizzata (DMZ) ha la maggiore concentrazione di campi di battaglia della guerra del Vietnam (e si trovano eccellenti tour operator che ve li faranno visitare). Ci sono molti siti bellici anche intorno a Vung Tau, che fu una base importante per i corpi australiani e neozelandesi. Da non perdere nel nord è Dien Bien Phu: ha un buon museo moderno che spiega il significato della battaglia che accelerò l'espulsione francese dall'Indocina.

Musei

Sono passati quasi 50 anni dalla guerra del Vietnam, ma l'impatto che ha avuto non si dimentica. I musei di provincia le dedicano spesso una sala, con un carro armato in mostra.

Nei sotterranei

Le Gallerie di Cu Chi sono la meta per un'escursione in giornata molto popolare da Ho Chi Minh City. Non perdetevi nemmeno le Gallerie di Vinh Moc nel Vietnam centrale.

Eroi in battaglia

Gli eroi di guerra in Vietnam sono molto rispettati, anche quelli della storia antica; in tutta la nazione si incontrano statue di Le Loi, di Hai Ba Trung e di vari altri generali.

ESPERIENZE TOP
TEMPO DI GUERRA

Comprendere le sofferenze di una nazione, il background storico e il coraggio necessario per compiere la riunificazione al **Museo dei Residuati Bellici** di Ho Chi Minh City ❶. (p281)

Meravigliarsi davanti all'ingegno e alla determinazione necessari per costruire (e vivere) nella rete di gallerie di **Cu Chi** ❷. (p296)

Esplorare i siti delle battaglie, i monumenti di guerra e i cimiteri della zona che divideva il Nord e il Sud del Vietnam con un **tour alla DMZ** ❸. (p174)

Ripercorrere la caduta dell'Indocina nella cittadina settentrionale di **Dien Bien Phu** ❹, dove i francesi furono umiliati nel 1956. (p134)

Unirsi a un tour con un esperto per scoprire i molti siti delle battaglie intorno alla città di **Vung Tau** ❺ nel sud. (p236)

VONGOLE, GRANCHI E GAMBERI

I crostacei in Vietnam sono di ottima qualità: la gente del posto li adora ed è disposta a pagare profumatamente per concederseli. Certo, per gustarli non c'è posto migliore della costa, dove in schiere di ristorantini dall'aspetto semplice si producono piatti dai sapori complessi e si cuociono alla perfezione vongole e pesce alla griglia.

Vivi e vegeti

Di solito i ristoranti dispongono di vasche o tinozze per i crostacei vivi, compresi granchi, aragoste, cozze, lumache di mare e altre specie, che saranno quindi freschissimi.

Un budget adeguato

Un pasto a base di crostacei non è mai economico in Vietnam e in molti ristoranti la previsione di spesa non è sempre ovvia. Meglio chiedere il prezzo al chilo prima di ordinare.

Influenze asiatiche

La passione dei vietnamiti per il pesce e i crostacei va ben oltre i confini del paese: il sushi è molto popolare e i piatti thai e cinesi a base di pesce sono frequenti sui menu locali.

DA SINISTRA A DESTRA: PAULWRIGHT999/SHUTTERSTOCK ©, HUY THOAI/SHUTTERSTOCK ©, HANNA SUMMER/SHUTTERSTOCK ©

Mercato notturno a Phu Quoc

ESPERIENZE TOP
CUCINA DI MARE

Tuffarsi nelle delizie di pesce super fresco al vivace mercato notturno di **Ha Tien ❶**, in cerca di sapori autentici e ottima qualità a prezzi contenuti. (p340)

Assaggiare le deliziose *hau mo hanh* (ostriche grigliate con olio di cipolle verdi) a **Lang Co ❷**. (p176)

Pasteggiare con *ngheo hap* sa (cozze stufate con citronella e peperoncino) nel **Distretto 4 ❸** di Ho Chi Minh City. (p266)

Serpeggiare tra i banchi di crostacei a **Nha Trang ❹**, dove un intero isolato è dedicato ai prodotti del mare e i prezzi sono contenuti. (p221)

Cenare sulla spiaggia di sabbia di **Bai Xep ❺**, dove la sera la gente del posto allestisce barbecue di pesce, crostacei e frutti di mare. (p216)

TOUR GUIDATI

Dal punto di vista culturale il Vietnam non si lascia comprendere facilmente: partecipare a un tour ben strutturato vi aiuterà ad afferrare l'essenza di questo paese e delle sue usanze. Le possibilità sono infinite: passeggiate a piedi, tour di degustazione dei piatti da street food, escursioni in moto e in bici e trekking guidati sono solo alcune opzioni. Il tour irrinunciabile per tutti i visitatori è la gita in barca alle isole della Baia di Halong, ma scegliete con cura l'agenzia.

DA SINISTRA A DESTRA: ASIA IMAGES/SHUTTERSTOCK ©, LARCSKY789/SHUTTERSTOCK ©, SEN PHOTOS/SHUTTERSTOCK ©

Cercare la qualità

I tour proposti a Ho Chi Minh City e Hanoi possono essere terribili: servizi scadenti, itinerari poco curati e trasporti equivoci. Scegliete gli operatori più rispettabili.

Tour insoliti

Tra le opzioni di nicchia segnaliamo i tour guidati alle birrerie artigianali di Ho Chi Minh City e Hanoi e le gite in coracle sul fiume intorno a Hoi An con battute di pesca comprese.

Villaggi delle minoranze etniche

Se decidete di andare a visitare i villaggi tribali degli altopiani del nord o del sud-ovest, farsi accompagnare da una guida esperta è fondamentale per evitare passi falsi culturali.

Baia di Lan Ha (p100)

ESPERIENZE TOP
TOUR GUIDATI

Veleggiare tra le incredibili isole carsiche della **Baia di Lan Ha** ❶, molto meno turistiche e sicuramente più gratificanti della vicina Baia di Halong. (p100)

Farsi spiegare nel dettaglio il background storico e culturale della città con un tour della **Old Compass Travel** ❷ a HCMC. (p276)

Sfrecciare sulle bucoliche stradine secondarie di **Hoi An** ❸ con un tour in scooter che comprende le attività artigianali e le risaie. (p192)

Esplorare il sistema di grotte più grande del mondo nel **Parco Nazionale di Phong Nha-Ke Bang** ❹ con **Oxalis Adventure Tours** oppure **Jungle Boss**. (p158)

Uscire dagli itinerari più battuti a **Dalat** ❺ per ammirare cascate, fiumi e altopiani coperti di foreste. (p250)

FERMENTI URBANI

Le due metropoli del Vietnam, Hanoi e Ho Chi Minh City, hanno un'energia viscerale che delizierà gli spiriti urbani. Pochi posti al mondo risultano così dinamici ed esaltanti, eppure non è necessario scavare a fondo per scoprire anche la tradizione, perché allontanandosi di poco dai grandi viali ci si addentra negli *hem* (vicoli), con cibo di strada e laboratori artigiani. Al confronto, Danang è una città di mare moderna e meno frenetica, che vanta una costa scintillante e un grandioso lungofiume.

Bar

La scelta di bar nelle grandi città del Vietnam è straordinaria, con bar di quartiere nelle vie laterali, lounge bar, skybar e locali dove assaggiare le birre artigianali.

Club

Ho Chi Minh City è la città più progressiva del Vietnam, con DJ che passano ritmi house e techno per piste piene e vivaci. Segue Hanoi; le altre città sono più tranquille.

Moda

Troverete boutique vietnamite che presentano i designer locali nel Distretto 1 di Ho Chi Minh City e nei quartieri interni di Hanoi. Anche Nha Trang e Danang vantano negozi di stilisti emergenti.

DA SINISTRA A DESTRA: HIT1912/SHUTTERSTOCK ©, MARIE SHARK/SHUTTERSTOCK ©, ELENA ERMAKOVA/SHUTTERSTOCK ©

Edificio residenziale con locali, Ho Chi Minh City (p272)

ESPERIENZE TOP
ATMOSFERE URBANE

Passeggiare per il labirinto di viuzze che è il **Quartiere Vecchio di Hanoi** ❶, dove ogni strada ha una sua tradizione artigianale e un proprio senso della storia. (p72)

Aspettarsi l'inatteso, con bar modaioli e boutique di grido nascoste nei fatiscenti condomini degli anni '50 del **Distretto 1** ❷ a Ho chi Minh City. (p289)

Esplorare il centro di **Danang** ❸, sede di skybar che offrono panorami mozzafiato sul fiume Han e sui suoi spettacolari ponti. (p182)

Cercare bar e vinili, gallerie d'arte urbana, caffè modaioli e tanti giovani creativi a **Thao Dien** ❹, Ho Chi Minh City. (p292)

Vagare per il lungofiume storico e i suoi giardini scolpiti, le viuzze strette e gli ampi viali della vivace **Can Tho** ❺. (p318)

VISITARE LE MINORANZE

Il Vietnam ospita 53 gruppi etnici minoritari (oltre 15 milioni di persone), che per lo più vivono nel nord del paese e si ritagliano la propria esistenza nei lussureggianti panorami montani lungo i confini con la Cina e il Laos. Tendono a rappresentare le fette più povere della società vietnamita, nonostante i miglioramenti nel sistema scolastico rurale e nei servizi sanitari regionali.

Regioni chiave

Negli altopiani a sud-ovest sarà interessante visitare i villaggi tradizionali di bahnar e jarai mentre nel nord estremo puntate agli insediamenti di Sapa e Bac Ha.

Costumi

Molte minoranze praticano un mix di animismo, adorazione ancestrale e religione convenzionale. Con una lunga storia di indipendenza, le tribù in collina tendono ad evitare le pianure.

Abbigliamento

Nell'estremo nord le donne delle tribù in collina, come i hmong, indossano abiti tessuti a mano. Negli altopiani a sud-ovest è meno sentito l'attaccamento ai costumi tradizionali.

DA SINISTRA A DESTRA: QUANG NGUYEN VINH/SHUTTERSTOCK ©, CRAVENA/SHUTTERSTOCK ©, VIETNAM STOCK IMAGES/SHUTTERSTOCK ©

Villaggio di Lo Lo Chai, Ha Giang (p124)

ESPERIENZE TOP
MINORANZE ETNICHE

Programmare un giro seguendo lo straordinario **itinerario ad anello di Ha Giang** ❶, ogni sera con un gruppo etnico diverso. (p125)

Percorrere i sentieri degli altopiani e delle colline intorno a **Sapa** ❷ (p108) con una guida esperta in minoranze etniche, per conoscere le loro modalità di vita.

Immergersi nella campagna intorno a **Kon Tum** ❸, con le svettanti *nha rong* (case comunitarie) dei bahnar. (p260)

Gustare un pasto con una famiglia in una casa tradizionale a **Mai Chau** ❹; tra le portate, anche vari piatti etnici thai. (p117)

Visitare i mercati di **Bac Ha** ❺ e dintorni nel weekend, senza perdersi quello di **Can Cau**, che si tiene di sabato. (p115)

REGIONI E CITTÀ

Scegliete i posti che vi ispirano di più.

Vietnam settentrionale

PAESAGGI EPICI, MARE SPETTACOLARE

L'aspro nord del Vietnam ospita paesaggi emblematici: gli eterei profili del Golfo del Tonchino, i vari paesaggi di Ha Giang e le onnipresenti, incantevoli risaie terrazzate. Straordinario melange culturale, vi si incontrano case tradizionali e gruppi etnici dall'abbigliamento colorato.

p95

Vietnam centrale

CITTÀ AFFASCINANTI E TEMPLI ANTICHI

Governato dal regno champa, occupato dai francesi e devastato dalla guerra con gli Stati Uniti, il Vietnam centrale ha una storia complessa, che tuttavia non si lascia definire dalla guerra: lunghe coste di spiagge sabbiose, ampie distese di natura incontaminata e cordiali vietnamiti che non intendono farsi rovinare le giornate dai traumi del passato.

Hanoi

UNA CITTÀ IN MOVIMENTO

Hanoi sta a cavallo tra il passato, il presente e il futuro. Questo bellissimo caos urbano è un patchwork di enormi quartieri, ciascuno con un proprio carattere: dallo stimolante Quartiere Vecchio al regale Quartiere Francese, dal monumentale Ba Dinh all'affascinante Truc Bach. E quanto a street food, caffè e bia hoi (birra fresca), non ha eguali.

p60

Siem Reap e templi di Angkor

TEMPLI STUPEFACENTI E UNA CITTÀ VIVACE

Il complesso di templi più spettacolare del Sud-est asiatico, un'antica cultura che ha edificato il più grande edificio religioso al mondo nella cornice della giungla. Si fa base a Siem Reap, una città languida e cosmopolita con una grande proposta culturale e ottime opzioni per il pernottamento e i pasti.

p351

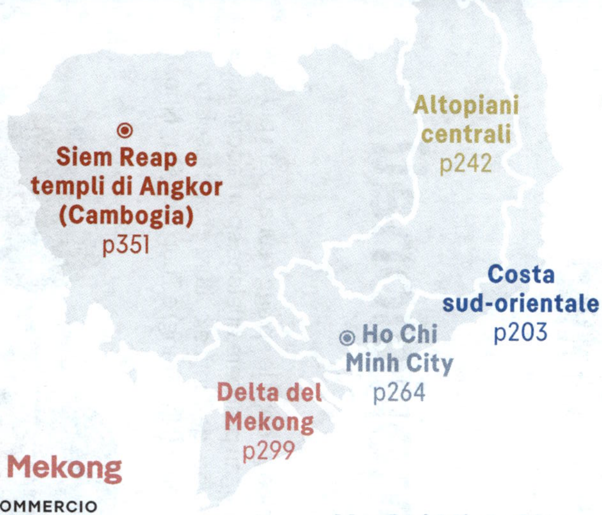

Altopiani centrali

PAESINI MONTANI, VERDI COLLINE

Gli altopiani centrali e il Parco Nazionale di Cat Tien avvolgono la natura, le cascate e i villaggi nel fascino rilassato tipico della regione.

p242

Delta del Mekong

CULTURA, COMMERCIO E FUGHE SULLE ISOLE

Benvenuti alla fertile 'ciotola di riso' del Vietnam, vasta conclusione del fiume Mekong dopo quasi 5000 km dall'altopiano tibetano. Questa è una regione ricca di storia e di cultura, dove i prodotti coltivati localmente vengono trasportati ai mercati tramite alti ponti sospesi e grazie a un labirinto commerciale di affluenti, canali e corsi d'acqua interni.

p299

Ho Chi Minh City

UNA METROPOLI HIP DOVE IL VECCHIO INCONTRA IL NUOVO

Ho Chi Minh City (o Saigon) è il fulcro del Vietnam, la sua città più popolosa e invitante, con i suoi edifici storici secolari e gli scintillanti grattacieli, gli interessanti musei e un'incredibile offerta culinaria che spazia dalla cucina innovativa e contemporanea ai vicoli pieni di bancarelle di street food.

p264

Costa sud-orientale

SPIAGGE INFINITE E SPORT ACQUATICI

La costa vietnamita più allettante: in questa parte del paese si può passare da una spiaggia all'altra armati di sarong, protezione solare e poco altro. Mui Ne e Nha Trang sono le destinazioni più popolari, ma provate anche quelle meno frequentate come Bai Xep e My Hoa.

p203

SIMON DANNHAUER/SHUTTERSTOCK ©

Baia di Ninh Van, Nha Trang (p227)

ITINERARI

Spiagge meridionali

Durata: 8 giorni **Distanza:** 431 km

Per molti questo viaggio significa godersi le spiagge sulla costa più spettacolare del Vietnam, e magari praticare qualche sport acquatico, ma questa regione è anche il cuore dell'antica cultura cham: lasciatevi ispirare dai monumenti di Po Nagar (Nha Trang) e Thap Doi (Quy Nhon).

1

QUY NHON 1 GIORNO

Partite da **Quy Nhon** (che vanta un aeroporto e una stazione ferroviaria; p212) e trascorrete la giornata nell'atmosfera rilassante di questa città costiera. Visitate i bei templi cham e il museo cittadino, poi esplorate il lungomare prima di un'ottima cena a base di pesce.

30 min da Quy-Nhon-Bai Xep

***Deviazione** Una visita al Quy Hoa Beach & Leper Hospital lungo la strada.*

2

BAI XEP 2 GIORNI

Immaginate una baia perfetta, con una spiaggia a mezzaluna e una serie di guesthouse sobrie davanti alla costa: ecco **Bai Xep** (p216). L'alba è sempre di grande ispirazione, le giornate lunghe e pigre, e la sera le donne del posto allestiscono barbecue sulla sabbia. Il posto perfetto per rilassarsi e ricaricarsi.

4 ore di macchina da Bai Xep-Nha Trang

3

NHA TRANG 2 GIORNI

Affacciata su una baia scintillante costellata da isole, **Nha Trang** (p220) è una delle località di mare più frequentate del Vietnam. Ma è anche una città prospera, con ottimo street food, boutique indipendenti e caffè modaioli, monumenti cham, templi buddhisti e musei.

5 ore in treno da Nha Trang a Mui Ne

HIEN PHUNG THU/SHUTTERSTOCK ©, RUBIKER94/SHUTTERSTOCK ©, ZHUKOV OLEG/SHUTTERSTOCK ©

4

MUI NE 3 GIORNI

Mui Ne (p229) è un idillio tropicale con alte dune di sabbia e un'atmosfera rilassata - chi ha energie può fare corsi di kitesurf o di vela. Ci sono chilometri di costa orlata da palme, con molti alberghi situati proprio sulla sabbia dorata; anche la scelta di bar per la sera è piuttosto vivace.

***Deviazione** L'affascinante porto tradizionale di **Phan Thiet** è molto vicino.*

ITINERARI

I monti del nord-ovest

Durata: 10 giorni

Distanza: 1294 km

Questo bellissimo itinerario vi consente di toccare alcune delle zone montane più belle del Vietnam e conoscere il mosaico delle sue minoranze etniche. Si percorre al meglio con un mezzo di trasporto proprio, a due o quattro ruote, da Hanoi. I panorami sono davvero mozzafiato, e le condizioni delle strade generalmente buone, ma i rilievi montani non consentono grandi velocità, quindi è meglio partire presto nelle giornate che prevedono spostamenti. Mai Chau dista circa 3 ore e mezzo di macchina dal centro di Hanoi.

1

MAI CHAU 1 GIORNO

Partendo da Hanoi, il primo insediamento interessante è **Mai Chau** (p117), sede dei thai bianchi. Introduzione ideale alla vita delle minoranze etniche, si soggiorna in famiglia circondati da risaie. In loco noleggiano bici, quindi potrete esplorare i dintorni; ci sono sentieri escursionistici e guide esperte.

7 h 30 min in auto da Dien Bien Phu.

2

DIEN BIEN PHU 2 GIORNI

Dien Bien Phu (p134) trabocca di storia: è qui che si è conclusa con una sconfitta la storia coloniale francese. Visitare musei e luoghi di importanza militare è un'esperienza educativa. La città non è particolarmente allettante, ma è una capitale regionale, con una discreta scelta di strutture ricettive e ristoranti.

6 h 30 min in auto da DBP a Sapa

3

SAPĂ 2 GIORNI

Sapa (p108) è la destinazione principale nel nord-ovest, grazie ai panorami a perdita d'occhio e alle popolazioni che vi abitano. Sapa vanta un'ottima scelta di ristoranti nord-vietnamiti e occidentali. Metteteci anche qualche acquisto di artigianato e un giro a piedi o in bici in giornata.

2 h 30 min in auto da Sapa a Bac Ha.

4

BAC HA 3 GIORNI

La sottovalutata cittadina di **Bac Ha** (p114) è un'ottima base per memorabili incursioni nei mercati degli altopiani e nei villaggi delle minoranze etniche (i più colorati sono quelli dei hmong dei fiori). Aggregatevi a una guida locale per comprendere il fascino culturale unico della regione e la sua cucina.

7 h in auto da Bac Ha a Ba Be.

5

BA BE 2 GIORNI

Con frastagliati monti calcarei che svettano sopra i laghi degli altopiani, il **Parco Nazionale di Ba Be** (p130) offre panorami spettacolari. Godetevi la vista epica, esplorate il lago in barca o in kayak e godetevi l'ospitalità della popolazione tay nei loro rustici alloggi in famiglia. I trekking e le gite in barca si organizzano al meglio tramite l'ufficio del parco nazionale o la famiglia che vi ospita.

ITINERARI

Costa centrale

Durata: 8 giorni
Distanza: 354 km

Un percorso che tocca due delle città più ricche del paese dal punto di vista culturale (Hué e Hoi An) oltre a quella più progressista (Danang). Accanto ai monumenti storici e a un incredibile sistema di grotte, la regione offre un ricco buffet di specialità culinarie regionali da provare, dalla cucina imperiale agli spuntini di street food. Raggiungete Dong Hoi e avrete un accesso per il nord della regione.

1

PARCO NAZIONALE DI PHONG NHA KE BANG

2 GIORNI

Phong Nha Ke Bang (p156) è il parco nazionale più gratificante da visitare, perché offre panorami incredibili: montagne carsiche, fiumi che tagliano la giungla e grotte gigantesche che impressioneranno anche i viaggiatori più disillusi. Ottima l'offerta di hotel e tour operator.

2 ore in auto da Phong Nha Ke Bang alla DMZ.

2

DMZ 1 GIORNO

La **DMZ** (Zona Demilitarizzata; p174) racchiude numerosi monumenti bellici e siti di scontri armati intorno al fiume Ben Hai, che ha segnato il confine tra il Nord e il Sud del Vietnam dal 1954 al 1975. I siti di interesse sono distanti tra loro, quindi meglio esplorare la zona con un tour (o una buona guida), perché il contesto storico è molto affascinante.

90 min in auto dalla DMZ a Hué.

3

HUÉ 2 GIORNI

L'antica capitale imperiale, **Hué** (p166), è una graziosa cittadina sul bellissimo Fiume dei Profumi. Il fulcro è la Cittadella con i suoi leggendari monumenti, molti in rovina e alcuni ricostruiti. Hué conta numerose pagode e sepolcri reali da visitare; nella stagione giusta, anche le spiagge vicine sono meravigliose.

80 min in auto da Hué a Danang.

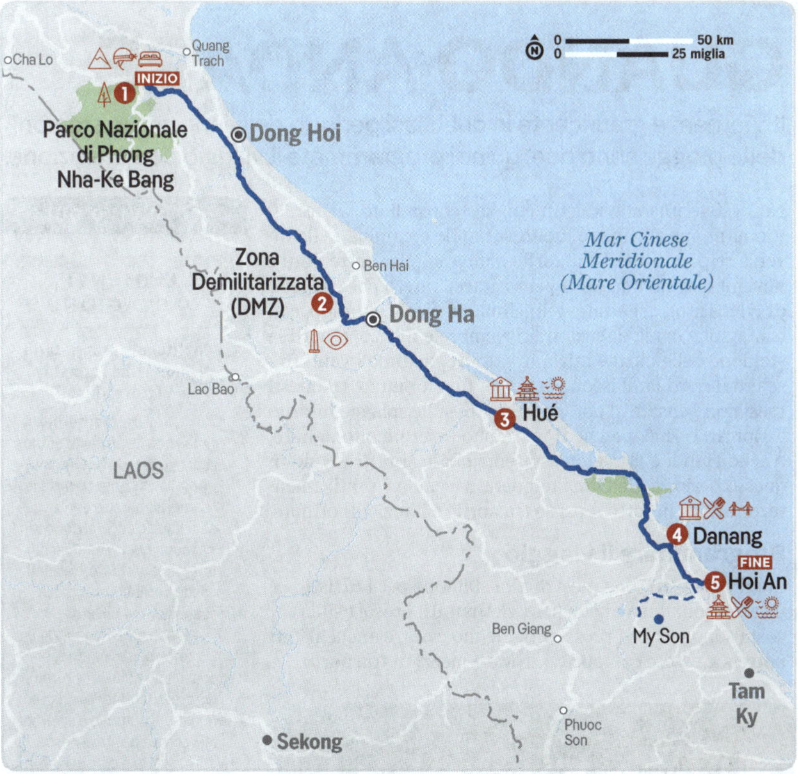

4
DANANG 1 GIORNO

Vantando una splendida spiaggia, un bel lungofiume e solo una frazione del traffico di Ho Chi Minh City e Hanoi, **Danang** (p182) costituisce una base rilassante. A parte qualche ponte e un buon museo, non c'è molto da vedere; è ideale per riposare e provare l'offerta gastronomica, che migliora ogni anno.

40 min in auto da Danang a Hoi An.

5
HOI AN 3 GIORNI

Città preferita di molti viaggiatori, **Hoi An** (p192) ha una cultura affascinante ma il suo punto forte è la gastronomia (valutate se frequentare un corso di cucina). Godetevi il suo ambiente unico, visitate i templi, le case antiche e la Città Vecchia, ma anche la spiaggia di An Bang.

***Deviazione** Un giro in giornata imperdibile: le rovine di **My Son** sono i migliori monumenti cham del paese.*

QUANDO ANDARE

Il Vietnam è gratificante in qualsiasi periodo dell'anno, ma le stagioni delle piogge sono due, quindi programmate il viaggio con attenzione.

Non esiste una stagione in cui sia sconsigliato visitare il Vietnam, ma il clima è molto variabile e cambia nelle diverse regioni. I mesi tra aprile a giugno e tra settembre e novembre sono i migliori per visitare l'intero paese. A sud di Nha Trang aspettatevi un clima tropicale e umido, con la stagione calda e secca tra novembre e marzo; a nord la stagione delle piogge inizia in ottobre, quando i venti freschi dal nord lambiscono la costa, fino a marzo. In questi mesi non pensate di potervi rilassare sulle spiagge intorno a Hoi An e Hué, perché il mare può essere molto agitato. Anche Hanoi e la regione settentrionale si raffrescano in questo periodo. Un clima temperato o caldo è praticamente garantito in tutto il paese tra aprile e l'inizio di ottobre.

Programmare il viaggio

Luglio e agosto sono mesi di alta stagione per i turisti internazionali ma anche per i vietnamiti: i resort sulla costa sono pieni e i prezzi alti. Meglio evitare anche il Tet: potrebbe essere complicato trovare mezzi di trasporto.

IO VIVO QUI

ALIMENTI DI STAGIONE

Ben Mitchell, proprietario di Phong Nha Farmstay e Victory Villas.

'Quando mi trasferii qui per la prima volta, le proteine erano scarse e di rado i vietnamiti potevano permettersi la carne. In marzo e aprile si cacciavano uccelli, dopo si raccoglievano i molluschi nei laghi e nei crateri lasciati dalle bombe. Da agosto i canali offrivano lumache e gamberi, con le piogge di settembre c'erano topi (consumati nelle aree rurali), rane, granchi indopacifici e anguille. In autunno e inverno si usciva a pesca; il pesce veniva salato e conservato in vasi di coccio'.

La raccolta delle ninfee, Ninh Binh (p146)

CAMBIAMENTI CLIMATICI

I cambiamenti climatici preoccupano il Vietnam, dove le aree costiere centrali sono esposte ai tifoni. Nel Delta del Mekong, l'innalzamento del mare produce una maggiore salinità e l'alta marea ha ripercussioni sull'agricoltura fino a 65 km nell'entroterra.

Il meteo mese per mese

GENNAIO	FEBBRAIO	MARZO	APRILE	MAGGIO	GIUGNO
Media diurna max: **21°C**	Media diurna max: **22°C**	Media diurna max: **24°C**	Media diurna max: **27°C**	Media diurna max: **28°C**	Media diurna max: **30°C**
Giorni di pioggia: 14 (Danang)	Giorni di pioggia: 10 (Danang)	Giorni di pioggia: 8 (Danang)	Giorni di pioggia: 7 (Danang)	Giorni di pioggia: 12 (Danang)	Giorni di pioggia: 11 (Danang)

NEL NORD

Se visitate l'estremo nord tra dicembre e febbraio, aspettatevi un clima notevolmente più fresco alle altitudini maggiori (a Sapa durante il giorno le massime toccano in media i 12°C e le minime 7°C). In compenso, le precipitazioni sono nettamente inferiori in questo periodo dell'anno.

Tet e i festival principali

Tet (capodanno lunare) È il festival vietnamita per eccellenza, quando l'intera nazione rende omaggio agli antenati e dà il benvenuto al nuovo anno insieme a tutta la famiglia. **fine gennaio/inizio febbraio**

Festival di Hué È un evento culturale importante con un ricco programma di arte, teatro, musica, circo e danza dentro la Cittadella. Si terrà nel 2024 e nel 2026. **biennale, fine aprile/inizio maggio**

Danang International Fireworks Festival Il lungofiume di Danang esplode di suoni, luci e colori per la durata di cinque weekend. **fine giugno/inizio luglio**

Trung Nguyen (giorno delle anime erranti) Rende omaggio agli spiriti degli antenati, che si crede facciano ritorno sulla terra in questo giorno. Le famiglie si recano al cimitero con offerte di cibo e bruciano incenso. **fine agosto/inizio settembre**

Celebrazioni locali

Le celebrazioni di **Quang Trung** ad Hanoi sono segnate da gare di wrestling, danze dei leoni e scacchi con persone al posto delle pedine al Dong Da Mound, sito di una rivolta contro i cinesi nel 1788. **febbraio**

A Chau Doc, nella regione del Mekong, l'imponente festival annuale al **Tempio di Ba Chua Xu** comprende cerimonie elaborate e teatro classico. **maggio**

Nell'estremo nord il **Bac Ha White Plateau Festival** include una gara ippica estremamente competitiva per le strade della cittadina, musica folk e danze tradizionali tra le comunità minoritarie. **giugno**

Celebra la luna dei raccolti il **Festival dei bambini** (o di metà autunno) a Hoi An; comprende parate di danza con leoni, unicorni e draghi, si mangiano torte lunari e si fanno regali ai piccini. **fine agosto/inizio settembre**

IO VIVO QUI

CITTÀ DELLA PIOGGIA

Dang Duong, co-proprietario di Rusty Compass Cafe, Ho Chi Minh City.

'A Saigon piove per gran parte dell'anno, quasi tutti i giorni nella stagione delle piogge. I violenti rovesci che si abbattono nel primo pomeriggio per un'ora sono troppo repentini per evitarli, ma poi tornano il sole, il traffico impazzito, le strade piene di vita. Sai che ti bagnerai, ma dopo puoi goderti il ricco, fecondo odore della terra. Volendo dare un soprannome a Saigon, direi 'città della pioggia'.

TIFONI

I tifoni possono flagellare le coste settentrionali e centrali da ottobre a novembre con forza distruttiva, fino a causare interruzioni negli spostamenti. Hoi An si allaga ogni anno dopo le tempeste, quando i fiumi esondano dagli argini.

LUGLIO	AGOSTO	SETTEMBRE	OTTOBRE	NOVEMBRE	DICEMBRE
Media diurna max: **29°C**	Media diurna max: **29°C**	Media diurna max: **28°C**	Media diurna max: **26°C**	Media diurna max: **24°C**	Media diurna max: **22°C**
Giorni di pioggia: 12 (Danang)	Giorni di pioggia: 14 (Danang)	Giorni di pioggia: 17 (Danang)	Giorni di pioggia: 18 (Danang)	Giorni di pioggia: 16 (Danang)	Giorni di pioggia: 17 (Danang)

A SINISTRA: VIETNAM STOCK IMAGES/SHUTTERSTOCK © A DESTRA: LAFOTO/SHUTTERSTOCK ©

Trappole in bambù per i pesci, oggetti dell'artigianato vietnamita (p400)

PRIMA DELLA PARTENZA

Cosa portare, leggere e ascoltare.

Abbigliamento

Per tutte le stagioni: Il Vietnam si trova ai tropici, ma nelle zone a nord di Hoi An tra novembre e marzo può fare piuttosto fresco, quindi portatevi un abbigliamento a strati. Se visitate le montagne settentrionali in inverno (da dicembre a febbraio), avrete bisogno di una giacca o di un pile. Per il resto dell'anno, nel sud, sandali o infradito, una T-shirt e pantaloncini corti saranno la vostra uniforme.

In situazioni formali: Negli edifici governativi, nei templi o se partecipate a una cena elegante, copritevi le gambe ed evitate i top smanicati.

Vestirsi casual: Non si incorre in problemi culturali a causa di un abbigliamento inappropriato in Vietnam, se non nelle occasioni ufficiali o agli appuntamenti di affari.

Etichetta

Siate riservati e non abbandonatevi a dimostrazioni di affetto in pubblico, evitate di abbracciarvi e di baciarvi.

Non toccate né accarezzate le persone (bambini inclusi) sulla testa. Evitate di rivolgere i piedi verso oggetti religiosi, come le immagini del Buddha.

Cercate di rimanere calmi e di non perdere la pazienza; urla e aggressioni sono una vergogna per entrambe le parti. Siate tranquilli anche quando contrattate.

LIBRI

Un americano tranquillo
(G. Greene; 1955)
Un classico ambientato negli anni '50 con il crollo dell'impero francese.

Il simpatizzante
(Viet Thanh Nguyen; 2015) Romanzo di spionaggio vincitore del Pulitzer nel 2016.

Il mio Vietnam
(Kim Thuy; 2016)
Uno spaccato di Vietnam attraverso le vicende della protagonista.

Quando le montagne cantano
(Nguyễn Phan Quế Mai; 2020) Le difficoltà di una famiglia vietnamita nel corso degli anni.

Parole

Xin chào. Ciao.

Tạm biệt. Arrivederci.

Vâng. (N) Sì.
Dạ. (S) Sì.

Không. No.

Làm ơn. Per favore.

Cảm ơn. Grazie.

Không có chi. Prego.

Xin lỗi. Scusami.

Có khỏe không? Come stai?

Khỏe, cám ơn. Bene, grazie.

Tên là gì? Come ti chiami?

Tên tôi là ... Mi chiamo...

Bạn có nói được
Parli inglese?

Tôi (không) hiểu
(Non) capisco.

... ở đâu? Dov'è...?

Xin viết ra giùm tôi.
Puoi scriverlo, per favore?

Cái này giá bao nhiêu?
Quanto costa?

Tôi chỉ ngắm xem.
Sto solo guardando.

FILM

Apocalypse Now
(Francis Ford Coppola; 1979)
La guerra del Vietnam raffigurata in un'avventura epica alla 'cuore di tenebra'.

La guerra del Vietnam
(Ken Burns e Lynn Novick; 2017)
Splendidi documentari che esaminano le radici del conflitto, la guerra e le sue conseguenze.

Il cacciatore
(Michael Cimino; 1978)
Illustra i traumi emotivi dei militari americani di provincia.

Cyclo
(Tran Anh Hung; 1995)
Un capolavoro visivo sulla criminalità sommersa di Ho Chi Minh City.

MUSICA E PODCAST

Saigoneer
(saigoneer.com)
Podcast di qualità, che approfondiscono la cultura e l'arte del Vietnam, con notizie e reportage.

A Vietnam Podcast
Interviste a un'incredibile varietà di vietnamiti di ogni formazione e strato sociale, dai comici ai sex coach.

Ohio
(Crosby, Stills, Nash & Young; 1970) Un inno contro la guerra che esprime tutta la rabbia di quegli anni.

19
(Paul Hardcastle; 1985)
Un classico di successo dell'elettronica, il cui titolo si riferisce all'età media dei soldati USA mandati in Vietnam.

Bun Cha (p48)

IN TAVOLA

Quella del Vietnam è una delle cucine migliori al mondo: sapori freschi, street food eccellente e qualità ottima che non pesa troppo sul budget.

Si dice esistano quasi 500 piatti tradizionali vietnamiti, e una stupefacente varietà di ingredienti e stili di cottura. A grandi linee, la cucina del Vietnam si può suddividere in tre aree, il Nord, il Centro e il Sud.

Salsa di soia, influenze cinesi, zuppe sostanziose come *pho* e hotpot caratterizzano la cucina del Nord; il Centro è famoso per l'uso prodigioso di erbe aromatiche fresche, peperoncino e sapori complessi; la cucina imperiale di Hué e le specialità di Hoi An sono i punti forti della regione. Il cibo del Sud è dolce, speziato e tropicale: chi apprezza la cucina thai o quella cambogiana riconoscerà i curry e gli stufati in pentole di terracotta.

Qualsiasi sia la zona, i pasti sono sempre preparati e presentati con estrema cura.

Se esiste una regola d'oro in Vietnam quando si tratta di mangiare fuori, è che nei ristoranti locali si trova il cibo più autentico: cercate sedie di plastica e tubi al neon, piuttosto che comodità e jazz in sottofondo.

Vegetariani e vegani

Il Vietnam non è un paese facile per vegetariani e vegani, ma molti ristoranti ormai offrono delle buone alternative. Ricordate che la salsa di pesce è un ingrediente di base nella cucina locale ed evitarla non è semplice. Nelle zone turistiche molti locali si rivolgono anche ai vegetariani, ma fuori dalle zone più battute aspettatevi qualche malinteso: potrebbero aggiungere pezzetti di carne per dare 'sapore' al vostro piatto. Cercate ristoranti *com chay* (vegetariani)

I migliori piatti vietnamiti

PHO
Zuppa di noodle in un ricco brodo di carne (o pollo), soprattutto a colazione.

BANH MI
Una baguette farcita di carne, pâté, verdure e sottaceti.

BUN CHA
Fettine di maiale alla brace o polpette con sottili noodles di riso.

INVOLTINI PRIMAVERA
Con noodles, germogli, erbe e maiale. Da intingere in salsa.

che servono cibo vegano: se ne trovano in tutto il paese, spesso adiacenti ai templi buddhisti. Intorno al 1° e al 15° giorno del mese buddhista alcune bancarelle utilizzano il tofu nei loro piatti.

Caffè e tè

La cultura del caffè in Vietnam è quasi un'ossessione: ogni villaggio ha un caffè o due e le grandi città ne vantano a migliaia. La gente del posto apprezza il caffè freddo con o senza latte (condensato). Non mancate di provare il caffè filtrato tradizionale, particolarmente potente. I locali specializzati in caffè, dove gustare espresso, flat white e altre opzioni, sono sempre più comuni; facilmente reperibile anche il caffè pour-over con interessanti chicchi di arabica.

Anche il tè è molto diffuso: in genere ne servono un bicchiere ad accompagnare ogni pasto. Nel nord si predilige il tè verde, che nel sud è spesso servito con ghiaccio.

Frutta

Chi ama la frutta troverà una scelta incredibile. Il mango è ovunque, e sempre eccellente; la guaiava può essere verde acido oppure aspra, morbida e rosea. Troverete anche succosi litchi, longan ed esotici mangostani, papaya, frutti della passione e jackfruit; cercate anche i rambutan dalla buccia scarlatta e pelosa. Il Vietnam è famoso per i deliziosi dragonfruit a polpa bianca o porpora, di cui è grande esportatore. Si trovano anche numerose varietà di banane, come quelle piccole a buccia rossa. Il tamarindo è un tipico ingrediente del sud; in salsa accompagna i gamberi (sgusciati o meno) nel *tom rang me*, un piatto difficile da mangiare ma molto gratificante.

STEPHEN BARNES/SHUTTERSTOCK ©

Litchi in un mercato all'aperto

DONG NHAT HUY/SHUTTERSTOCK ©

FESTIVAL ENOGASTRONOMICI

Tet (tra il 19 gennaio e il 20 febbraio; foto sopra) Per il capodanno vietnamita si mangia *banh tet* (riso glutinoso con maiale e uovo) e *mut* (frutta essiccata e zuccherata).

Buon Ma Thuot Coffee Festival (marzo) Un festival che esalta la cultura del caffè vietnamita negli altopiani del sud-ovest.

Co Ho Rice Festival (giugno) Una festa che celebra i raccolti con vino di riso, balli e canti nei villaggi co ho, nella Provincia di Lam Dong.

Hue Festival (biennale, a giugno; i prossimi nel 2024 e 2026) Chef e produttori si ritrovano a Hué per celebrarne le ricchezze culinarie.

Tet Trung Thu (tra l'8 settembre e il 7 ottobre) Con le tradizionali torte lunari si celebra l'annuale festival della Luna. In tutto il paese.

BUN BO HUE
Una speziata zuppa di noodles con manzo e salsiccia, preparata con lime e citronella.

CAU LAU
Spessi noodles in brodo con maiale, germogli di fagioli, verdure, erbe e crostini.

BANH XEO
Un croccante snack tipo pancake riempito di gamberi o maiale, germogli di fagiolo ed erbe.

BO BIA
Piccoli gamberi, lattuga e salsicce vietnamite avvolte in carta di riso, con salsa di arachidi.

Mercato di Bac Ha (p115)

ASIA IMAGES/SHUTTERSTOCK ©

COME... Mangiare in Vietnam

I vietnamiti consumano tre pasti al giorno. La prima colazione si fa presto e consiste di una ciotola di noodles come il *pho* oppure di un *chao* (porridge di riso). Il pranzo si consuma tra le 11 e le 12, di solito con i colleghi. La cena (dalle 17) è un'occasione piacevole condivisa con amici e famiglia. Ai visitatori gli hotel servono la colazione fino alle 10.

Dove mangiare

Le bancarelle in genere si specializzano in un unico piatto; i semplici ristoranti *com* (lett. 'riso') servono questo alimento base con verdure e carne oppure pesce. Le aree ristorazione alla vietnamita servono piatti di ogni regione e anche di altri paesi asiatici. I ristoranti in Vietnam sono spesso spartani, con pavimenti in cemento che vengono spazzati solo un paio di volte al giorno e luci al neon (a volte anche tv a tutto volume). Non aspettatevi che i piatti arrivino in un ordine particolare: vengono serviti via via che sono pronti. Finché si mangia è consuetudine lasciare sul tavolo le bottiglie di birra consumate, in modo che il personale possa contarle. Può sembrare caotico, ma un po' di trambusto in Vietnam fa parte dell'esperienza.

Etichetta a tavola

Ciascun commensale avrà una ciotola di piccole dimensioni con un piattino, le bacchette e un cucchiaio da zuppa. Ogni posto a tavola include una ciotolina per *nuoc cham* (le salse in cui intingere il boccone): la classica consiste di *nuoc mam* (salsa di pesce) con succo di lime, peperoncino e zucchero. Non infilate le bacchette nelle ciotole centrali, quelle del cibo condiviso; utilizzate i cucchiai da portata. Prendete la vostra ciotola con la sinistra, avvicinatela alla bocca e usate le bacchette. Se il pasto è a base di noodles, abbassate la testa fin sopra la ciotola e sorbiteli così.

Con le mani

In Vietnam si mangia principalmente con le bacchette. Molti piatti prevedono di arrotolare o avvolgere il cibo a tavola, oppure aggiungere ingredienti, come con gli hotpot, o grigliare le carni al barbecue. Il padrone di casa può sgusciarvi un gambero e passarvelo con le mani in segno di amicizia, ma in genere il cibo toccato con le mani non si condivide.

I CONSIGLI

I pasti si consumano con le bacchette. Ricordate di non lasciarle dritte a V nella ciotola perché è simbolo di morte. Se cenate in una casa privata, è cortesia da parte della padrona di casa offrire molto cibo; a sua volta è cortesia che l'ospite non finisca tutto. Se cenate fuori con un gruppo di vietnamiti, la norma vuole che sia il più anziano a pagare per tutti. Potete offrirvi di contribuire, ma non pensate che l'offerta venga accettata.

Le regioni del Vietnam

Viaggiando da nord a sud si percorre un itinerario geografico e gastronomico che inizia in Cina e finisce nel Sud-est asiatico. Le differenze storiche, culturali e geografiche si sono tradotte in un repertorio di tecniche, ingredienti e sapori, tutti legati alla passione dei vietnamiti per i gusti intensi, le erbe aromatiche, i noodles e il pesce.

Vietnam settentrionale

La cucina del Nord reca l'impronta di secoli di occupazione cinese. I tratti caratteristici sono i tradizionali noodles, i sapori delicati e una certa eleganza rustica. La salsa di soia è frequente quanto quella di pesce, per un tocco agro si usa l'aceto di riso, il pepe nero è preferito ai peperoncini e i lunghi tempi di cottura valorizzano ingredienti semplici.

LUNA.NGUYEN/SHUTTERSTOCK ©

Banh beo

Vietnam centrale

Sviluppatasi tra due opposte tradizioni culinarie, la cucina del Centro combina moderazione ed equilibrio, se si esclude la propensione per il peperoncino. Qui si cucinano i prodotti della terra, trasformando le modeste risorse in banchetti da re. Tutto è più piccolo: le baguette e le erbe aromatiche sono versioni in miniatura di quelle del Sud. Per strada si trova una delle prelibatezze ereditate dalla corte regale: i *banh beo*, delicati tortini di farina di riso al vapore. I vietnamiti di queste zone amano i sapori intensi e piccanti, soprattutto quello della salsa di gamberetti.

Vietnam meridionale

La cucina del Sud riflette la generosità della natura tropicale e predilige i sapori dolci. I mercati traboccano di rigogliosi mazzi di erbe aromatiche, frutta colorata e pesce freschissimo. Il latte di cocco è l'elemento base di curry non troppo piccanti e arricchisce i dessert. La passione dei sudvietnamiti per frutta e verdura si esprime nelle rinfrescanti *goi* (insalate) di papaya verde, pomelo (simile al pompelmo) e steli di loto.

PASTI INDIMENTICABILI

Restaurant Esta (p291) Un ristorante intimo di Saigon che propone una tra le migliori cucine contemporanee del Vietnam.

Tung (p68) Ad Hanoi, ha un eccezionale menu stagionale che sposa con stile i sapori vietnamiti e quelli europei.

Cuisine Wat Damnak (p356) Una moderna cucina khmer fuori dall'ordinario in un ambiente sublime, a Siem Reap.

Ganh Hao (p237) Ai margini di Vung Tau, proprio sull'oceano, si gusta un pesce sublime presentato splendidamente.

Grill 63 (p86) Se cercate un tavolo con vista, questo ristorante esclusivo è situato al 63° piano di un grattacielo di Hanoi.

UN ANNO A TAVOLA

MARZO-GIU

Il Cold Food Festival a Tet Han Thuc si celebra con palline dolci di farina di riso glutinoso, dette *banh troi* e *banh chay*. È la stagione dei manghi di Cao Lanh, nel Delta del Mekong.

GIU-LUG

Litchi freschi in vendita in tutto il Nord. Il fragrante durian matura nel Delta del Mekong; è anche la stagione del dragonfruit. Il periodo perfetto per uno spuntino a base di involtini estivi.

SET-OTT

I pomelo riempiono i mercati del Vietnam centrale; è la stagione della guaiava. Per il festival del raccolto si mangiano torte lunari, farcite con una varietà infinita di ingredienti, dolci o salati.

DIC-FEB

Zuppe robuste e calde e piatti di noodles. Si gustano *banh da cua* (noodles rossi con pasta al granchio) ad Haiphong oppure *banh troi tau* (dumpling di riso con fagioli verdi o sesamo nero e zenzero).

GAM STUDIO/SHUTTERSTOCK ©, TRAN QUI THINH/SHUTTERSTOCK ©, HOANG HAO HIEP/SHUTTERSTOCK ©, DANA STIRBEROVA/SHUTTERSTOCK ©

SOFT_LIGHT/SHUTTERSTOCK ©

Kayak, Baia di Ha Long (p90)

ATTIVITÀ OUTDOOR

Con oltre 3000 km di coste, spiagge, splendide isole al largo, foreste pluviali, zone umide e altopiani avvolti da pinete, il Vietnam offre una varietà di cose da fare per chi ama la vita all'aperto.

Allontanandosi dalle bellissime coste, l'interno del Vietnam è per lo più montuoso e gli altopiani formano un confine naturale con la Cina e con il Laos. Il Nord e il Sud vantano pianure fluviali fertili; la parte centrale ha un'estensione di appena 50 km.

In tutto il Vietnam si trovano ottimi operatori che propongono attività avventurose. Chi vuole dedicarsi agli sport d'acqua in Vietnam potrà provare kayak e kitesurf, immersioni e snorkelling, vela e surf. Anche l'interno vanta un'infinita varietà di opzioni, come escursionismo a piedi, in bicicletta e in moto, canyoning e rafting. Tenete presente che è necessario programmare con cura certe attività: il Vietnam è soggetto ai monsoni e il clima è estremamente variabile.

Escursionismo e trekking

Il Vietnam offre eccellenti possibilità per chi ama dedicarsi all'escursionismo. Il panorama è davvero spettacolare, con valli scoscese e alti picchi calcarei. In genere, la meta migliore è il Vietnam settentrionale, grazie agli incredibili sentieri montani e alla cultura delle minoranze etniche. Altrove, i parchi nazionali e le riserve naturali offrono sentieri ben segnati. Sapa è la capitale del trekking in Vietnam. Il paesaggio è magnifico: montagne imponenti, risaie smeraldine e suggestivi villaggi tribali. Gli itinerari principali sono estremamente battuti; per seguire percorsi più isolati occorre avvalersi di un'esperta guida locale. Bac Ha è una

Altre attività all'aperto

SNORKELLING
I tour operator locali a **Con Dao** (p325) organizzano uscite di snorkelling fino alle barriere al largo, ricche di coralli duri e molli.

BIRDWATCHING
Nella **Foresta di Tra Su Cajuput** (p336) vicino a Chau Doc si avvistano moltissimi trampolieri in una foresta sommersa.

SCOOTER
Sfrecciare lungo le strade di campagna nei dintorni di **Hoi An** (p192) è un vero piacere; si fanno soste nelle fattorie e nei mercati del pesce.

AVVENTURE PER FAMIGLIE

Speleologia nel Parco Nazionale di Phong Nha-Ke Bang (p156) Non troverete niente di simile in nessuna parte del mondo: il sistema di grotte di questo parco è davvero monumentale.

Kitesurf a Mui Ne (p229) Gli istruttori esperti vi guideranno nei primi passi; la spiaggia che fa da cornice è perfetta.

Pedalare nel Delta (p299) I tour guidati in bicicletta sulle strade secondarie nella regione del Delta del Mekong sono molto gratificanti.

Trekking a Bac Ha (p114) Esplorate a piedi villaggi tribali e sentieri sugli altopiani.

Canyoning a Dalat (p250) Una regione di foreste e cascate, l'ideale per avventure fluviali.

buona alternativa; il clima è meno piovoso e i sentieri meno affollati.

La Provincia di Ha Giang ad alta quota, nel nord, è il Tibet del Vietnam. Ingaggiate una guida nella città di Ha Giang, oppure optate per i percorsi di trekking a Dong Van. L'Isola di Cat Ba e la regione dei laghi nel Parco Nazionale di Ba Be sono altre due destinazioni famose per l'escursionismo. Esistono anche eccezionali percorsi di trekking tra le alture calcaree del Parco Nazionale di Phong Nha-Ke Bang, gestiti da operatori come Jungle Boss Trekking.

HYUNWOONG PARK/SHUTTERSTOCK ©

Grotta di Son Doong (p156)

A Dalat diversi operatori propongono belle escursioni; un'area particolarmente interessante è quella del Parco Nazionale di Bidoup Nui Ba. Più a sud, il territorio pianeggiante, il caldo e l'umidità non incoraggiano le escursioni.

Bicicletta

La bicicletta è un mezzo di trasporto molto diffuso ed è eccellente per esplorare il Vietnam rurale. Le pianure del Delta del Mekong sono ideali per lunghe pedalate su strade secondarie. Altri bei percorsi sono anche quelli sui sentieri di campagna intorno a Chau Doc e la tranquilla strada che costeggia il confine cambogiano da Chau Doc a Ha Tien. Hoi An e Hué sono basi eccellenti per esplorare i villaggi degli artigiani e organizzare escursioni in campagna. Dalat vanta molte piste sterrate ed è il punto di partenza per la spettacolare discesa di due giorni fino a Mui Ne. Spingendosi più a nord, la regione estremamente panoramica al margine del Parco Nazionale di Phong Nha-Ke Bang, così come le piste negli altopiani intorno al Parco Nazionale di Ba Be e Bac Ha nell'estremo nord, permettono di fare belle uscite in bicicletta.

Speleologia

Il Parco Nazionale di Phong Nha-Ke Bang offre escursioni speleologiche meravigliose, con camminate, nuotate (ci sono diverse grotte fluviali) e una o due brevi arrampicate.

GITE IN BARCA
Esplorate il suggestivo paesaggio calcareo nei dintorni di **Tam Coc** (p147) con un'indimenticabile uscita in barca.

SANDBOARD
Alle magnifiche dune di sabbia bianca di **Mui Ne** (p229) si può provare il sandboard; prenotate un tour o noleggiate una slitta di plastica alle dune.

NUOTO
Ci sono meravigliose spiagge dove poter nuotare intorno alle baie tropicali da sogno nel bellissimo arcipelago di **An Thoi** (p344).

ZIP-LINE
Le spettacolari zip-line e le passerelle sospese del ben organizzato **Angkor Zipline** (p371) sono molto apprezzate dalle famiglie.

A SINISTRA: DAN BACIU/SHUTTERSTOCK ©; IN BASSO: QUANG NGUYEN VINH/SHUTTERSTOCK ©

Kitesurf, spiaggia di Mui Ne (p229)

Oxalis Adventure Tours è l'unico operatore autorizzato a condurvi tra le meraviglie di Hang Son Doong, la grotta più grande al mondo. Se il budget non ve lo consente, però, esistono altre opzioni, tra cui la Grotta Scura, che si visita da soli in una giornata memorabile con zip-line, nuoto e kayak. Si può anche camminare per 7 km all'interno della Grotta del Paradiso e attraversare a nuoto la rete di grotte di Tu Lan.

CON LA MASCHERA

Le Isole Con Dao (in foto) offrono i migliori siti per immersioni in Vietnam.

Kitesurf, windsurf, surf e vela

Il kitesurf e il windsurf sono sempre più diffusi in Vietnam; la vivace spiaggia di Mui Ne richiama molti appassionati delle onde e spesso ospita gare. My Hoa, a nord della spiaggia di Ninh Chu, è un'altra meta emergente per il kitesurf, con scuole e una bella atmosfera. Altre zone adatte a questo sport sono Nha Trang e Vung Tau. A Mui Ne e a My Hoa le condizioni migliori si hanno tra novembre e aprile; il mattino è indicato per i principianti, mentre nel pomeriggio il vento raggiunge regolarmente i 35 nodi. Il Manta Sail Training Centre, sempre a Mui Ne, è una scuola di vela gestita da una signora inglese, che offre lezioni e noleggio di barche a vela. A Phu Quoc, Viet Sail propone dinghy e catamarani per allenamenti ed escursioni. Il surf si pratica quasi tutto l'anno, anche se il Vietnam non è una destinazione famosa per questo sport. La stagione va da novembre ad aprile, quando i monsoni invernali soffiano da nord. Quella di Danang è una distesa di sabbia di 30 km, al largo della quale si creano onde di oltre 2 m. In alta stagione

WITHGOD/SHUTTERSTOCK ©

Discesa in corda doppia, Cascate di Datanla (p253)

andate a Bai Dai, 27 km a sud di Nha, dove si forma un buon break sinistro. Per i principianti, Mui Ne conta numerosi break nella baia; più a sud, Vung Tau ha onde irregolari, ma in condizioni di vento ottimali sono tra le migliori del Vietnam.

Immersioni e snorkelling

Il Vietnam non è famoso per le immersioni, ma non mancano siti affascinanti. Le Isole Con Dao hanno senza dubbio i migliori siti per immersioni e snorkelling di tutto il Vietnam, con una vita marina varia (benché non abbondante), belle barriere coralline e perfino un relitto. Le tariffe sono alte (circa US$160 per la doppia immersione). A Nha Trang si trovano alcuni operatori affidabili ma le barriere sono rovinate. Le scuole di immersione di Hoi An organizzano uscite alle Isole Cham; l'Isola di Phu Quoc è un'altra destinazione privilegiata. Purtroppo in Vietnam, soprattutto a Nha Trang, ci sono diversi operatori poco raccomandabili: affidatevi a scuole di fama consolidata, che rispettino gli standard di sicurezza e abbiano istruttori qualificati e buone attrezzature.

Kayak, SUP e rafting

Il kayak è popolare nella Baia di Halong. Molti tour danno la possibilità di fare kayak o SUP tra le isole carsiche e gli operatori specializzati propongono itinerari tra i picchi calcarei con pernottamento in una baia remota. Altre mete sono l'Isola di Cat Ba, il Parco Nazionale di Ba Be, le Isole Con Dao, Phong Nha, Dalat, il Parco Nazionale di Cat Tien e i fiumi nella regione di Hoi An. Potete noleggiare kayak e tavole per SUP anche in molte spiagge, tra cui Nha Trang, Mui Ne e Bai Xep. A Dalat vari operatori di rafting offrono uscite, tra cui Phat Tire. Il fiume Da Don con rapide di II e III classe è eccezionale.

Arrampicata e canyoning

Cat Ba è la capitale dell'arrampicata; Langur's Adventures offre uscite sulle colline carsiche ed escursioni combinate di arrampicata e kayak. A Hoi An, Phat Tire propone arrampicate e discese in corda doppia su una parete di marmo. Un'altra destinazione emergente è Huu Lung, tra Hanoi e Lang Son (consultate vietclimb.vn).

Il canyoning consiste nella discesa in valli fluviali con una combinazione di arrampicata in corda doppia, scrambling, trekking e nuoto; è molto praticato a Dalat. Non lesinate sulla sicurezza; rivolgetevi solo ad agenzie affidabili e consolidate. Purtroppo alcuni viaggiatori hanno perso la vita nel corso di una spedizione di canyoning a Dalat.

ATTIVITÀ PER AREE

Dove trovare le migliori attività outdoor del Vietnam.

Parchi nazionali

1. Phong Nha-Ke Bang (p156)
2. Cat Tien (p248)
3. Ba Be (p130)
4. Cat Ba (p100)

Trekking

1. Bac Ha (p114)
2. Dong Van (p124)
3. Sapa (p108)
4. Mai Chau (p117)

Grotte, arrampicata, canyoning e rafting

1. Parco Nazionale di Phong Nha-Ke Bang (p156)
2. Parco Nazionale di Cat Ba (p100)
3. Dalat (p250)

Bicicletta
1 Dalat (p250)
2 Delta del Mekong (p299)
3 Hoi An (p192)
Sport acquatici
1 Mui Ne (p229)
2 My Hoa (p227)
3 Isola di Cat Ba (p100)
4 Spiaggia di Bai Dai (p226)
Sub e snorkelling
1 Isole Con Dao (p325)
2 Phu Quoc (p343)
3 Nha Trang (p220)
4 Isole Cham (p198)
THAILANDIA
BANGKOK
Golfo di Thailandia
CAMBOGIA
Siem Reap
Battambang
PHNOM PENH
Mar Cinese Meridionale (Mare Orientale)
Danang
Hoi An
Tam Ky
Quang Ngai
Kon Tum
Pleiku
Quy Nhon
Bai Xep
Tuy Hoa
Buon Ma Thuot
Nha Trang
Dalat
Phan Rang – Thap Cham
Phan Thiet
Mui Ne
Tay Ninh
Ho Chi Minh City
Vung Tau
Chau Doc
Ha Tien
Vinh Long
My Tho
Ben Tre
Rach Gia
Can Tho
Soc Trang
Ca Mau
Bac Lieu
Isole di Phu Quoc
Isole Con Dao

LA GUIDA

In questa sezione i capitoli sono articolati in centri di riferimento e aree circostanti. I centri di riferimento sono le località da scegliere come basi d'appoggio, dove vivere esperienze uniche, scoprire curiosità locali e approfittare dei consigli della gente del posto. Sono anche le porte d'accesso all'area circostante, dove potrete rendervi conto delle opzioni disponibili.

A pesca sul Fiume Quay Son, Cao Bang (p128)

QUANG NGUYEN VINH/SHUTTERSTOCK ©

HANOI

UNA CITTÀ IN MOVIMENTO

La capitale del Vietnam ha un carattere ben definito con il suo guazzabuglio architettonico, il traffico caotico e la popolazione sempre vivace.

Quest'antica città tiene un piede in un passato affascinante e con l'altro avanza sicura di sé verso il futuro. Con milioni di motociclette, si sveglia in un incessante frastuono di clacson, mentre nella foschia si intravedono vestigia risalenti alla dominazione francese e all'influenza cinese. Esplorate le strade e i vicoli di Hoan Kiem e del Quartiere Vecchio, dove le famiglie artigiane lavorano i loro prodotti. Praticate il tai chi all'alba, e al tramonto giocate a scacchi con gli anziani dalle corte barbette. Gustate del cibo divino a ogni angolo, frugate tra i prodotti del mercato, scoprite una scena artistica in evoluzione e andate a caccia del caffè perfetto, magari servito con un uovo. Incontrate la gente, intrufolatevi nel passato e assistete alla costante evoluzione di questa città bellissima e caotica.

L'imperatore Ly Thai To trasferì qui la capitale nel 1010 d. C. dandole il nome di Thang Long (Drago Volante); fu poi ribattezzata Hanoi dall'imperatore Tu Duc nel 1831, dai termini *ha* ('fiume') e *noi* ('interno'), per l'ubicazione su un'ansa del Song Hong (Fiume Rosso). Hanoi fu la capitale dell'Indocina francese prima di diventare un bastione del comunismo vietnamita. Durante la guerra del Vietnam pesanti bombardamenti distrussero parti della città e uccisero centinaia di civili. Obiettivo principale fu il ponte di Long Bien (lungo 1682 m) che, data la posizione strategica, fu ripetutamente bombardato dall'aviazione americana; dopo ogni attacco i vietnamiti riuscirono sempre a sostituire la campate e a ripristinare il traffico stradale e ferroviario.

Si dice che gli americani sospesero gli attacchi solo quando le autorità vietnamite decisero di impiegare i prigionieri di guerra statunitensi (POW) nelle riparazioni al ponte, che è un simbolo della tenacia degli abitanti di Hanoi. La città conserva ricche decorazioni coloniali e sovietiche, templi nascosti e un labirinto di vicoli. Se una modernizzazione vorace può avere soffocato in parte la vivace tavolozza di Hanoi, con influenze vietnamite, cinesi, francesi e russe, restano ancora invitanti angoli tradizionali nel mare vorticoso dell'edilizia moderna.

AREE PRINCIPALI

LAGO HOAN KIEM
Il cuore geografico e spirituale di Hanoi.
p66

IL QUARTIERE VECCHIO
Un antico, labirintico quartiere di scambi commerciali.
p72

IL QUARTIERE FRANCESE
Viali, dimore signorili, parchi e laghi.
p78

A sinistra: Train Street (p74). Sopra: Il Quartiere Vecchio (p72)

Per orientarsi

Sulla carta Hanoi è una delle metropoli più grandi del Sud-est asiatico, ma la sensazione che si ha è quella di un colossale agglomerato di enormi villaggi. Il Lago Hoan Kiem è il centro da cui la città si estende in ogni direzione.

DALL'AEROPORTO

Il Noi Bai International Airport dista 35 km da Hanoi, in direzione nord, e si raggiunge in circa 45 min di auto. Molti alberghi organizzano il trasporto a prezzi competitivi; in alternativa ci sono dei taxi fuori dall'aeroporto (insistete perché usino il tassametro) e l'autobus 86 arancio, che passa dal Quartiere Vecchio.

TAXI

Per spostarvi tra i quartieri avrete bisogno di un taxi o di un Grab (l'Uber del Sud-est asiatico). Potete fermarli quasi ovunque per strada con un cenno ma chiedete sempre al conducente di usare il tassametro. Scaricatevi l'app di Grab per calcolare tariffe e tempi.

BICICLETTA

Ad Hanoi è meglio lasciare la moto a chi è estremamente pratico della città; ci sono però alcune zone molto piacevoli da girare in bicicletta, come i dintorni del Lago Ovest. Sia la bici sia il cyclo (un ciclotaxi a tre ruote) sono ottimi modi per raggiungere le mete vicine.

A PIEDI

Il modo migliore per esplorare i quartieri di Hanoi è affidarsi alle proprie gambe. Il traffico segue regole diverse da quelle in vigore a casa vostra, quindi abbiate cura di osservare come fanno i pedoni locali, prima di buttarvi nella mischia con loro.

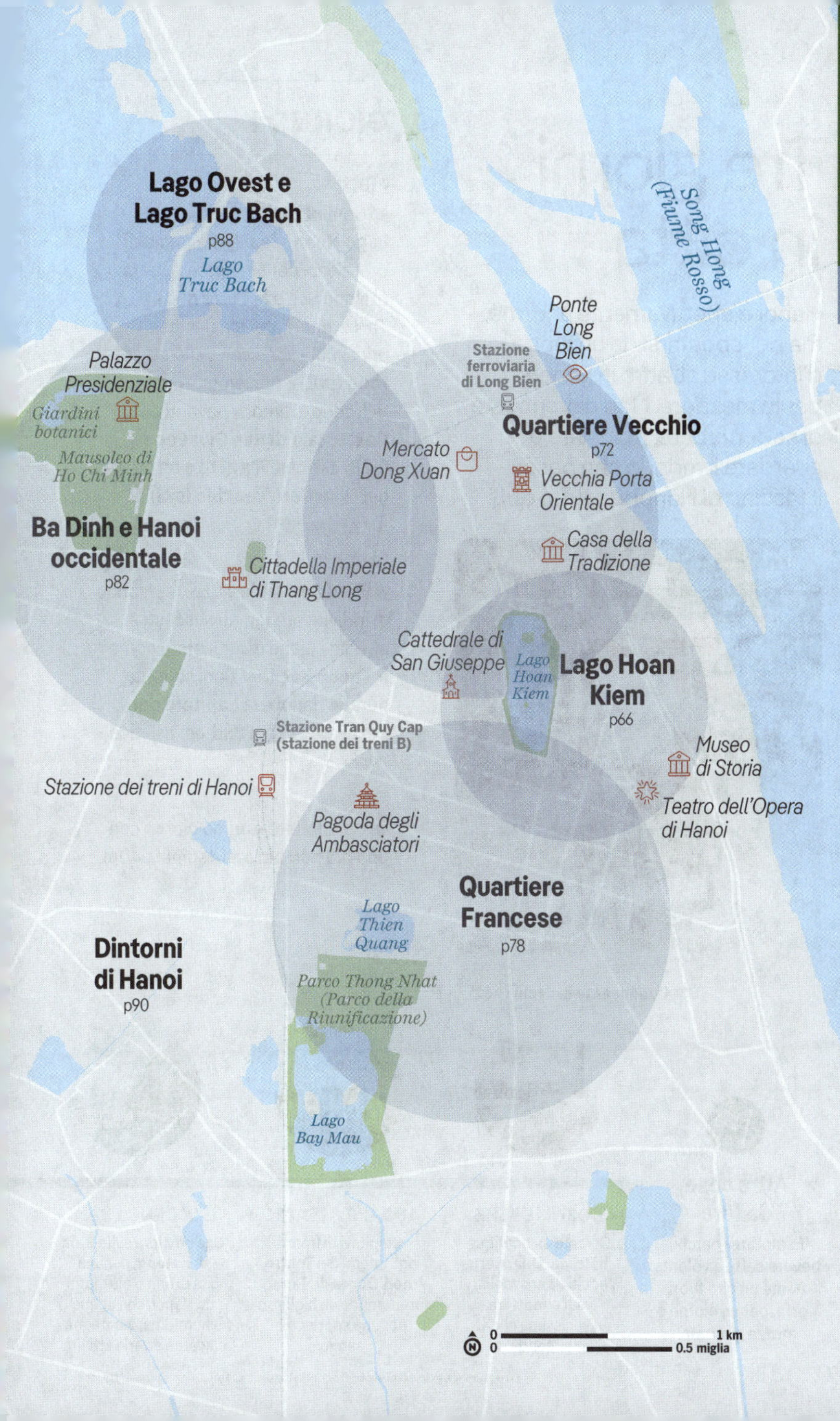
Lago Ovest e Lago Truc Bach
p88
Lago Truc Bach
Song Hong (Fiume Rosso)
Ponte Long Bien
Stazione ferroviaria di Long Bien
Palazzo Presidenziale
Giardini botanici
Mausoleo di Ho Chi Minh
Quartiere Vecchio
p72
Mercato Dong Xuan
Vecchia Porta Orientale
Casa della Tradizione
Ba Dinh e Hanoi occidentale
p82
Cittadella Imperiale di Thang Long
Cattedrale di San Giuseppe
Lago Hoan Kiem
Lago Hoan Kiem
p66
Stazione Tran Quy Cap (stazione dei treni B)
Museo di Storia
Stazione dei treni di Hanoi
Teatro dell'Opera di Hanoi
Pagoda degli Ambasciatori
Quartiere Francese
p78
Lago Thien Quang
Dintorni di Hanoi
p90
Parco Thong Nhat (Parco della Riunificazione)
Lago Bay Mau
0
1 km
0
0.5 miglia

Tre giorni in città

Hanoi è effettivamente enorme, ma per spostarsi da un luogo d'interesse all'altro in genere basta mezz'ora. Non dimenticate di sedervi, bere, mangiare e guardare il mondo che passa – il fascino di Hanoi sta tutto qui.

Conducente di cyclo (p62)

GIORNO 1

Mattino

- Cominciate con un giro del **Lago Hoan Kiem** (p66) prima di colazione, per ammirare il Tempio di Ngoc Son e la **Torre della Tartaruga**. Fate una gustosa prima colazione con dello **street food** (p70) e poi fermatevi per un tè freddo al limone davanti alla **Cattedrale di San Giuseppe** (p68). Dirigetevi a nord e tuffatevi nel **Quartiere Vecchio** (p72).

Pomeriggio

- Perdetevi tra le viuzze, cercando di individuare templi nascosti e stradine piene di atmosfera come **P Thuoc Bac** (p77); poi scoprite perché Hanoi è la **capitale del caffè** (p400) del Sud-est asiatico.

Sera

- Concludete il primo giorno con una **bia hoi** (birra alla spina; p406).

Altre cose da fare

Esplorate i parchi, bevete caffè a volontà e fate un giro fuori porta, per un giorno o mezza giornata.

DORMIRE BENE

Cercate un boutique hotel nel **Quartiere Vecchio** per svegliarvi nell'atmosfera vivacissima che vi circonda.

ANDARE A TEATRO

Stupitevi di fronte agli interni del **Teatro dell'Opera di Hanoi** prenotando un biglietto per uno spettacolo serale.

IN CROCIERA

Una crociera sulla **Baia di Halong**, per una gita di uno o più giorni da Hanoi, con acque smeraldine, montagne calcaree e varie attività.

GIORNO 2

Mattino

- Cominciate sfogliando la storia di Hanoi a **Ba Dinh** (p82), alla **Cittadella imperiale di Thang Long** (p85) e al **Complesso del Mausoleo di Chi Minh** (p82). Pranzate in un ristorante in una delle vie del quartiere.

Pomeriggio

- Ricaricatevi in un caffè, come il **Manzi Art Space and Cafe** (p85), prima di andare al **Lago Truc Bach** (p88) a nord, per un po' di calma. Fate il giro del lago, provate qualche spuntino tradizionale e visitate la **Pagoda di Tran Quoc**. Fermatevi fino al tramonto.

Sera

- Optate per una cena elegante nel **Quartiere Francese** (p78).

GIORNO 3

Mattino

- Dopo la prima colazione tornate al **Quartiere Francese** (p78) per visitare la **Prigione di Hoa Lo** (p80) oppure il **Museo delle Donne Vietnamite** (p78). Poi sarà tempo di tornare nel **Quartiere Vecchio** (p72) per altro street food.

Pomeriggio

- Dopo pranzo andate a ovest al **Tempio della Letteratura** (p86) e poi ancora più a ovest fino al **Museo di Etnologia** (p87), un luogo essenziale per chi vuole visitare i **monti settentrionali** (p90). Belli anche gli spettacoli di marionette sull'acqua.

Sera

- Girate per i cocktail bar di **Hoan Kiem** (p66) e del **Quartiere Vecchio** (p72) per concludere il vostro soggiorno ad Hanoi.

ATTRAVERSARE I BINARI

Visitate la **Train Street** nel Quartiere Vecchio, da ammirare quando le autorità lo consentono.

MANGIARE E BERE COME I LOCALI

Tornate al **Quartiere Vecchio** per mangiare e bere; non esageriamo a dire che le possibilità sono infinite.

ESPLORARE ENCLAVE EXPAT

Il **Lago Ovest** è il cuore della vita dei residenti stranieri, con strade alberate, caffè e ristoranti internazionali.

FUGGIRE DALLA CITTÀ

Oltre la Baia di Halong ci sono villaggi di artigiani, antiche pagode e parchi nazionali, come il **Ba Vi**.

LAGO HOAN KIEM

IL CUORE GEOGRAFICO, CULTURALE E SPIRITUALE

A collegare il Quartiere Vecchio con il Quartiere Francese è il lago più grazioso della città, Hoan Kiem, un comodo punto di riferimento per orientarsi ad Hanoi. Va esplorato in qualsiasi momento della giornata, ma l'alba e il tramonto sono particolarmente romantici se amate le fotografie o le passeggiate.

I campanili gemelli della Cattedrale di San Giuseppe – l'eredità ecclesiastica più evidente della città – si ergono a ovest del lago. Ammirate la scena della chiesa e della piazza con un cappuccino o un tè freddo al limone da uno dei numerosi caffè posizionati ad arte. Altre splendide vestigia della tradizione francese si trovano sul lato sud-orientale del lago: il Teatro dell'Opera di Hanoi è uno stravagante residuo del Vietnam coloniale e il Museo di Storia Nazionale cerca di fondere stili architettonici europei e asiatici.

IL CONSIGLIO

Hoan Kiem assume una personalità diversa nei weekend, quando le strade che circondano il lago sono chiuse al traffico: la zona è presa d'assalto da gruppi hip-hop, bambini che guidano le loro Ferrari giocattolo e musicisti di strada, creando un'atmosfera caotica e gioviale. È il momento migliore per visitare il lago.

Torre della Tartaruga, Lago Hoan Kiem

Lago Hoan Kiem

UN LAGO FOTOGENICO E RICCO DI ATMOSFERA

Narra la leggenda che intorno alla metà del XV secolo il cielo inviò all'imperatore Le Loi una spada magica con la quale scacciò i cinesi dal Vietnam. Al termine della guerra, una grande tartaruga dorata afferrò la spada e scomparve nelle profondità del lago per restituirla ai suoi divini proprietari, da cui il nome Ho Hoan Kiem (Lago della Spada Restituita). Intorno al lago si trovano numerose strutture antiche, come la porta d'accesso alla pagoda **Thap Hoa Phong** (Torre Hoa Phong). La fatiscente **Thap Rua** (Torre della Tartaruga), all'estremità sud, è uno dei simboli di Hanoi.

Tempio di Ngoc Son

TEMPIO SULL'ISOLA

Il tempio più visitato di Hanoi, il cui nome significa 'Tempio della Montagna di Giada', sorge su un isolotto nella parte settentrionale del Lago Hoan Kiem ed è collegato alla terraferma da un elegante ponte rosso (Cau The Huc), in classico stile vietnamita, che viene illuminato di sera. Il tempio ha secoli di storia ed è dedicato ad alcune figure leggendarie, reali e mitologiche, tra cui il generale Tran Hung Dao (che sconfisse i mongoli nel XIII secolo), La To (santo patrono dei medici) e alla tartaruga che secondo alcuni ancora si aggira in queste acque.

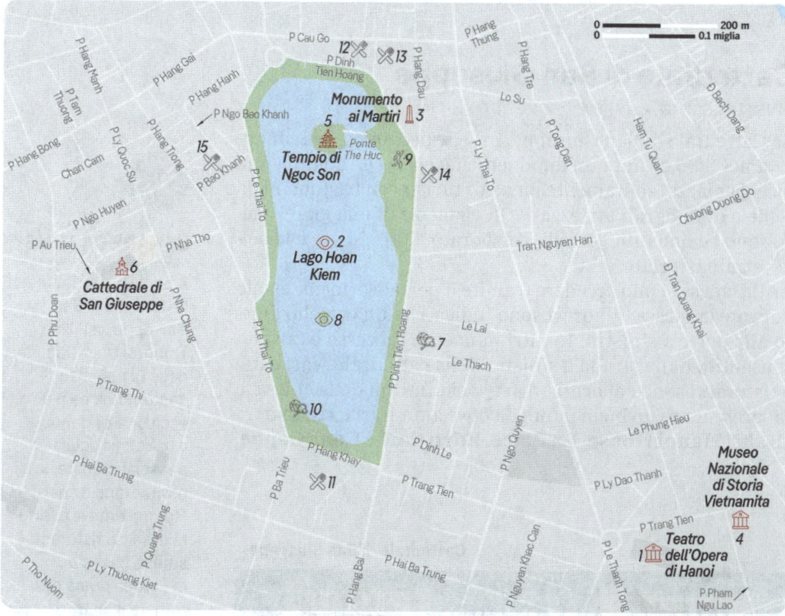

DA NON PERDERE
1 Teatro dell'Opera di Hanoi
2 Lago Hoan Kiem
3 Monumento ai Martiri
4 Museo Nazionale di Storia Vietnamita
5 Tempio di Ngoc Son
6 Cattedrale di San Giuseppe

DA VEDERE
7 Laughter Yoga
8 Thap Rua

ATTIVITÀ, CORSI E TOUR
9 Latin Dance
10 Tai Chi

PASTI
11 Bun Dau Co Tuyen Mam Tom Hang Khay
12 Bun Thang Co Binh
13 Long Vi Dung Nom Thit Bo Co
14 Pho Thin
15 Quan Banh Cuon Bao Khanh

Il ponte Cau The Huc dal Tempio Ngoc Son

Cattedrale di San Giuseppe

CRISTIANESIMO, CAFFÈ E TÈ FREDDO AL LIMONE

La Cattedrale di San Giuseppe, in stile neogotico, fu inaugurata nel 1886 e vanta un'imponente facciata che domina una piccola piazza, solitamente piena di turisti con bastoncini da selfie e di fotografi attrezzati. Gli elementi di maggiore spicco sono i campanili gemelli, l'elaborato altare in oro e le belle vetrate istoriate.

Alla chiesa si può accedere tramite il portale principale solo durante la messa; gli orari sono indicati su un cartello affisso alle porte a sinistra. In altri momenti, l'accesso è talvolta consentito dalla strada a sinistra della cattedrale. Vari caffè e ristoranti sono collocati ad arte nei dintorni della chiesa, e rappresentano un buon punto da dove ammirarla; citiamo tra gli altri **Hanoi House**, **La Place**, **Eden Café** e **Cong Caphe**.

CENARE DA TUNG

A pochi passi dalla Cattedrale di San Giuseppe, in P Nha Trung, si trova una delle esperienze gastronomiche più esclusive di Hanoi e un'ottima scusa per scialacquare. Il proprietario e chef **Hoang Tung** si è fatto le ossa nei ristoranti stellati Michelin in Europa prima di tornare in patria e creare un ristorante che combina sapori asiatici e minimalismo scandinavo. C'è solo un menu degustazione che cambia con le stagioni, ed è necessario prenotare. Anche **Kuusi by TUNG**, il cocktail bar, ha un menu di assaggi studiato con cura.

Cattedrale di San Giuseppe

FATE UNA SOSTA

Sparsi intorno alla cattedrale noterete vari caffè con tavoli sul marciapiede, che servono bicchieri di tè freddo al limone e piattini di plastica di semi di girasole, apprezzati da teenager e studenti squattrinati.

Monumento ai Martiri

UNA STATUA CHE COMMEMORA GLI EROI DI GUERRA

Questo monumento drammatico raffigura una donna con una spada, un uomo con un fucile e un altro con una torcia. La scritta alla base, in vietnamita, recita 'determinati a morire per la nascita della nazione'. Eretto in memoria dei caduti per l'indipendenza del Vietnam, si trova in un piccolo parco che spesso ospita eventi culturali, come festival che celebrano l'artigianato tradizionale vietnamita, o la sua cucina.

CARRIE FEREDAY/SHUTTERSTOCK ©

Monumento ai Martiri

Teatro dell'Opera di Hanoi

MAESTOSA STRUTTURA COLONIALE SEDE DI SPETTACOLI

Questo audace palazzo neoclassico, icona dell'Indocina francese, con le sue colonne e cupole gotiche è un capolavoro imperdibile. Il teatro, che ha una capienza di 900 posti, fu costruito nel 1911 su modello del Palais Garnier di Parigi, ma con una scelta di colori ben più originale. Da uno dei suoi balconi il 16 agosto 1945 il Comitato dei Cittadini del Viet Minh annunciò di aver riconquistato la città.

Per assistere a uno spettacolo e ammirare i sontuosi interni, prenotate i biglietti all'ingresso oppure online sul sito ticket vn.com; il programma comprende balletto, musica classica, teatro tradizionale e arte acrobatica contemporanea. Quasi ogni weekend sull'elegante scalinata anteriore si possono vedere coppie di sposi in posa davanti al fotografo.

Museo Nazionale di Storia Vietnamita

INTERESSANTI MOSTRE E ARCHITETTURA D'EFFETTO

Costruito tra il 1925 e il 1932, lo splendido edificio che ospita questo museo era in passato la sede della École Française d'Extrême-Orient. Il suo architetto, Ernest Hebrard, fu tra i primi in Vietnam a fondere nei suoi lavori elementi stilistici cinesi e francesi. Tra i pezzi più pregevoli della collezione figurano alcuni bronzi della cultura Dong Son (dal III secolo a.C. al III secolo d.C.), statue hindu dei regni khmer e champa, gioielli del Vietnam imperiale e materiale riguardante l'occupazione francese e il Partito Comunista. Le informazioni fornite sono sufficienti se volete visitarlo da soli, ma prenotando per tempo una visita guidata potrete comprendere molto meglio i reperti in mostra.

MIGLIORI CAFFÈ DI HOAN KIEM

Kohibito
Caffè artigianale sulla strada P Dinh Le; frequentato da impiegati in giacca e cravatta all'ora di pranzo.

Café Dinh
Nascosto in un vicolo su P Dinh Tien Hoang, serve caffè con l'uovo, una specialità di Hanoi.

The Note Coffee
Il più grazioso, in P Luong Van Can; specializzato in post it sinceri e affettuosi.

ALTRE IDEE PER HOAN KIEM

Passeggiata all'alba

OSSERVARE IL LAGO AL SORGERE DEL SOLE

Vale assolutamente la pena di alzarsi all'alba e fare il giro del **Lago Hoan Kien** perché le sponde fungono da pista da corsa, sala da ballo, palestra di yoga e così via. Si comincia verso le 5 e i jogger sono i primi a presentarsi; **Laughter Yoga** inizia in genere prima delle 6 al **Parco Ly Thai To** in P Dinh Tien Hoang ed è aperto a tutti, anche a chi vuole soltanto guardare; vi troverete molti anziani chiacchierini. L'aerobica, i balli latini e il tai chi, che si sono ritagliati gli angoli nord-occidentale e sud-orientale del lago, iniziano dalle 6; sono gruppi solitamente pre organizzati ed è consigliabile non inserirsi, a meno che non siate invitati a farlo.

Sul lato nord-orientale del lago, in P Le Thai To, c'è una piccola palestra all'aperto. Vi chiederanno di fare una donazione per il mantenimento delle attrezzature, se volete utilizzarle.

Pranzo nel quartiere

PROVARE LE SPECIALITÀ LOCALI

Nonostante il fascino turistico della zona, tutte le strade e i vicoli che si diramano dal Lago Hoan Kiem sono gremiti di apprezzati localini di street food. Il *pho* (in foto; zuppa di noodles di riso) è il piatto nazionale del Vietnam eppure ha un sapore completamente diverso a seconda del luogo in cui lo servono. Per la versione di Hanoi di quest'icona gastrono-

GPOINTSTUDIO/SHUTTERSTOCK ©

DOVE DORMIRE A HOAN KIEM

Le vie Hang Hanh e Bao Khanh
Vivaci strade a pochi passi dal lago, con una manciata di opzioni economiche e di livello medio. $

Silk Path Boutique Hanoi
Il miglior boutique hotel di Hoan Kiem ha poche stanze, alcune con vista sul lago. Servizio caloroso, invitante. $$

Zephyr Hotel
Albergo di fascia media affidabile ma datato, un'ottima ubicazione. Le camere sul davanti guardano il lago. $$

DMYTRO GILITUKHA/SHUTTERSTOCK ©

Lezioni di ballo nei pressi del Lago Hoan Kiem (p66)

I MIGLIORI COCKTAIL BAR DI HOAN KIEM

Tadioto
Cocktail e wine bar a luci soffuse, nonché fulcro culturale fondato dal giornalista Nguyen Qui Duc.

Leo's
Vistosa mixology, baristi piacevoli e musica dal vivo in un'atmosfera moderna stile speakeasy. Tranquillo durante la settimana.

Kumquat Tree
Cocktail bar di qualità; diventa un piccolo nightclub nei weekend.

KANG_KEW/SHUTTERSTOCK ©

Cocktail flambé

mica provate il *pho bo* (zuppa di noodles con manzo) al Pho Thin, incastonato in una viuzza di P Dinh Tien Hoang. Ciotole fumanti di *bun thang* (zuppa di noodles con pollo), piatto poco noto dello street food di Hanoi, nato da una zuppa curativa, si trovano in P Cau Go nei piccoli ristorantini al coperto come **Bun Thang Co Binh**.

Appena svoltato l'angolo nella compatta P Hoan Kiem, un crocchio di locali con tavoli sul marciapiedi servono *nom bo* (insalata di manzo), che combina manzo essiccato, menta fresca, arachidi tostate, papaya verde alla julienne e un condimento a base di salsa di pesce, dolce e speziato. **Long Vi Dung Nom Thit Bo Co**, all'angolo tra P Cau Go e P Hoan Kiem, è uno dei tanti locali di qualità.

La risposta vietnamita ai dumpling cinesi è il *banh cuon*, in carta di riso al vapore arrotolata, con carne macinata e verdure (in genere maiale e funghi orecchio di giuda, anche se esistono altre varianti). Lo troverete in P Bao Khanh da **Quan Banh Cuon Bao Khanh**, un ristorante che è passato dalle mani di almeno tre generazioni di donne; cercate i grandi pentoloni fumanti all'entrata.

Uno dei piatti più discussi di Hanoi è il *bun dau mam tom* (tofu fritto con noodles, insalata e una salsa di gamberi fermentati). È proprio questo intingolo piccante a dividere gli animi, ma può essere sostituito con salsa di soia o di pesce. Provatelo al **Bun Dau Co Tuyen Mam Tom Hang Khay** in P Chua Vu Thach, una traversa di P Hang Khay.

DOVE DORMIRE A HOAN KIEM

Sofitel Legend Metropole
Un leggendario heritage hotel con strati di storia e una lunga lista di ospiti famosi, da politici a celebrità. **$$$**

Apricot Hotel
Un hotel sul lago a tema artistico, con un design neoclassico e dotato di bar e piscina sul tetto. **$$$**

Capella Hanoi
Albergo di lusso, postmoderno, in stile operistico sopra le righe con vari extra, come la degustazione di cocktail. **$$$**

QUARTIERE VECCHIO

STORIA, TRADIZIONE, CHARME E CAOS

Il Quartiere Vecchio testimonia oltre un millennio di traffici, commerci e attività e non dà segno di voler rallentare il ritmo. Benché il nome evochi immagini di antiche vie illuminate dai lampioni, con case in legno di mercanti e artigiani, in realtà il Quartiere Vecchio è molto più prosaico e concreto che romantico, ma ha un fascino tutto suo e gran parte della sua attrattiva sta proprio nella percezione di una comunità vivace e pulsante.

Nel XIII secolo qui si stabilirono le 36 corporazioni di Hanoi, ciascuna in una via diversa, da cui l'originario nome vietnamita della zona 36 Pho Phuong ('vie delle 36 corporazioni'). Ormai le vie del quartiere sono più che raddoppiate e di solito si indicano con 'Hang' più il termine del prodotto venduto nella zona. Tra le vie specializzate ricordiamo P Hang Thiec, con gli oggetti in metallo, e P Hang Gai, con sete, oggetti laccati e dipinti. Una passeggiata nel Quartiere Vecchio può durare da un'ora a un'intera settimana, a seconda dei ritmi e delle preferenze.

IL CONSIGLIO

Non abbiate timore a infilarvi nei vicoli del Quartiere Vecchio, anche se vi sembrano una proprietà privata. Queste viuzze sono passaggi pubblici ed esplorandole a caso si scoprono scorciatoie, templi clandestini e oscure strutture architettoniche. Se state entrando dove non dovete, la gente del posto ve lo farà sapere. Dite *xin loi* (scusa) e tornate indietro.

Interno della Casa della Tradizione

Casa della Tradizione

UN RARO RIFUGIO STORICO

Una delle dimore meglio ristrutturate del Quartiere Vecchio è questa casa tradizionale, arredata in maniera sobria ma con gusto, con stanze piene di mobili pregiati disposte intorno a due cortili. Notate i gradini tra le varie stanze, inseriti per fermare il flusso di energia negativa intorno alla casa. Qui si vendono oggetti di artigianato e gioielli in argento, ceste e set per il tè alla vietnamita; talvolta può capitare di vedere un calligrafo o altri artigiani al lavoro.

Vecchia Porta Orientale

ANCORA IN PIEDI

Delle 16 porte medievali resta soltanto questa in pietra e mattoni (*Cua O Quan Chuong*; in foto), ma rende davvero spettacolare l'ingresso o l'uscita dal Quartiere Vecchio. La porta segna l'inizio di P Hang Chieu ('via delle stuoie'), chiamata così per i negozi – ormai pochi – in cui si compravano le stuoie di bambù arrotolabili, utilizzate per dormire.

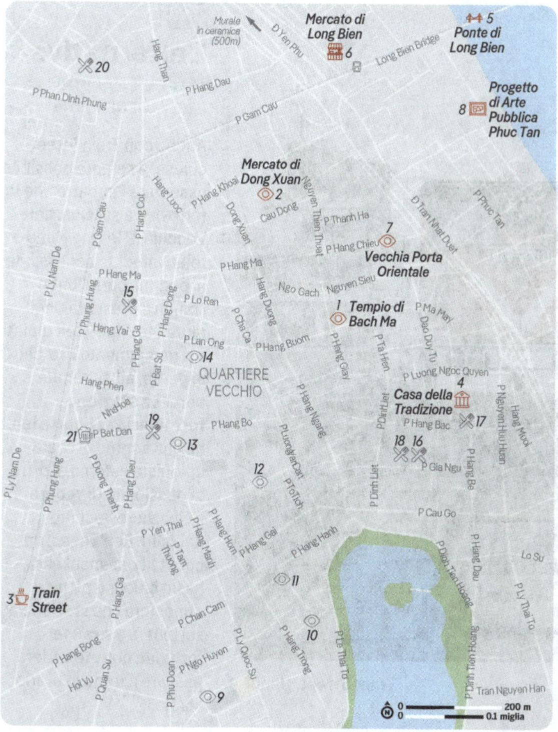

DA NON PERDERE
1 Tempio di Bach Ma
2 Mercato di Dong Xuan
3 Train Street
4 Casa della Tradizione
5 Ponte di Long Bien
6 Mercato di Long Bien
7 Vecchia Porta Orientale
8 Progetto di Arte Pubblica Phuc Tan

DA VEDERE
9 P Au Trieu
10 P Bao Khanh
11 P Hang Hanh
12 P Hang Quat
13 P Hang Thiec
14 P Thuoc Bac

PASTI
15 Bánh Cuốn Gia Truyền Thanh Vân
16 Bún Cá Sâm Cây Si
17 Bún Chả Que Tre
18 Bun Ngan Nhan
19 Phố Bát Đàn
20 Phở Gà Tình

LOCALI
21 Pub di bia hoi

Tempio di Bach Ma

FORSE IL PIÙ ANTICO DELLA CITTÀ

Si dice che il piccolo Tempio di Bach Ma ('Tempio del Cavallo Bianco'; in foto), nel cuore del Quartiere Vecchio, sia il più antico ad Hanoi, anche se gran parte dell'attuale struttura risale al XVIII secolo e il santuario dedicato a Confucio è un'aggiunta del 1839.

Il tempio fu fatto costruire dall'imperatore Ly Thai To nell'XI secolo, in onore del cavallo bianco che l'aveva guidato fino al luogo dove avrebbe poi deciso di erigere le mura cittadine. Oltrepassate le splendide porte antiche in legno, all'interno della pagoda si possono ammirare la statua del leggendario destriero bianco affiancato da due simboli di longevità e una bella portantina funebre laccata in rosso.

SALAJEAN/SHUTTERSTOCK ©

A SINISTRA: CESARE PALMA/SHUTTERSTOCK © IN BASSO: EFIRED/SHUTTERSTOCK ©

Train Street, Hanoi

L'alternativa

ALTRE OCCASIONI PER VEDERE IL TRENO

Anche con Train Street chiusa, è sempre possibile osservare l'impatto che la ferrovia ha sul Quartiere Vecchio. P Phung Hung è relativamente accessibile ai pedoni, corre lungo i binari e presenta dei murali trompe-l'œil dipinti sul riempimento di archi in pietra, all'estremità nord. **La stazione ferroviaria di Long Bien** ha una sontuosa scala coloniale esterna, e offre la possibilità di vedere il Quartiere Vecchio dall'alto. Bee'Znees, un cocktail bar speakeasy, ha un balcone pieno di atmosfera che si affaccia sui binari, e se siete fortunati potrete vedere passare il treno in orario serale.

Train Street: la via dei binari di Hanoi

IMPRESSIONI INSTAGRAMMABILI

Diventata sensazionale di punto in bianco all'inizio del 2019, la cosiddetta Hanoi Train Street (in foto) aveva già cominciato ad attirare i visitatori con una schiera di caffè aperti lungo i binari nel 2018. Il primo era stato **The Railway Hanoi**, inaugurato – con una partenza in sordina – dall'imprenditrice Thao Quach nel 2017. Gli amanti del caffè si fermavano la sera per guardare il treno che passava sferragliando, poi la voce si è sparsa, i visitatori sono aumentati, altre caffetterie hanno seguito l'esempio e la clientela si è moltiplicata. Le autorità avevano imposto alcune restrizioni, presto revocate quando The Railway Hanoi si è conquistata la gente del posto con progetti a favore della comunità locale, tra cui lezioni di inglese gratuite per i bambini. I residenti sono stati coinvolti sempre di più nella nuova vita di Train Street e molti hanno aperto caffè in casa propria.

Infine, nella convinzione che la ferrovia fosse pericolosa per tutti i suoi ammiratori, le autorità hanno fatto chiudere la strada nell'ottobre 2019, per riaprila nel 2020 visto il calo dei turisti ad Hanoi durante la pandemia. Chiusa di nuovo nel 2022 prima della riapertura dei confini, al momento Train Street resta inaccessibile ai pedoni, ma tentar non nuoce.

A DESTRA: MARK STEPHENS PHOTOGRAPHY/SHUTTERSTOCK © IN BASSO: SURONINSHUTTERSTOCK ©

Mercato di Long Bien

PER CHI SI ALZA PRESTO

Se al mercato di Dong Xuan (p74) si trova praticamente di tutto, quello di Long Bien (in foto) è dedicato agli alimenti. In questo mercato vasto, chiassoso e animato troverete enormi pile di ananas, giardini portatili di erbe aromatiche e verdure, secchi di pesci vivi. Non ci sono bancarelle di souvenir e i turisti sono rari: il mercato di Long Bien serve i ristoranti e i produttori di street food e per questo ha orari scomodi per i visitatori. La scena si anima verso mezzanotte, per spegnersi sul fare del giorno.

Il ponte di Long Bien

SIMBOLO DI RIBELLIONE

Simbolo della tenacia e della resilienza degli abitanti di Hanoi, il ponte di Long Bien (in foto; eretto fra il 1898 e il 1902) fu bombardato ripetutamente durante la guerra del Vietnam e ogni volta prontamente riparato dai vietnamiti. Spesso erroneamente attribuito a Gustave Eiffel (quello della torre parigina), fu in effetti costruito da una compagnia rivale e oggi è utilizzato da treni, pedoni e motorini, che per qualche strano motivo guidano sul lato opposto. Passare a piedi il ponte è il modo migliore per accedere all'**Isola delle Banane**, un gigantesco appezzamento di terra verde che sostiene piantagioni di banane e altre coltivazioni.

Progetto di Arte Pubblica Phuc Tan

ARTE PER TUTTI

Nguyen The Son, un artista locale e docente alla prestigiosa Università delle Belle Arti del Vietnam, ha ingaggiato una squadra di creativi per fondare il Progetto di Arte Pubblica Phuc Tan, una delle installazioni artistiche a cielo aperto più ambiziose di Hanoi. Il progetto è situato dietro il mercato di Long Bien, a sud del ponte di Long Bien e sull'ultima strada prima del fiume. La scelta di un quartiere svantaggiato è dovuta alla convinzione degli artisti, che credono che l'arte possa esistere ovunque e debba essere accessibile a tutti, anche ai poveri. Cercate le scene di vita feudale, le creature mitologiche fatte con vetri rotti e le barche a vela create con bottiglie di plastica riciclate. Trovare le installazioni non è sempre facile, quindi venite preparati con qualche foto sul telefono da mostrare alla gente del posto, che saprà indicarvi dove andare.

MURALE IN CERAMICA

Questo murale in ceramica (in foto), che si estende per vari chilometri lungo l'argine del Song Hong, detiene il Guinness dei primati come il mosaico in ceramica più grande del mondo. I variopinti murales che si susseguono lungo strade trafficate sono realizzati con ceramiche prodotte nella vicina Bat Trang e illustrano vari periodi della storia vietnamita, folklore locale e l'eredità dei vicini paesi del Sud-est asiatico. Artisti locali e internazionali hanno iniziato a lavorarci nel 2007, completandolo nel 2010 per i festeggiamenti dei mille anni della fondazione di Hanoi.

Mercato Dong Xuan

A SINISTRA: BBBIRDZ/SHUTTERSTOCK © IN BASSO: SEREE TRANSRISAWAT/SHUTTERSTOCK ©

Mercato di Dong Xuan

ALTRE POSSIBILITÀ PER FARE WINDOW SHOPPING

Il mercato coperto più grande di Hanoi fu costruito dai francesi nel 1889 e andò quasi completamente distrutto in un incendio nel 1994; l'ingresso con la facciata ad archi è più recente. Al suo interno potete trovare praticamente qualsiasi cosa vi venga in mente, dai prodotti alimentari freschi (e vivi) all'abbigliamento, dai souvenir agli oggetti di artigianato tradizionale e ogni sorta di beni di consumo. Come molti mercati in Vietnam, le bancarelle esondano dall'edificio e si espandono anche nelle strade vicine. P Nguyen Thiep corre verso nord dal mercato e propone mobili in plastica prima di passare sotto un ponte ferroviario molto scenografico. P Nguyen Thien Thuan procede verso sud e ospita banchi improvvisati per la vendita di fiori, frutta e verdura; P Thanh Ha è una strada disordinata con banchi di carne e pesce. Un **mercato alimentare** viene allestito la sera lungo il lato nord di Dong Xuan, ma non è mai riuscito ad attrarre molti clienti. Andate invece a **Chao Suon Sun Huyen** di fronte all'ingresso in P Dong Xuan per mangiare riso e costine a qualsiasi ora, anche la sera.

CAFFÈ NOSTALGICI NEL QUARTIERE VECCHIO

Bancong
In un grande edificio art déco nel cuore del Quartiere Vecchio, con vista splendida.

Loading T
Famoso per il caffè con uovo, situato in una delle dimore più eleganti del Quartiere Vecchio.

Cong Ca Phe
Nostalgia comunista ed eleganza hipster. Ottimo il caffè al cocco.

Dormire in boutique hotel

SISTEMAZIONI PIENE DI ATMOSFERA

Soggiornare nel Quartiere Vecchio è un'esperienza di per sé: questo labirinto di stradine ospita la più alta concentrazione di boutique hotel di tutto il Vietnam e ce ne sono per ogni budget. Scegliere può essere difficile, quindi individuare una strada e cominciare da lì può essere un buon sistema. **P Au Trieu**, **P Hang Hanh** e **P Bao Khanh** sono tutte ben ubicate e offrono molte opzioni. Se volete vivere l'atmosfera delle vie delle storiche corporazioni artigianali, provate **P Thuoc Bac** (la via della medicina tradizionale) che profuma costantemente di erbe officinali, oppure **P Hang Quat** (la via dei ventagli), che vende cimeli religiosi, oppure **P Hang Thiec** (la via degli oggetti in metallo), forse la più grintosa e rumorosa di tutto il Quartiere Vecchio. Tanta varietà significa anche concorrenza, e quindi ottimi affari.

Mangiare nei posti giusti

UNO STREET FOOD CHIAMATO DESIDERIO

Con tante tentazioni culinarie che invitano a rilassare le gambe stanche, è un miracolo che i visitatori riescano a vedere qualcosa ad Hanoi. Troverete street food ovunque nel Quartiere Vecchio, anche nei posti più strani. Cominciate la giornata con un *banh cuon* (carta di riso al vapore farcita di carne macinata e verdure) da **Banh Cuon Gia Truyen Thanh Van**, uno dei pochi locali di *banh cuon* che consente di scegliere tra maiale, pollo e gamberi. Contrariamente all'opinione comune, il piatto preferito ad Hanoi non è il *pho* ma il *bun cha* (maiale grigliato con noodles), che è buono praticamente ovunque, ma potete provarlo da **Bun Cha Que Tre** in Ng Phat Loc. Per una gustosa alternativa al *bun*, per pranzo provate la *bun ca* (zuppa di noodle con pesce fritto) da **Bun Ca Sam Cay Si** o la *bun ngan* (zuppa di noodle con anatra) da **Bun Ngan Nhan**, entrambi su Ng Trung Yen. Molti residenti di Hanoi mangiano il *pho* per colazione, ma se preferite i noodles di sera provate **Pho Bat Dan** in P Bat Dan per il manzo, oppure **Pho Ga Tinh** in P Quan Thanh per il pollo. Una giornata nel Quartiere Vecchio non è completa senza una *bia hoi* (p406), una birra alla spina leggera. Le taverne di *bia hoi* sono sparse per tutto il quartiere e i pub frequentati dalla gente del posto servono sempre cibo di qualità, anche se orientarsi sui menu tradotti male è una vera impresa.

IO VIVO QUI: DOVE BERE COCKTAIL NEL QUARTIERE VECCHIO

Bien Nguyen, co-proprietario del ristorante e caffè **Bancong**. @bancong.hanoi

Bee'Znees
Uno speakeasy ispirato ai ruggenti anni Venti e nascosto dietro una libreria, il Bee'Znees ha un discreto menu di cocktail e suona electro swing.

Ne Boong-ke
Fondato in collaborazione dal creatore del cocktail *pho*, che ha riproposto con successo le spezie e le erbe usate nel tradizionale *pho* di Hanoi per un mix unico e delizioso.

Aura
Un locale sofisticato per bere qualcosa in tranquillità durante la settimana; l'atmosfera si scalda nei weekend. Assicuratevi un posto al bar se ci riuscite.

CAFFÈ NOSTALGICI NEL QUARTIERE VECCHIO

Cafe Giang
Sostiene di aver dato i natali al caffè con l'uovo, da provare assolutamente ad Hanoi.

Lam
Un'istituzione da decenni ad Hanoi, con sede in P Nguyen Huu Huan.

The Hanoi Social Club
Uno dei primi caffè internazionali di Hanoi, va ancora forte – eventi musicali.

QUARTIERE FRANCESE

VIALI ALBERATI E VILLE COLONIALI

Nonostante il nome evocativo, oggi il Quartiere Francese non ha più lo stile e l'eleganza del passato. Le ville un tempo sontuose, utilizzate poi dal Partito Comunista come uffici governativi e alloggi per i programmi di rimpatrio, sono in rovina e hanno bisogno di ristrutturazione; quelle nelle zone edificabili più prestigiose della città sono già state demolite e sostituite da edifici alti e scintillanti, mentre le meglio conservate ospitano ambasciate straniere. In fondo è la chiusura di un cerchio, visto che per creare una città in stile parigino che comprendesse le sedi amministrative, i coloni francesi rasero al suolo le case tradizionali vietnamite insieme a ogni monumento incontrato per strada. Più tranquilla rispetto ad altre zone, questa parte occupa l'area a sud del Lago Hoan Kiem, a ovest del Song Hong fino alla stazione ferroviaria, a sud fino a Cong Vien Thong Nhat (Parco della Riunificazione), e vanta ampie strade pedonali. Fate una passeggiata fra le ambasciate e le ville fatiscenti, immaginando come poteva apparire un tempo il quartiere.

IL CONSIGLIO

Se molti edifici tradizionali sono andati perduti per negligenza e per un'edilizia in espansione, alcune strutture di rilievo restano e vale la pena cercarle mentre passeggiate per il quartiere. Molte, tra cui l'Ambasciata dell'India, si trovano su P Tran Hung Dao.

© SANGA PARK/SHUTTERSTOCK

Museo delle Donne Vietnamite

Stazione ferroviaria di Hanoi

DISCREPANZE ARCHITETTONICHE

Ga Ha Noi (stazione ferroviaria di Hanoi, dal francese *gare*) è un luogo interessante, anche se non avete intenzione di prendere un treno. Costruita nel 1902 in un tipico stile coloniale francese, aveva una sala centrale che fu irrimediabilmente danneggiata dalle bombe americane durante la guerra e adesso di originale restano solo le ali. Dopo la guerra la sala centrale fu sostituita da una gigantesca facciata frangisole modernista, progettata per far sì che l'edificio si raffrescasse naturalmente; gli interni spogli e funzionali hanno perso tutto il loro carattere coloniale. Il retro dell'edificio si può vedere solo se si prende il treno.

Museo delle Donne Vietnamite

LA DONNA NELLA SOCIETÀ E NELLA CULTURA VIETNAMITE

Questo eccellente museo (Bao Tang Phu Nu Viet Nam) illustra il ruolo delle donne nella società e nella cultura del Vietnam, esplorandone ogni aspetto, dagli usi e costumi nel matrimonio alla nascita dei figli; la parte più toccante è dedicata alle eroine di guerra. Vanta una stupefacente collezione di poster di propaganda, ma anche abbigliamento, artigianato rurale e tessuti delle minoranze etniche del paese. Consultate il sito baotangphunu.org.vn per informazioni su eventi e mostre speciali.

DA NON PERDERE
1 Pagoda degli Ambasciatori
2 Tempio Hai Ba Trung
3 Stazione ferroviaria
4 Prigione Hoa Lo
5 Museo delle Donne

DA VEDERE
6 P Ha Hoi
7 Parco della Riunificazione
8 Lago Thien Quang

LOCALI E VITA NOTTURNA
9 L'Espace

Pagoda degli Ambasciatori

PACIFICO RIFUGIO BUDDHISTA

Centro ufficiale del buddhismo ad Hanoi, la Pagoda degli Ambasciatori (Chua Quan Su) splendidamente conservata richiama molti visitatori in occasione delle festività. Durante il XVII secolo qui venivano ospitati gli ambasciatori dei paesi buddhisti, oggi invece vi risiede una comunità di una dozzina circa di monaci e monache, anche se probabilmente non li vedrete durante la vostra visita. Le parole scritte sopra l'arco centrale della bella porta d'accesso sono l'interpretazione vietnamita delle quattro virtù buddhiste: gentilezza, compassione, empatia ed equanimità.

Pagoda degli Ambasciatori

Tempio di Hai Ba Trung

TEMPIO DI QUARTIERE

Situato 2 km a sud del Lago Hoan Kiem, questo tempio fu costruito nel 1142 e dedicato alle sorelle Trung, che, pare, si buttarono in acqua piuttosto che accettare la sconfitta e arrendersi ai cinesi. Ogni anno in gennaio o all'inizio di febbraio il tempio ospita una festa che prevede una pittoresca processione e attività culturali come incontri di lotta e tornei di scacchi con esseri umani al posto delle pedine. Il tempio si affaccia su un lago circolare affiancato da ristoranti che servono *bia hoi* (birra alla spina) e bancarelle di *tra da* (tè freddo), ed è un'interessante istantanea di vita locale nel Quartiere Francese.

Prigione di Hoa Lo

L'HILTON DI HANOI

Questo sito toccante è quanto resta dell'ex Prigione di Hoa Lo, ironicamente soprannominata 'Hanoi Hilton' dai prigionieri di guerra americani durante la guerra del Vietnam.

La maggior parte dei reperti in mostra illustra l'utilizzo della prigione fino alla metà degli anni '50, focalizzandosi soprattutto sulla lotta del Vietnam per l'indipendenza dalla Francia. Particolarmente macabra è l'inquietante ghigliottina francese, usata per decapitare i rivoluzionari vietnamiti. Vi sono anche sezioni dedicate ai piloti americani incarcerati a Hoa Lo durante la guerra del Vietnam, come il senatore John McCain (candidato repubblicano alle elezioni presidenziali del 2008). Si può vedere la tuta di volo di McCain e una fotografia che lo ritrae nel 1967 mentre viene recuperato dal Lago Truc Bach dopo l'abbattimento del suo aereo. L'ampio complesso del penitenziario fu costruito dai francesi nel 1896 per ospitare 450 detenuti, ma le cronache indicano che negli anni '30 vi erano rinchiuse quasi 2000 persone. Hoa Lo non fu un carcere sicuro: nel corso degli anni centinaia di prigionieri riuscirono a fuggire, anche infilandosi nelle griglie dei condotti fognari.

LEOTIE/SHUTTERSTOCK ©

L'ESPACE

Divisione culturale dell'Istituto Francese, L'Espace offre un variegato programma di attività culturali in francese, vietnamita e inglese: ci sono mostre d'arte, conferenze, serate di musica e cinema.

Prigione di Hoa Lo

ALTRE IDEE NEL QUARTIERE FRANCESE

VIETNAM STOCK IMAGES/SHUTTERSTOCK ©

Tempio della Letteratura (p86)

Spingetevi più a sud

PASSEGGIARE TRA PARCHI E VIALI

L'angolo sud-orientale del Quartiere Francese è una parte della città molto affascinante ma visitata di rado dai turisti. **P Ha Hoi** e le vie dei dintorni sono un labirinto di cunicoli e viuzze pieni di ville art déco e caffè molto trendy; provate **ACID8** per un caffè artigianale oppure **The Wiselands** per sorseggiare un caffè tra piante e libri. Appena a sud di questo labirinto si trova **Ho Thien Quang** (Lago Thien Quang), con locali improvvisati sul lungolago e un piccolo crocchio di pagode sulla sponda ovest. Ancora più a sud si incontra uno dei parchi migliori di Hanoi, il **Cong Vien Thong Nhat** (Parco della Riunificazione), un'oasi verde la cui sezione settentrionale ospita spesso festival gastronomici e fiere librarie nei weekend. La palestra a cielo aperto e l'area gioco per bambini si trovano nell'angolo a nord-est, mentre le rive del grande lago che domina il resto del parco sono utilizzate da jogger, ballerini e praticanti di tai chi nel tardo pomeriggio o in prima serata. L'isoletta in mezzo al lago vanta una statua del rivoluzionario Ton Duc Thang che tiene le mani di Ho Chi Minh.

I MIGLIORI CAFFÈ NEL QUARTIERE FRANCESE

Café Thai
Café Thai rifocilla gli abitanti di Hanoi da decenni con caffè vietnamita di qualità servito sui marciapiedi. Si trova in Trieu Viet Vuong, famosa per ospitare caffetterie di ogni forma, dimensione e stile.

Habakuk
Un caffè tranquillo, artigianale, famoso per le bevande a base di espresso. La sera si trasforma in un bistrò elegante.

Toka
In una bella dimora francese riconvertita, con mattoni a vista e un cortile frondoso. Apprezzato da studenti e giovani innamorati.

DOVE MANGIARE NEL QUARTIERE FRANCESE

Uu Dam Chai
Ristorante vegano di buon livello, con un bell'arredo. I piatti di tofu sono gustosi. **$$**

Vua Cha Ca
Versione moderna di *cha ca* (pesce fritto con noodles di riso), tipico piatto di Hanoi. **$$**

Masu
Cibo giapponese superbo, come l'ambiente. Il sashimi non ha eguali ad Hanoi. **$$$**

BA DINH E HANOI OCCIDENTALE

GRANDIOSI MONUMENTI DELLA TRADIZIONE

Ba Dinh è un quartiere ampio che comprende molti siti da visitare, tutti legati all'eredità imperiale della città e alla sua storia politica più recente. L'imponente porta d'accesso e i resti della Cittadella Imperiale di Thang Long sono i protagonisti, con giardini verdeggianti, resti coloniali e bunker militari. A nord-ovest si aprono la Piazza Ba Dinh e i siti legati a Ho Chi Minh, compreso il Mausoleo e il Museo, oltre ad alcuni grandiosi edifici coloniali.

A collegare tutti i siti sono le vie più regali di Hanoi. Costellata di esuberanti alberi piantati dai francesi, P Phan Dinh Phung corre di fianco a ville coloniali in decadenza prima di culminare alla cilindrica Bot Nuoc Hang Dau (Cisterna Hang Dau). P Hoang Dieu è ugualmente imponente e passa dal Parco Lenin e dalla Torre della Bandiera di Hanoi. Dovrete concedervi almeno un paio di giorni per rendere giustizia a questa zona.

IL CONSIGLIO

Se non fosse per il Tempio della Letteratura, Dong Da (p87) non entrerebbe affatto negli itinerari turistici, ma pur se mancano cose da vedere, il quartiere ha abbastanza centri d'arte, laghi pittoreschi e ristorantini locali per allettare gli intrepidi esploratori urbani.

Mausoleo di Ho Chi Minh

IN MEMORIA DI UN EROE

Proseguendo la tradizione inaugurata da Lenin, Stalin e Mao, il Mausoleo di Ho Chi Minh è un monumentale edificio in marmo. Contrariamente al desiderio espresso dallo statista, che aveva chiesto di essere cremato, il mausoleo fu costruito tra il 1973 e il 1975 con materiali fatti arrivare da tutto il Vietnam; le pallide spoglie di Ho Chi Minh giacciono in un sarcofago in vetro all'interno dell'edificio. Il mausoleo resta chiuso in alcuni periodi dell'anno per le consuete procedure di manutenzione.

Vestitevi in maniera decorosa: non sono ammessi pantaloni corti, canottiere e cappelli. Potreste dover lasciare borse, zaini, macchine fotografiche e telecamere all'ingresso, perché all'interno è proibito fotografare. Dall'entrata la fila di visitatori si snoda per diverse centinaia di metri e prosegue all'interno, dove si scorre ad un'andatura lenta ma costante davanti alla salma di Ho Chi Minh.

Con un po' di fortuna potreste riuscire ad assistere al **cambio della guardia** davanti al mausoleo, una cerimonia elaborata che non ha nulla da invidiare a quella di Buckingham Palace.

MUSEO DI HO CHI MINH

Il grande edificio in cemento stile sovietico che ospita il Museo di Ho Chi Minh è un monumento trionfalistico che ripercorre la vita del fondatore del moderno Vietnam. Ospita un'esposizione eterogenea e spesso poco chiara di cimeli di Ho Chi Minh, alcune interessanti fotografie e polverosi documenti sulla fine del colonialismo francese e l'avanzata del socialismo. All'interno è proibito scattare fotografie; alla reception potrebbero controllare le borse.

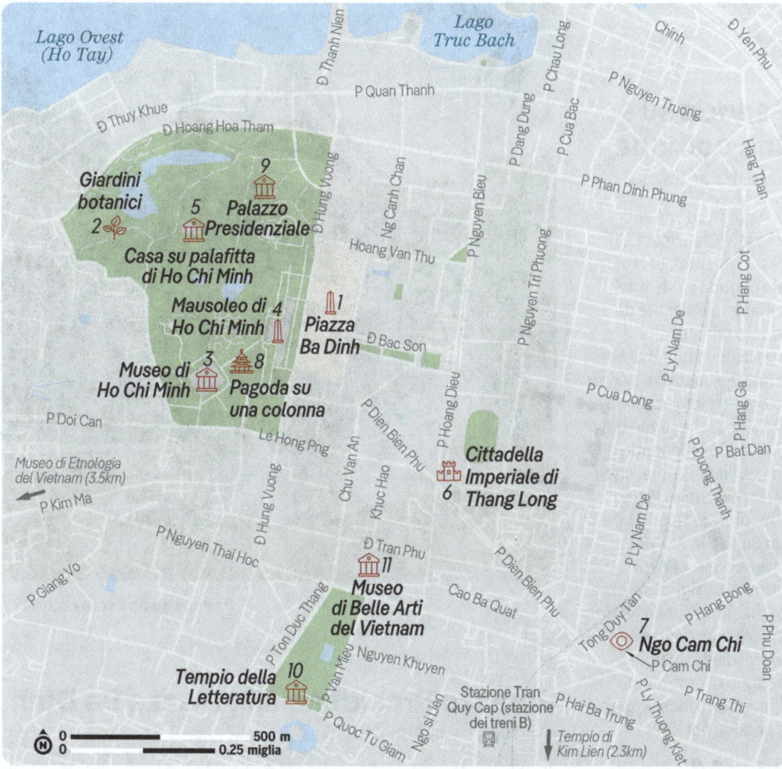

DA NON PERDERE
1 Piazza Ba Dinh
2 Giardini botanici
3 Museo di Ho Chi Minh
4 Mausoleo di Ho Chi Minh
5 Casa su palafitta di Ho Chi Minh
6 Cittadella Imperiale di Thang Long
7 Ngo Cam Chi
8 Pagoda su una colonna
9 Palazzo Presidenziale
10 Tempio della Letteratura
11 Museo di Belle Arti del Vietnam

Casa su palafitta di Ho Chi Minh

L'UMILE DIMORA DI UN EROE

Questa palafitta tradizionale, abitata in maniera discontinua da Ho Chi Minh dal 1958 al 1969, si trova in un giardino accanto a un laghetto pieno di carpe, ed è stata conservata esattamente come la lasciò l'eroe dell'indipendenza. Dagli scorci che si intravedono dalle porte e dalle finestre aperte si riesce a farsi un'idea della vita quotidiana di Ho Chi Minh. La casa viene utilizzata oggi per ricevimenti ufficiali ed è chiusa al pubblico, ma i visitatori possono passeggiare nei giardini, senza allontanarsi dai sentieri.

Casa su palafitta di Ho Chi Minh

Pagoda su una colonna

SIMBOLO DI FORZA

La Pagoda su una sola colonna (Chua Mot Cot) è esattamente questo: una pagoda sostenuta in maniera elegante da un solo pilastro che si erge in uno stagno di fiori di loto. Fu costruita per volere dell'imperatore Ly Thai Tong, che regnò dal 1028 al 1054. Secondo gli annali, l'imperatore, che non aveva eredi, sognò di incontrare Quan The Am Bo Tat, la dea della misericordia, che gli porgeva un figlio maschio. Ly Thai Tong sposò allora una giovane contadina che gli diede un figlio; in segno di gratitudine l'imperatore fece erigere la pagoda nel 1049.

Pagoda su una sola colonna

Palazzo Presidenziale, Piazza Ba Dinh

CENTRO DEL POTERE POLITICO

Il Palazzo Presidenziale (in foto) è una sfarzosa dimora coloniale restaurata, costruita nel 1906 per il governatore generale dell'Indocina. Dipinto di colore giallo, questo capolavoro Beaux-Arts viene utilizzato per i ricevimenti ufficiali e non è aperto al pubblico, ma la antistante Piazza Ba Dinh si presta a piacevoli passeggiate (sotto il sole). Da qui nel 1945 Ho Chi Minh dichiarò l'indipendenza del Vietnam davanti a mezzo milione di persone: da allora è rimasto il cuore politico della città. Di fronte al Palazzo Presidenziale e al mausoleo si trova l'edificio dell'Assemblea Nazionale del Vietnam. A circondare questo edificio squadrato e dominante ci sono una manciata di graziose e ampie strutture come il **Bo Ngoai Giao** (Ministero degli Affari Esteri), splendidamente ristrutturato.

Giardini botanici

GRADITI SPAZI VERDI

Sono stati gli architetti del paesaggio francesi a progettare nel 1890 i Giardini botanici (Vuon Bach Thao), che occupano un ampio lotto dietro il Palazzo Presidenziale. Dopo la sconfitta dei francesi, il nuovo governo aprì il parco al pubblico e da allora è molto apprezzato da chi ama lo sport (dai giocatori di badminton in particolare). Lo spazio verde è ben tenuto, con sentieri che si snodano intorno ad alberi centenari e stagni pieni di rane. Per entrare si paga una piccola cifra che va a coprire i costi di manutenzione.

Museo di Belle Arti del Vietnam

ART For You

UNA VETRINA PER LA CREATIVITÀ

Nel 2014 il Manzi Art Space e il Work Room Four hanno lanciato ART For You, una fiera d'arte non troppo costosa. L'evento ha acquisito prestigio e visibilità sopravvivendo alle paranoie delle autorità locali, agli intralci creati dai proprietari e alle angosce di una pandemia. Il proposito originario era dare spazio al lavoro e al talento della nascente comunità creativa del Vietnam, ma oggi si trovano anche opere di famosi artisti contemporanei; i prezzi vanno da US$25 a US$900. La fiera si svolge in genere verso la fine dell'anno (controllate le date su manziart.space).

Museo di Belle Arti del Vietnam

LA STORIA NELL'ARTE

Il pregevole Museo di Belle Arti occupa i due edifici dell'ex Ministero dell'Informazione Francese. Ospita numerosi tesori artistici, fra cui antiche incisioni cham su pietra e incantevoli raffigurazioni di Quan Am, la dea della misericordia dai mille occhi e dalle mille braccia, che si venera in tutto il lontano Oriente. Ammirate anche le belle statue in legno laccato di monaci buddhisti, risalenti alla dinastia Tay Son, la collezione di arte contemporanea e i dipinti di arte naïf. Quasi tutti gli oggetti sono corredati di spiegazioni in inglese, ma anche le visite guidate sono molto utili; meglio prenotarle, anche se talvolta si riesce ad organizzarle all'ingresso.

Cittadella Imperiale di Thang Long

Cittadella Imperiale di Thang Long

FULCRO DI UN'EREDITÀ PRECOLONIALE

Dichiarata dall'UNESCO Patrimonio dell'Umanità nel 2010, la Cittadella Imperiale fu il centro del potere militare per oltre un millennio. Gli scavi archeologici degli antichi palazzi, dei sontuosi padiglioni e delle porte imperiali sono tuttora in corso. La magnifica porta d'accesso principale (Doan Mon) prende il nome da uno degli ingressi della Città Proibita a Pechino. Nella parte posteriore si trova l'imponente Caserne de la Compagnie d'Ouvriers francese; sul retro, la **Pagoda della Principessa** (Hau Lau) si ritiene ospitasse le concubine imperiali. Ci sono anche interessanti bunker strategici militari risalenti alla guerra del Vietnam, con tanto di cartine e strumenti per le comunicazioni degli anni '60, utilizzati dal leggendario generale Vo Nguyen Giap. Nell'angolo sud si trova l'esagonale **Torre della Bandiera**, un altro simbolo di Hanoi.

MIGLIOR SHOPPING A BA DINH

Manzi
Un caffè e un negozio d'arte contemporanea con pezzi di qualità che organizza regolarmente mostre ed eventi serali. Uno degli organizzatori della fiera d'arte ART For You (p85).

Bookworm
L'unica libreria indipendente in lingua inglese di Hanoi. Ha un'utile sezione di testi letterari vietnamiti di qualità tradotti in inglese.

Craft Link
Una scelta vertiginosa di oggetti di artigianato dei vari gruppi etnici del Vietnam, in particolare quelli del Nord. Vicino al Tempio della Letteratura.

NAYTOONG /SHUTTERSTOCK ©

Tempio della Letteratura

Tempio della Letteratura

UN'ANTICA UNIVERSITÀ

Un raro e ben conservato esempio di architettura tradizionale vietnamita, il Tempio della Letteratura (Van Mieu) rende omaggio agli eminenti studiosi e letterati del paese; è raffigurato anche sulla banconota da 100.000đ. Fondato nel 1070 dall'imperatore Le Thanh Tong, il complesso è dedicato al filosofo Confucio (Khong Tu) e fu sede della prima università, Quoc Tu Giam (1076). Davanti agli altari gli studenti vengono a pregare per ottenere buoni voti, mentre le sale, i laghetti e i giardini delle cinque corti offrono sfondi pittoreschi per le foto di laurea. In origine l'ammissione all'università era riservata agli studenti di famiglia nobile, ma dopo il 1442 fu adottato un sistema più egualitario che ammetteva gli studenti più dotati di tutta la nazione ad apprendere i principi del Confucianesimo, la letteratura e la poesia. Nel 1484 l'imperatore Le Thanh Tong fece collocare nel tempio le stele con i nomi, i luoghi di nascita e i risultati degli allievi più meritevoli: ne rimangono 82 delle 116 originarie, poste sopra statue di tartarughe. Dall'imponente portale in P Quoc Tu Giam alcuni sentieri attraversano dei giardini formali e conducono al **Padiglione di Khue Van**, costruito nel 1802.

DOVE MANGIARE A BA DINH

Pho Huyen
Frequentato dalla gente del posto per il *pho ga* (noodles di pollo) servito a qualsiasi ora. **$**

Quan Cu
Le foto sul menu rendono più semplice scegliere che cosa ordinare al Quan Cu. **$$**

Grill 63
Al 63° piano del Lotte Center, il Grill 63 serve cibo e belle panoramiche. **$$$**

Museo di Etnologia

PARTICOLARMENTE UTILE PER CHI VISITA IL NORD

Il Museo di Etnologia del Vietnam, uno dei migliori di tutto il paese, si trova appena fuori da Ba Dinh, nella zona ovest di Hanoi. Ospita una straordinaria collezione dedicata alle minoranze etniche del paese e comprende opere d'arte tribale, manufatti e oggetti di uso quotidiano provenienti da tutta la nazione. Gli interni, suddivisi su due piani, sono organizzati in ordine geografico ed etnico, rendendo più facile comprendere gli indumenti, i monili, l'architettura e i costumi dei vari gruppi. Ogni angolo del museo è interessante, ma la parte sull'abbigliamento femminile è davvero straordinaria; affascinanti anche le elaborate usanze funebri. Un punto di forza del museo è il **giardino**, che merita le stesse attenzioni e lo stesso tempo dei reperti in mostra: molti gruppi etnici del Vietnam sono stati invitati a costruirvi strutture che meglio rappresentassero la loro architettura tradizionale, quindi aspettatevi di vedere sbucare tra gli alberi case, sale comunitarie e sepolture.

Destinazione Dong Da

UN MICROCOSMO DI VITA LOCALE

Molti visitatori si avventurano a Dong Da soltanto per visitare il Tempio della Letteratura, ma nel resto del distretto, con i suoi quartieri labirintici, i laghi vivaci, i centri culturali, gli importanti templi religiosi e una miriade di ristoranti, praticamente non si incontrano turisti. I laghi (v. box a destra) formano spesso il fulcro centrale di questi quartieri, perché è intorno alle sponde che aprono di preferenza i caffè, i bar, i ristoranti e gli altri luoghi di ritrovo. Dai laghi si diramano in ogni direzione strade e viali residenziali. A Dong Da sono sorti due centri culturali: **Ga Phe**, che organizza laboratori di illustrazione e ha un fantastico negozio di artigianato contemporaneo, e **Complex 01**, un collettivo all'avanguardia con boutique di moda, atelier di arredamento e agenzie creative.

Dong Da è anche sede del più importante sito religioso antico di Hanoi: il **Complesso del Tempio di Kim Lien** (Dinh Kim Lien), da non confondere con la Pagoda Kim Lien a Tay Ho, è uno dei quattro templi guardiani che per mille anni hanno protetto Hanoi dalle forze del male (gli altri tre sono Bach Ma nel Quartiere Vecchio, Voi Phuc a Ba Dinh e Quan Thanh a Truc Bach).

I MIGLIORI LAGHI A DONG DA

Ho Dong Da
La metropolitana sopraelevata vola sopra il Lago Dong Da, conferendogli un'estetica futuristica. Circondato da ristoranti di buon livello.

Ho Xa Dan
Un lago a forma di diamante con un lato pedonale a nord-est, con caffè, juice bar e gelati.

Ho Ba Mau
Il vicino Can-tin Caphe dà il senso di una Hanoi pre-capitalista.

Ho Van Chuong
Lago ovale con un paio di grill e bar di bia hoi. Probabilmente sarete gli unici stranieri.

DOVE MANGIARE A DONG DA

P Ly Van Phuc
Questa strada divide gli animi con pollo alla griglia, birra a poco e dubbi livelli di igiene. **$**

Tam Vi
Cucina del Nord fatta molto bene, in un ambiente pieno di atmosfera. **$$**

Hẻm quán Hoàng Cầu
Un raro ristorante specializzato in piatti del Sud, la cucina vietnamita più dolce. **$$**

LAGO OVEST E LAGO TRUC BACH

UN RIFUGIO IN ACQUA

I due laghi gemelli, il Lago Ovest e il Lago Truc Bach, divisi dall'alberata P Thanh Nhien, si trovano a cavallo di due distretti, Tay Ho e Ba Dinh. Il Lago Ovest, il più grande della città, ha un perimetro di 15 km ed è circondato da eleganti quartieri residenziali, fra cui la zona di Quang An, abitata prevalentemente da residenti stranieri. P Xuan Dieu, che sembra sempre in costruzione, è il fulcro di Quang An ed è costeggiata da boutique, bar e condomini eleganti.

Allontanandosi dai lavori in corso, fonte costante di emicrania per i residenti, l'atmosfera tranquilla contrasta con il caos del Quartiere Vecchio. La zona del Truc Bach, che curva verso ovest intorno al lago, è un piacevole angolo della città, con storie da raccontare: un tempo era l'epicentro della tradizionale fusione del bronzo di Hanoi, ma da allora caffè, ristoranti e street food hanno preso il sopravvento. Qui nel 1967 il futuro candidato repubblicano John McCain cadde con il paracadute dopo che il suo aereo era stato abbattuto.

IL CONSIGLIO

Quang An e Truc Bach sono le zone in cui rifugiarsi quando Hanoi diventa soffocante. Si può trascorrere un pomeriggio intero a passeggiare lungo le strade alberate sui laghi passando da un caffè a un ristorante e a un bar.

Lago Truc Bach

PASSEGGIATA NEL QUARTIERE

Come il Quartiere Vecchio, il Lago Truc Bach si affronta meglio a piedi, ma a differenza del Quartiere Vecchio qui non sarete infastiditi dagli scarichi delle motociclette e dai venditori ambulanti. Sulle rive si ergono due importanti siti religiosi: il **Tempio di Quan Thanh**, un tempio millenario costruito per proteggere Hanoi dalle forze maligne del nord, e la **Pagoda di Tran Quoc**, forse il tempio buddhista più antico di Hanoi, particolarmente apprezzabile al tramonto nelle giornate serene. Quasi di fronte alla pagoda si trova il **Den Thuy Trung Tien** (Tempio di Thuy Trung Tien), un tempio nuovo ma grazioso, su una piccola isola.

Truc Bach porta in tavola una buona quantità di piatti tipici di Hanoi. **Nha Hang Banh Tom Ho Tay** serve *banh tom*, o tortini di gamberi, mentre il **Kem Tuoi Ho Tay** accanto serve convenientissimi *kem* (gelati) che la sera richiamano studenti in motocicletta. Ngu Xa, un'isola collegata da due ponti, è famosa per il *pho chien phong* (manzo saltato e verdure su noodles fritti) e *pho cuon* (involtini freschi con manzo saltato); lungo P Ngu Xa si trovano vari ristoranti che servono cibo tutto il giorno. Per una versione moderna del *pho cuon*, **Ma Xo**, che serve anche caffè e cocktail vista lago, ha sostituito il manzo con il maiale.

TEMPIO DI TAY HO

Proteso sul Lago Ovest, il bel Tempio di Tay Ho è forse il luogo di culto più apprezzato di Hanoi. Molte persone si radunano qui il primo e il 15° giorno di ogni mese lunare per ricevere un po' di fortuna da Lieu Hanh, la principessa dei cieli, a cui il tempio è dedicato. Ancora di più ne accorrono nel mese che segue il Tet, quando vedrete le macchine accalcate nelle vie circostanti. I ristoranti in zona servono la specialità locale banh tom.

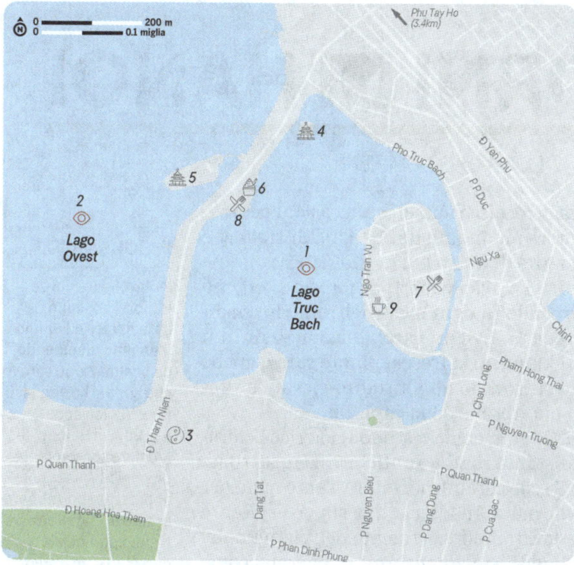

DA NON PERDERE
1 Lago Truc Bach
2 Lago Ovest

DA VEDERE
3 Tempio di Quan Thanh
4 Thuy Trung Tien
5 Pagoda di Tran Quoc

PASTI
6 Kem Tuoi Ho Tay
7 Ngu Xa
8 Nha Hang Banh Tom Ho Tay

LOCALI E VITA NOTTURNA
9 Ma Xo Cafe

Lago Ovest

ENCLAVE DI RESIDENTI STRANIERI

La leggenda del Lago Ovest si contende il titolo di dramma mistico con quella del Lago Hoan Kiem, anche se forse non è altrettanto celebre. La storia narra che un colossale vitello d'oro del nord fu tentato di scendere a sud dai rintocchi seducenti della campana di bronzo di un monaco. Una volta che il vitello raggiunse il punto in cui oggi si trova il Lago Ovest, la campana smise di suonare e la bestia perse l'orientamento. Lontano dalla madre e incapace di tornare a casa, il vitello continuò a girare intorno, nel panico, fino a formare il bacino del lago. L'acqua del vicino Fiume Rosso riempì poi la conca, sommergendo il vitello per sempre. Osservando i condomini di lusso, i ristoranti e i caffè del Lago Ovest, è difficile credere che questa zona possa vantare una lunga storia: le rive tranquille un tempo alimentavano comunità di pescatori, mercati di fiori e villaggi che producevano incenso, ma la nuova versione del Lago Ovest non è certo spiacevole. **P To Ngoc Van** e dintorni, con la vivace scena gastronomica internazionale, è un'attraente enclave di expat; **P Trinh Con Son** viene pedonalizzata la sera nei weekend e si riempie di bambini. Le strade lungo la riva ovest del lago vantano ristoranti di pesce e piacevoli caffetterie.

DINTORNI DI HANOI

MARE, MONTAGNE, VILLAGGI E TEMPLI

La regione intorno ad Hanoi fornisce numerose occasioni per fuggire dall'aria urbana sempre più inquinata. La Baia di Halong è di gran lunga la meta per gite di uno o più giorni da Hanoi, e ne ha tutti i motivi. Qui i rilievi carsici coperti di foresta si ergono dalle acque tranquille creando in ogni mese dell'anno le condizioni perfette per una crociera. I vicini parchi nazionali di Tam Dao e di Ba Vi offrono trekking, aria fresca, piante rare e anche qualche safari. Entrambi si trovano ad altitudini elevate e vantano temperature molto più fresche della capitale.

Hanoi ha una storia millenaria, come testimonia la ricca cultura che la circonda. Poco distante sorgono antichi villaggi artigianali, come Bat Trang con le sue ceramiche, interessante meta per un'escursione di mezza giornata. In alternativa si può esplorare Co Loa, la più antica tra le cittadelle fortificate del Vietnam del Nord. Alle varie pagode buddhiste, importanti e venerate, come Chua Thay e Chua Tay Phuong, va dedicato un giorno intero.

IL CONSIGLIO

Molte escursioni da Hanoi si possono organizzare all'ultimo momento, decidendo con calma dopo l'arrivo che cosa si ha voglia di fare. L'unica eccezione è la Baia di Halong: le crociere sono sempre disponibili, ma le più apprezzate potrebbero essere al completo. Meglio prenotarle qualche giorno prima.

Baia di Halong

I GIOIELLI DELLA CORONA

Dichiarata Patrimonio dell'Umanità nel 1994, la magnifica Baia di Halong, punteggiata da quasi 2000 isolette calcaree che si ergono dalle acque smeraldine del Golfo del Tonchino, incise da grotte scavate dal vento e dalle onde, è una visione di una bellezza eterea. Non stupisce affatto che una crociera nella Baia di Halong resti una tappa imperdibile in un viaggio nel Vietnam del Nord.

NGUYEN QUANG NGOC TONKIN/SHUTTERSTOCK ©

Baia di Halong

LA LEGGENDA

Halong (o Ha Long) si traduce con 'drago che scende in mare'. La leggenda narra infatti che questo mistico paesaggio marino fu creato quando un grande drago che viveva in montagna si lanciò verso la costa, scavando valli e crepacci con la coda che si dimenava nella corsa. Quando la creatura si tuffò in mare, l'area fu inondata dall'acqua, lasciando visibili solo i picchi più alti. La spiegazione geologica, che la attribuisce all'erosione carsica, non è altrettanto suggestiva, ma non toglie nulla alla poesia del paesaggio.

Quando andare

UNA DESTINAZIONE PER TUTTO L'ANNO

La Baia di Halong richiama visitatori tutto l'anno, con un periodo di punta tra la fine di maggio e l'inizio di agosto. Da gennaio a marzo il clima è spesso fresco e umido, ma se da un lato la foschia può ridurre la visibilità, dall'altro rende il paesaggio ancora più suggestivo. Da maggio a settembre il clima è buono, ma si registrano occasionali tempeste tropicali e talvolta le imbarcazioni turistiche possono essere costrette a modificare l'itinerario o a cancellare la partenza. Ottobre e novembre hanno giornate soleggiate, cieli tersi, pochi turisti e temperature fresche.

Crociere

È possibile raggiungere Halong City in modo autonomo e prenotare un'escursione dal molo, ma molti optano per le crociere da Hanoi con pernottamento a bordo. Alcuni viaggiatori indipendenti evitano del tutto la Baia di Halong preferendo l'Isola di Cat Ba (p100) e la **Baia di Lan Ha**, meno visitata ma sempre affascinante. Le crociere in giornata comprendono almeno una visita a una grotta e una sosta su un'isola.

Grotte

Tra le grotte più interessanti citiamo **Hang Trong** (Grotta del Tamburo), **Hang Thien Cung** e **Hang Sung Sot** (Grotta della Sorpresa), con tre vaste camere. L'ampia **Hang Dau Go** (Grotta dei Pali di Legno) alta 25 m trae il nome dall'uso che se ne fece nel XIII secolo, durante gli scontri con i mongoli, quando la popolazione nascose nella terza camera i pali di legno utilizzati per distruggere le navi degli invasori.

Isole

La sosta più frequente è quella all'**Isola Titov**, dedicata al cosmonauta russo Gherman Titov, per ammirare il panorama dal punto più alto, al centro dell'isola. Il punto panoramico dell'**Isola Soi Sim** è meno affascinante ma la spiaggia, incastonata in una baia in miniatura, è molto bella. La sosta sulle isole è breve, tenetelo a mente se volete farvi una nuotata.

Altre attività

Le crociere più lunghe includono una visita a un villaggio galleggiante, **Cua Van** oppure **Vung Vieng**. Non si conosce la datazione esatta di questi insediamenti, ma le guide sostengono che esistano da mille anni. Spesso si visita un allevamento di perle, ma non sentitevi obbligati a comprare qualcosa. Si passa inoltre dalle **Fighting Cocks**, due isolette che assomigliano a due galli e sono il simbolo della baia. Al momento delle ricerche si poteva uscire in **kayak** (a pagamento), ma in passato è stato proibito per motivi di sicurezza, con grande dispiacere di turisti e agenzie.

BAI TU LONG

Prima della pandemia, le agenzie di crociere come **Indochina Junk** si concentravano sulle isole e le isolette più meridionali della Baia di Bai Tu Long, proponendole come un'alternativa più tranquilla rispetto ad Halong. Dopo la riapertura del Vietnam al turismo, la Baia di Halong si è preparata in fretta ad accogliere i turisti internazionali mentre Bai Tu Long è rimasta indietro. Al momento delle ricerche, Indochina Junk aveva appena ricominciato ad operare.

IL CONSIGLIO

Sono centinaia le agenzie che propongono crociere, quindi scegliete con cura. Controllate attentamente gli itinerari prima di prenotare, perché le attività possono variare. Verificate che cosa è incluso nel pacchetto, per non restare sorpresi da costi aggiuntivi. **Paradise Cruise**, **Ambassador Cruise**, **Au Co** ed **Heritage Line** sono scelte di alto livello; **Bhaya Cruises** è un'opzione economica con buone proposte. Le crociere più economiche utilizzano barche vecchie non in linea con gli standard ambientali.

Villaggio artigianale di Bat Trang

IL PIÙ VICINO

Il villaggio artigianale di Bat Trang, a meno di 30 minuti in macchina da Hanoi, produce da secoli terrecotte e ceramiche di qualità. Gran parte del fascino del villaggio è andato perduto da quando si è rivolto con successo alla produzione di massa per grandi acquirenti internazionali come John Lewis in Gran Bretagna. Nel nucleo del villaggio esiste però ancora una rete compatta di interessanti vicoli residenziali che collegano la zona del mercato, dove si fanno ottimi affari, al fiume. Anche il Museo di Bat Trang, ospitato in un vistoso edificio contemporaneo ispirato alla tradizione, merita un'ora.

Tam Dao Hill Station

I MONTI PIÙ VICINI

Annidata ai piedi di imponenti montagne ammantate di foreste, Tam Dao vanta una posizione spettacolare a circa 1 h 30 min di macchina da Hanoi. Oggi è una destinazione molto frequentata in estate, quando gli abitanti della capitale vi si rifugiano nei weekend per godersi il clima fresco e fare baldoria nei numerosi ristoranti e bar. Fu fondata dai francesi nel 1907, ma le sue ville coloniali furono distrutte durante la guerra d'Indocina per essere sostituite con anonimi edifici in cemento in stile brutalista. Tam Dao è una comoda base per le escursioni a piedi, ma la città in sé è uno sgraziato insieme di alberghi. Raggiungetela con una moto a noleggio, un'auto privata o un tour organizzato da Hanoi. Visitatela nei giorni feriali per evitare le folle.

Chiesa antica, Parco Nazionale di Ba Vi

Parco Nazionale di Ba Vi

LA MONTAGNA MIGLIORE

Più lontano di Tam Dao, ma meritevole di ogni sforzo per raggiungerlo, il Parco Nazionale di Ba Vi era anch'esso una hill station francese, con temperature molto più fresche di Hanoi. Ba Vi è meno costruito di Tam Dao ed è molto più montano, con tre vette frastagliate che si vedono chiaramente nelle (rare) giornate terse. Da non perdere sono la suggestiva chiesa coloniale abbandonata che lentamente viene riassorbita dalla natura e una manciata di sentieri escursionistici che si snodano tra la giungla. Ba Vi dista quasi due ore da Hanoi, quindi valutate di pernottarvi; l'opzione migliore è il **Melia**. Sfortunatamente il parco nazionale non è servito dai mezzi pubblici.

Palazzo di Thanh Chuong

MUSEO ALL'APERTO

Thanh Chuong, uno degli artisti contemporanei di maggior successo di Hanoi, ha cominciato a mettere in salvo i manufatti vietnamiti durante la guerra e avendo raccolto una collezione di migliaia di pezzi, aveva bisogno di un posto in cui metterli: così ha costruito il Viet Phu Thanh Chuong (Palazzo di Thanh Chuong; sotto in foto), un giardino gigantesco con varie strutture ispirate all'architettura tradizionale. Ciascuno ospita dipinti, statue e altri tesori da tutto il paese. Il palazzo si trova 30 km a nord di Hanoi e si raggiunge in moto o in auto (ingresso 100.000d).

Cittadella di Co Loa

Cittadella di Co Loa

UN'ANTICA FORTIFICAZIONE

Situata 16 km a nord del Quartiere Vecchio di Hanoi e risalente al III secolo a.C., quella di Co Loa fu la prima cittadella fortificata nella storia vietnamita e fu la capitale del paese durante il regno di Ngo Quyen (939-44 d.C.). Oggi sono visibili soltanto i resti degli antichi bastioni, che cingevano un'area di circa 5 kmq. Al centro della cittadella sorgono alcuni templi dedicati al re An Duong Vuong (257-208 a.C.) e a sua figlia My Nuong (Mi Chau). Co Loa si può raggiungere in motocicletta, con un'auto privata oppure, tempo permettendo, in bicicletta.

Chua Tay Phuong e Chua Thay

IMPORTANTI PAGODE

Queste due pagode, distanti l'una dall'altra 20 minuti di strada, sorgono circa 30 km a ovest di Hanoi e si possono visitare in un giorno, disponendo di un'auto o di una motocicletta. La Pagoda di Tay Phuong consiste in tre strutture a un solo piano costruite in ordine decrescente su un'altura. Da notare le figure intagliate nel legno di jackfruit che raffigurano 'la condizione umana', molte delle quali risalgono al XVIII secolo, mentre l'edificio più antico è dell'VIII secolo. La Pagoda di Thay è dedicata al Buddha Thich Ca Buddha (Sakyamuni, il Buddha storico). A sinistra dell'altare principale una statua raffigura il monaco Tu Dao Hanh, il maestro a cui la struttura è intitolata (*thay* significa 'maestro'). La Pagoda di Thay è un grande complesso, non facile da apprezzare per chi non è di fede buddhista; per trarre il meglio è consigliabile ingaggiare una guida.

NGUYEN QUANG NGOC TONKIN/SHUTTERSTOCK ©

Risaie, Cao Bang (p128)

AREE PRINCIPALI

ISOLA DI CAT BA E BAIA DI LAN HA
L'alternativa alla Baia di Halong.
p100

SAPA
Sentieri escursionistici e villaggi brulicanti di vita.
p108

MAI CHAU
Suggestivi itinerari in bicicletta e lodge incantevoli.
p117

HA GIANG
Impareggiabile da esplorare in motocicletta.
p123

VIETNAM SETTENTRIONALE

PAESAGGI EPICI, COSTE ICONICHE

Il Vietnam settentrionale seduce i visitatori con escursioni panoramiche a piedi o in kayak, mercati tradizionali, itinerari mozzafiato in moto ed eredità storiche.

Il Nord racchiude i paesaggi più imponenti del Vietnam: montagne frastagliate, risaie a terrazza e le famose formazioni carsiche. I picchi calcarei costieri che caratterizzano la Baia di Halong continuano anche sull'Isola di Cat Ba e nella Baia di Lan Ha. L'impronta carsica è però presente anche nell'entroterra, dal vasto lago di Ba Be alle remote valli di Cao Bang fino allo spettacolare scenario di vette e burroni di Ha Giang.

JUNPHOTO/SHUTTERSTOCK ©

Proseguendo verso ovest, una rete di itinerari mozzafiato per escursioni a piedi e in bicicletta attraversa le zone turistiche di Sapa e Mai Chau, per avventure alla portata anche dei viaggiatori alla prima esperienza. Più a ovest ancora, Dien Bien Phu è il luogo in cui il Vietnam conquistò l'indipendenza e per questo meta privilegiata per gli appassionati di storia bellica, ma anche via d'accesso a percorsi ben poco battuti.

Se ormai non è più un segreto che il Vietnam settentrionale custodisca bellezze naturali tra le più impressionanti di tutta l'Asia, ci sono ancora angoli inesplorati, come Mu Cang Chai e Pu Luong, adagiati in valli lussureggianti protette da impervi passi di montagna. Cuore culturale delle minoranze etniche, è un mosaico di villaggi muong su palafitte, case hmong con il tetto in paglia e risaie.

Le ingegnose ruote idrauliche dei thai e gli energici pescatori tay animano i paesaggi, mentre i copricapo scarlatti degli dzao e gli abiti variopinti dei lolo colorano i favolosi mercati dell'entroterra.

BAC HA
Mercati e ancora mercati.
p114

PARCO NAZIONALE DI BA BE
Attività e lodge sul lago.
p130

MU CANG CHAI
Una cascata di risaie terrazzate.
p132

DIEN BIEN PHU
Storia bellica e avventura allo stato puro.
p134

Per orientarsi

Il Vietnam settentrionale è probabilmente il territorio più diversificato del paese. Sebbene a predominare sia l'interno montuoso, al confine con la Cina e il Laos, anche le zone costiere esercitano una forte attrattiva. Per spostarsi dall'una all'altra regione è spesso necessario passare per Hanoi.

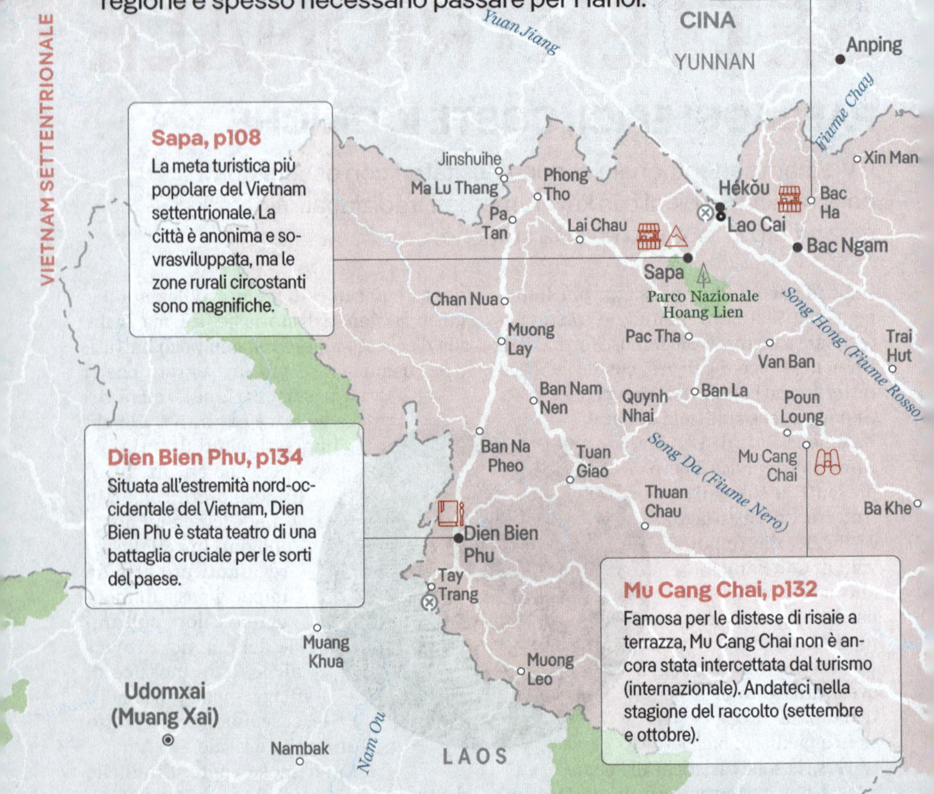

Bac Ha, p114

Favolosi mercati brulicanti di vita e colori. Per coglierne il meglio, bisogna andarci nel fine settimana.

Sapa, p108

La meta turistica più popolare del Vietnam settentrionale. La città è anonima e sovrasviluppata, ma le zone rurali circostanti sono magnifiche.

Dien Bien Phu, p134

Situata all'estremità nord-occidentale del Vietnam, Dien Bien Phu è stata teatro di una battaglia cruciale per le sorti del paese.

Mu Cang Chai, p132

Famosa per le distese di risaie a terrazza, Mu Cang Chai non è ancora stata intercettata dal turismo (internazionale). Andateci nella stagione del raccolto (settembre e ottobre).

TRENO

Serve solo poche destinazioni, ma ne vale la pena. Il treno notturno per Lao Cai è il modo più piacevole per raggiungere Sapa o Bac Ha. Ci sono treni anche per/da Yen Bai (per Mu Cang Chai) e Hai Phong (e Cat Ba).

AUTOBUS

A meno che non vi attiri la sfida di riuscire a orientarvi tra stazioni affollate e orari variabili, risparmierete tempo – e non spenderete necessariamente di più – prenotando i biglietti tramite il vostro albergo o un'agenzia di viaggi. Tutte le località della regione sono raggiungibili in autobus.

MOTOCICLETTA

Se per andare da una località all'altra è meglio viaggiare in autobus o in treno (o con un mezzo privato), a livello locale è più facile spostarsi in moto. Le motociclette, con o senza conducente, si trovano ovunque; chi preferisce un po' più di comodità può optare invece per un'auto con conducente.

Ha Giang, p123

Una volta era la meta dei sogni per un viaggio all'avventura e anche se ormai non è più un segreto per nessuno, i paesaggi e le strade panoramiche restano impareggiabili.

Parco Nazionale di Ba Be, p130

Tra formazioni carsiche, laghi, risaie e villaggi, il Parco Nazionale di Ba Be è una sorta di microcosmo dei paesaggi più iconici del Vietnam settentrionale.

Mai Chau (Ma Neo), p117

Mai Chau è, con i suoi dintorni, tra le destinazioni più incantevoli della regione, ideale per tranquille escursioni in bicicletta e per gustare deliziosi piatti casalinghi.

Isola di Cat Ba e Baia di Lan Ha, p100

La zona costiera da visitare in alternativa – o in aggiunta – alla Baia di Halong. Potrete fare escursioni nel parco nazionale, esplorare in kayak gli isolotti e scalare i monti carsici.

Ritmi di viaggio

Non cercate di vedere tutto. Scegliete invece le destinazioni di montagna più adatte alle vostre disponibilità e che offrono le attività da voi preferite. Cat Ba è l'alternativa alla Baia di Halong per i viaggiatori indipendenti.

DILLON WARD/SHUTTERSTOCK ©

Isola di Cat Ba (p100)

Per viaggiatori alla prima esperienza

Mattina

● Se per voi comfort e comodità vengono prima delle attività e dell'avventura, o se avete solo un paio di giorni a disposizione, visitate **Sapa** (p108) o **Mai Chau** (p117). Sapa offre ogni genere di sistemazioni, tra cui lussuosi ecolodge, hotel a cinque stelle, convenienti guesthouse e accoglienti case private. Vanta inoltre la più vasta rete di **sentieri escursionistici** di tutto il Vietnam.

Sera

● Mai Chau, relativamente poco distante da Hanoi, è il punto di partenza per raggiungere **Pu Luong** (p121) e **Moc Chau** (p120), due destinazioni con idilliaci lodge di montagna, incantevoli percorsi ciclabili e ottimo cibo. Se avete poco tempo e volete evitare i luoghi affollati, visitate il **Parco Nazionale di Ba Be** (p130).

Le stagioni

La primavera è fiorita e piovigginosa. L'estate è calda e temporalesca. L'autunno è fresco e asciutto. L'inverno può essere decisamente freddo.

GENNAIO

La popolazione delle zone rurali si moltiplica durante il Capodanno lunare (gennaio o febbraio). Non perdetevi i giochi nei villaggi intorno a **Sapa**.

MARZO

Arriva la nebbia e la visibilità si riduce, ma le risaie terrazzate, come quelle di **Hoang Su Phi**, si riempiono d'acqua e l'effetto è bellissimo.

APRILE

L'ultimo mese della stagione della fioritura prima dell'arrivo dei tifoni. **Mai Chau** e **Moc Chau** sono particolarmente belle.

VN STOCK/SHUTTERSTOCK ©, SING STUDIO/SHUTTERSTOCK ©, VIETNAM COLOURS/SHUTTERSTOCK ©

Per viaggiatori avventurosi

- Se avete voglia d'avventura e almeno quattro giorni a disposizione, puntate su **Ha Giang** (p123), **Mu Cang Chai** (p132) o sugli angoli più remoti di **Dien Bien Phu** (p134). Tutte queste destinazioni richiedono quasi un giorno di viaggio da Hanoi.

- Per godersi al meglio queste destinazioni bisogna essere a proprio agio su una motocicletta, alla guida o come passeggeri. Oltre al bel viaggio su strada per Ha Giang, ci sono le attività all'aperto da fare a **Hoang Su Phi** (p125) e la magnifica cascata di **Cao Bang** (p129).

Per viaggiatori con interessi specifici

Mattina

- Se vi piacciono i mercati etnici, non perdetevi **Bac Ha** (p114), che richiede almeno un fine settimana. Il sabato mattina andate al **mercato di Can Cau** (p115), in campagna. La domenica mattina restate a Bac Ha per visitare il mercato cittadino. Dedicate i pomeriggi alle escursioni a piedi o in **motocicletta** (p116).

Pomeriggio

- Per capire meglio la complessa e tumultuosa storia delle guerre del Vietnam, visitate **Dien Bien Phu** (p134). Servono due giorni per vedere tutti i **siti bellici** (p136).

Sera

- Per fare escursioni a piedi e in kayak, arrampicate e altre attività all'aperto, trascorrete un paio di giorni sull'**Isola di Cat Ba** (p100).

GIUGNO
Molto caldo, con possibili tempeste. I terrazzamenti, però, sono un tripudio verde di riso quasi maturo. **Pu Luong** è di una bellezza abbagliante.

SETTEMBRE
Nella stagione del raccolto le risaie si tingono di giallo oro. Il posto migliore per ammirare questo spettacolo è **Mu Cang Chai**.

OTTOBRE
In genere le tempeste tropicali cessano verso ottobre, quando inizia la stagione più fresca. È il mese migliore per visitare **Ha Giang** e **Cat Ba**.

DICEMBRE
L'unica possibilità di vedere la **neve** è a fine anno. I soli posti in cui nevica – ma non sempre – sono **Sapa**, **Ha Giang** e **Lang Son**.

ISOLA DI CAT BA E BAIA DI LAN HA

Montuosa, frastagliata e ammantata di vegetazione tropicale, Cat Ba, l'isola più grande del Golfo del Tonchino, è molto frequentata sia dai turisti locali sia dai viaggiatori indipendenti. La città principale, l'omonima Cat Ba, è ormai incorniciata da un muro di alberghi che cinge la bella baia, e le spiagge sono appannaggio dei resort, ma il resto del territorio è ancora in gran parte incontaminato. Dal 1986 su circa metà dell'isola (che ha una superficie totale di 354 kmq) e su 90 kmq di mare circostante è stato istituito un parco nazionale a tutela degli svariati ecosistemi locali.

Cat Ba è la meta ideale per fare arrampicate ed escursioni a piedi e in kayak, anche nella vicina, idilliaca Baia di Lan Ha. Come tappa per le navi da crociera, la Baia di Lan Ha è pressoché identica alla più celebre Baia di Halong e molte compagnie la scelgono per la maggiore tranquillità delle sue acque.

IL CONSIGLIO

In estate Cat Ba è affollata di turisti locali, i prezzi degli hotel lievitano e i trasporti da Hanoi possono essere caotici e snervanti. Tutto torna alla normalità nei mesi di ottobre e novembre che, avendo anche il clima migliore, sono il periodo ideale per visitare l'isola.

Langur di Cat Ba (p102)

Nell'entroterra

GROTTE, GIUNGLA E PUNTI PANORAMICI

La prima impressione di Cat Ba città non è bellissima, ma il viale commerciale si esaurisce dopo una o due vie dalla promenade. Il **Bieu Tuong Dao Cat Ba** (Monumento di Cat Ba; nei pressi di Đ Nui Ngoc) sorge sul colle di fronte al molo di Cat Ba, un posto utile per orientarsi appena arrivati sull'isola. Il mercato, animato soprattutto al mattino presto, si trova all'estremità settentrionale del porto. I veri luoghi d'interesse, però, sono fuori città e si raggiungono in moto o in taxi.

La **Grotta dell'Ospedale**, 10 km a nord della città, è servita sia come ospedale antiaereo sia come rifugio per i leader viet cong durante la guerra del Vietnam. Costruita tra il 1963 e il 1965, è una struttura a tre piani incredibilmente ben progettata, rimasta in uso fino al 1975. Presenta 17 sale, compresa una sala operatoria (con tanto di manichini come pazienti) e un'enorme caverna naturale adibita a cinema (e c'era anche una piscina). Formata da varie camere, la **Grotta di Trung Trang**, 2 km più a nord, all'interno del Parco Nazionale di Cat Ba, merita una rapida visita.

IO VIVO QUI: SALVARE IL LANGUR DI CAT BA

Le Manh Kien, comproprietario del **Cat Ba Ecolodge**.

Il Cat Ba Langur Conservation Project è un'organizzazione no profit il cui scopo è salvare il langur di Cat Ba, una delle specie di primati più a rischio al mondo. Sull'Isola di Cat Ba sono presenti circa 78 esemplari di questi langur. In che modo si può dare il proprio aiuto?

Offerte in denaro. Contattate l'organizzazione su Facebook (facebook.com/catbalangur) per maggiori dettagli.

Donare materiali. C'è sempre bisogno di binocoli, taccuini per appunti, borse e unità GPS (tutto impermeabile). Il materiale va portato al Cat Ba Ecolodge.

Acquistare prodotti solidali. Sull'Isola di Cat Ba ci sono diversi posti che vendono simpatiche T-shirt e borse.

DOVE DORMIRE A CAT BA CITTÀ

Phuong Mai
Accogliente hotel familiare con una bella vista; le camere con le vetrate sono molto calde. $

Luna's House Hostel
Amato dai backpacker, è forse la sistemazione migliore per conoscere altri viaggiatori. $

Blue Lagoon
Grazioso hotel rustico con bungalow rialzati affacciati su un lago appena fuori città. $$

LA MIGLIORE CUCINA DI MARE LOCALE

Bancarelle di bia hoi
Si può spendere poco in un ambiente allegro e con belle vedute sul porto di Cat Ba all'estremo nord della città, dove ci sono bancarelle all'aperto di *bia hoi* (birra alla spina) che servono anche da mangiare. $

Vien Duong
Tra i locali lungo Đ Nui Ngoc, questo è spesso pieno di turisti vietnamiti che ne apprezzano i piatti di granchio locale e calamari e i fumanti hotpot di pesce. $$

Bien Dong
Accanto al Vien Duong, ha meno scelta ma la qualità è simile. Di solito è più tranquillo del suo rumoroso vicino. $$

Grotta di Trung Trang

Per godervi uno dei tramonti più belli di Cat Ba, tornate in città e andate al **Forte del Cannone**, da dove si aprono favolose vedute sulle alture ammantate di giungla, sul porto e sulle formazioni carsiche in mare. A piedi, l'ingresso dista 10 minuti in salita dalla città, poi bisogna camminare per altri 20 minuti per arrivare al forte.

Escursioni nel Parco Nazionale di Cat Ba

PASSEGGIATE IN AUTONOMIA ED ESCURSIONI GUIDATE

Il bel Parco Nazionale di Cat Ba ospita 32 specie di mammiferi, tra cui circa 78 esemplari di presbite dalla testa dorata, forse i primati a maggior rischio di estinzione (v. p101). Si possono vedere anche macachi, cervi, civette e diverse specie di scoiattoli, tra cui lo scoiattolo nero gigante. Sono presenti anche 70 specie di uccelli, tra cui falchi, buceri e cuculi.

La sede del parco si trova lungo la strada, 14 km a nord della città di Cat Ba, dopo le grotte dell'Ospedale di Trung Trang ed è quindi raggiungibile in moto o in taxi. La breve (90 minuti circa) ma faticosa salita in cima al **Picco di Ngu Lam** offre belle vedute della giungla circostante e richiede una guida. Per l'impegnativo sentiero escursionistico che attraversa

DOVE BERE UN DRINK A CAT BA CITTÀ

Le Pont
Da non confondersi con quello di Đ Nui Ngoc, Le Pont offre magnifiche vedute al tramonto.

The BigMan
Aperto fino a tardi quasi tutte le sere, è probabilmente il locale notturno più frequentato in città.

Quiri
Stella nascente in una zona tranquilla, ha personale locale con tanta voglia di divertirsi.

il parco per 9 km (partendo subito a nord dell'ingresso) fino al villaggio di **Viet Hai** è meglio farsi accompagnare da una guida, che si può ingaggiare in città o talvolta negli uffici del parco. Da Viet Hai si può andare a piedi, in bicicletta a noleggio o con un veicolo elettrico fino al molo (5 km) da cui partono taxi d'acqua per tornare al porto di Ben Beo, vicino a Cat Ba città. Indossate scarpe da trekking e portatevi un impermeabile e acqua in abbondanza. Non è un'escursione facile ed è meglio non farla durante la stagione umida o se è piovuto.

Relax in spiaggia

UN PO' DI RIPOSO DOPO TANTO CAMMINARE

Le spiagge dell'Isola di Cat Ba non sono paragonabili a quelle del Vietnam centrale e meridionale, ma sono comunque gradevoli per un pomeriggio di relax, soprattutto dopo un'escursione o un'arrampicata. A 10 minuti di cammino verso sud-est da Cat Ba città, le tre spiagge della Baia di Cat Co sono le più facili da raggiungere.

Cat Co 3, piccola e affollata, è la più vicina. Da lì un sentiero pedonale risale la scogliera e, tra magnifiche vedute sul mare, conduce prima a **Cat Co 1**, dominata da un resort, e poi alla graziosa spiaggia di sabbia bianca di **Cat Co 2**, probabilmente la più bella delle tre, ma purtroppo sovrastata dai resort. In alternativa c'è anche una strada che sale direttamente fino a Cat Co 1 e 2. Dall'altra parte della città, la **spiaggia di Tung Thu** è carina, ma è proprio sulla strada.

Arrampicata sulle pareti carsiche

ARRAMPICATORI SI DIVENTA

Se l'**arrampicata** vi tenta da sempre, l'Isola di Cat Ba è l'ideale per provarla: le scogliere carsiche offrono straordinarie opportunità in una cornice sensazionale. I viaggiatori che praticano l'arrampicata a Cat Ba sono quasi tutti principianti assoluti, ma molti ne restano conquistati. Non essendo troppo aguzze, le rocce calcaree dell'isola non fanno male alle mani e in più molti percorsi sono riparati da sporgenze naturali che mantengono asciutte le pareti sottostanti, rendendo possibile arrampicare anche con la pioggia. Ci sono pareti adatte nell'entroterra dell'Isola di Cat Ba o nella bella Baia di Lan Ha.

Prima della pandemia di Covid-19, nella città di Cat Ba c'erano molti operatori esperti, ma all'epoca delle nostre ricerche solo **Langur's Adventures** offriva la qualità e gli standard di sicurezza internazionali che ci sentiamo di consigliare. Contattateli (p105) prima di arrivare a Cat Ba per capire cosa

LA MIGLIORE CUCINA INTERNAZIONALE

Casa Bonita
Mix vincente tra qualità del servizio, piatti gustosi (provate il curry di pesce o il pesce in pentola di terracotta), pietanze più leggere come insalata di pollo, avocado e mango e un'ampia scelta vegana e vegetariana. **$$**

My Way
Frequentato da backpacker e turisti di Hanoi, serve una discreta pizza, ma anche pasta, insalate e piatti vietnamiti adattati ai gusti internazionali. **$$**

Like Coffee
Versione locale di un locale per brunch di Melbourne, serve panini, smoothie, succhi e altro del genere. **$$**

DOVE DORMIRE FUORI DA CAT BA CITTÀ

Woodstock Jungle Camp
Sistemazione di vecchio stampo da backpacker hippy in un ambiente semplice. **$**

Cat Ba Ecolodge
Sembra un lodge di montagna, tra rocce carsiche e bungalow su palafitte in stile scandinavo. **$$**

Hotel Perle d'Orient – MGallery
Si va sul sicuro con l'hotel più lussuoso e costoso dell'isola, su una spiaggia privata. **$$$**

BANH DA

Il *banh da* (noodles di riso larghi e scuri, serviti di solito con polpa di granchio) è, tra le tante zuppe di noodles del Vietnam, quella tipica di Hai Phong. Poiché Cat Ba tecnicamente fa parte di Hai Phong, ha un discreto numero di locali che servono questa sostanziosa zuppa, soprattutto a colazione. Oltre alla polpa di granchio, può essere accompagnata da polpette di pesce o calamari, polpette di carne grigliate, gamberi lessi, verdure e qualsiasi altra cosa a scelta dello chef. È una specialità locale da provare: al mercato e in Đ Nui Ngoc vedrete molti cartelli che la reclamizzano. Una curiosità: i noodles non sono scuri perché fatti con farina di riso scuro, ma diventano bruni con l'aggiunta di zucchero.

TRAN QUI THINH/SHUTTERSTOCK ©

Baia di Lan Ha

offrono. Vi forniranno l'imbracatura e le scarpe da arrampicata, vi daranno le istruzioni necessarie e vi insegneranno i rudimenti della moulinette e le tecniche di assicurazione, quindi vi daranno una dimostrazione. Poi toccherà a voi, con l'istruttore che vi guiderà a ogni movimento e vi terrà assicurati. Quasi tutti riescono a completare un paio di arrampicate a **Hai Pai** e alla **spiaggia di Moody**, entrambe adatte ai principianti.

Le pareti verticali delle baie di Halong e Lan Ha sono perfette anche per il **Deep Water Solo**, una forma di arrampicata in solitaria, senza corde né imbracature, in cui è il mare a fare da protezione in caso di cadute. È solo per arrampicatori esperti accompagnati da personale locale qualificato, anche perché è essenziale conoscere la profondità dell'acqua e l'andamento delle maree. Di solito si termina l'arrampicata con una caduta libera controllata (o 'tombstone') in mare, per poi raggiungere a nuoto la riva o la barca.

CON CHI FARE UNA CROCIERA A LAN HA

Serenity Cruises
Tra le migliori crociere economiche; è collegato a Cat Ba Express.

Vietnam Insider Travel
Poche cabine e atmosfera intima per queste crociere di uno o due giorni di fascia media.

Orchid Cruises
Piccola flotta di imbarcazioni di lusso; a fine crociera si può scendere a Cat Ba.

In barca e kayak nella Baia di Lan Ha

AVVENTURE IN MARE

Quasi tutti gli hotel dell'isola offrono escursioni in barca nella Baia di Lan Ha. In genere i prezzi partono da US$25/80 per uno/due giorni, con tappa su una o due isole per una nuotata e un giro turistico. In due giorni si possono raggiungere le isole più lontane e meno visitate e le spiagge nella parte settentrionale della baia.

Le escursioni in kayak tra le formazioni carsiche costiere sono tra le cose più belle da fare nella Baia di Lan Ha e quasi tutte le crociere comprendono un'uscita di un'ora tra grotte calcaree e villaggi galleggianti. Non è più permesso partire direttamente in kayak dal porto di Ben Beo, perciò molti operatori forniscono anche il trasferimento in taxi d'acqua.

A causa delle correnti forti e variabili, per le avventure più ambiziose è meglio organizzarsi in anticipo e ingaggiare una guida, soprattutto se non si è esperti di kayak.

Baia di Lan Ha

MIGLIORI TOUR OPERATOR DI CAT BA

Se Cat Ba si sta pian piano risvegliando dal torpore imposto dalla pandemia di Covid-19, attualmente sono solo due gli operatori turistici che possiamo consigliare. Tuttavia, con il ritorno al suo ruolo di meta per backpacker, altri ne apriranno sicuramente.

Vietnam Insider Travel
Collegato al Cat Ba Ecolodge, organizza escursioni in kayak e a piedi, uscite di pesca e gite in barca privilegiando destinazioni poco frequentate.

Langur's Adventure
Eccellente operatore di grande professionalità, è specializzato in arrampicate e Deep Water Solo, ma offre anche trekking e kayak. Contattateli sempre prima di arrivare sull'isola.

TRASPORTI LOCALI

Oggi quasi tutti i viaggiatori raggiungono Cat Ba da Hanoi con i servizi diretti di compagnie come Cat Ba Express o Good Morning Cat Ba (3 h 30 min). Un'alternativa più romantica è andare in treno fino a Hai Phong (3 h), restare un po' in città e poi prendere un battello per Cat Ba (1 h) dal molo di Binh. Per chi arriva dalla Baia di Halong, c'è un traghetto (50 min) giornaliero poco noto dall'Isola di Tuan Chau, a 30 minuti da Halong City, diretto al porto di Gia Luan, nella zona nord di Cat Ba, in coincidenza con un autobus (45 min) per la città di Cat Ba.

Dintorni dell'Isola di Cat Ba e della Baia di Lan Ha

Il tranquillo centro di Hai Phong dà un'idea di come poteva essere Hanoi qualche decennio fa.

L'Isola di Cat Ba e la Baia di Lan Ha fanno parte della Provincia di Hai Phong, tra le più piccole del Vietnam settentrionale. Nel mezzo della provincia sorge la città di Hai Phong, che si rivela inaspettatamente gradevole una volta superate le zone industriali e suburbane. Il centro, disposto secondo la griglia stradale progettata dai francesi oltre un secolo fa, è pieno di ristoranti raffinati, caffè alla moda e venditori di street food, ma a parte questo non c'è molto altro da fare. Se però decidete di fermarvi per un po', scoprirete una bella città facile da visitare a piedi, con qualche edificio di rilievo e un'atmosfera più rilassante rispetto ai principali centri turistici del Vietnam.

IL CONSIGLIO

Prendete il treno da Hanoi a Hai Phong: passa sull'iconico ponte di Long Bien prima di arrivare alla bella stazione ferroviaria.

HUNTERGOL HP/SHUTTERSTOCK ©

Teatro dell'Opera di Hai Phong

HUNTERGOL HP/SHUTTERSTOCK ©

Canale Cau Tre, Hai Phong

Centro storico di Hai Phong

VISITARE LA CITTÀ A PIEDI

In netto contrasto con la periferia industriale, il centro di Hai Phong ha un'atmosfera rilassata, con viali alberati, edifici di epoca coloniale e tranquilli caffè con tavoli sui marciapiedi, ed è facile da visitare a piedi. Arrivando in treno, dalla **stazione** andate subito al **Museo di Hai Phong**, circa 10 minuti più a nord. In uno splendido palazzo coloniale, il piccolo museo è un concentrato della storia cittadina, con didascalie anche in inglese. La collezione tassidermica nella prima sala è un po' inquietante, come sempre, mentre sono interessanti i reperti archeologici provenienti dalle Tombe di Trang Kenh e Viet Khe e alcune belle ceramiche. Nel giardino sono esposti diversi cimeli bellici.

Situata poco più a est del museo, l'elegante **Cattedrale diocesana** risale al XIX secolo, ma è stata completamente restaurata nel 2010. Con le sue torri grigie è uno dei simboli della città, ma gli interni sono piuttosto semplici. Due isolati più a sud sorge il **Teatro dell'Opera**, costruito nel 1904 in stile neoclassico con un colonnato bianco a decorare la facciata. Di solito l'interno non si può visitare, ma se ci andate nel tardo pomeriggio, vedrete la gente del posto in abito da sera in posa per le foto davanti all'ingresso. Nei dintorni del Teatro dell'Opera ci sono diversi bar e caffè invitanti.

POSTI MIGLIORI PER MANGIARE A HAI PHONG

Banh Da Da Lieu
Con vista sul Teatro dell'Opera, di sera serve *banh da cua* (noodles larghi e scuri con granchio), il piatto tipico di Hai Phong. $

Pho Dinh Tien Hoang
In questa via ci sono bancarelle che vendono un'altra specialità di Hai Phong: i *banh my cay* (filoncini di pane con pâté e salsa piccante). $

Nam Giao
È il ristorante più ricco d'atmosfera di Hai Phong, con un colorato mix di pezzi d'arte e antiquariato asiatici. Tra i piatti ben preparati spicca una succulenta pancetta di maiale caramellata cotta in tegame di terracotta. $$

TRASPORTI LOCALI

Hai Phong è raggiungibile in autobus e automobile (2 h in entrambi i casi) oppure in treno (3 h). In centro ci si sposta facilmente a piedi, anche fino al molo di Binh, da dove partono le imbarcazioni per Cat Ba (1 h). Se avete bagagli pesanti, però, prendete il taxi.

SAPA

Fondata dai francesi nel 1922 come hill station, oggi Sapa è il principale centro turistico dei monti settentrionali. Affacciata su una profonda vallata circondata da alte montagne, nelle giornate limpide la città gode di vedute spettacolari. Se però vi aspettate una pittoresca cittadina di montagna, dovrete ricredervi. Il fascino di Sapa è stato demolito molto tempo fa per far posto a locali di karaoke con insegne al neon, rumorosi ristoranti di hotpot e strade piene di guesthouse. Non siete qui, però, per vedere la città. Sapa è il principale centro escursionistico del Vietnam settentrionale, da dove partono percorsi che si snodano tra le risaie terrazzate e i villaggi delle minoranze etniche. Strade dissestate, cementificazione e turismo sregolato hanno rovinato molte zone naturali del distretto, ma cercando bene si trovano ancora magnifici scorci con villaggi dall'architettura tradizionale circondati da risaie a terrazza. È per vedere questo che si viene a Sapa.

IL CONSIGLIO

Nonostante la fama, Sapa non è una destinazione imperdibile. Il suo maggior pregio è quello di essere la via d'accesso a una rete di sentieri escursionistici senza pari in Vietnam. Tuttavia, le bellezze del Vietnam settentrionale – montagne, valli, fiumi e villaggi – si trovano anche altrove nella regione (e in questo capitolo).

MIGLIORI TOUR OPERATOR DI SAPA

ETHOS – Spirit of the Community
Eccellente operatore etico fondato da Phil e Hoa Hoolihan, espertissimi della zona. Sono specializzati in esperienze autentiche nei villaggi più isolati.

Sapa Sisters
Gestito da un gruppo di donne hmong esperte e capaci, offre escursioni private a piedi in giornata e trekking più lunghi con pernottamento nei villaggi.

Nomad Trails
A gestione locale, organizza escursioni a piedi personalizzate. Ha anche guide che parlano francese.

Esplorare la città e i dintorni

ALLA RICERCA DEL BELLO

Le vere bellezze di Sapa sono nascoste nelle zone rurali, ma qualcosa di bello da vedere si trova anche in città e nei suoi dintorni. Il **Museo di Sapa** compie un valido sforzo per valorizzare la storia e l'etnologia locale, includendo anche l'epoca coloniale francese. I polverosi reperti esposti forniscono una panoramica dei vari gruppi etnici della zona di Sapa, con informazioni sul ricco artigianato della regione: vale quindi la pena di farci un rapido passaggio appena arrivati in città, soprattutto se non avete visitato il Museo di Etnologia di Hanoi (p87). La piccola chiesa in pietra di Sapa, costruita dai francesi, è ancora oggi l'edificio simbolo della città; è aperta per la messa della domenica e talvolta per qualche funzione serale. Se cercate un posto per passeggiare, potete fare il giro del lago nel centro della città o fare una camminata lungo Đ Phan Xi Pang, che offre delle belle vedute una volta superata la fila di guesthouse.

Apprezzata da molti visitatori è la gita di mezza giornata alla **Thac Bac** (Cascata d'Argento), raggiungibile in 25 minuti in taxi o motocicletta. La cascata è bella, ma le piattaforme panoramiche non sono per tutti. Proseguendo per poco più di 1,5 km si incontra un'altra cascata più spettacolare, la **Thac Tinh Yeu** (Cascata dell'Amore). Ci si arriva seguendo un sentiero che attraversa la giungla partendo dal centro visitatori. Se avete la moto, potete decidere di percorrere la bella strada panoramica che supera il **Passo di Tram Ton**.

DA VEDERE
1 D Phan Xi Pang
2 Chiesa di Sapa
3 Museo di Sapa

PASTI
4 A Phu
5 Cho Tinh Quan
6 Dung Long
7 Little Sapa
8 Nha Hang 68
9 Nha Hang Ca Hoi Vua
10 Thong Dong Vegan

SHOPPING
11 Indigo Cat
12 Wild Orchid Handicrafts

Acquistare prodotti artigianali a Sapa

OTTIMA QUALITÀ E AMPIA SCELTA

Tutto si può dire di Sapa e della sua scarsa bellezza, ma non che non sia un buon posto per fare acquisti. Molte donne e ragazze delle minoranze etniche sono entrate nel commercio dei souvenir e le strade di Sapa sono piene di venditori di prodotti artigianali. Soprattutto le più anziane sono commercianti scaltre, conosciute per le loro maniere spicce. Nel contrattare i prezzi, siate risoluti ma non aggressivi.

Indigo Cat è un negozio di artigianato a gestione familiare hmong con un bellissimo assortimento di interessanti prodotti artigianali, tra cui borse, abbigliamento, federe per cuscini e gioielli. Molti articoli hanno tocchi di design mo-

TOPAS ECOLODGE

Affacciato su una splendida valle a 18 km da Sapa, il Topas Ecolodge è uno dei migliori resort rurali del Vietnam, con bungalow in pietra e paglia e balconi per godersi la vista mozzafiato. Ottime escursioni a piedi e in bicicletta e visite al mercato.

DOVE BERE UN DRINK A SAPA

Fansipan Terrace
Essendo ai margini della città, gode di una magnifica vista sulle montagne.

Color
Gestito da un artista in una casetta di paglia, è ricco di atmosfera con musica reggae, biliardino e *shisha*.

Hmong Sisters
Con liquori venduti a bottiglia, è il posto giusto per andare avanti a bere fino a tardi.

IO VIVO QUI: LE FESTE PER IL TET

I consigli di **Ly Thi Cha**, ambasciatrice giovanile del tour operator etico **ETHOS**, sulle feste nei dintorni di Sapa. @ethosspiritsapa

Dopo i festeggiamenti nazionali per il Tet, nei villaggi vicino a Sapa si tengono le feste locali, che richiamano gente anche dai dintorni. Facciamo giochi come il tiro alla fune, l'albero della cuccagna e gare di corsa sui trampoli. Il mio preferito è quello in cui, bendati, si deve acchiappare una capra all'interno di un recinto seguendo le indicazioni degli spettatori. Il primo che la prende vince un premio. Noi hmong facciamo sfoggio dei nostri nuovi abiti tradizionali, ricamati appositamente per l'occasione. Ci impegniamo molto per realizzare vestiti di canapa biologica tinti di indaco e finemente decorati con ricami in seta.

MARTINHO SMART/SHUTTERSTOCK ©

Donne hmong, Sapa

derno che si trovano solo in questo negozio e le etichette con i prezzi sono un sollievo se siete stanchi di contrattare. **Wild Orchid Handicrafts** offre un'esperienza d'acquisto simile.

Sfrattato al centro di Sapa e oggi situato vicino alla stazione degli autobus in un edificio moderno costruito appositamente, il **mercato di Sapa** è interessante, con gli abitanti delle tribù di montagna che si recano qui quasi tutti i giorni per vendere i loro prodotti artigianali. Le merci migliori si trovano al piano superiore e nella zona in fondo, mentre il giorno migliore per andarci è la domenica.

Tenete presente che i colori dei prodotti tessili più economici non sono stabili e possono macchiare di verde-bluastro tutto ciò che toccano (compresa la pelle). Lavateli separatamente in acqua fredda salata per evitare che stingano e avvolgeteli in sacchetti di plastica prima di metterli in valigia.

Mangiare vietnamita in città

PESCE, RANE, CARNE DI MAIALE E CUCINA VEGANA

Sapa è una destinazione di grande richiamo per il turismo interno, il che ha prodotto un'esplosione di ristoranti rivolti ai vietnamiti. In genere sono locali molto informali, con menu lunghissimi e tavoli per gruppi numerosi. Il servizio è veloce ed efficiente più che caloroso e accogliente. Spesso i ristoranti sono specializzati in carne o pesce, pur avendo sempre sul menu anche altri piatti.

Per mangiare carne di maiale cucinata in tutti i modi possibili (alla griglia, lessa, allo spiedo o in padella), andate al

DOVE DORMIRE CON VISTA PANORAMICA

Fansipan Terrace
Un po' fuori città, è una delle opzioni con vista con il miglior rapporto qualità-prezzo. **$**

Cat Cat View
Hotel di media categoria, molto grande ma di buona qualità, con vista e terrazze. **$$**

Silk Path Grand
Su una collina sopra il centro città, offre una sistemazione di lusso con belle vedute. **$$$**

Dung Long, che serve anche un buon riso glutinoso viola fritto (*com lam tim chien*). Se vi piace assaggiare piatti diversi dal solito, provate l'hotpot di rane (*lau ech*) del **Nha Hang 68**. Per il pesce, che è un po' una specialità di Sapa per via dei tanti allevamenti nei dintorni, andate al rustico **Cho Tinh Quan**, al rumoroso **A Phu** o al **Nha Hang Ca Hoi Vua**, il cui nome (Re del Salmone) dice tutto.

Se in questi locali c'è troppa confusione per i vostri gusti, troverete anche qualche ristorante vietnamita più tranquillo. Per la cucina vegana, sempre più amata dai salutisti locali, provate il **Thong Dong Vegan**. Per una buona cucina vietnamita più classica, andate al **Little Sapa**, che però di sera può essere molto affollato.

Salire in vetta

SCALARE LA MONTAGNA PIÙ ALTA DEL VIETNAM

Sopra la città di Sapa svettano i Monti Hoang Lien, un tempo chiamati dai francesi Alpi Tonchinesi e oggi protetti da un parco nazionale. Della catena fa parte anche il **Fansipan** (3143 m), la montagna più alta del Vietnam, spesso avvolta in una coltre di nubi e soprannominata 'il tetto dell'Indocina'. Sul Fansipan si può salire a piedi fino in cima, da dove la vista è favolosa. Le agenzie turistiche di Sapa offrono escursioni tutto compreso con pernottamento in tenda, ma qualcuno tra gli escursionisti più esperti e preparati completa l'ascesa in giornata, partendo all'alba e prendendo poi la funivia (v. box) per ridiscendere il giorno stesso.

È un'escursione impegnativa. Il terreno è sconnesso e scivoloso e il maltempo è la norma. Portate con voi vestiti pesanti e acqua in abbondanza. Non partite con il brutto tempo, perché la scarsa visibilità sul Fansipan può essere pericolosa e ogni anno si verificano incidenti mortali. Lungo il percorso c'è qualche rifugio, ma molto spartano, perciò è meglio prendere parte a un'escursione organizzata con campeggio se si intende trascorrere la notte fuori. Al momento delle nostre ricerche non era obbligatorio l'accompagnamento di una guida, ma noi lo consigliamo vivamente.

Se temete che il Fansipan sia troppo affollato, potete scegliere di scalare il monte **Ngu Chi Son**, che ricorda vagamente la dentatura malandata di un pirata. Nelle giornate limpide il panorama è altrettanto bello e le vette frastagliate evocano quasi un'atmosfera mitologica. Come per il Fansipan, è meglio ingaggiare una guida.

LA FUNIVIA DEL FANSIPAN

La bellezza aspra e solitaria del Fansipan è stata in parte sciupata da una funivia di 6292 m che, attraversando la Valle del Muong Hoa, in 15 minuti arriva fin quasi in vetta. La biglietteria (Phan Xi Pang, Sun Plaza) si trova nella piazza centrale di Sapa, da dove una funicolare trasporta i passeggeri fino alla stazione inferiore. Una volta scesi dalla funivia, per arrivare in cima si devono affrontare ancora 600 gradini, oppure si può prendere un'altra funicolare da Do Quyen, che lungo il tragitto passa vicino ad alcune pagode e statue del Buddha. Può essere affollato o nuvoloso, a seconda del tempo (probabilmente entrambe le cose).

DOVE FARSI FARE UN MASSAGGIO A SAPA

Eden Spa
Spa semplice ma pulita, proprio in centro città, ottima per massaggi ai piedi.

La Dao
Si trova a Ta Van, a 10 km da Sapa. Offre anche bagni alle erbe; il servizio è cordiale.

Silk Path
Aperta a tutti anche se fa parte dell'hotel, è la migliore spa della città; telefonare prima.

IO VIVO QUI: ESCURSIONI CON LE GUIDE LOCALI

Ly Thi Ker, **guida turistica hmong**, spiega perché è meglio affidarsi a una guida locale.

'Potete fare le escursioni anche da soli, ma vi perderete moltissimo. Con le guide dei villaggi nei dintorni di Sapa vivrete un'esperienza culturale molto più intensa. Parliamo bene l'inglese e ci fa piacere rispondere alle domande e condividere la nostra cultura. A seconda della stagione, potete aiutarci nella semina o nel raccolto. Possiamo spiegarvi le tecniche di tessitura, la raccolta delle erbe e la medicina tradizionale. Talvolta potete anche essere nostri ospiti, vedere come cuciniamo sul fuoco e conoscere le nostre famiglie'.

BLUE PLANET STUDIO/SHUTTERSTOCK ©

Thac Bac (Cascata d'Argento), Sapa

Escursioni a piedi nelle valli

ESPLORAZIONI IN LUNGO E IN LARGO

Non dovrete fare molta strada, una volta usciti dal vostro hotel a Sapa, prima che qualcuno vi avvicini offrendosi come guida escursionistica. Per i trekking più lunghi con pernottamento nei villaggi, è importante affidarsi a qualcuno che conosca il territorio e la cultura e parli la lingua. Consigliamo vivamente le guide delle minoranze locali, sia per favorirne l'inclusione nell'economia turistica sia per godere di un'esperienza culturalmente più significativa (v. box). Quasi tutti i trekking si svolgono su terreni fangosi e scivolosi, soprattutto se è piovuto.

Se scendete a valle, verso villaggi fortemente commercializzati come **Ta Phin** e **Ta Van**, scegliete una guida che sappia condurvi fuori dagli itinerari più affollati (e cementificati), nelle zone rurali più autentiche. Da Sapa un'escursione in giornata che fanno in molti è quella a Ta Phin, villaggio dzao situato circa 10 km a nord di Sapa. Di solito si va in taxi fino al punto di partenza, a circa 8 km da Sapa, per poi compiere un giro di 14 km passando per villaggi hmong e dzao. Per godere di spettacolari vedute sulla valle (nebbia e nuvole permettendo), c'è una bella escursione di mezza giornata che si snoda lungo un'alta cresta a est di Sapa passando per gli insediamenti hmong di **Sa Seng** e **Hang Da** fino al fiume Ta Van, da dove partono i mezzi per tornare a Sapa. Per escursioni più avventurose in zone sconosciute, rivolgetevi a un operatore locale (v. box).

TRASPORTI LOCALI

Sapa è una delle poche destinazioni di montagna raggiungibili in treno da Hanoi (8 h fino a Lao Cai, poi 1 h in minibus fino a Sapa). Gli stranieri di solito fanno il viaggio in due giorni.

I vietnamiti, invece, in genere usano l'automobile o l'autobus (da 5 a 6 h). Ci sono autobus che collegano Sapa, di solito via Lao Cai, con Ha Giang (6 h) e Mu Cang Chai (5 h). Se arrivate dalla costa, passate per Hanoi.

Dintorni di Sapa

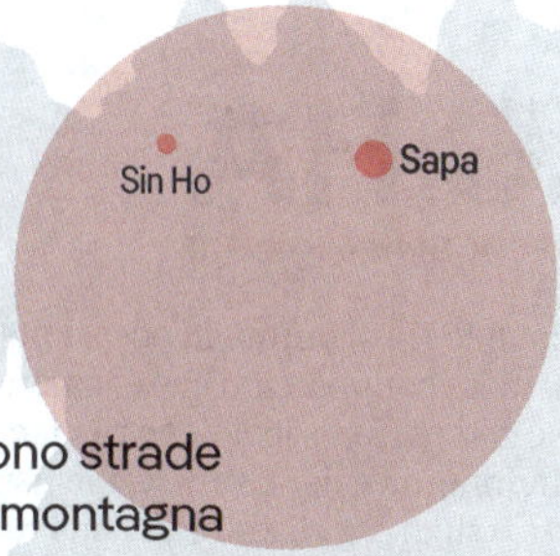

Fuori dal Distretto di Sapa vi attendono strade meno battute, accoglienti villaggi di montagna e mercati poco visitati.

A differenza di Ha Giang, dove il turismo ha conquistato vaste fette della provincia, in quella di Lao Cai è rimasto confinato al Distretto di Sapa e a Bac Ha. Pochi viaggiatori si spingono fuori da questi centri turistici, il che è un buon motivo in più per farlo. In altre zone della Provincia di Lao Cai, così come nelle vicine Lai Chau e Yen Bai, i sentieri escursionistici e le strade di montagna sono meno battute, i villaggi sono incontaminati dal turismo e i mercati traboccano di autenticità. È così, per esempio, Sin Ho, che ha un mercato vivace e caratteristico, per quanto più piccolo di un tempo, ed è perfetta per prendersi un weekend di pausa da Sapa.

Mercato del fine settimana di Sin Ho

AUTENTICO E SENZA TURISTI

Sin Ho è una pittoresca cittadina di montagna abitata da numerose minoranze etniche. Pur ricevendo pochi viaggiatori, ha qualche albergo e discreti collegamenti stradali ed è perciò una destinazione interessante se si vuole vedere un autentico mercato locale, molto diverso da quelli di Sapa e Bac Ha, ormai meta fissa delle comitive di turisti. Una volta il giorno di mercato a Sin Ho era la domenica, ma poi le comunità cristiane hanno chiesto di spostarlo al sabato, per permettere ai fedeli di partecipare alla messa. Il risultato è stato una specie di compromesso: oggi il mercato si svolge sia il sabato sia la domenica, in entrambi i giorni in tono minore rispetto all'originale. È più un mercato di bestiame che di artigianato etnico, ma ha il suo fascino.

MANGIARE E DORMIRE A SIN HO

Situato alla periferia settentrionale della città, il **Thanh Binh**, a gestione statale, ha camere antiquate ma accettabili e non è quasi mai al completo. Il **Phuc Tho** ha una posizione migliore con vista sul mercato, mentre **Villa De La Roseraie** ha portato finalmente un po' di *charme* nel panorama alberghiero locale. Nella zona sud di Sin Ho, il grande e accogliente **Jumong Quan** è specializzato in riso e hotpot ed è aperto tutto il giorno. Vicino al mercato ci sono alcuni ristoranti di *com* (riso) e *bun* (noodles).

TRASPORTI LOCALI

Se viaggiate da Dien Bien Phu a Sapa (o viceversa) senza passare per Hanoi, Sin Ho può essere una deviazione interessante. Arrivando da sud, la svolta (DT128) per salire a Sin Ho si trova 1 km a nord di Chan Nua sulla strada principale da Muong Lay a Lai Chau. Provenendo da est, prendete la DT128 da Lai Chau, anziché proseguire sulla QL4D. Prima di partire, è essenziale informarsi sulle condizioni di entrambe le strade, perché alcuni tratti sono soggetti a frane. Tra Lai Chau e Sin Ho c'è un servizio di autobus abbastanza regolare, ma per spostarsi per/da Dien Bien Phu è probabile che siano necessari diversi cambi. Chiedete al vostro hotel. Arrivati a Sin Ho, potrete spostarvi semplicemente a piedi.

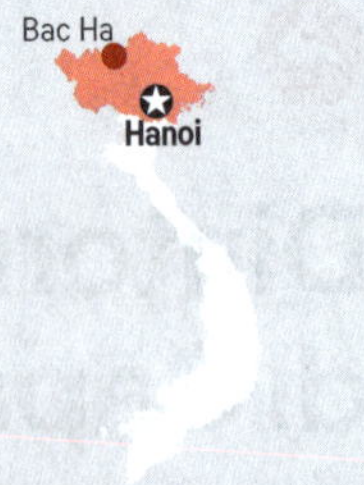

BAC HA

La tranquilla Bac Ha si anima in occasione di quella baraonda di colori e attività commerciali che è il mercato della domenica, quando le vie del centro si riempiono richiamando gli abitanti dei villaggi di montagna e delle valli. Conclusi i baratti, le vendite e gli acquisti, e ripartiti gli autobus con i turisti giunti da Sapa, la città ripiomba nel suo torpore per il resto della settimana.

La vocazione commerciale di Bac Ha non riguarda solo la città. Molti dei villaggi vicini moltiplicano le loro dimensioni una volta alla settimana, quando vi si svolgono grandi mercati che, per vitalità e atmosfera, fanno concorrenza a quello della stessa Bac Ha. Mercato a parte, la città non offre molto altro, ma ci sono due posti interessanti da visitare: il colorato Den Bac Ha (Tempio di Bac Ha) e l'insolito Dinh Thu Hoang A Tuong. Nei dintorni, invece, sono molte le opportunità per escursioni a piedi e in motocicletta.

IL CONSIGLIO

I mercati di Bac Ha si svolgono nel fine settimana. Andateci la domenica mattina presto, prima che arrivino i turisti da Sapa, poi visitate quelli più lontani o fate un'escursione a piedi o in motocicletta. Indossate scarpe da trekking o sandali facili da lavare, perché i mercati possono essere umidi e fangosi.

OSCAR ESPINOSA/SHUTTERSTOCK ©

Mercato di Bac Ha

Mercati di Bac Ha

MERCATI, MERCATI E ANCORA MERCATI

Il **mercato domenicale di Bac Ha** è la maggiore attrazione della zona. Sebbene la vendita di prodotti artigianali sia in crescita, resta in gran parte un mercato per gente del posto, con montagne di frutta e verdura e lunghe tavolate di carni crude. Vi si vendono anche animali vivi: polli, anatre, maiali e qualche bufalo di tanto in tanto. Ci si può trascorrere diverse ore, concedendosi una pausa con una tazza di *tra* (tè verde) o *ngo* (mais cotto). Per i più temerari ci sono anche ristoranti improvvisati che vendono stufato di carne di cavallo e bufalo, due specialità hmong.

Sebbene sia una meta fissa per le gite in giornata da Sapa, non è affatto turistico e ha invece un autentico sapore locale. Se però volete spingervi oltre e visitare anche altri mercati, la scelta è ampia. Il pittoresco **mercato di Can Cau** si svolge il sabato mattina, in collina, 20 km a nord di Bac Ha. Richiama soprattutto commercianti hmong locali di bufali e bovini. Il martedì mattina, il **mercato di Coc Ly**, 35 km a sud-ovest di Bac Ha, è frequentato da dzao, hmong, tay e nung dei vicini villaggi di montagna. Il **mercato di Lung Phinh**

UNO STRANO PALAZZO

Con un parcheggio sul davanti, che talvolta i bambini usano come campo da calcio, è uno degli edifici storici più sontuosi, ma anche più insoliti, del Vietnam settentrionale. Costruito dai francesi tra il 1914 e il 1921 per offrire una degna dimora al capo locale Hoang A Tuong, il **Dinh Thu Hoang A Tuong** ha uno strano stile simile al barocco europeo.

A parte l'edificio in sé, non c'è molto altro da vedere, ma rimane un'affascinante testimonianza dell'influenza e delle manipolazioni di epoca coloniale. Al piano terra c'è un negozio di ricami, abiti tradizionali e specialità essiccate. Nelle vicinanze ci sono alcuni caffè con tavoli all'aperto e vista sul palazzo.

DOVE DORMIRE A BAC HA

La Beaute Homestay
Incantevole casa tay con begli arredi etnici e vista sulla campagna. **$**

Huy Trung Homestay
Ben strutturato, a nord della città (raggiungibile a piedi). La suite familiare merita la spesa. **$**

Nhat Quang Hotel
Pulito e confortevole, ma senza carattere. In centro città, a pochi passi dal mercato. **$**

ESCURSIONI SULLE COLLINE

I percorsi nei dintorni di Bac Ha toccano villaggi di molti gruppi etnici diversi. I hmong, con i loro colori vivaci, sono i più riconoscibili, ma ci sono anche dzao, giay, hoa, xa fang, lachi, nung, phula, tay, thai e thulao. Per i trekking più lunghi è possibile pernottare presso gli abitanti dei villaggi, ma è difficile farlo senza una guida. Per ingaggiarne una, rivolgetevi al vostro hotel a Bac Ha o a un'agenzia affidabile di Hanoi o Sapa. Chiedete sempre una guida locale (di Bac Ha o di un villaggio dei dintorni): non solo vi introdurrà di più e meglio nella cultura locale, ma è un anche un modo per includere i residenti nel circuito economico generato dal turismo.

si svolge la domenica mattina, tra Can Cau e Bac Ha, a circa 12 km dalla città. Più tranquillo di altri, ha un'atmosfera molto locale ed è una buona alternativa a Bac Ha quando lì cominciano ad arrivare gli autobus carichi di turisti da Sapa.

In motocicletta da Bac Ha

FINO AL CONFINE CINESE E RITORNO

Da Bac Ha parte un bell'itinerario circolare da percorrere in motocicletta in un giorno, passando per città di mercato, alte montagne, spettacolari paesaggi rurali, cascate e scorci della Cina.

Dirigetevi a nord di Bac Ha lungo la DT153, verso **Lung Phinh**, dove la domenica mattina si svolge un piccolo ma caratteristico mercato. Facendo l'escursione di sabato, potrete vedere il **mercato di Can Cau**, molto più grande e un po' più lontano di Lung Phinh. Sono entrambi interessanti e meritano una sosta, anche per riscaldarsi un po' con una tazza di tè verde. Dopo Lung Phinh e Can Cau si raggiunge **Si Ma Cai**, che non ha niente di speciale, ma va bene per riempire il serbatoio e lo stomaco.

Da qui la DT153 prosegue verso nord fino al confine cinese (non preoccupatevi se Google Maps smette di funzionare), seguendolo per diversi chilometri tra magnifici panorami. La strada passa poi per **Khuong Muong**, un'altra città anonima ma provvista di qualche modesto ristorante e caffè e un distributore di benzina.

Da Khuong Muong si può tornare a Bac Ha percorrendo la DT154, una strada con strepitosi panorami fluviali, e facendo tappa a **Coc Ly**, dove il martedì mattina c'è il mercato. Perciò, se pensate di fare l'escursione di martedì, potreste considerare di percorrere tutto l'itinerario all'inverso.

TRASPORTI LOCALI

Da Sapa a Bac Ha (3 h) ci sono ogni giorno sia autobus pubblici sia navette turistiche, che si possono prenotare tramite il proprio hotel a Sapa. Tenete presente che, se utilizzate il servizio pubblico, potreste dover cambiare a Lao Cai. Arrivando da Hanoi, prendete il treno (8 h) o l'autobus (5 h) per Lao Cai, da dove partono autobus diretti all'autostazione o alla stazione ferroviaria di Bac Ha (2 h).

MAI CHAU

In un'idilliaca vallata incastonata tra le montagne brumose, la zona di Mai Chau è un altro mondo rispetto alla confusione di Hanoi. La cittadina di Mai Chau non ha particolari attrattive, ma basta fare 100 m per entrare in un mosaico di risaie punteggiate da piccoli villaggi thai dove i visitatori possono fermarsi a pernottare nelle tradizionali case su palafitte risvegliandosi tra il gorgoglio dei canali di irrigazione e il canto degli uccelli.

Gli abitanti locali sono per lo più thai, imparentati alla lontana con tribù thailandesi, laotiane e cinesi. Anche se quasi nessuno indossa più gli abiti tradizionali, le donne thai sono abili tessitrici e producono molti tessuti dai motivi caratteristici. Qui non si usano modi insistenti per vendere, ma si contratta con gentilezza. Se siete alla ricerca di esperienze avventurose, Mai Chau non è il posto giusto per voi, mentre è l'ideale per fare tranquille escursioni a piedi e in bicicletta o concedersi un po' di relax.

IL CONSIGLIO

Una volta Mai Chau si animava solo di sabato e domenica, ma ormai è piena di gente e karaoke ogni giorno della settimana. Non proprio ciò che si vorrebbe trovare. Per un po' più di pace, spostatevi verso la zona ovest di Mai Chau (Mai Hich, Sam Khoe e Pieng Vu lungo la DT439).

MERCATI DOMENICALI

Il mercato domenicale di Mai Chau, che comincia al mattino e continua fino al pomeriggio, ha molte bancarelle di souvenir economici, ma ce ne sono anche altre che vendono carne, frutta e verdura. Per un'esperienza più autentica, andate al **mercato di Pa Co**, 30 km a nord-ovest di Mai Chau, che inizia molto presto e finisce per l'ora di pranzo. Una piccola zona in fondo è riservata a tessuti batik e ricami di ottima qualità realizzati dai hmong locali e per questo caratterizzati da motivi diversi da quelli che si trovano a Mai Chau, che è prevalentemente di etnia thai. Il mercato si trova immediatamente a sud della strada principale tra Hoa Binh e Son La.

THE SOUTH WIND/SHUTTERSTOCK ©

In bicicletta tra le risaie di Mai Chau

Andare alla scoperta di Mai Chau

UN MOSAICO DI RISAIE DA ESPLORARE

Molti vengono qui solo per andare in bicicletta lungo i sentieri che attraversano le risaie ed esplorare i villaggi sparsi nella campagna. Nella maggior parte delle sistemazioni in case private su palafitte sono disponibili biciclette a noleggio per andare alla scoperta della valle a proprio piacimento e sebbene sia una buona opportunità, le condizioni dei sentieri e delle biciclette possono rappresentare un limite. È più facile indossare le scarpe da trekking e andare a piedi. Nei villaggi gemelli di **Ban Lac** e **Pom Coong**, che costituiscono l'epicentro delle attività turistiche di Mai Chau, ci sono mercati ricchi di bancarelle e molte sistemazioni in case private. Prendeteli però per quello che sono: posti che vanno bene per dormire, mangiare, fare acquisti e bere qualcosa, ma non lo specchio della vera vita dei villaggi di campagna. Più distanti e raggiungibili solo in automobile o motocicletta, ci sono due cascate abbastanza belle per una tranquilla gita di mezza giornata: **Thac Go Lao** e **Thac Tat Nang**.

DOVE DORMIRE A MAI CHAU

Case private
Nei villaggi vicino a Mai Chau ce ne sono molte; provate il Little Mai Chau Homestay. **$**

Mai Chau Valley Retreat
Accogliente hotel con giardino, camerate e qualche camera privata. Bella piscina. **$$**

Mai Chau Ecolodge
Una specie di borgo tra le risaie con bungalow dal tetto in paglia. **$$$**

Cucina casalinga

PASTI DA RE NELLE CASE PRIVATE

Mai Chau è stato tra i primi posti in Vietnam a introdurre con successo il turismo su piccola scala incentrato sulle comunità locali, ma per qualcuno la conseguente proliferazione di sistemazioni private potrebbe sembrare in contrasto con l'idea di un tranquillo rifugio di campagna. Comunque, l'esperienza di ospitare turisti da tutto il mondo unita alla serrata concorrenza ha spinto i proprietari degli alloggi ad affinare le proprie abilità culinarie. Mangiare in una casa privata è una delle cose migliori da fare se si va a Mai Chau, anche se non si pernotta nello stesso posto. Vi attendono enormi tavolate di classici vietnamiti, come insalata di germogli di banano e tofu con salsa al pomodoro, e piatti tradizionali thai, come *ca hap ong tre* (pesce avvolto in foglie di banano e cotto nel bambù) e *bo xao mang chua* (manzo saltato in padella con germogli di bambù sottaceto).

Per preparare questi pasti serve molto tempo, perciò non presentatevi all'ora di pranzo o di cena sperando di mangiare. Cercate invece di avvisare il proprietario il giorno prima. Di solito non c'è il menu e si prepara quello che c'è in base alla stagione. Si possono richiedere pasti vegani (*chay*), che sono comunque deliziosi. I prezzi possono sembrare alti (100.000d-200.000d), soprattutto rispetto al costo del pernottamento, ma sono soldi ben spesi. Se siete ospiti presso privati, ci si aspetta che consumiate la maggior parte dei pasti con la famiglia.

Case su palafitte, Mai Chau

MUSEO DELLA CULTURA MUONG

Nel viaggio tra Hanoi e Mai Chau si può fare tappa in questo centro (Bao Tang Khong Gian Van Hoa Muong) fondato da Vu Duc Hieu, artista originario di Hanoi, per documentare la cultura della locale minoranza muong ed esporre le sue insolite sculture e opere d'arte. Oltre alla collezione di manufatti muong, la vera attrattiva è la struttura stessa, un vasto complesso di 5 ettari con edifici tradizionali e installazioni d'arte all'aperto. Si trova 8 km a sud-ovest di Hoa Binh (a 3 km dalla strada principale per Mai Chau). Il museo offre vitto e alloggio, ma bisogna telefonare prima.

TRASPORTI LOCALI

Mai Chau dista poco meno di quattro ore da Hanoi; trasferimenti e autobus si possono prenotare facilmente tramite gli hotel e le agenzie di viaggi. Dall'autostazione di My Dinh partono regolari autobus pubblici, che possono richiedere un cambio a Hoa Binh. Arrivati a Mai Chau, noleggiate una bicicletta o una moto per raggiungere il vostro alloggio.

Dintorni di Mai Chau

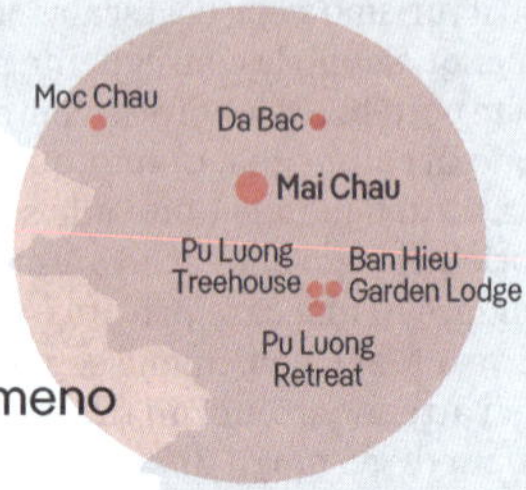

Mai Chau è la via d'accesso a varie località meno note: sono queste il vero motivo per andare a Mai Chau, che altrimenti si può saltare a piè pari.

Da Mai Chau si estendono in tutte le direzioni vaste zone naturali di straordinaria bellezza. Ricevono molti meno visitatori rispetto ai loro vicini più famosi e ognuna ha un'atmosfera e un'esperienza diversa da offrire. A nord-est di Mai Chau (e più vicino a Hanoi), sull'altra sponda del Fiume Da con le sue dighe, il Distretto di Da Bac occupa una zona collinare e spesso trascurata della Provincia di Hoa Binh. A sud-est di Mai Chau si trova la Riserva Naturale di Pu Luong, con alte risaie a terrazza incorniciate da vette frastagliate. Più a ovest, la Provincia di Son La è tutta un'avventura, con le sue bellezze naturali in gran parte incontaminate e la varietà etnica.

IL CONSIGLIO

Pu Luong va bene per una permanenza lunga, Da Bac se avete poco tempo. Esplorate Moc Chau in motocicletta, scooter o facendo trail running.

THE SOUTH WIND/SHUTTERSTOCK ©

La strada che esce da Mai Chai è la via d'accesso al resto della regione

Risaie terrazzate, Pu Luong

Rilassarsi in un lodge di Pu Luong

CIRCONDATI DA CASCATE E TERRAZZAMENTI

Per sfuggire all'affollamento di Mai Chau, si può decidere di andare un chilometro (o 50) più avanti e fermarsi a Pu Luong. Questa straordinaria riserva naturale è un concentrato di tutto il meglio della regione montuosa del Vietnam settentrionale, con vette frastagliate, risaie terrazzate a perdita d'occhio, cascate gorgoglianti e case su palafitte. Alcuni villaggi sono abbarbicati sui versanti montuosi e godono di splendidi panorami, altri sorgono vicino a fiumi e torrenti con facile accesso a piscine naturali.

I villaggi di Pu Luong sono più distanti tra loro rispetto a quelli di Mai Chau e visitare la zona da soli può essere più complicato. Molti scelgono di soggiornare in uno degli ottimi lodge di Pu Luong e da lì organizzare le escursioni, tra cui trekking, gite alle cascate, attività di agriturismo e altro. Situato su una collina a Ban Don, un villaggio in altura a est della QL15C, il **Pu Luong Treehouse** ha insolite camere in case sugli alberi, bungalow ben strutturati e la piscina. Più in alto ancora, sempre a Ban Don, si trova il **Pu Luong Re-**

IO VIVO QUI: VILLAGGI DI PU LUONG

Dung Le, proprietaria del **Pu Luong Treehouse**.

Kho Muong, abitato da circa 60 famiglie thai, sorge in una profonda vallata ed è perciò molto isolato rispetto gli altri villaggi. Il fatto che sia difficile arrivarci su strada contribuisce a mantenerlo incontaminato. **Eo Ken** è un villaggio di case su palafitte con un centinaio di famiglie thai. Si trova al margine della riserva naturale ed è raggiungibile solo a piedi o in motocicletta. C'è un bel percorso di trekking che comprende i villaggi di Duom, Hang, Eo Ken e Pa Ban, ma è meglio farlo con una guida.

DOVE DORMIRE A MOC CHAU

Case private
L'offerta di questi alloggi è in aumento. Spesso hanno i recapiti su Google Maps. **$**

A Chu Homestay
Lodge con camere private e condivise, offre escursioni a piedi e cucina casalinga. **$$**

Muong Thanh Holiday
Buona sistemazione in centro, fa parte della catena vietnamita Muong Thanh. **$$**

treat, con camere più convenzionali e vista panoramica. A **Ban Hieu**, un pittoresco villaggio vicino a una fragorosa cascata, il **Ban Hieu Garden Lodge** ha camere su palafitte affacciate direttamente sull'acqua.

Trail running a Moc Chau

CORRERE IN MEZZO ALLA NATURA

Le fertili colline e vallate di Moc Chau, 60 km a ovest di Mai Chau, costituiscono una specie di granaio, con frutteti, orti e una prospera industria lattiero-casearia. Ne risulta un bell'ambiente rurale, anche se a catturare davvero lo sguardo è l'ondulata distesa di campi di tè che si estende per chilometri. Un'ottima occasione per godere delle bellezze naturali di Moc Chau è la **Vietnam Trail Marathon** (VTM), che di solito si svolge in gennaio. I percorsi delle gare di 10 km, 21 km, 42 km e 70 km si snodano tra frutteti e campi di fiori prima di raggiungere il traguardo tra le coltivazioni di tè in collina. Più lungo è il percorso, più ci si addentra nelle zone rurali, con le gare di 42 km e 70 km che toccano villaggi isolati inaccessibili su strada.

VIETNAM TRAIL SERIES

Volete fare trail running in Vietnam, ma non a gennaio? Nessun problema. La VTM è solo una delle quattro corse organizzate dalla Vietnam Trail Series, l'associazione più professionale del paese. Oltre a quella di Moc Chau, le competizioni si svolgono anche a Sapa, Pu Luong e Nam Cang (Provincia di Lao Cai). Estenuanti ma gratificanti, queste gare di corsa su distanze lunghe sono salite alla ribalta internazionale, richiamando runner da tutto il mondo, sebbene la gran parte dei concorrenti provenga da Hanoi e Ho Chi Minh City. Visitate il sito vietnamtrailseries.com per conoscere date, distanze, percorsi e altitudini.

Soggiornare in case private a Da Bac

TURISMO INCENTRATO SULLE COMUNITÀ LOCALI

A poco più di due ore da Hanoi, e quindi più vicino alla capitale rispetto a Mai Chau, il Distretto di Da Bac si estende a est di Hoa Binh City, insipida città nell'omonima provincia. Nonostante la vicinanza a Hanoi e l'incontaminata bellezza naturale, solo recentemente Da Bac è diventata una meta turistica, in parte grazie a **Da Bac CBT** (vcbt-n.com).

Si tratta di un'organizzazione turistica incentrata sulle comunità locali che offre pacchetti di uno e due giorni, a prezzi abbordabili, comprensivi di favolosi pasti in case private, visite a coltivazioni di tè e grotte, escursioni a piedi nelle foreste di bambù, attività acquatiche sul **Lago Hoa Binh** e modeste sistemazioni presso le famiglie locali. Pur essendo molto piccolo, il distretto conta una sorprendente varietà di gruppi etnici, tra cui muong, thai, dzao e tay, alcuni dei quali offrono alloggio ai visitatori. Se non vi attira l'idea di affrontare quattro faticose ore di viaggio fino a Mai Chau, Da Bac è una buona alternativa, per quanto un po' rustica.

TRASPORTI LOCALI

Da Mai Chau (4 h da Hanoi), Moc Chau dista altri 90 minuti e Pu Luong altre due ore. Da Hanoi si possono organizzare trasferimenti diretti tramite il proprio hotel. Il modo più facile per andare a Da Bac, a sole due ore da Hanoi, è prendere parte a un tour organizzato comprensivo dei trasporti. Una volta arrivati, potrete visitare la città a piedi, ma per spingervi oltre dovrete noleggiare una motocicletta.

HA GIANG

La Provincia di Ha Giang è un territorio con paesaggi quasi irreali di guglie calcaree, gole vertiginose e risaie terrazzate a cascata. L'estremo nord della provincia vanta scenari naturali tra i più spettacolari dell'intero Sud-est asiatico, mentre il viaggio tra Yen Minh e Meo Vac attraverso il Passo di Ma Pi Leng toglie il fiato anche a chi di strade ne ha viste tante. Hoang Su Phi, a ovest, è una località famosa per i campi terrazzati, sebbene passi spesso inosservata.

L'Altopiano Carsico di Dong Van è stato dichiarato geoparco dell'UNESCO (il primo in Vietnam) per la sue eccezionali caratteristiche geologiche. Ormai Ha Giang non è più un segreto e negli anni prepandemia il numero dei visitatori era notevolmente aumentato. Ci sono comunque ancora molte tranquille strade secondarie e angoli suggestivi tutti da esplorare e le infrastrutture turistiche stanno migliorando.

IL CONSIGLIO

Ci sono solo due modi per visitare il nord di Ha Giang: con un tour organizzato o con un mezzo proprio. Sebbene sia possibile utilizzare i trasporti pubblici, gli autobus sono piccoli, lenti, scomodi e inaffidabili. Inoltre il bello sta nel viaggio stesso: non si possono ammirare i paesaggi standosene chiusi dentro a un autobus.

PRIMA DI PARTIRE

Non aspettatevi avvistamenti di fauna selvatica o resterete delusi.
Preparatevi a incontrare molti gruppi etnici. Per saperne di più, visitate prima il Museo di Etnologia di Hanoi (p87).
Non andate di fretta. Servono almeno tre giorni dall'arrivo a Ha Giang City per godersi appieno la visita.
Portate il sacco a pelo per le notti fresche e i letti ammuffiti.
Non contate sul bel tempo. Possono addensarsi nuvole di pioggia anche nei mesi asciutti (ottobre-dicembre).

Altopiano Carsico di Dong Van

GEOPARCO MONDIALE DELL'UNESCO

Nel 2015 l'Altopiano Carsico di Dong Van è stato dichiarato Geoparco Mondiale dell'UNESCO per l'altezza delle sue vette (il Monte Mieu Vac è alto quasi 2000 m) e la profondità dei suoi canyon (il Tu Son è profondo 800 m). Il geoparco e i suoi dintorni sono ricchi di flora e fauna, ma grande è anche la ricchezza culturale: vi abitano infatti almeno 17 gruppi etnici diversi.

LA GEOLOGIA

Di fatto il geoparco fa parte delle pendici dell'Himalaya, sebbene la catena cominci ufficialmente molte centinaia di chilometri a nord-ovest di Ha Giang. Circa il 60% della sua superficie è costituto da rocce calcaree di 550 milioni di anni fa, con un patrimonio geologico che comprende formazioni carsiche, grotte e fenomeni tettonici. Nella geologia del parco sono registrati eventi importanti nella storia della Terra, tra cui i confini delle estinzioni di massa del Frasniano-Famenniano e del Permiano-Triassico. Tra le scoperte paleontologiche fatte nel parco figurano pesci, brachiopodi e tracce fossili di molluschi.

LA POPOLAZIONE

L'altopiano è abitato da almeno 17 gruppi etnici diversi, ognuno con una propria lingua e un proprio stile di vita, di abbigliamento e di architettura. Quattro minoranze etniche che probabilmente incontrerete sono i hmong, gli dzao, i tay e gli hoa. I hmong, riconoscibili dalle gonne variopinte indossate dalle donne, vivono prevalentemente nelle zone collinari, dove praticano l'agricoltura. Gli dzao, caratterizzati da vistosi copricapi rossi, sono abili rac-

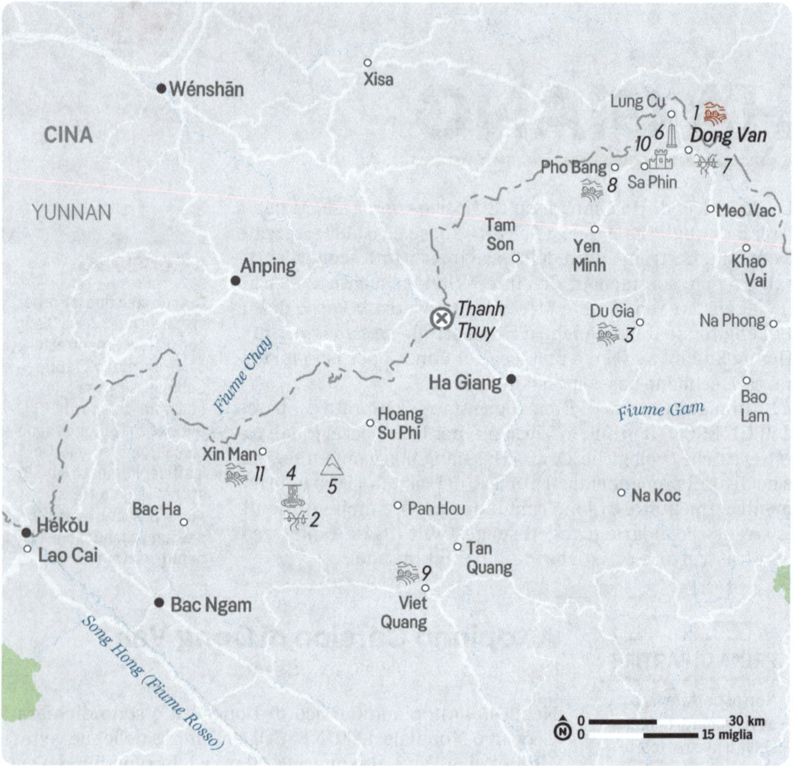

DA NON PERDERE
1 Dong Van

DA VEDERE
2 Deo Gio
3 Du Gia
4 Cascata delle Fate
5 Kiou Leou Ti
6 Torre della Bandiera di Lung Cu
7 Passo di Ma Pi Leng
8 Pho Ban
9 Viet Quang
10 Palazzo Vuong
11 Xin Man

coglitori e infatti agli ospiti delle case private nel **Villaggio di Nam Dam** offrono anche bagni alle erbe. Spesso vivono vicino all'acqua in case su palafitte, come nel **Villaggio di Du Gia**. Gli hoa, di etnia cinese, vivono a Pho Bang e le loro case non sono su palafitte, ma si riconoscono dai caratteri cinesi sulle porte. Un quinto gruppo che potreste incontrare è quello dei lolo, a **Lo Lo Chai** ai piedi della Torre della Bandiera di Lung Cu. Le donne lolo indossano tuniche trapuntate con nastri colorati, nappe e perline.

LA FAUNA

Il geoparco vanta una fauna sorprendentemente varia, sebbene sia improbabile riuscire a vedere qualche animale selvatico. Sono presenti rari esemplari di orso nero asiatico, detto anche orso dal collare per via della macchia di pelo chiaro a forma di mezzaluna sul petto, e capricorni della Cina, una capra di montagna che vive anche in altre zone del Sud-est asiatico. Il più misterioso tra gli animali esotici presenti nel parco è il rinopiteco del Tonchino, una scimmia con labbra sporgenti e manto parzialmente arancione.

SOFT_LIGHT/SHUTTERSTOCK ©

Altopiano Carsico di Dong Van

Ritenuta estinta fino agli anni '90, quando fu riscoperta, è oggi tra le 25 specie di primati più a rischio di estinzione al mondo.

IL PATRIMONIO

Oltre ai paesaggi e ai gruppi etnici, l'altopiano e i suoi dintorni vantano anche alcuni siti degni di nota. La città vecchia di Dong Van ha una bella piazza del mercato, che ogni domenica esplode in un tripudio di colori, e qualche caratteristica ma decadente casa antica. In cima al monte carsico che domina il centro di Dong Van si trovano le rovine di un forte francese, raggiungibili lungo un sentiero a est del mercato. Il Dinh Vua Meo (Palazzo Vuong) è un interessante edificio cinese-hmong costruito dai francesi per il re locale intorno agli anni '20 del XX secolo. La Cot Co Lung Cu (Torre della Bandiera di Lung Cu) è un epico monumento che segna il punto più settentrionale del Vietnam; si può salire fino in cima.

IL GIRO DI HA GIANG

Il cosiddetto Giro di Ha Giang (p126) è un itinerario su strada, da percorre solitamente in motocicletta, che da Ha Giang City attraversa l'Altopiano Carsico di Dong Van e poi torna indietro. È il modo migliore per esplorare questa parte del paese, dato che è molto lungo e offre panorami nuovi a ogni curva.

PERCHÉ AMO HA GIANG

Joshua Zukas,
coautore di *Vietnam*, Lonely Planet

Ho fatto a Ha Giang molte delle mie esperienze più belle in Vietnam, che sia stato bere vino di riso con un'anziana dzao o nuotare in una cascata con un ragazzino tay. Sì, Ha Giang ha tutti gli ingredienti per vivere una straordinaria avventura *on the road*, ma per me sono le persone a fare la differenza. La provincia è così ricca di bellezze naturali che è facile dimenticarsi della sua ricchezza culturale. Qui, però, vivono decine di gruppi etnici – forse anche più di quelli che risultano dai dati ufficiali – e ognuno è diverso. Ho cercato di farli conoscere nel mio **giro in moto di Ha Giang** (p126), che prevede di trascorrere ogni notte in una comunità diversa.

TRASPORTI LOCALI

Ha Giang City è raggiungibile in autobus (6 h) da Hanoi. Potete acquistare i biglietti tramite il vostro hotel a Hanoi o una delle tante agenzie di viaggi nel Quartiere Vecchio. Se soggiornate a Hoang Su Phi e non disponete di un mezzo, gli hotel possono organizzare trasferimenti per/da Hanoi. Poiché è difficile spostarsi nella provincia con i mezzi pubblici, è meglio ricorrere al noleggio o a un tour organizzato. Fatelo a Hanoi o rivolgendovi a un'agenzia affidabile, come NoMadders o QT Motorbikes and Tours a Ha Giang City.

ITINERARIO IN MOTO

In motocicletta nel nord di Ha Giang

Ci sono molti modi per visitare la parte settentrionale della Provincia di Ha Giang su strada: questo itinerario è solo un esempio, adattabile come si vuole. QT Motorbikes and Tours e NoMadders sono agenzie affidabili per noleggiare mezzi e organizzare tour, ma ce ne sono anche altre. Prima di partire è utile verificare le regole per la patente ed eventuali permessi.

Giorno 1: Ha Giang–Nam Dam

In mezza giornata, dirigendosi a nord da Ha Giang City lungo la QL4C attraverso alcuni bei villaggi, si arriva al Passo di Bac Sum e al punto panoramico. Da lì la strada scende tra campi di fiori per poi tornare a salire fino al **Passo di Quan Ba** (Porta del Paradiso), uno dei punti più spettacolari del viaggio. Si scende poi nella cittadina di Tam Son, che ha qualche discreta guesthouse, anche se è meglio pernottare nel villaggio dzao di **Nam Dam**, 6 km più in alto, con oltre una decina di sistemazioni private. La migliore è il Dao Lodge, in stile tradizionale, ma si sta benissimo anche con le famiglie locali.

Giorno 2: Nam Dam–Lung Cua

Proseguite verso nord lungo il fiume Mien per poi zigzagare a est tra campi terrazzati e foreste di pini fino a Yen Minh. Mentre la strada continua a serpeggiare verso nord, i panorami diventano sempre più belli. Per vedere un raro e interessante villaggio hoa (etnia cinese) con una manciata di case tradizionali, seguite le indicazioni per Pho Bang, 20 km a nord di Yen Minh. La strada passa poi per l'imperdibile Palazzo Vuong, quindi sale per 30 km verso nord fino alla **Torre della Bandiera di Lung Cu** e a un villaggio lolo con sistemazioni presso privati. Homie Homestay è una buona scelta.

HUY THOAI/SHUTTERSTOCK ©

Passo di Ma Pi Leng, Ha Giang (p123)

Giorno 3: Lung Cu–Meo Vac

A Dong Van, 25 km a sud-est di Lung Cu, ci sono delle sistemazioni, se decidete di fermarvi e prolungare il viaggio. Potreste anche prendervi un giorno in più per un'escursione a piedi lungo il **Sentiero del Cielo**: per i trasporti, la guida e il pranzo al sacco, cercate intorno alla piazza del mercato. La strada da Dong Van a Meo Vac è il famoso **Passo di Ma Pi Leng**, in un saliscendi di colline squarciate in profondità dalle acque verde smeraldo del fiume Nho Que. A Meo Vac ci sono molti hotel, ma per qualcosa di speciale andate all'**Auberge de Meo Vac**, una casa hmong del XIX secolo accuratamente restaurata.

Giorno 4: Meo Vac–Du Gia

Lasciate Meo Vac e la QL4C dirigendovi verso ovest lungo le sinuose DT182 e DT176 fino a Mau Due. Da lì in poi vi sembrerà di esservi lasciati alle spalle i panorami migliori, finché la strada comincia improvvisamente a risalire nel suo spettacolare percorso verso sud. Scende poi nuovamente fino a **Du Gia**, un idilliaco villaggio tay circondato da risaie terrazzate e provvisto di qualche sistemazione presso privati. Vicino a Du Gia ci sono un paio di cascate dove si può nuotare; chiedete in paese dove si trovano.

Giorno 5: Du Gia–Ha Giang

Da Du Gia ci sono due modi per tornare a Ha Giang City: andando a ovest lungo la DT181 fino a incontrare la QL4C per poi proseguire a sud, oppure seguendo la DT176 verso sud fino a incrociare la QL34 e proseguire quindi verso ovest. La prima soluzione, tutta su strade nuove, è più veloce e permette di chiudere il giro comodamente. La seconda è più panoramica, ma richiede un po' più di tempo.

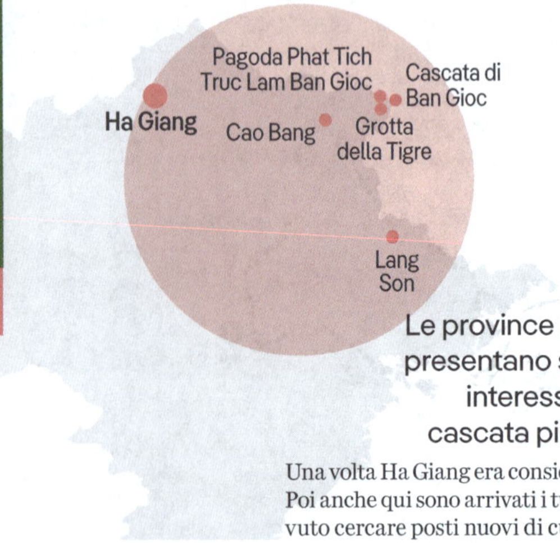

Dintorni di Ha Giang

Le province montuose a est di Ha Giang presentano strade più tranquille, alcune interessanti specialità culinarie e la cascata più spettacolare del Vietnam.

Una volta Ha Giang era considerata l'ultima frontiera del Vietnam. Poi anche qui sono arrivati i turisti e i pionieri dei viaggi hanno dovuto cercare posti nuovi di cui farsi vanto. Alcuni hanno puntato su Cao Bang, la provincia subito a est di Ha Giang e a meno di un'ora da Meo Vac. Dal confine con Ha Giang, Cao Bang si estende a est lungo la frontiera cinese fino a raggiungere l'eterea Cascata di Ban Gioc (Thac Ban Gioc), una serie di salti che il Vietnam condivide con il suo vicino settentrionale. Più a est ancora si trova Lang Son, con vette più modeste, ma anche meno turisti. Per quanto belli, i paesaggi di Cao Bang e Lang Son non possono competere con i panorami mozzafiato di Ha Giang, ma dimostrano che il Vietnam ha ancora qualche asso nella manica.

IL CONSIGLIO

Se si salta del tutto Ha Giang, è più facile raggiungere Cao Bang e Lang Son da Hanoi.

TRAN VIET LINH/SHUTTERSTOCK ©

Laghi di Cao Bang

TATIANA_KASHKO_PHOTO/SHUTTERSTOCK ©

Cascata di Ban Gioc

Cascate spettacolari

AL CONFINE CON LA CINA

A cavallo del confine con la Cina, dove prendono il nome di Cascate Detian, i salti d'acqua della **Cascata di Ban Gioc** (Thac Ban Gioc) sono uno spettacolo mozzafiato tra rocce carsiche avvolte dalla vegetazione. Sono pochi i viaggiatori che si spingono fin qui, il che non fa che aggiungere fascino a queste cascate, situate due ore a nord-est di Cao Bang City. A parte una breve uscita in barca per avvicinarsi ancora di più (è vietato fare il bagno), non c'è molto altro da fare, ma la visita merita almeno un paio d'ore, anche per vedere la vicina **Pagoda Phat Tich Truc Lam Ban Gioc** e, a meno di 10 minuti, le cascate della **Tigre** (Dong Nguom Ngao).

Specialità di Cao Bang e Lang Son

CARNE DI MONTAGNA E INFLUENZE CINESI

Sebbene la cucina quotidiana di Cao Bang e Lang Son sia molto semplice, ci sono alcune specialità che vale la pena di provare. La *lap suon Cao Bang* (salsiccia di Cao Bang) è una ricca salsiccia di carne affumicata che si vede spesso appesa nei negozi e nei ristoranti di Cao Bang City. Cao Bang è famosa anche per il suo *banh cuon* (involtini di carta di riso umida con carne di maiale macinata e funghi), servito a colazione accompagnato da una sostanziosa scodella di brodo. I piatti tipici di Lang Son risentono molto dell'influenza cinese, con un *vitquay* (arrosto d'anatra) che è il più buono del paese. Il *coong phu,* una zuppa dolce con polpette di riso gelatinoso, arachidi e granella di cocco, si trova nelle bancarelle del **mercato di Lang Son**.

POSTI MIGLIORI PER MANGIARE A LANG SON E CAO BANG

Cho Lang Son
Al mercato di Lang Son e nei suoi dintorni ci sono diverse bancarelle che servono specialità vietnamite, come *banh cuon* di mattina e *coong phu* la sera. **$**

Nha Hang Ngon Cao Bang
A Cao Bang City, è molto frequentato dai locali. Serve le salsicce di Cao Bang e *banh nep nhan trung kien* (torta di riso con uova di formica). **$$**

Nha Hang Vit Quay Hai Xom
A Lang Son City, serve un'ottima anatra arrosto, ma anche *pho vit* (zuppa di noodles e carne d'anatra), una versione interessante del piatto nazionale vietnamita. **$$**

TRASPORTI LOCALI

Cao Bang City (6 h) e Lang Son City (5 h) sono raggiungibili in autobus da Hanoi. Per acquistare i biglietti, rivolgetevi al vostro hotel di Hanoi o a una delle tante agenzie di viaggi nel Quartiere Vecchio. Per Lang Son ci sono anche treni, ma all'epoca delle nostre ricerche non effettuavano servizio passeggeri. L'autobus si può usare anche per gli spostamenti tra Ha Giang, Cao Bang e Lang Son: chiedete informazioni al vostro hotel o all'autostazione centrale. Cao Bang e Lang Son si possono visitare a piedi, ma per raggiungere le cascate bisogna avere l'auto o la moto.

PARCO NAZIONALE DI BA BE

I paesaggi del Parco Nazionale di Ba Be, istituito nel 1992, spaziano dalle montagne calcaree alle lussureggianti vallate ammantate di fitte foreste sempreverdi e punteggiate di grotte e cascate. La zona è comunemente denominata Lago di Ba Be, in riferimento al fosco e suggestivo specchio d'acqua nel cuore del parco, che tutela una foresta pluviale con diverse centinaia di specie vegetali catalogate. La fauna comprende decine di specie di mammiferi e pesci, centinaia di uccelli e farfalle, quattro tipi di tartarughe e il tritone di Tam Dao, ad alto rischio di estinzione. Tra gli uccelli figurano lo spettacolare serpentario crestato e il pecchiaiolo orientale. La caccia è vietata, mentre la pesca è consentita. Nel parco sono presenti diversi villaggi, per la maggior parte di etnia tay, ma nelle zone più alte di montagna ci sono anche insediamenti dzao e hmong.

IL CONSIGLIO

Una delle cose migliori di Ba Be è l'ottima cucina casalinga. I proprietari degli alloggi si aspettano che gli ospiti consumino la maggior parte dei pasti con loro (di solito la prima colazione è compresa, ma non sempre) e sarebbe scortese mangiare sempre fuori. Pranzo e cena possono costare quanto il posto letto, talvolta un po' di più.

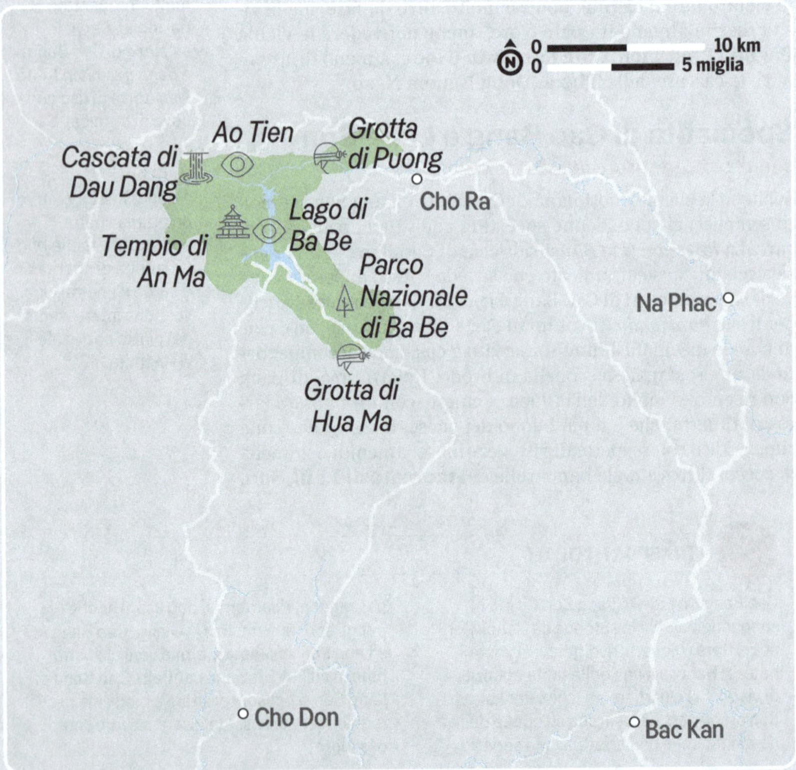

QUANG NGUYEN VINH/SHUTTERSTOCK ©

Lago di Ba Be

Vivere il lago

ESCURSIONI IN BARCA E TREKKING IN MONTAGNA

Il **Parco Nazionale di Ba Be** è un concentrato di tutti i paesaggi del Vietnam settentrionale - montagne, grotte, laghi e cascate - e di tutte le sue attività tipiche - escursioni in moto, bicicletta, kayak e barca, escursioni a piedi e visite ai villaggi. Quasi tutte si possono organizzare tramite la struttura in cui si alloggia (v. sotto), ma può essere più facile farlo in quelle più grandi e costose.

Incorniciato da vette calcaree, il Lago di Ba Be (che significa 'tre laghi') è in effetti formato da tre laghi collegati, per una lunghezza complessiva di 8 km e una larghezza di circa 400 m. Le escursioni in barca di mezza giornata di solito comprendono la fragorosa **Cascata di Dau Dang**, l'isolato **Tempio di An Ma** e la **Grotta di Puong** (Dong Puong), lunga 300 m, piena di stalattiti e stalagmiti e abitata da migliaia di pipistrelli (di 18 specie diverse). Un'altra tappa può essere lo stupefacente **Ao Tien**, uno specchio d'acqua circolare in mezzo alla giungla. In alternativa, o in aggiunta, si può noleggiare un kayak ed esplorare il lago in autonomia.

Oltre alle attività sul lago, si possono fare anche belle escursioni a piedi, con qualche panorama mozzafiato. Le camminate lungo le tranquille strade intorno al lago si possono fare da soli, mentre per i trekking in montagna per visitare i villaggi dzao e hmong bisogna ingaggiare una guida. Dopo il lago, uno dei luoghi più famosi del parco è la Grotta di Hua Ma, un complesso lungo 800 m con un sentiero che scende in una cavità alta 50 m.

MIGLIORI SISTEMAZIONI A BA BE

Case private
Ci sono diverse sistemazioni presso privati, per la maggior parte nel Villaggio di Pac Ngoi. Alcune si possono prenotare online, ma si può anche andare direttamente. $

Mr Linh's Homestay
Più un lodge che una casa privata, si trova in una posizione tranquilla con vista sul lago. Offre biciclette, kayak, gite in barca e guide per escursioni a piedi. $$

Hai Dang Lodge
Sulla strada, ma rialzato, gode di ampie vedute sul lago. Offre attività simili a quelle del Mr Linh's. $$

TRASPORTI LOCALI

Le strutture ricettive più grandi forniscono il servizio navetta da Hanoi. Si può anche andare in autobus da Hanoi a Bac Kan City e da lì al Parco Nazionale di Ba Be, ma ci si impiega quasi un giorno intero. Una volta arrivati al proprio alloggio, si possono fare escursioni a piedi e in barca, ma per raggiungere la Grotta di Hua Ma serve un mezzo di trasporto.

MU CANG CHAI

Il Distretto di Mu Cang Chai è famoso per le sue risaie terrazzate, le cui fotografie adornano le lobby delle guesthouse economiche di tutto il paese. Le immagini dei suoi verdi e lussureggianti terrazzamenti di riso sono così emblematiche delle montagne settentrionali del Vietnam che talvolta vengono maldestramente usate dagli operatori turistici di Hanoi per pubblicizzare Sapa, Mai Chau e altre località più conosciute. Il Distretto di Mu Cang Chai è però ancora poco visitato dagli stranieri.

I vietnamiti, invece, arrivano numerosi poco prima del raccolto, che comincia in settembre, quando i campi assumono un radioso colore giallo dorato con il riso giunto ormai quasi a maturazione. Nei mesi estivi i terrazzamenti risplendono di verde brillante, mentre in inverno si trasformano in luminosi specchi d'acqua. In qualsiasi periodo ci andiate, troverete panorami straordinari.

IL CONSIGLIO

L'inizio del raccolto (settembre) è un ottimo periodo per visitare il distretto, ma il clima può essere piovoso e gli alberghi al completo da settimane o mesi. A metà ottobre la stagione volge al termine, ma ci sono ancora molti campi dorati ancora da mietere, piove meno e c'è più disponibilità di alloggi.

NGOC VU/SHUTTERSTOCK ©

Risaie terrazzate, Mu Cang Chai

Lo spettacolo delle risaie

AMMIRARE LE COLLINE TERRAZZATE

Le risaie a terrazza sono uno straordinario esempio di come il territorio possa essere adattato all'agricoltura. In qualche caso intere colline sono state disboscate e modellate per ricavare terreni piani coltivabili, dando vita a un mosaico con infiniti tasselli. L'intero distretto è disseminato di punti panoramici per ammirare il paesaggio, tra i quali **Doi Mam Xoi** (Colle dei Lamponi) è il più famoso e fotografato. In realtà c'è un posto un po' più tranquillo, **Mong Ngua**, molto più vicino alla cittadina di Mu Cang Chai. Sono entrambi magnifici, ma negli ultimi anni hanno cominciato a richiamare così tanti visitatori che oggi l'ingresso è diventato a pagamento e i coltivatori sono incoraggiati a ritardare il raccolto il più possibile per prolungare il mese d'oro.

Per un'atmosfera meno turistica, andate a **Lao Chai** o **Khao Mang**. Mentre molti villaggi intorno a Mu Cang Chai sono di etnia thai, qui la valle è coltivata quasi esclusivamente da hmong, come testimoniano le case a livello del suolo e le gonne di colore azzurro, nero e viole delle donne. Se non vi trovate a Mu Cang Chai in viaggio organizzato o non avete un mezzo di trasporto, per esplorare il distretto affidatevi al vostro alloggio: potranno fornirvi moto a noleggio e organizzare visite guidate di più giorni.

MIGLIORI POSTI PER DORMIRE A MU CANG CHAI (E DINTORNI)

Dong Suoi Hmong Homestay
I proprietari offrono una sistemazione incantevole a bordo strada, con vista sul fiume e sulle risaie terrazzate. Ci sono camerate e camere private. $

Mu Cang Chai Ecolodge
In cima a una collina circondata da risaie, ha bungalow privati con un buon rapporto qualità-prezzo e un'ottima cucina casalinga. Sono disponibili anche posti letto in camerata. $$

Le Champ
Fino all'apertura del suo gemello (il Mu Cang Chai Resort), questo è l'albergo di categoria elevata più vicino a Mu Cang Chai (nel distretto confinante di Van Chan). Ha bungalow di design, sorgenti termali e la spa. $$$

TRASPORTI LOCALI

Mu Cang Chai è servita da autobus diretti da Hanoi (8 h), anche notturni con cuccette. Arrivando da Mai Chau o Dien Bien Phu, andate in autobus a Son La (4 h) e da lì a Mu Cang Chai (4 h). Arrivando da Sapa o da nord-est, raggiungete in autobus o in treno Yen Bai, da dove partono regolarmente autobus per Mu Cang Chai (5 h).

DIEN BIEN PHU

Dien Bien Phu ha svolto un ruolo di primo piano nella storia moderna del Vietnam. È nelle campagne circostanti che, il 7 maggio 1954, le forze coloniali francesi furono sconfitte dal Viet Minh in una battaglia decisiva che segnò la fine dell'impero indocinese. La città sorge nella Valle di Muong Thanh, una conca a forma di cuore tra colline ricoperte da una densa vegetazione. Il viaggio per Dien Bien Phu si dipana tra paesaggi favolosi, con le strade che attraversano fitte foreste e si inerpicano su ripide salite. In montagna vivono tay, hmong e si la, mentre gli abitanti della città e della valle sono prevalentemente di etnia vietnamita. Nel 2004 Dien Bien Phu, fino ad allora un insediamento di secondaria importanza, è diventata capoluogo di provincia. È una tappa piacevole sia per gli appassionati di storia militare sia per chi è diretto verso il Laos del nord. Inoltre è l'unica città della zona montana del Vietnam settentrionale che si può raggiungere in aereo da Hanoi.

IL CONSIGLIO

Dien Bien Phu ha una buona offerta alberghiera; troverete alcune guesthouse in Đ Nguyen Chi Thanh e nei suoi dintorni. Per qualcosa di più caratteristico, contattate il Dien Bien Phu CBT tramite Facebook: organizzano soggiorni presso famiglie tay a Muong Phang, 35 km a ovest della città.

VAN THANH CHUONG/SHUTTERSTOCK ©

Il ponte Vecchio, Dien Bien Phu

CHE COSA VEDERE
1 Bunker del colonnello de Castries
2 D Nguyen Chi Thanh
3 Cimitero di Dien Bien Phu
4 Museo di Dien Bien Phu
5 Monumento di Guerra Francese
6 Monumento alla Vittoria

ATTIVITÀ, CORSI E TOUR
7 A1 Hill

XITA/SHUTTERSTOCK ©

Bunker di comando del colonnello de Castries

DA NON PERDERE

Dien Bien Phu

Dien Bien Phu è una tappa d'obbligo per chiunque sia interessato alla tumultuosa storia moderna del Vietnam: in nessun altro posto del paese si trovano così tante testimonianze storico-militari. Servono due giorni per ripercorrere tutti gli avvenimenti e visitare i siti principali.

IN PRIMO PIANO

- Museo di Dien Bien Phu
- Collina A1 (o Eliane)
- Bunker del colonnello de Castries
- Monumento alla Vittoria
- Cimitero di Dien Bien Phu
- Quartier Generale del Comando della Campagna di Dien Bien Phu
- Monumento di Muong Phang

La battaglia di Dien Bien Phu

All'inizio del 1954 il generale Henri Navarre, comandante delle forze francesi in Indocina, inviò 12 battaglioni militari per occupare la Valle di Muong Thanh nel tentativo di impedire al Viet Minh di entrare in Laos e minacciare l'antica capitale laotiana di Luang Prabang. Le unità francesi, composte per il 30% da vietnamiti, furono subito accerchiate dall'esercito del Viet Minh, equipaggiato con pezzi d'artiglieria e armi antiaeree faticosamente trasportate dai portatori attraverso foreste di giungla e fiumi. Le armi erano state nascoste e accuratamente mimetizzate in postazioni dominanti rispetto alle truppe francesi.

Pirot, il comandante dell'artiglieria francese, era convinto che il Viet Minh non sarebbe mai riuscito a far arrivare l'artiglieria pesante in quella zona tanto che, quando l'esercito nemico aprì il fuoco, si tolse la vita. Seguirono settimane di intensi bombardamenti. Con il peggiorare della situazione, i francesi paracadutarono ben sei battaglioni a Dien Bien Phu, ma non bastò. La complessa rete di trincee e bunker francesi fu invasa dal Viet Minh dopo che i francesi rifiutarono l'offerta del Pentagono di utilizzare bombardieri convenzionali statunitensi e armi tattiche nucleari. Tutti i 13.000 soldati francesi furono uccisi o fatti prigionieri, mentre si stima che le perdite del Viet Minh siano state molto superiori. L'esercito del Viet Minh riuscì ad avere la meglio sui francesi dopo un assedio di 57 giorni. Con il morale devastato dalla sconfitta, i francesi decisero di abbandonare il Vietnam per sempre.

Museo di Dien Bien Phu

Ospitato in un edificio moderno, ha una collezione eclettica e ben esposta che ricorda la battaglia del 1954. Oltre ad armi e altro materiale bellico, ci sono la vasca da bagno appartenuta al comandante francese colonnello de Castries, una bicicletta in grado di trasportare 330 kg di armi e munizioni e testimonianze di vietnamiti che presero parte alla battaglia.

Collina A1

Per la sua posizione privilegiata, fu un luogo cruciale nella battaglia di Dien Bien Phu. In quella che era la postazione dei francesi, che essi chiamavano Eliane e i vietnamiti Collina A1, ci sono carri armati e un monumento ai caduti del Viet Minh. È stata anche ricostruita la complessa rete di trincee fulcro delle difese francesi. Sul posto ci sono poche spiegazioni storiche.

Cimitero di Dien Bien Phu

Curato alla perfezione, il Cimitero di Dien Bien Phu è dedicato ai vietnamiti caduti nella battaglia di Dien Bien Phu; su ogni lapide ci sono la stella d'oro della bandiera vietnamita e dei bastoncini d'incenso.

Bunker del colonnello de Castries

A ovest del fiume Ron, è stato ricostruito il freddo bunker di comando del colonnello de Castries, ma non c'è molto da vedere. Un vecchio carro armato e alcuni mortai giacciono lì vicino. Potrebbe capitarvi di vedere qualche turista vietnamita che sale sul bunker sventolando la bandiera come nella celebre fotografia scattata al termine della battaglia.

Monumento di Guerra Francese

Privo di attribuzione, il monumento fu eretto nel 30° anniversario della battaglia del 1954 in memoria dei 3000 soldati francesi sepolti nelle risaie.

Monumento alla Vittoria

L'epico Monumento alla Vittoria, dedicato alla battaglia del 1954, si erge eroicamente sulla collina sopra Dien Bien Phu. Per arrivare in cima e godere della bella vista, seguite la strada che gira dietro la collina o salite la scalinata.

Quartier Generale del Comando della Campagna di Dien Bien Phu

La battaglia di Dien Bien Phu fu diretta da questi bunker 40 km a ovest della città, raggiungibili in moto o in taxi. Sono delle ricostruzioni, ma danno l'idea di come dovevano essere le condizioni durante la guerra. Il vicino Tuong Dai Di Tich Muong Phang (Monumento di Muong Phang) è la più elaborata tra le tante opere commemorative di Dien Bien Phu. L'iscrizione trionfale recita: 'Battaglia decisiva, vittoria decisiva'.

CONSIGLI

- Poiché la battaglia di Dien Bien Phu è un capitolo di storia complicato, può essere utile documentarsi prima per contestualizzare meglio il viaggio.
- Tra una visita e l'altra, fate una pausa ristoratrice in Đ Nguyen Chi Thanh, una via alberata con ristoranti (e guesthouse) semplici ed economici.
- Il miglior caffè di Dien Bien Phu è quello del Trung Nguyen ECoffee. Il caffè con latte di cocco è particolarmente buono.
- Per gli spostamenti prendete una moto a noleggio dal vostro hotel o ingaggiate un conducente concordando il costo per un giorno o mezza giornata.

Dintorni di Dien Bien Phu

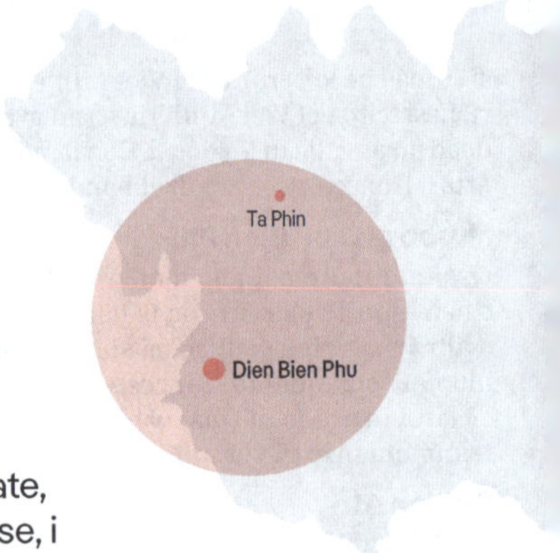

Per una vera avventura tra strade sterrate, villaggi isolati e nessuno che parli inglese, i dintorni di Dien Bien Phu sono perfetti.

Dien Bien Phu è la via d'accesso al Vietnam nord-occidentale, un territorio aspro e isolato incuneato tra il Laos settentrionale e la Cina meridionale. Sono pochissimi i viaggiatori che si spingono fin qui, il che è forse il suo fascino maggiore. Visitare questa zona non è per deboli di cuore né per inesperti. Le strade possono essere impervie, il tempo imprevedibile, le frane possono causare ritardi, le autorità interrompere il viaggio senza apparente motivo e trovare qualcuno che conosca una parola di inglese può essere un'impresa. A parte il richiamo dell'avventura, però, gli intrepidi esploratori dei dintorni di Dien Ben Phu saranno ricompensati con villaggi incontaminati, valichi di montagna a un passo dal cielo e strade pressoché deserte.

IL CONSIGLIO

La moto è il mezzo ideale per il Vietnam occidentale. Gli hotel le noleggiano, ma possono richiedere il passaporto in deposito.

HOANG HAI GIANG/SHUTTERSTOCK ©

Distretto di Tua Chua, Dien Bien

Cippo di confine tra il Vietnam, il Laos e la Cina

Strade solitarie

ESPLORARE IL NORD-OVEST

Visitare il Vietnam nord-occidentale in moto è sempre un'avventura ovunque si vada, ma qui vi suggeriamo due possibili itinerari da Dien Bien Phu. Il primo è un viaggio di due giorni nel **Distretto di Tua Chua**. Da Dien Bien Phu dirigetevi verso est lungo la AH13 fino a Tuan Giao, un insignificante centro abitato sulla strada dove ci si può fermare per pranzare. Proseguite poi verso nord lungo la QL6 fino a Huoi Long (anche qui ci sono semplici locali per mangiare), quindi svoltate a destra sulla DT129. Da lì comincia una lunga, tortuosa e bella strada che attraversa tutto il Distretto di Tua Chua. Lungo la strada si incontra qualche *nha nghi* (guesthouse) e una casa privata hmong, chiamata Chang Mua, a Ta Phin (da non confondersi con Ta Phin vicino a Sapa) dove si può pernottare. Lì vicino vedrete le rovine di un **forte hmong**. Il secondo giorno, per cambiare, tornate indietro passando per Muong Lay. Se cercate un'avventura più lunga, immergetevi nell'estremo nord-ovest (v. box). Vi si trovano diverse guesthouse e semplici locali di *bun*, *pho* (noodles) e *com* (riso).

IO VIVO QUI: VISITARE L'ESTREMO NORD-OVEST

I consigli di **Tom Divers**, fondatore del sito di viaggi in moto **Vietnam Coracle**. *@vietnamcoracle*

Strade secondarie
Le strade senza nome che si snodano nelle valli tra Muong Nhe, Moung Te e Pac Ma formano un anello a ovest della QL12.

Deviazione a A Pa Chai
Il punto in cui si incontrano Vietnam, Cina e Laos. Panorami sensazionali e il diritto di vantarsi sono la ricompensa per chi arriva fin qui.

Permessi
Prima di partire, procuratevi i permessi nelle stazioni di polizia *(cong an)* di Dien Bien Phu, Muong Nhe o Muong Te.

Compiti a casa
Visitate il sito vietnamcoracle.com

TRASPORTI LOCALI

Dien Bien Phu è l'unica località di montagna del Vietnam settentrionale raggiungibile in aereo (1 h), con Vasco Airlines, una consociata di Vietnam Airlines, che ha voli giornalieri. Ci sono anche autobus notturni e diurni per/da Sapa (con soste a Muong Lay e Lai Chau) o Hanoi (con possibili fermate, previa richiesta, vicino a Moc Chau o a Mai Chau). Come al solito nel Vietnam settentrionale, per i biglietti rivolgetevi al vostro alloggio.

VIETNAM CENTRALE

TRA GUERRE DEL PASSATO E BELLEZZE NATURALI

Fitte giungle a ovest, spiagge sconfinate a est e innumerevoli avventure ovunque: questo è il Vietnam centrale.

Per secoli il Mar Cinese Meridionale, situato a est del Vietnam, è stato chiamato dai marinai di tutto il continente Mare di Champa, dal nome del grande impero hindu che regnò sul Vietnam centrale dall'inizio del III secolo a.C. fino al XV secolo, quando il Dai Viet prese il sopravvento.

Nel 1857 Napoleone III ordinò l'invasione del Vietnam e l'anno seguente l'esercito francese attaccò Danang, facendone una base militare per poi invadere il resto del paese. I francesi avrebbero occupato il Vietnam per quasi un secolo a venire prima che i vietnamiti si ribellassero nel 1946, quando scoppiò la prima guerra d'Indocina.

Dopo otto lunghi e strenui anni di combattimento, nel 1954 l'esercito vietnamita riuscì a sconfiggere i francesi, per riprendere nuovamente le armi già nel 1955 con la seconda guerra d'Indocina (guerra del Vietnam). Il Vietnam centrale subì atroci sofferenze durante questo periodo, dato che molte battaglie si svolsero vicino alla Zona Demilitarizzata (DMZ) della regione.

Dal complesso cham di templi hindu del Santuario di My Son alle ville francesi nel Parco Nazionale di Bach Ma fino ai bunker americani di Danang, sono molte le testimonianze del passato giunte fino a oggi tra le colline ammantate di giungla di questa zona. Lungi dal poter essere definito solo dagli eventi bellici, il Vietnam centrale vanta lunghi tratti costieri con spiagge di sabbia, vasti territori di natura incontaminata, sontuosi palazzi e templi antichi.

AREE PRINCIPALI

NINH BINH
Fiumi e risaie.
p146

PHONG NHA
Grotte e comunità rurali.
p156

HUÉ
Palazzi imperiali, tombe e cucina da re.
p166

QUANG NGUYEN VINH/SHUTTERSTOCK ©

sinistra: Spiaggia di My Khe, Danang (p182). Sopra: Festa delle Lanterne sul Fiume dei Profumi (p168), Hué

LANG CO
Escursioni a piedi, snorkelling e spiagge.
p176

DANANG
Montagne, surf e vita notturna.
p182

HOI AN
Vita e bellezze di una piccola città.
p192

MOTOCICLETTA

Spostarsi in moto è il modo migliore per esplorare il Vietnam centrale. Si possono così scoprire piccoli villaggi, zone rurali tranquille e isolate e lunghi tratti di costa con paesaggi idilliaci.

TRENO

Per i viaggi più lunghi da una città all'altra usate il treno: potrete così godervi la bellezza dei paesaggi lungo il percorso. Il tratto tra Hué e Danang, con il treno che passa lentamente tra le montagne di Hai Van, è particolarmente suggestivo.

AUTOBUS

Se non siete a vostro agio in sella a una moto, gli autobus sono l'alternativa migliore per raggiungere le cittadine più piccole, come Ninh Binh e Phong Nha. Scegliete gli autobus privati con cuccette piuttosto che quelli pubblici: sono più comodi e non troppo costosi.

Per orientarsi

Il Vietnam centrale occupa la metà del paese. Abbiamo selezionato i luoghi più rappresentativi della storia, della cultura e dei paesaggi della regione: sceglietene uno qualsiasi in cui fare base e da lì andate alla scoperta del vostro Vietnam centrale.

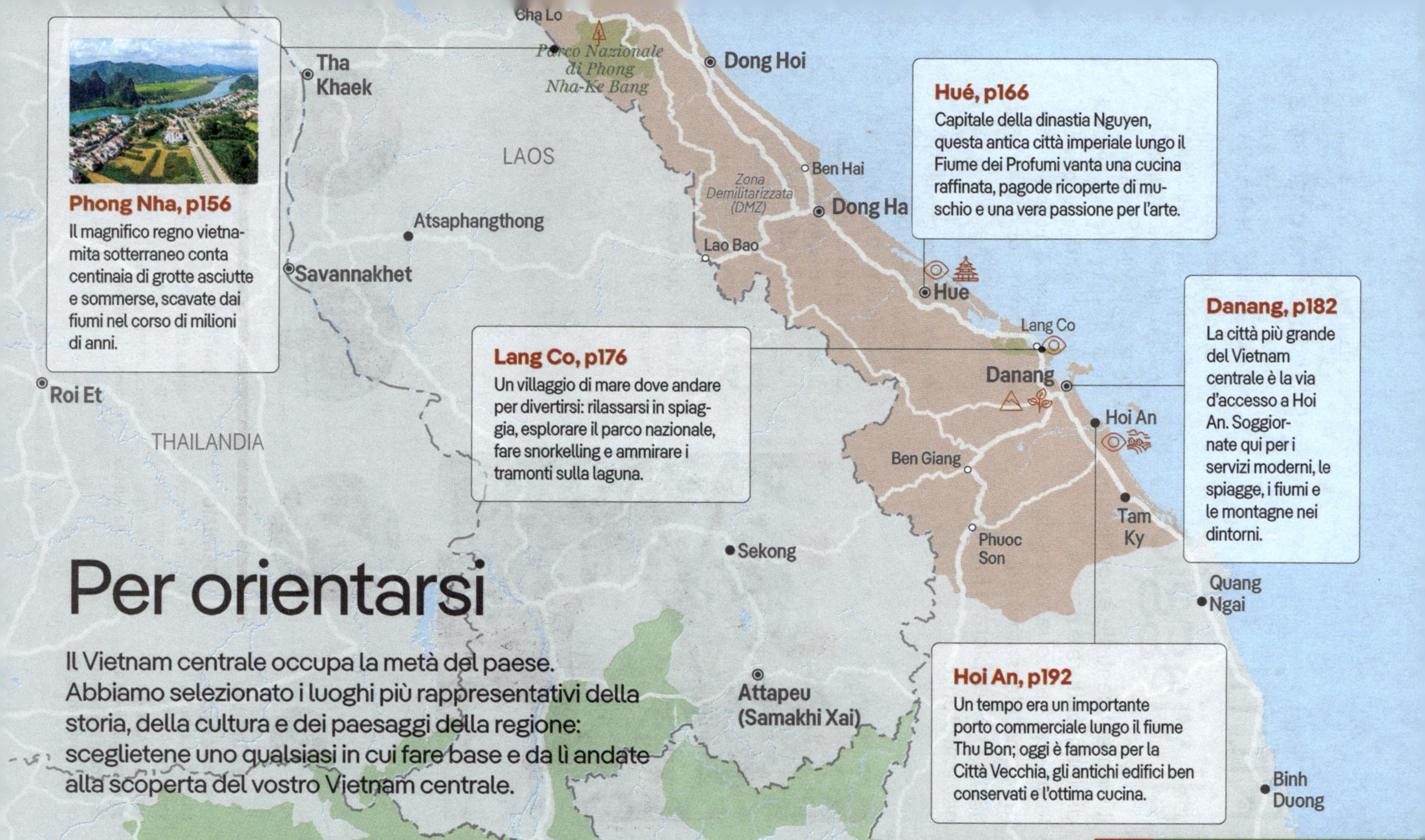

Phong Nha, p156
Il magnifico regno vietnamita sotterraneo conta centinaia di grotte asciutte e sommerse, scavate dai fiumi nel corso di milioni di anni.

Hué, p166
Capitale della dinastia Nguyen, questa antica città imperiale lungo il Fiume dei Profumi vanta una cucina raffinata, pagode ricoperte di muschio e una vera passione per l'arte.

Lang Co, p176
Un villaggio di mare dove andare per divertirsi: rilassarsi in spiaggia, esplorare il parco nazionale, fare snorkelling e ammirare i tramonti sulla laguna.

Danang, p182
La città più grande del Vietnam centrale è la via d'accesso a Hoi An. Soggiornate qui per i servizi moderni, le spiagge, i fiumi e le montagne nei dintorni.

Hoi An, p192
Un tempo era un importante porto commerciale lungo il fiume Thu Bon; oggi è famosa per la Città Vecchia, gli antichi edifici ben conservati e l'ottima cucina.

Ritmi di viaggio

Il Vietnam centrale è ricchissimo di storia, cultura e natura. Visitate le sue città antiche, assaggiate la cucina, rilassatevi sulle spiagge ed esplorate la giungla nell'entroterra.

NOINA/SHUTTERSTOCK ©

Se fate una cosa sola

- Andate subito a **Hoi An** (p192) per visitare l'incantevole e ben conservata **Città Vecchia** (p193). Lungo le sue stradine si susseguono antiche case dai colori chiari con il tetto in tegole di terracotta. In città, fate colazione con una gustosa zuppa di noodles al **Cao Lau Khong Gian Xanh** (p196).

- Sulla strada per la **spiaggia di An Bang** (p192), fermatevi al **Villaggio di Tra Que** (p194) per un assaggio di vita rurale. Pranzate al **Baby Mustard Restaurant** o aspettate di arrivare sulla costa per andare a mangiare al **Soul Kitchen**. Dopo aver fatto il pieno di mare e sabbia, prendete un cocktail al **Coco Casa** e godetevi il tramonto.

Le stagioni

I mesi più caldi, da giugno ad agosto, vanno bene per andare al mare o a esplorare la giungla. Da ottobre a dicembre ci sono forti temporali.

GENNAIO

Clima mite e asciutto, ideale per visitare **cascate** e fare **trekking** nella giungla.

MAGGIO

Migliaia di atleti da tutto il mondo arrivano a Danang per l'annuale gara di **Ironman**.

GIUGNO

Fuochi d'artificio accompagnati da musica e giochi di luci durante il **Danang International Fireworks Festival**.

NEMO67/SHUTTERSTOCK ©, FRANCHESKO MIRRONI/SHUTTERSTOCK ©, TANG TRUNG KIEN/SHUTTERSTOCK ©

In un fine settimana

- Dopo una giornata a Hoi An, dirigetevi a nord verso **Danang** (p182) per visitare le pagode, i templi e le grotte delle **Montagne di Marmo** (p185), dove sono tuttora presenti i monaci. Nel pomeriggio esplorate la **Penisola di Son Tra** (p184), visitate la **Pagoda di Ling Ung** con la **statua del Buddha femminile** e andate a vedere il **baniano** (p185) millenario, ad ammirare il panorama dal Picco di Ban Co e infine a godervi il tramonto sulla spiaggia del Tien Sa Retreat.

- Di sera godetevi l'atmosfera e un aperitivo al **Paradise Beach** (p187). Andate poi al **Moc Quan** (p183) per gustare ostriche grigliate e vongole al lemongrass, infine concludete la serata con un cocktail della casa da **The Craftsman** (p184).

Se avete più tempo

- A **Hué** (p166) cominciate dalla **Cittadella Imperiale** (p167) visitando l'antico palazzo degli imperatori Nguyen. Pranzate da **Hang Me Me** (p169) e assaggiate le torte salate della **cucina reale** (p170) di Hué prima di imbarcarvi per una crociera sul **Fiume dei Profumi** (p170).

- La prima tappa è a **Con Da Vien** (p169), un'isola disabitata dove un tempo c'era un'arena per combattimenti con tigri ed elefanti. Fermatevi poi alla **Pagoda di Thien Mu** (p169): dall'alto dei suoi sette piani la vista è spettacolare. Concludete il viaggio alla **tomba reale di Minh Mang** (p173), in stile cinese con una struttura perfettamente simmetrica.

LUGLIO
In questo periodo il mare è calmo e va bene per fare **snorkelling** alle **Isole Cham** e a **Hon Chao**.

SETTEMBRE
Le risaie assumono uno splendido colore dorato poco prima della **stagione del raccolto**.

OTTOBRE
Le forti tempeste provenienti dal Mar Cinese Meridionale sollevano grandi onde perfette per il **surf**.

DICEMBRE
Per ritempraryi dal clima freddo concedetevi una visita in una spa o alle **terme**.

NINH BINH

Ad appena due ore di strada da Hanoi, Ninh Binh è un tranquillo rifugio dal rumore e dalla confusione della città. È una zona di vaste risaie, fiumi sinuosi dalle acque limpide e pagode ricoperte di muschio, con imponenti cime carsiche a fare da sfondo in un suggestivo contrasto. Situata all'estremità meridionale del Delta del Song Hong, la regione abbonda di fiumi, torrenti, stagni e laghi.

Ninh Binh, però, non è solo bei paesaggi. Antica capitale del Vietnam, la 'Baia di Halong in terraferma' vanta anche diverse attrattive culturali. Nel 2014 è stata dichiarata patrimonio culturale e naturale dell'UNESCO per la sua straordinaria bellezza e la rilevanza storica e culturale. Qui potrete fare gite in barca dentro grotte misteriose, passeggiare nell'antica capitale, osservare la fauna nella riserva naturale, visitare placide pagode e godere di panorami maestosi dall'alto delle montagne.

IL CONSIGLIO

Nella stagione umida, da maggio a ottobre, ci sono tantissime zanzare e sanguisughe. Se intendete visitare la zona in questo periodo, andateci preparati. Portate con voi del repellente per insetti e, quando uscite, indossate maglie a maniche lunghe e pantaloni lunghi.

MIGLIORI RISTORANTI DI TAM COC

Brick Coffee Shop
Locale incantevole, serve caffè e torte fatte in casa fresche di giornata. $

Minh Khoi Restaurant and Foods Banh Mi
Ricco menu di piatti locali, crêpes, smoothie e tè freddo. $

Family Restaurant
Molto apprezzato, serve specialità come anatra arrosto e carne di capra alla griglia. $$

Nha Hang Duc Dan
Carne di capra fritta e arrosto, e poi ancora carne di capra; personale gentile. $$

NGON Vegan Restaurant
Buoni piatti vegani in un ambiente chic. $$

Un paradiso fluviale

ESPLORARE TAM COC

Il fiume Ngo Dong passa per **Tam Coc**, insinuandosi tra picchi calcarei e grotte mentre attraversa un mosaico di risaie verdi e gialle. Tam Coc, che significa 'Tre Grotte', prende il nome dalle tre cavità naturali che si possono visitare con una delle escursioni in barca che partono da Tam Coc. Il viaggio dura poco meno di due ore e mezzo e spesso le guide sono donne locali che remano con i piedi.

Abbarbicato sul versante montuoso a 3 km dal molo di Tam Coc sorge un complesso del XV secolo formato da una serie di strutture su tre livelli incastonate nella parete rocciosa: è la Pagoda di Bich Dong, che significa 'Pagoda della Grotta di Smeraldo' e che sarebbe così chiamata per via della vegetazione verde che ammanta la montagna riflettendosi nelle acque sottostanti.

All'altezza della Grotta di Mua c'è una scalinata con 500 gradini che si dipana fino in vetta: la salita è faticosa, ma ne vale la pena per godere di vedute mozzafiato a 360° che abbracciano risaie, fiumi dal corso sinuoso e alte vette carsiche all'orizzonte. Se possibile, fate in modo di arrivare in cima al tramonto, quando la bellezza del paesaggio risalta ancora di più nella luce del sole calante.

Il **Parco Avifaunistico di Thung Nham**, facilmente raggiungibile da Tam Coc (6 km), è un'avventura meno impegnativa. Nella quiete di un bellissimo parco vivono 50.000 uccelli di oltre 40 specie, tra cui alcune rare e a rischio di estinzione. Ci sono anche un giardino di orchidee e varie grotte.

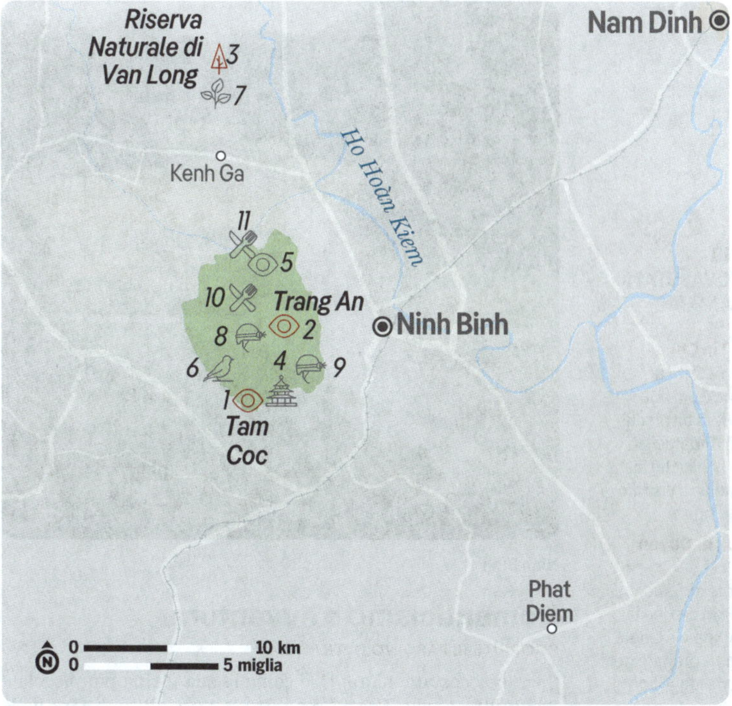

DA NON PERDERE
1 Tam Coc
2 Trang An
3 Riserva Naturale di Van Long

DA VEDERE
4 Pagoda di Bich Dong
5 Templi di Hoa Lu
6 Parco Avifaunistico di Thung Nham
7 Riserva Naturale di Van Long

ATTIVITÀ, CORSI E TOUR
8 Hang Ca
9 Grotta di Mua

PASTI
10 Ba Cua Restaurant
11 Thang Long Restaurant

QUANG NGUYEN VINH/SHUTTERSTOCK ©

Parco Avifaunistico di Thung Nham (p146)

DOVE DORMIRE A NINH BINH

Le Clos du Fil Boutique Hotel & Spa
Accattivante hotel a 5 stelle con arredi di produzione locale e vedute eccezionali. **$$**

Tam Coc Banana Bungalow
Tranquillo hotel sul fiume con vari tipi di camere, dalle camerate alle suite per famiglie. **$$**

The Banana Tree Hostel
Ostello ideale per socializzare, con camerate, giardino affacciato sul fiume e vista sul tramonto. **$**

THONGNGUYENGALLERY/SHUTTERSTOCK ©

Ninh Binh

Romanticismo e avventura

SCOPRITE IL FASCINO DI TRANG AN

Spesso accostata a Tam Coc come la sua vicina più piccola e tranquilla, anche **Trang An** offre la possibilità di fare belle escursioni in barca lungo il fiume e nelle grotte. Si naviga lungo placidi corsi d'acqua tra ninfee e fiori di loto, si attraversano grotte scavate dall'erosione e ci si ferma per vedere splendidi templi, alberi secolari e un antico palazzo. Una delle isole è chiamata Kong Island perché vi è stato girato il film hollywoodiano *Kong: Skull Island*. L'escursione dura circa tre ore e mezza, perciò richiede un'intera mattinata o un pomeriggio.

In alternativa si può discendere il fiume da soli, in kayak singolo o doppio. Due sono gli itinerari: il primo è un giro di andata e ritorno di 8 km, mentre il secondo è lungo 15 km. Per qualsiasi problema, chiamate il numero di pronto intervento e, se necessario, un motoscafo arriverà in vostro soccorso.

Hoa Lu, la prima capitale del paese, si raggiunge con un breve ma suggestivo viaggio in auto di 20 minuti dal molo di Trang An. Per tornare in tempo, fatevi portare indietro dopo aver superato gli archi, i baniani e gli ampi cortili in mattoni del sito, interamente circondato da montagne carsiche che costituivano una difesa naturale contro gli invasori.

SITI PIÙ SOTTOVALUTATI DI TRANG AN

Tuyet Tin Coc
A circa 500 m da Hoa Lu c'è un lago circondato da picchi carsici. Andateci a piedi o in bicicletta, fermandovi a visitare templi e grotte.

Pagoda di Duyen Ninh
Risalente al X secolo, dista 3 km da Hoa Lu. Molte coppie e single ci vanno a pregare per via di una leggenda secondo cui una principessa riuscì ad avere un figlio dopo che lei e il marito si erano giurati amore proprio qui.

Chill Cung Nang
In riva al fiume a meno di 1 km dal molo di Trang An, è un bel posto per fare foto, noleggiare bici e kayak, fare grigliate e glamping.

DOVE DORMIRE A TRANG AN

Trang An Ecolodge
Immerso nella giungla, con i bagni delle camere attaccati al fianco della montagna. **$$**

Trang An Lamia Bungalow
Bei bungalow eclettici ed ecosostenibili con splendide vedute sulle montagne e due simpatici cani. **$$**

Trang An La Casa Homestay
Camere pulite e confortevoli in una zona rurale in riva al fiume con magnifici panorami al tramonto. **$**

Un paradiso naturale

VIAGGIO NELLE ZONE UMIDE

La Riserva Naturale di Van Long, che compare anche nel film *Kong: Skull Island*, è una valle circondata da spettacolari creste calcaree, a soli 20 km dal molo di Trang An. In vietnamita *van* significa 'nuvola' e *long* 'drago' e, secondo la credenza locale, quando il drago incontra le nuvole, accadono lieti eventi.

È la più vasta zona umida interna nell'area del delta settentrionale, venutasi a creare nel 1960 in seguito alla costruzione di un argine di 30 km. Solo di recente, alla fine del 2001, è diventata una riserva, che copre una superficie di oltre 3500 ettari con una grande varietà di ecosistemi. Le acque, le grotte e le foreste circostanti sono abitate dal presbite di Delacour, una specie a rischio di estinzione, e dall'orso tibetano, ma anche da antilopi, macachi orsini e circa 100 specie di uccelli.

Partecipate a un'escursione in barca per andare alla scoperta della flora e della fauna. Le acque aperte sono così limpide che si riescono a vedere le alghe e i muschi sul fondo. Da non perdere è **Hang Ca** (Grotta dei Pesci): per metà asciutta e per metà sommersa, è piena di pesci.

I mesi migliori per visitare la riserva sono maggio e giugno, quando nell'acqua sbocciano i fiori rosa di loto, ma anche da

TAM COC, TRANG AN O VAN LONG?

Considerando che tutte e tre le località offrono escursioni in barca, è difficile decidere quale fare e dove pernottare, soprattutto se si ha poco tempo.
Tam Coc è la più famosa e offre più servizi. In centro ci sono ristoranti, caffè e bar, perciò va bene per le famiglie, le comitive e chi desidera socializzare.
Trang An è rurale e romantica, ideale quindi per coppie e piccoli gruppi. Ha una via principale con ristoranti, ma probabilmente preferirete la cucina di casa della famiglia che vi ospita.
Van Long è isolata e poco turistica, perfetta per chi ama la natura e la tranquillità.

QUANG MINH/SHUTTERSTOCK ©

Trang An

DOVE DORMIRE A TRANG AN

Trang An Aroma Homestay
In una posizione comoda, ha camere moderne e ben arredate con vasca da bagno in legno. $

Trang An Hamlet Bungalow
Camere semplici ma pulite con ampie vedute sulla giungla in una tranquilla posizione sul pendio della montagna. $

Trang An Yourhome
Lontano dalla zona turistica principale, ha camere pulite, una piscina rinfrescante e tavoli da biliardo. $

MIGLIORI SISTEMAZIONI DI LUSSO A NINH BINH

Tam Coc Garden Resort Autentico ma raffinato, immerso nella quiete delle risaie. **$$$**

Aravinda Resort Camere tradizionali, romantiche ed eleganti, dotate di belle vasche da bagno, vicino a Thung Nham. **$$**

Ninh Binh Hidden Charm Camere spaziose e interni di classe a Tam Coc. Consigliato per famiglie e gruppi. **$$**

Emeralda Resort Vasto resort con bungalow tradizionali vicino a Van Long. **$$**

The Wooden Gate Nei pressi di Hang Mua, è un boutique hotel ben arredato con un'atmosfera tropicale vintage. **$$**

TRAVEL BROWN/SHUTTERSTOCK ©

Bun moc

novembre ad aprile, quando gli uccelli acquatici vanno a nidificare nelle zone umide. I biglietti si possono acquistare al botteghino vicino all'ormeggio delle barche o tramite il proprio hotel o tour operator.

Dalla montagna alla tavola

LE DELIZIE DELLA CUCINA LOCALE

Se Ninh Binh è famosa per i paesaggi e le attrattive culturali, le sue specialità gastronomiche, che riflettono i profumi e i sapori delle montagne calcaree, delle risaie e dei fiumi della regione, sono leggendarie. Cominciate la giornata con *bun moc,* una zuppa di noodles di riso con polpettine di carne di maiale in brodo. Il *com chay* (riso bruciato) è perfetto per uno spuntino semplice e leggero. È fatto con riso cotto sui carboni, poi tagliato a pezzi e fatto asciugare al sole e infine fritto in olio finché non diventa giallo e croccante. Viene servito ricoperto con salse salate o accompagnato da un intingolo. Per cena, cominciate con il *cua dong rang la lot,* granchi d'acqua dolce con foglie fresche di betel. Croccante e saporito, è perfetto come antipasto insieme a un birra fredda. La carne di capra (*thit de*) è il piatto principale per eccellenza. Tenera e gustosa, proviene dagli allevamenti nelle zone carsiche

DOVE DORMIRE SPENDENDO POCO A NINH BINH

Tam Coc Westlake Homestay Camere impeccabili e personale gentilissimo; posizione comoda proprio nel centro della città. **$**

Mom's Homestay Abbastanza periferico per godere di una bella cornice e comunque a pochi passi dalla via principale di Tam Coc. **$**

Ninh Binh Mountain Side Homestay Tra Trang An e Hang Mua, ha camere immacolate in una posizione tranquilla. **$**

di Ninh Binh, dove le pecore pascolano libere nutrendosi di erbe spontanee. La specialità locale è il *de tai chanh*, carne di capra cotta al sangue e marinata con lime, citronella e altre erbe aromatiche. Concludete il pasto con *ruou can nho quan*, un liquore fatto con riso decorticato, cortecce, frutta e foglie.

I più temerari possono provare le *oc nui* (lumache di montagna). Le lumache, una prelibatezza di stagione, si raccolgono al mattino presto nel periodo delle piogge. In genere vengono semplicemente lessate e servite con salsa di pesce. Un altro piatto per chi non è debole di stomaco è lo *xoi trung kien*, fatto con uova di formica raccolte nei nidi sugli alberi delle montagne calcaree. I nidi vengono immersi in acqua calda e le uova fatte marinare nelle spezie prima di essere cotte. Il **Ba Cua Restaurant** di Trang An e il **Thang Long Restaurant** vicino all'antica capitale di Hoa Lu servono molte specialità regionali.

L'evento dell'anno

LA FESTA DI TRUONG YEN

Ogni anno a Ninh Binh si tengono grandi festeggiamenti in ricordo del glorioso passato di Hoa Lu, l'antica capitale. La **Festa di Truong Yen** si svolge dal 9° all'11° giorno del terzo mese lunare (generalmente in aprile). Secondo la leggenda, la festa nacque in segno di riconoscenza per il contributo dato dagli imperatori Dinh Tien Hoang e Le Dai alla costruzione e alla difesa del paese.

Le celebrazioni si aprono con una processione sull'acqua, guidata da due file di persone a bordo di barche con bandiere ed è seguita da un'orchestra, un grande palanchino trasportato da uomini vestiti con l'uniforme tradizionale della dinastia Dinh, 'vergini' che portano offerte, e poi anziani, gente del posto e turisti abbastanza coraggiosi da unirsi al corteo. Quando la processione torna al palco centrale, inizia la cerimonia sacrificale, nella quale i partecipanti tessono le lodi dei due grandi imperatori e bruciano incenso per pregare e rendere grazie. La festa prevede anche regate, esibizioni di danza del drago e danza della spada e gare di lotta. Pochi giorni dopo, il 18° giorno del terzo mese lunare (anche in questo caso, solitamente in aprile), Trang An è nuovamente in festa in onore di **Quy Minh Dai Vuong**, il santo che difese Ninh Binh durante la dinastia Hung. In questa occasione la gente del posto prega per avere salute e prosperità e i tranquilli corsi d'acqua della città si animano con variopinte processioni di barche e spettacoli musicali.

MIGLIORI TOUR ORGANIZZATI DI NINH BINH

Origin Vietnam Ninh Binh Tours
Operatore privato, offre ottimi tour, sia preconfezionati sia personalizzati, pensati per vedere il lato più autentico di Ninh Binh.

Amazing Ninh Binh
Esperienze autentiche per scoprire le bellezze nascoste di Ninh Binh, come far visita a una famiglia locale e mangiare con loro. Per un massimo di nove persone.

Tours by Locals
Scoprire Ninh Binh attraverso gli occhi di una guida locale. Tutte le visite sono private e possono essere personalizzate a piacere.

AVVENTURE IN NATURA

Se amate gli animali, non perdetevi la visita notturna nel **Parco Nazionale di Cuc Phuong** (p152) per vedere da vicino le creature più schive che escono allo scoperto con il favore del buio.

TRASPORTI LOCALI

La maggior parte dei viaggiatori raggiunge Ninh Binh in autobus, pulmino deluxe o auto privata arrivando da Hanoi. A Tam Coc e a Trang An potrete poi spostarvi quasi dappertutto in bicicletta, mentre dovrete noleggiare una moto o un'auto, o partecipare a un tour organizzato, per visitare i luoghi d'interesse non raggiungibili in bicicletta.

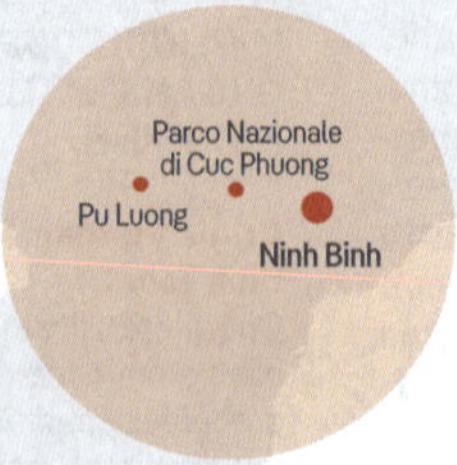

Dintorni di Ninh Binh

Lontano dalle mete classiche di Ninh Bin si vivono esperienze a più stretto contatto con la natura e le persone del posto.

Il Parco Nazionale di Cuc Phuong, la prima riserva naturale istituita nel paese, copre una superficie di 25.000 ettari, è abitato da tribù muong e costituisce l'habitat di alcune delle specie di flora e fauna più rare del mondo. Il 'polmone verde del Vietnam settentrionale' si trova a circa 50 km da Tam Coc e Trang An.

A tre ore d'auto dal Parco Nazionale di Cuc Phuong, e a poco meno di cinque ore da Hanoi, Pu Luong è una vasta zona scarsamente abitata, con pittoreschi paesini e villaggi, tribù di montagna, risaie terrazzate e foreste primarie con una ricca varietà di specie animali e vegetali. In lingua thai Pu Luong significa 'la vetta montuosa più alta'.

IL CONSIGLIO

Andate a Cuc Phuong da gennaio ad aprile per il birdwatching, o da metà aprile all'inizio di maggio per vedere le farfalle.

HECK61/SHUTTERSTOCK ©

Una tartaruga nel Parco Nazionale di Cuc Phuong

MARIE MARTIN/SHUTTERSTOCK ©

Un langur duca dalle zampe rosse nel centro di recupero

Il richiamo della natura

IMMERGERSI NELLA GIUNGLA

Arrivati al Parco Nazionale di Cuc Phuong, partite dal centro visitatori per le informazioni essenziali sul parco, quindi andate al **Centro di recupero dei primati in via di estinzione** per saperne di più sul salvataggio, la riabilitazione e la tutela dei primati rari del Vietnam. Al **Centro per la conservazione delle tartarughe** vedrete da vicino le tartarughe salvate, mentre al **Giardino botanico** scoprirete qualcosa di più sulla flora locale. Grazie a tutte queste informazioni, apprezzerete meglio ciò che il parco ha da offrire.

Ci sono sentieri pedonali e ciclabili che conducono ad antichi alberi nella foresta, alcuni dei quali hanno più di mille anni. Il **Lago Mac** e il **Lago Yen Quang** si possono esplorare in kayak, mentre nella foresta si possono visitare diverse grotte, tra cui la **Grotta di Con Moong** (Grotta della Bestia), abitata dall'uomo nell'antichità, e la **Dong Nguoi Xua** (Grotta dell'Uomo Preistorico), con tracce preistoriche al suo interno.

La montagna più alta di Cuc Phuong, la **Cima della Nube Argentata**, si può scalare con l'aiuto di una guida del parco. In genere la salita di 648 m fino in vetta richiede circa due ore e offre vedute mozzafiato che spaziano sopra la foresta, l'antica capitale **Hao Lu** e la **Pagoda di Bai Dinh**.

PAGODA DI BAI DINH

Con una superficie di 700 ettari, la **Pagoda di Bai Dinh** è il più grande complesso buddhista del Vietnam, formato da un tempio e altre strutture più recenti, costruite tra il 2003 e il 2010. Si trova a 20 km da Ninh Binh.

Lungo la scalinata di 300 gradini che conduce all'antico tempio nascosto nelle grotte, vedrete statue del Buddha e altri ornamenti, mentre nella sala maggiore c'è un enorme Buddha bronzeo. Per ammirare il panorama, salite sulla torre alta 13 piani.

Il sesto giorno del primo mese lunare (verso la fine di gennaio), alla pagoda si svolge una festa che richiama numerosi pellegrini per assistere ai riti buddhisti.

DOVE DORMIRE NEI PRESSI DI CUC PHUONG

Bai Dinh Riverside Resort & Spa
Nuovo e con camere pulite, ha una buona cucina, la piscina e magnifiche vedute. **$$**

Vedana Resort
Appena fuori da Cuc Phuong, è un resort moderno e ben strutturato, con uno stile creativo. **$$**

Cuc Phuong Resort & Villas
Vasto complesso formato da bungalow e ville con la vasca da bagno di legno in camera. **$$**

Se volete pernottare a Cuc Phuong, prenotate una camera, un bungalow o una casa su palafitte dal sito web del parco e partecipate alla **visita notturna** per vedere gli animali più attivi di notte.

MIGLIORI SPECIALITÀ LOCALI

Anatra di Co Lung
Da anatre allevate all'aperto, carne tenera e gustosa, ancor più se farcita con erbe e spezie.

Pollo di montagna
Ottimo marinato con le tradizionali spezie thai e poi bollito per un sapore unico e delicato.

Pesce alla griglia
Marinato con erbe della foresta e cotto alla brace.

Germogli di bambù
Amari al naturale, i germogli di bambù selvatico diventano dolci in cottura con l'aggiunta dei condimenti locali.

Riso nel bambù
Fragrante riso glutinoso cotto nel bambù con acqua dolce della foresta.

Sperduti tra le montagne

UN'ESPERIENZA AUTENTICA IN POSTI REMOTI

A **Pu Luong** i villaggi dei gruppi etnici sono pochi, isolati e distanti tra loro: visitarli è un'impresa faticosa ma gratificante. Una delle escursioni a piedi più spettacolari parte dal **Villaggio di Hieu**, famoso per le case tradizionali su palafitte, e termina a **Kho Muong**, un remoto insediamento thai. Il percorso tra i due villaggi è un saliscendi tra magnifici paesaggi di montagne, foreste e terrazzamenti.

Se siete pronti per un trekking più impegnativo, provate a conquistare l'imponente **Picco di Pu Luong**. Con un'altezza di 1700 m, la scalata richiede in media dalle sei alle otto ore (in buone condizioni meteo). Giunti in vetta, fermatevi a dormire in tenda e il giorno dopo affrontate la discesa partendo all'alba.

Potete esplorare la **Grotta dei Pipistrelli**: formatasi circa 250 milioni di anni fa, è attraversata da una rete fluviale sotterranea di 2,5 km e abitata da quattro diverse specie di pipistrelli. Alla base delle **Cascate di Hieu**, una serie di cinque salti nell'arco di 1 km, si può fare il bagno. E se vi trovate a Pu Luong di giovedì o di sabato, andate al **mercato di Pho Doan** per acquistare oggetti fatti a mano e prodotti alimentari delle tribù di montagna.

Il periodo migliore per visitare Pu Luong va da fine maggio all'inizio di giugno, quando i terrazzamenti sono ricoperti di riso verde non ancora maturo. In gran parte del Vietnam questi mesi sono molto caldi, ma a Pu Luong le temperature si mantengono gradevoli per tutta l'estate. Ottimo è anche il periodo da settembre a fine ottobre, poco prima del raccolto, con le risaie terrazzate che risplendono di giallo oro.

Incontrare le tribù di montagna

NEI VILLAGGI DI PU LUONG

La **Riserva Naturale di Pu Luong** si estende in una posizione davvero spettacolare, lungo due catene montuose parallele solcate da profonde vallate. In questa zona vivono da centinaia di anni 24 diverse tribù di montagna di etnia thai e muong.

Costituito da 65 famiglie e oltre 300 persone, **Kho Muong** è un villaggio di thai bianchi isolato in una valle incontaminata con una grotta naturale e una rete di corsi d'acqua. Fondato circa 300 anni fa, è considerato il primo insediamento della regione di Pu Luong. Per raggiungerlo a piedi si impiegano da tre a sei giorni.

DOVE DORMIRE A PU LUONG

Puluong Bocbandi Retreat
Un bel resort in collina con una maestosa terrazza e vista sulle montagne. **$$**

Pu Luong Tree House
Rustico e sostenibile, con bungalow belli e accoglienti e una magnifica piscina d'acqua dolce. **$$**

Duy Phuong Homestay
Sistemazione semplice, accogliente ed economica presso una famiglia locale alle Cascate di Hieu. **$**

Cascate di Hieu

Con case tradizionali di legno su palafitte, il **Villaggio di Hieu** è un insediamento di thai neri situato in una valle di giungla lussureggiante con un fiume che forma una cascata. Qui potrete vedere le ruote idrauliche all'ingresso del villaggio, fare il bagno nella sorgente locale o fare una camminata di un'ora fino alla sommità delle **Cascate di Hieu** per ammirare lo splendido panorama ed esplorare le grotte nascoste. È un bel percorso di 7 km dalla strada principale del villaggio.

A 1180 m sul livello del mare, **Son-Ba-Muoi** è un terzetto di villaggi thai chiamati anche 'mini Sapa' per via del clima mite tutto l'anno. Lontani dal resto del mondo, hanno conservato pressoché intatta la cultura etnica thai, dalle abitazioni alla cucina, agli usi e costumi. La tortuosa strada di montagna che porta a Son-Ba-Muoi è impegnativa, ma ne vale la pena.

Con meno di 300 abitanti di etnia thai, il **Villaggio di Don** ha una sconfinata distesa di campi terrazzati, magnifici paesaggi naturali e una popolazione accogliente e generosa. Non perdetevi la **Fiera di Pho Don**, la domenica o il giovedì, dove troverete artigianato etnico e altre specialità locali. Il Villaggio di Don è vicino alla strada principale ed è il punto di partenza per la maggior parte dei tour di Pu Luong.

CASCATE DI HIEU

Il piccolo Villaggio di Hieu ha una bella cascata con cinque salti in successione e un centinaio di case sparse su entrambi i lati del fiume. La corrente trasporta e deposita residui calcarei lungo le sponde, facendole sembrare pietrificate. In estate l'acqua è limpida, fresca e piacevole. Nella stagione umida è agitata, spumeggiante e calcarea. Dopo le piogge le **Cascate di Hieu** tornano a essere miti e azzurre.
Serve un'ora per salire fino in cima, da dove la vista spazia sui monti, sulle nuvole e sul villaggio sottostanti. Dietro alle cascate si celano delle grotte naturali. La **Grotta dell'amore** è particolarmente suggestiva, con stalattiti luccicanti di diversi colori.

TRASPORTI LOCALI

Il Parco Nazionale di Cuc Phuong e Pu Luong si possono raggiungere solo in auto o in moto. Una volta arrivati, però, ci si può spostare facilmente a piedi, in bicicletta o in moto.

PHONG NHA

Fino a pochi anni fa, Phong Nha non compariva su nessuna mappa turistica, ma la scoperta di Son Doong, la grotta più grande del mondo, ha acceso i riflettori sul tranquillo villaggio in riva al fiume Son. Famoso per le grotte, ha però anche percorsi escursionistici, sentieri di campagna e fiumi dalle acque limpide.

Durante la guerra del Vietnam, la zona di Phong Nha è stata tra le più devastate. Trovandosi sul Sentiero di Ho Chi Minh, il villaggio subiva continui bombardamenti e gli abitanti erano costretti a rifugiarsi nelle grotte.

Dopo la riunificazione, il Parco Nazionale di Phong Nha-Ke Bang è stato dichiarato ufficialmente riserva naturale e zona protetta. Patrimonio dell'Umanità dell'UNESCO, è un vasto territorio montano ricoperto di giungla, con fiumi azzurri che si snodano tra antiche formazioni carsiche. Vi si trovano centinaia di grotte, gruppi etnici e specie animali a rischio di estinzione.

IL CONSIGLIO

A Phong Nha la stagione delle piogge va all'incirca da metà settembre a metà novembre. Si possono verificare alluvioni e alcuni luoghi d'interesse e operatori turistici sono chiusi. Prima di prenotare, è meglio verificare le disponibilità chiedendo al proprio hotel e all'agenzia turistica di propria scelta.

MIGLIORI RISTORANTI DI PHONG NHA

Thang Nhung Spit Roast Pork & Noodle
Ottima la carne di maiale arrosto cotta a vista. $

Phong Nha Bamboo Cafe
Sulla via principale, ha un'ampia scelta. $

Tree House Cafe & Restaurant
Apprezzato per la pizza e la prima colazione. $$

The Villas Restaurant
Prima colazione in riva al fiume al Victory Road Villas. $$

Phong Nha Vegan
Cena a buffet a prezzi convenienti il 1° e il 15° giorno di ogni mese lunare. $

Un paradiso speleologico

ESPLORARE GROTTE MAESTOSE

Con un traforo di grotte profondissime e misteriose e fiumi dalle acque azzurre che si snodano tra montagne verdeggianti, il Parco Nazionale di Phong Nha-Ke Bang è un paradiso per gli amanti della natura e dell'avventura. L'attrattiva principale del parco, Patrimonio dell'Umanità dell'UNESCO, è costituita dalle sue enormi grotte, cesellate dalle acque alluvionali nel corso di milioni di anni.

Raggiungibile solo in barca, la Grotta di Phong Nha si trova nel fiume Son, nel punto in cui l'acqua entra nel sottosuolo e vi scorre per 1,5 km attraverso 14 sale. I biglietti sono in vendita al **Phong Nha Tourism Center**, da dove partono le barche. Se non volete troppa gente intorno, scegliete un tour in kayak.

Viaggiando in auto, si incontra per prima la **Grotta delle Otto Signore**, così chiamata in ricordo delle otto ragazze e dei ragazzi che nel 1972 vi cercarono rifugio dai bombardamenti, ma finirono per restare intrappolati in seguito al crollo della via d'ingresso. Alle vittime è dedicato anche il tempio adiacente.

Da lì la Grotta del Paradiso, una galleria asciutta lunga 31 km appartenente al sistema delle Grotte di Vom, dista solo 11 km. Ai visitatori è consentito l'accesso al primo chilometro, risalendo una lunga scalinata e poi seguendo una passerella di legno.

Per un'emozione in più, visitate la **Grotta Buia**, 8 km più avanti, con kayak, zip-line, bagni di fango e acque balneabili. Portate l'asciugamano e un ricambio. Nel parco ci sono altre grotte, compresa Son Doong (la più grande del mondo), visitabili però solo con i tour organizzati: quelli di più giorni sono consigliabili per godersi la pace della giungla di notte.

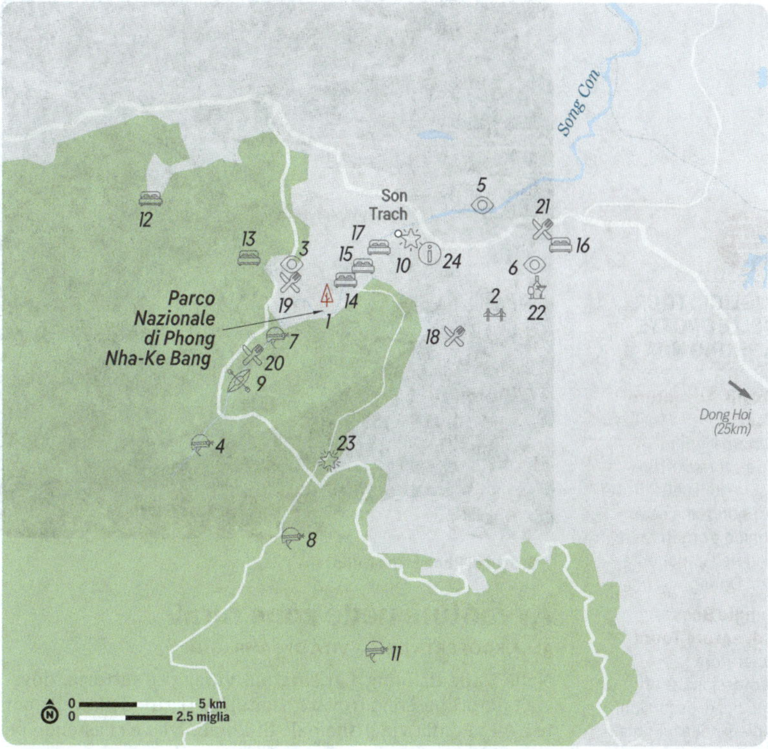

DA NON PERDERE
1 Parco Nazionale di Phong Nha-Ke Bang

DA VEDERE
2 Ponte di Bong Lai
3 Di Di Thoi
4 Grotta del Paradiso
5 Fiume Son
6 The Duck Stop

ATTIVITÀ, CORSI E TOUR
7 Grotta Buia
8 Grotta delle Otto Signore
9 Mooc Spring
10 Oxalis Adventure Tours
11 Grotta di Son Doong

PERNOTTAMENTO
12 Blue Diamond Camp
13 Chay Lap Farmstay
14 Ho Khanh Homestay
15 Oxalis Home
16 Pepper House
17 Victory Road Villas

PASTI
18 Bong Lai Swing Nature Farm
19 Chay Lap Riverside Cafe
20 Nha Hang Suoi Mooc
21 O O Lake Silence
22 Pub with Cold Beer

DIVERTIMENTI
23 OZO Park

INFORMAZIONI
24 Phong Nha Tourism Center

DOVE DORMIRE A PHONG NHA

Victory Road Villas
Boutique hotel in riva al fiume con favolose vasche relax, sauna, piscina e tavolo da biliardo. **$$$**

Ho Khanh Homestay
Modesta sistemazione in riva al fiume Son, gestita dallo scopritore di Son Doong. **$**

Central Backpackers Hostel
Camerate, camere private e bungalow con piscina, sulla via principale della città. **$**

MIGLIORI TOUR DELLE GROTTE A PHONG NHA

Oxalis Adventure Tours
È stato il primo operatore a offrire escursioni nelle grotte di Phong Nha ed è l'unico a organizzare tour nell'imponente Son Doong.

Jungle Boss Adventure Tours
Operatore professionale, offre vari tipi di escursioni a piedi nella giungla, da quelle per famiglie alle avventure adrenaliniche passando per il glamping.

Phongnha Discovery
Veterano tra i tour operator, offre gite in giornata ai principali luoghi d'interesse di Phong Nha, come la Grotta del Paradiso, la Grotta di Phong Nha e la Grotta Buia.

VIETNAM STOCK IMAGES/SHUTTERSTOCK ©

Grotta di Phong Nha (p156)

Avventure nelle zone rurali

ALLA SCOPERTA DELLA VITA DI CAMPAGNA

Nella Valle di Bong Lai sorgono villaggi e fattorie, dove i viaggiatori possono trovare ospitalità. Il giro della valle parte a 7 km dalla via principale di Phong Nha e si estende per 15 km. Vi serviranno solo la bicicletta o la moto e una cartina. Non abbiate fretta, godetevi i paesaggi e lasciatevi conquistare dal loro fascino.

La prima tappa è una fattoria locale, chiamata **Duck Stop**. Il proprietario offre un piccolo scorcio della sua infanzia con una lezione pratica in cui si impara a rigovernare le anatre e il bufalo d'acqua della fattoria. Non andatevene senza avere preso un po' di pepe nero di Phong Nha, perfetto come souvenir.

Proseguendo, si incontra il Pub with Cold Beer, che serve appunto birra fredda. È stato aperto nel 2010, quando era difficile trovare bevande fresche. Godetevi il panorama distesi su un'amaca o noleggiate un gonfiabile per fare tubing sul fiume. C'è anche da mangiare, con ingredienti di produzione locale, ma forse vorrete aspettare di arrivare alla **Bong Lai Swing Nature Farm**. I proprietari allevano cinghiali e grilli e servono carne di maiale alla griglia con salsa di arachidi e li-

DOVE DORMIRE NELLE ZONE RURALI DI PHONG NHA

Phong Nha Lake House Resort
Tranquillo resort e ristorante sul lago, a 8 km dall'ingresso in paese. $$

Chay Lap Farmstay
Camere e bungalow in mezzo alla natura con accesso al lago e sauna alle erbe. $$

Phong Nha Farmstay
Alloggio in campagna in stile coloniale francese, con comodità occidentali e magnifica vista al tramonto. $$

quore fatto in casa. Il suo punto forte, però, è l'altalena sospesa su un dirupo con una fantastica vista sul fiume e sulla valle.

Dopo il brivido dell'altalena, dirigetevi verso il Pub with Cold Beer e attraversate il **ponte di Bong Lai** per tornare verso la strada provinciale seguendo un altro percorso. Fermatevi al **Pepper House Homestay** per una birra e un tuffo in piscina.

Chiare, fresche e dolci acque

I FIUMI DI PHONG NHA

Con fiumi e laghi tutt'intorno, Phong Nha offre molti modi per sfuggire al caldo tropicale. Il **fiume Son**, che scorre per tutta la lunghezza della città, è quello più a portata di mano. Molti degli alloggi presso privati lungo la Provinciale 20 hanno l'accesso al fiume, come il **Victory Road Villas** e l'**Oxalis Home**, che offrono anche kayak a noleggio. Se volete tornare un po' bambini, andate allo **Ho Khanh Homestay**, con un lungo scivolo di cemento che si tuffa nel fiume.

Vicino alla Valle di Bong Lai, **O O Lake Silence** sorge davanti a un lago balneabile e dispone di kayak e semplici zattere di bambù a noleggio. Serve anche da mangiare e da bere e ci sono molti bei posti da esplorare. Con accesso diretto al fiume in una zona isolata di Phong Nha, il **Chay Lap Farm-**

PERCHÉ AMO PHONG NHA

Diana Truong, autrice Lonely Planet
@andsoigo

Io adoro le avventure e Phong Nha ne è piena. Non sono però solo la giungla, le grotte e i fiumi che mi spingono a tornare in continuazione in questo remoto villaggio. Ogni volta che ci vado, sono ospite della stessa famiglia e vengo trattata come una sorella: vengono a prendermi alla stazione con i bambini al seguito, a cena insistono affinché mangi ancora un po' e mi videochiamano quando me ne vado, chiedendomi quando tornerò. È l'incontro tra la bellezza della natura e il calore delle persone ad avermi rubato il cuore.

L'abitato di Phong Nha sul fiume Son

DOVE DORMIRE NELLE ZONE RURALI DI PHONG NHA

Pepper House Homestay
Comfort rustico nella Valle di Bong Lai, con camere spaziose affacciate sul cortile e sulla piscina. **$**

Phong Nha Eco Mountain Farmstay
Pace e tranquillità vicino all'ingresso del parco con favolosa vista sulle montagne. **$**

Nguyen Shack – Phong Nha Eco Resort
Bungalow bohémien a 2 km dall'ingresso in città, con piscina a forma di barca. **$**

LONER NGUYEN/SHUTTERSTOCK ©

Mooc Spring

stay offre un'esperienza più intima e tranquilla. Vi si possono fare kayak e stand-up paddling, ma anche crociere sul fiume con l'associata **Di Di Thoi**, per poi sprofondare nelle poltrone a sacco sul patio di legno bevendo un drink e stuzzicando qualcosa al **Chay Lap Riverside Cafe**.

All'ombra della foresta, **Mooc Spring** è un'area ricreativa con acque azzurre per nuotare, andare in kayak e divertirsi con giochi d'acqua. Situata ai margini del parco nazionale, è l'ideale per rinfrescarsi a fine giornata.

All'interno del parco si trova anche l'**OZO Park**, con 16 percorsi di high rope e ostacoli, zip-line e mountain bike. C'è la possibilità di mangiare (cucina locale) e campeggiare sul posto.

Soggiorno ecosostenibile

CON OXALIS NON SOLO VIAGGI D'AVVENTURA

Nel cuore di un'antica foresta di alberi della gomma all'interno del parco nazionale, il **Blue Diamond Camp** di Oxalis è un resort nella natura dove la sostenibilità viene prima di tutto. Le luci a LED sono alimentate a energia solare e l'imbarcazione da dieci posti si muove con il getto d'aria generato dai passeggeri stessi pedalando. Le passerelle sospese che si estendono per 770 m e collegano i nove campeggi sono ri-

IL GIARDINO BOTANICO

Il **Giardino Botanico** del Parco Nazionale di Phong Nha-Ke Bang è un'immersione nella giungla. Ha una superficie di 40 ettari e conta oltre 500 specie vegetali. Lungo sentieri tranquilli e ombreggiati, potrete osservare la ricchezza della flora, vedere la fauna locale nelle aree recintate, ammirare la fragorosa **Cascata di Thac Gio** e nuotare nel placido **Lago di Vang Anh**. Ci sono tre percorsi, di durata compresa tra 40 minuti e tre ore. Per il sentiero di 3 km è disponibile un tour guidato delle piante.

DOVE DORMIRE IN FAMIGLIA A PHONG NHA

Phong Nha River House
In riva al fiume a 3 km dalla via principale della città, ha cinque camere ed è gestito da una simpatica famiglia. $

Jungle Boss Homestay
Alloggio di campagna con piscina, è gestito dal fondatore di Jungle Boss Adventure Tours. $

Sy's Homestay
Bella sistemazione con piscina, in mezzo alle risaie a 1 km dall'ingresso in città. $

alzate rispetto al terreno per non danneggiare la vegetazione della foresta. È un sistema intelligente perché permette anche di evitare il fango quando piove.

L'elemento più innovativo, però, è forse il sistema di raffrescamento del campeggio, ispirato al meccanismo naturale presente all'interno delle grotte calcaree, con dei tubi isolati che, collegati a celle d'acqua fredda sotterranee, portano aria fresca al campeggio. Così di notte gli ospiti possono dormire in relativa comodità.

Nel fiume lì vicino si può nuotare e fare kayak e SUP. Un'altalena nell'acqua, scivoli e galleggianti offrono altre opportunità di svago. C'è anche un'impressionante piscina sotterranea che riproduce il sistema fluviale all'interno delle grotte, con tre aperture sul soffitto dalle quali filtra la luce del sole.

Quando fa buio, il ponte sospeso si illumina per 30 minuti offrendo un bello spettacolo. Fermatevi a dormire e potrete godervi anche un buon barbecue vicino al fuoco all'aperto con divertenti attività di gruppo.

Sapori di montagna

I PIATTI DELLA CUCINA REGIONALE

Le montagne e i fiumi di Phong Nha sono la fonte degli ingredienti freschi usati nella cucina locale. Assaggiate, chiudete gli occhi e lasciatevi trasportare dai sapori in un viaggio nella giungla.

Sebbene il nome significhi 'zuppa di porridge', il *chao canh* non è porridge, ma un piatto di noodles grossi con pesce, gamberi e carne di maiale. Viene servito ricoperto di cipolle verdi a fette e coriandolo tritato e accompagnato con un contorno di verdure sminuzzate. Troverete questa specialità da **Quan Chao Canh**, sul fiume Son, ma andateci presto perché è una pietanza che si mangia per colazione.

Molti ristoranti della zona, come **Ho Moc Phong Nha** e **Nha Hang Suoi Mooc**, servono pollo interno, aperto e cotto alla brace. Molte volte è accompagnato da riso glutinoso con arachidi tritate e un delizioso intingolo chiamato *cham cheo*. Spesso il pollo alla griglia, *ga nuong*, viene preparato sul momento e richiede perciò un po' di tempo: occupate l'attesa con qualche antipasto.

Pescato nelle acque limpide dei torrenti che scorrono nella giungla, il *ca mat* viene fritto e servito con una salsa di pesce preparata con aglio, zenzero e peperoncino. È un pesce che si trova solo due o tre mesi all'anno. Il *rau ton* è una felce commestibile che, con la cottura in padella, sviluppa un delizioso sapore nocciolato. La pianta non si può coltivare, cresce solo lungo i corsi d'acqua nella giungla.

TOUR IN FUORISTRADA E SIDECAR

Un'esperienza diversa dal solito è esplorare Phong Nha a bordo di una vecchia jeep militare o un sidecar Ural. Il conducente, che parla inglese, vi farà anche da guida accompagnandovi in un'avventura personalizzata e condividendo la sua conoscenza dei luoghi, delle persone e della storia locale. Potrete scegliere tra varie destinazioni, dai luoghi d'interesse nel parco nazionale alla **Valle di Bong Lai** e non solo. Si può prenotare tramite **Victory Road Villas**.

TRASPORTI LOCALI

Il modo migliore per visitare Phong Nha è su due ruote. In città si trovano ovunque moto e biciclette a noleggio e il personale del vostro hotel potrà aiutarvi a trovarle. Oppure potrete affittare una moto con conducente, *xe om* in vietnamita.

Dintorni di Phong Nha

A Dong Hoi, capitale della Provincia di Quang Binh e zona urbana di Phong Nha, troverete comfort moderni e pesce fresco.

Detta anche Città delle Rose, Dong Hoi fu devastata durante la guerra del Vietnam a causa della vicinanza con la DMZ. Nel 1965 fu rasa al suolo dai bombardamenti aerei americani: si salvarono solo la Porta di Quang Binh, la Chiesa di Tam Toa, una torre idrica e una palma. I resti della porta e della chiesa sono stati conservati come simbolo della resilienza della città.

La fama di Phong Nha ha contribuito alla rinascita di Dong Hoi. Dotata di aeroporto e stazione ferroviaria, la città è infatti una delle vie d'accesso al parco nazionale.

IL CONSIGLIO

Se avete poco tempo, fermatevi a Dong Hoi e andate a visitare le grotte con una gita in giornata.

LONER NGUYEN/SHUTTERSTOCK ©

Dong Hoi

LONER NGUYEN/SHUTTERSTOCK ©

Penisola di Bao Ninh

Sabbia e mare

LE SPIAGGE INCONTAMINATE DI DONG HOI

Come gran parte della costa del Vietnam centrale, anche il tratto a est di Dong Hoi è orlato di spiagge idilliache. La **spiaggia di Nhat Le** è la più vicina alla città, con 12 km di sabbia bianca e finissima, mare azzurro e moltissimi locali di pesce. Secondo la leggenda, Nhat Le, che significa 'bellezza e tristezza', deve questo nome alle lacrime versate dagli immigrati al sud per la nostalgia della loro terra d'origine nel nord, lacrime che si sarebbero raccolte nei fiumi che vanno poi a sfociare nel Mar Cinese Meridionale.

La **Penisola di Bao Ninh**, a sud della spiaggia di Nhat Le, dopo il ponte sul Nhat Le, è una zona con molte palme da cocco, tanta ombra, sport acquatici e giochi da spiaggia. Molti degli hotel più lussuosi si trovano qui, come il **Sun Spa Resort** e il **Regal Collection House**. Ogni anno, durante la luna piena di aprile, vi si svolge la **Festa della Pesca di Bao Ninh**, in occasione della quale i pescatori e le loro famiglie si riuniscono per rendere omaggio alla divinità balena e chiedere abbondanza di pesci, tempo favorevole e protezione in mare.

MIGLIORI RISTORANTI DI DONG HOI

Nha Hang Sabochi Tue Lam
Ristorante vietnamita con giardino all'aperto. Perfetto per gruppi numerosi. I bambini sono i benvenuti. **$$**

Sophie Homy Cafe & Food
Accogliente ristorante a gestione familiare vicino alla stazione ferroviaria, ha anche moto a noleggio e deposito bagagli. **$**

Tree Hugger Cafe
Pittoresco caffè per la prima colazione, di fronte al Parco di Nhat Le, serve sandwich all'uovo e smoothie. **$$**

7th Heaven Restaurant
Cucina asiatica e occidentale, servizio accurato, ambiente accogliente; vicino al Parco di Nhat Le. **$$**

DOVE DORMIRE A DONG HOI

Sun Spa Resort
Camere e ville a cinque stelle in una proprietà di 29 ettari con accesso privato alla spiaggia di Bao Ninh. **$$**

CAGINA Boutique Hostel
Camere e camerate ben arredate, con giardino e caffè vicino alla spiaggia di Nhat Le. **$**

Beachside Backpackers
Camerate e camere private a prezzi economici con una bella terrazza vista mare sulla spiaggia di Nhat Le. **$**

TOM DUY/SHUTTERSTOCK ©

Chiesa di Tam Toa, Dong Hoi

VISITA IN BICICLETTA

Esplorando Dong Hoi e i suoi dintorni in bicicletta vi sentirete come foste del posto. Dalla **spiaggia di Nhat Le**, andate a vedere i resti della **Chiesa di Tam Toa**, poi attraversate il **ponte sul Nhat Le** per raggiungere **Bao Ninh**, una bucolica zona di pescatori. Svoltate subito nella via **Nhat Le**, che costeggia il **fiume Nhat Le**. Proseguite fino in fondo alla strada, poi girate a sinistra e raggiungete la spiaggia. Per tornare in città, ripercorrete la strada della spiaggia fino al ponte sul Nhat Le. Per una visita con guida, fate il **Tour in bicicletta di Dong Hoi** organizzato da **Viator**.

A nord della spiaggia di Nhat Le potrete fare un'emozionante escursione alle **Dune di Quang Phu**. Noleggiate un quad per andare in esplorazione oppure una tavola per scivolare sui pendii sabbiosi. Andateci prima dell'alba per godervi le dune in solitudine e lo spettacolo del sole che sorge. Se avete tempo, raggiungete **Bai Da Nhay** (Spiaggia delle rocce che saltano), 25 km a nord di Dong Hoi. È un tratto di costa davvero unico, con formazioni rocciose che si innalzano dalla sabbia e dal mare, dando vita a un paesaggio incredibile.

Da vedere in città

STORIA E CULTURA A DONG HOI

Proprio nel centro di Dong Hoi, lungo il **fiume Nhat Le**, si erge la **Cittadella**, un'antica fortezza fatta costruire da Gia Long nel 1812 a protezione della dinastia Nguyen. In seguito Minh Mang, il successore di Gia Long, la fece ristrutturare da un generale francese rendendola una fortezza impenetrabile a forma di stella. Entrate dalla Porta Orientale, vicino al fiume, fate un giro lungo il fossato e godetevi il paesaggio.

Il **Museo di Quang Binh** si trova all'interno della Cittadella. A ingresso libero, è dedicato alla storia, alla cultura e alle popolazioni della provincia. Vi sono esposti oltre 15.000 tra

DOVE RILASSARSI A DONG HOI

La Bella Spa
Bella spa all'interno del Sun Spa Resort, offre massaggi, bagni al latte e trattamenti viso.

Gold Coast Resort & Spa
Vicino alla spiaggia di Bao Ninh, è una spa ispirata ai jimjilbang con vari tipi di saune e massaggi.

Asena Spa
Medical spa vicino alla Cittadella, offre massaggi terapeutici, trattamenti viso antietà e molto altro.

manufatti e immagini di varie epoche, risalenti fino all'Età della Pietra.

Costruita alla fine del XIX secolo come luogo di culto cattolico, la **Chiesa di Tam Toa** andò distrutta durante la guerra del Vietnam. A triste memoria del conflitto restano solo la bella facciata devastata, il campanile e parte delle mura.

La pagoda più grande e più bella di Dong Hoi è il **Tempio di Dai Giac**, un luogo solenne e spirituale che si estende su una vasta area di cui fanno parte una statua in marmo del Buddha pesante 40 tonnellate e una torre riccamente decorata alta nove piani. Il tempio è molto visitato sia dalla gente del posto sia dai fedeli buddhisti in cerca di pace e serenità.

Essendo una città portuale, a Dong Hoi è facile trovare del buon pesce locale, soprattutto al **mercato ittico di Dong Hoi**, che rifornisce di pesce l'intera Provincia di Quang Binh. Andateci prima dell'alba per vedere i commercianti che scaricano il pescato della notte e accaparrarvi il pesce più fresco.

Vita notturna

INSIEME ALLA GENTE DEL POSTO

A Phong Nha non c'è molto da fare di sera. Perciò se pernottate a Dong Hoi e avete voglia di divertirvi, siete fortunati: non essendoci molti stranieri in giro, potrete trascorrere una serata a stretto contatto con la gente del posto.

Sulla spiaggia di Bao Ninh, andate a bere qualcosa e a rilassarvi al **Fisherman Beach Bar**, un bel chiosco davanti al mare, per poi tornare in hotel a prepararvi per la serata. Per l'aperitivo, il **Pi's House Coffee – Beer Chill**, subito a nord del Parco di Nhat Le, ha un'atmosfera rilassata e una buona scelta di birre artigianali. Spostatevi poi all'**ATARA Pub**, un locale all'aperto lungo il fiume con musica, birra e un gran viavai. Se invece vi manca la cucina occidentale, il **Buffalo Pub & Hostel** è un vivace locale nel Parco di Nhat Le con classici americani, birra, vino e liquori. Un'altra possibilità è il **mercato notturno dell'Everland**, con bancarelle di specialità locali.

Dopo aver soddisfatto la fame, l'**Andy Lounge Disco**, un tranquillo ed eclettico locale vicino al Parco di Nhat Le, va bene per bere un cocktail e, ogni tanto, ascoltare musica dal vivo. Il simpatico proprietario è una miniera di consigli sui dintorni ed è facile fare amicizia con gli altri clienti. Una serata in Vietnam non può dirsi completa senza karaoke. Tra i posti più frequentati c'è il **Karaoke Thai Binh**, con sale eleganti, bevande fredde e snack. Concludete la serata al **Kyoto Lounge**, un vivace locale notturno in stile giapponese aperto fino alle 2.30, con DJ tutte le sere, un moderno impianto audio, ottimi drink e un'atmosfera molto animata.

EVERLAND QUANG BINH

L'**Everland Quang Binh**, un parco divertimenti in riva al fiume Cau Rao, ha di tutto per l'intrattenimento a misura di famiglia: giostre, sala giochi, un vivace mercato notturno e molti negozi. Il vero protagonista, però, è il ristorante principale, una bella costruzione in bambù con un laghetto di carpe koi in un'area verde fresca e lussureggiante. Con oltre 1000 posti, può accogliere gruppi numerosi. Il ricchissimo menu spazia in tutto il Vietnam – dal nord, al centro, al sud – e comprende anche piatti internazionali, come insalate, pasta, bistecche, sushi e molto altro. Dopo cena andate a bere un cocktail nel grande caffè con giardino accanto al ristorante.

TRASPORTI LOCALI

Dong Hoi si può visitare facilmente in bicicletta, dato che i luoghi d'interesse sono quasi tutti abbastanza vicini. Si può usare anche la moto, oppure prenotare un'auto o una moto con un conducente tramite app e farsi portare dove si vuole.

HUÉ

Hué è una città moderna con oltre mezzo milione di abitanti, un affascinante patrimonio storico e foreste tutt'intorno. Al centro sorge la maestosa Città Imperiale, da dove la dinastia Nguyen regnò sul suo impero per 143 anni. Gia Long, il primo imperatore Nguyen, stabilì la capitale a Hué seguendo i consigli degli esperti di geomanzia, una tecnica divinatoria basata sui buoni auspici dell'ambiente naturale: il Fiume dei Profumi (fiume Huong), che sembra un serpente, e le montagne circostanti, simili a leoni, furono considerati una sicura salvaguardia per la futura capitale.

Dopo la caduta della dinastia Nguyen, la città fu devastata dalla prima guerra d'Indocina e nel 1968 dall'offensiva del Tet durante la guerra del Vietnam. Molti palazzi reali, templi buddhisti e musei andarono distrutti. Oggi l'antico Fiume dei Profumi e i resti dell'ultima dinastia vietnamita si mantengono imperturbati dalla rapida urbanizzazione della città.

IL CONSIGLIO

Mentre la città vecchia e la Cittadella sorgono a nord del Fiume dei Profumi, la parte 'più nuova' di Hué, con la maggior parte degli hotel e dei ristoranti, si trova a sud. Molte tombe reali della dinastia Nguyen sono situate ancora più a sud, alla periferia della città.

MIGLIORI RISTORANTI DI HUÉ

Ancient Hue Royal Gallery Cuisine
Cucina regale per un'esperienza di alto livello all'Ancient Hue Garden Houses. **$$$**

Hanh Restaurant
Locale molto frequentato nella turistica Phu Hoi, serve piatti locali autentici. **$**

Nook Eatery
Cucina internazionale e piatti vegetariani in un ambiente colorato e informale. **$$**

Imperial Craft Bia Brewpub
Pub semplice con birra artigianale alla spina, pizza, hamburger e altro. **$$**

Se i muri potessero parlare

NELL'ANTICA CITTÀ REALE

La **Città Imperiale** di Hué, Patrimonio dell'Umanità dell'UNESCO, è un vasto complesso all'interno di una fortezza quadrata. Le quattro mura perimetrali sono lunghe circa 2 km e alte 6 m, con un largo fossato esterno a ulteriore protezione.

Concepita dal primo imperatore Nguyen, Gia Long, e completata dal suo successore, Minh Mang, la Città Imperiale fu la capitale del Vietnam dal 1802 al 1945. Formata da palazzi, templi, residenze, giardini e uffici, aveva la sua parte principale nella Città Purpurea Proibita, dove vivevano e lavoravano l'imperatore e i suoi consiglieri più stretti.

La Città Imperiale ha visto giorni migliori. Se il tempo e i disastri naturali avevano già lasciato il segno, fu però la guerra del Vietnam a infliggere i danni maggiori. Nel 1968, durante l'offensiva del Tet, l'esercito nordvietnamita attaccò Hué, e il Viet Cong, insieme ai suoi alleati, rispose con pesanti bombardamenti. Sono pochissimi gli edifici sopravvissuti alla battaglia, ma molti sono stati lentamente restaurati in un'opera di conservazione che prosegue ancora oggi.

Considerate le dimensioni del complesso e le tante cose da vedere, la visita della Città Imperiale è piuttosto lunga: circa due ore da soli, di più con una guida. Oltre a esplorare le varie strutture, i visitatori possono anche assistere a spettacoli di musica tradizionale, danza e arte drammatica classica al **Teatro Reale**.

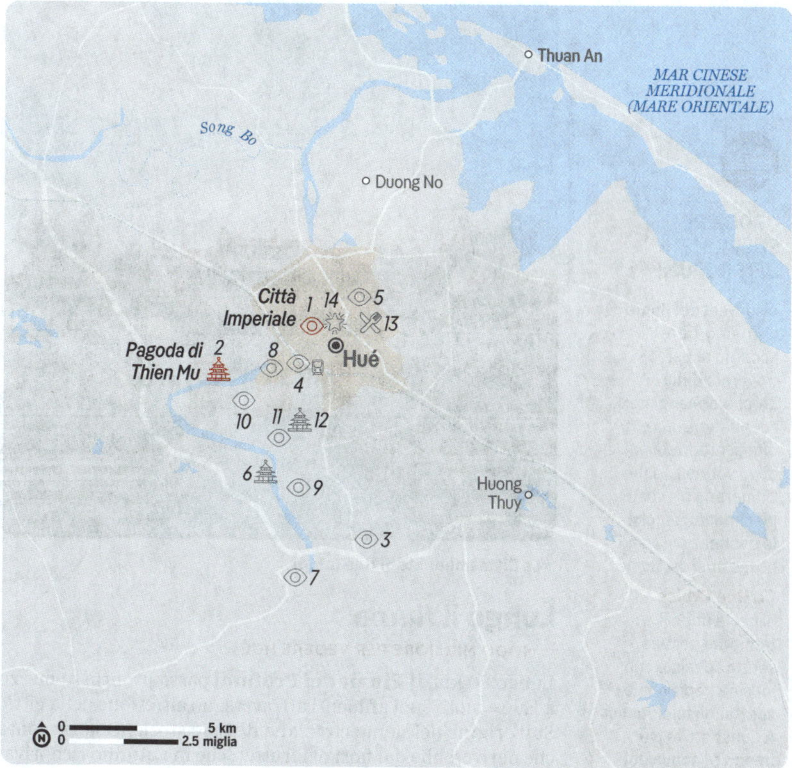

DA NON PERDERE
1 Città Imperiale
2 Pagoda di Thien Mu

DA VEDERE
3 Tomba di Khai Dinh
4 Con Da Vien
5 Con Hen
6 Tempio di Hon Chen
7 Tomba di Minh Mang
8 Fiume dei Profumi
9 Tomba di Thieu Tri
10 Arena delle Tigri
11 Tomba di Tu Duc
12 Pagoda di Tu Hieu

PASTI
13 Phu Hoi

DIVERTIMENTI
14 Teatro Reale

TOMBE REALI

Gli imperatori Nguyen regnarono protetti all'interno della Città Imperiale, ma le loro tombe si trovano in mezzo alla natura, lontano dai sontuosi palazzi in cui vissero. Visitando le **tombe reali (p173)** scoprirete come ognuna sia lo specchio di colui che vi riposa.

DOVE DORMIRE A HUÉ

Melia Vinpearl Hue
L'hotel più alto di Hué, affacciato sul Fiume dei Profumi, in una posizione comoda. **$$**

EMM Hotel Hue
Raffinato boutique hotel, alle spalle di Phu Hoi, con piscina e un bel giardino rigoglioso. **$**

Hue Sweethouse 2 Homestay
Camere pulite, confortevoli e accoglienti proprio nel centro della vivace Hué. **$**

CROCIERE SUL FIUME DEI PROFUMI

A sud-est del ponte di Truong Tien, accanto al parco, troverete delle barche ormeggiate: sceglietene una e dite al proprietario dove volete andare. L'itinerario è a vostro piacimento, purché le destinazioni siano accessibili dal fiume.

Ca Hue Cruise
Si parte dopo il tramonto per una serata speciale con musica tradizionale e spettacoli folcloristici. A quest'ora fa più fresco e l'acqua del fiume luccica al buio.

Azerai Perfume River Dinner Cruise
Cena elegante in un'atmosfera sofisticata: dopo aver sorseggiato champagne al tramonto, potrete scegliere tra vari tipi di cucina e concludere poi la serata con un lancio di lanterne illuminate sul fiume.

NGUYEN QUANG NGOC TONKIN/SHUTTERSTOCK ©

La Città Imperiale di Hué (p166)

Lungo il fiume

IL MODO MIGLIORE PER VEDERE HUÉ

Lungo 80 km, il **Fiume dei Profumi** passa proprio in mezzo a Hué e molti suoi affluenti attraversano altre zone della città. Sull'origine del nome circolano diverse storie. Una racconta che deriverebbe dai fiori dei frutteti che in autunno ricoprivano le acque del fiume sprigionando un buon odore tutt'intorno. Secondo un'altra versione il profumo sarebbe quello delle acque aromatizzate alle erbe che gli abitanti versavano nel fiume in occasione di una festività. Il fiume è chiamato anche Huong, che in vietnamita significa 'profumo' o 'incenso'.

Lungo il suo corso si susseguono colline boscose, villaggi tradizionali, tombe imperiali, templi e fortezze, parchi e passeggiate. Di mattina le acque hanno una tonalità verde, che come per magia diventa gialla verso mezzogiorno e violacea nel pomeriggio. Fate una gita in barca per ammirare i bei paesaggi nei dintorni e visitare le tombe reali e le pagode lungo il tragitto. Per godere di una splendida vista sul fiume, fermatevi alla Pagoda di Thien Mu, oppure concedetevi una pausa in uno dei tanti caffè e ristoranti lungo le sponde. La Città Imperiale è accessibile in barca, così come la tomba

DOVE MANGIARE LE SPECIALITÀ DI HUÉ

Quan Cam
Rinomata bancarella di Phu Hoi che serve *bun bo hue*, solo di mattina. $

Tai Phu
Affollato ristorante locale, serve *bun thit nuong*, *nem lui* e altri piatti tipici di Hué. $

Com Hen – Quan Nho
Ristorante locale situato subito dopo Phu Hoi, è specializzato in *com hen* e *bun hen*. $

reale di Minh Mang e il **Tempio di Hon Chen**, dedicato in origine a una dea cham.

Si dice che le due isole del fiume, **Con Hen** e **Con Da Vien**, proteggano la Città Imperiale dagli spiriti maligni. Con Hen (Isola delle Vongole) è famosa appunto per le sue ottime vongole, una specialità locale. Più piccola e disabitata, Con Da Vien ospitava un tempo l'**Arena delle Tigri**, dove si svolgevano i primi combattimenti tra tigri ed elefanti. Successivamente Tu Duc vi fece realizzare un giardino. Al tramonto fate una passeggiata sui sentieri e sui ponti pedonali in legno lungo il fiume, che è fiancheggiato da grandi alberi e piante fiorite.

Un luogo sacro

VISITARE LE ANTICHE PAGODE

Il nome **Pagoda di Thien Mu** significa 'Tempio della Signora Celeste'. Secondo la leggenda, sulla collina dove oggi sorge la pagoda era apparsa un'anziana signora, la quale aveva annunciato agli abitanti del posto che sarebbe arrivato un nobiluomo che avrebbe costruito un tempio buddhista per la prosperità del paese. Fu così che Nguyen Hoang ordinò la costruzione della pagoda in onore della donna. Salite in cima

Barche drago

BIRRA HUDA

Come per la cucina, anche per la birra ci sono delle differenze regionali in Vietnam. A Hanoi c'è la Truc Bach e a Ho Chi Minh City la 333. Di solito, però, le persone non restano fedeli a una marca in particolare, nemmeno se arriva da dietro casa. A Hué, invece, è diverso.
La **Huda**, prodotta in città, è la preferita a livello locale. Nata qui nel 1992, deve il suo nome alla tecnologia danese impiegata nel birrificio. 'Hu' sta per Hué, mentre 'da' per Danimarca. Nel 1994, quando fu tolto l'embargo commerciale imposto al Vietnam, Huda fu acquista da Carlsberg. Oggi, otre al proprio marchio, il birrificio produce anche le birre Carlsberg, Kronenbourg 1664, Festival e Beerlao.

DOVE MANGIARE LE SPECIALITÀ DI HUÉ

Nem Lui Ba Ty
Piccolo ristorante locale che vende *bun thit nuong* e *nem lui* al pezzo. **$**

Banh Khoai Hong Mai
Ristorante a gestione familiare vicino alla Cittadella, serve *banh khoai* e *nem lui*. **$**

Hang Me Me
Il posto giusto per assaggiare *banh loc*, *banh beo*, *banh nam* e altri *banh* di Hué. **$**

FESTIVAL DI HUÉ

Il **Festival di Hué** propone eventi culturali durante tutto l'anno, tra cui feste tradizionali, manifestazioni d'arte contemporanea ed eventi folcloristici, religiosi e sportivi. Le attività sono suddivise in quattro gruppi, tante quante sono le stagioni. Si comincia il 1° gennaio con la Cerimonia della Distribuzione del Calendario e si finisce il 31 dicembre con il Programma del Conto alla Rovescia. L'evento principale è il festival multinazionale di arte e cultura, in aprile. Altri appuntamenti di rilievo sono la Festa delle Lanterne dell'Antica Capitale in autunno, il Festival Circense Internazionale in inverno, il festival Capitale della Gastronomia in primavera e la Festa di Ao Dai in estate, durante la quale si indossano costumi vietnamiti tradizionali e innovativi.

SERGII FIGURNYI/SHUTTERSTOCK ©

Pagoda di Thien Mu, Hué

all'imponente Torre di Phuoc Duyen, alta sette piani, per vedere la grande campana di bronzo e la stele incisa collocata sul dorso di un'enorme tartaruga, poi andate a visitare il tempio con le sue opere d'arte. Nhat Dinh, monaco e fondatore della **Pagoda di Tu Hieu**, fece scalpore per aver preparato carne e pesce, su consiglio del medico, per la madre malata e fu molto criticato perché ai monaci è proibito fare del male o uccidere gli animali. Sentendo la storia, l'imperatore Tu Duc chiamò il tempio 'Tu Hieu', che significa 'Pietà Filiale' ed è tra l'altro una virtù buddhista. Andateci alle 10 o alle 14 per assistere ai canti dei monaci.

Alla Pagoda di Tu Hieu visse anche Thich Nhat Hanh, monaco buddhista, attivista per la pace, scrittore, poeta e insegnante di fama mondiale. Il 'padre della mindfulness' era entrato nel monastero di Tu Hieu all'età di 16 anni e in seguito vi fece ritorno e vi restò fino alla morte, avvenuta nel 2022.

Mangiare da re

LA FAMOSA CUCINA DI HUÉ

Durante la dinastia Nguyen la cucina reale fu elevata a una vera e propria forma d'arte culinaria in cui sapori, consistenze e colori erano perfettamente bilanciati e armonizzati. Gli

DOVE INCONTRARE L'ARTE

Teatro Reale di Hué
Il teatro più antico del Vietnam, dove si esibisce la Compagnia d'Arte Reale.

Crociera con cena
Cenare, ascoltare musica popolare e la musica di corte di Hué navigando sul Fiume dei Profumi.

Galleria d'Arte Le Ba Dang
Una ricca collezione di opere del famoso artista franco-vietnamita Le Ba Dang.

imperatori pretendevano che i loro piatti fossero raffinati e piacevoli agli occhi tanto quanto lo erano al palato. Per questo la cucina di Hué, espressione dell'anima della regione, è spesso considerata la migliore del paese.

Anthony Bourdain ha fatto conoscere al mondo il *bun bo hue*, definendola la 'migliore zuppa del mondo'. Ricca e complessa, è fatta con un brodo aromatico di manzo e maiale. In origine era un piatto per la prima colazione, ma oggi, proprio per la sua popolarità, lo si può trovare a tutte le ore.

Dopo una lunga giornata di esplorazioni, un piatto fresco come il *bun thit nuong* risulta particolarmente gradito. Il *bun* è una scodella di noodles di riso serviti freddi, mentre il *thit nuong* è carne di maiale caramellata alla griglia e affettata finemente. A Hué si usa guarnirla con salsa di arachidi al posto della salsa di pesce tipica di altre parti del paese.

I vari *banh* della cucina reale sono torte salate con varie consistenze e farciture. Il *banh khoai* è croccante e sopra si aggiungono carne di maiale, gamberi e uova. Il *banh loc* è un raviolo gommoso di tapioca con dentro un pezzetto di gambero. Come le tapas, questi bocconcini vengono spesso serviti come piatti da condividere. A Hué si trovano dappertutto, ma in particolare nella zona di **Phu Hoi**, la parte più turistica della città.

Su due ruote

SCOPRIRE LA CITTÀ IN BICICLETTA

Scegliete la bicicletta per esplorare a piacimento Hué e le belle zone rurali nei dintorni. In città le strade sono tendenzialmente pianeggianti, ma trafficate. In campagna c'è qualche leggera salita, ma meno traffico.

Raggiungete la **Città Imperiale** per una visita a piedi di due ore. Da lì seguite il **Fiume dei Profumi** fino alla **Pagoda di Thien Mu** e salite sulla torre. Proseguite verso le colline a sud fermandovi alla tomba reale di **Khai Dinh** e poi tornate in hotel. È un itinerario di 28 km.

Se vi interessano di più le tombe reali, costeggiate il fiume fino all'**Arena delle Tigri**, dove si svolgevano i combattimenti fra tigri ed elefanti. Prendete poi la stradina che porta alla tomba reale di **Tu Duc**, una delle più elaborate tra quelle degli imperatori Nguyen. Attraversate quindi qualche piccolo e tranquillo villaggio per arrivare alla tomba di **Thieu Tri**.

Da lì andate alla tomba reale di **Khai Dinh**, un misto di architettura orientale e occidentale, prima di tornare verso il centro. L'escursione è lunga 24 km. Noleggiare una bicicletta a Hué è facilissimo: c'è una rete pubblica con stazioni lungo il Fiume dei Profumi e alla Città Imperiale e biciclette di colore giallo. Per usufruirne, scaricate l'app Hue Smart Bike.

MIGLIORI BAR E PUB DI HUÉ

DMZ Bar
Pub molto frequentato nella vivace zona di Phu Hoi, serve birra alla spina e cocktail.

Hue Hostel & Sports Bar
Sotto un ostello di Phu Hoi, è un bar sempre pieno con eventi tutte le sere.

The Cham Craft Beer & Whisky
Ottima selezione di birra, sidro e altre bevande alcoliche all'interno dell'hotel The Purple Hue.

Cochincung
Bar sul lungofiume vicino a Phu Hoi, ha tre sale con musica dal vivo nei weekend.

TRASPORTI LOCALI

Quasi tutti i luoghi d'interesse dalla città si possono raggiungere in moto e in bicicletta o navigando lungo il Fiume dei Profumi. Ci sono anche *cyclo*: si sta comodamente seduti in un sedile con ruote davanti, mentre il conducente pedala da dietro.

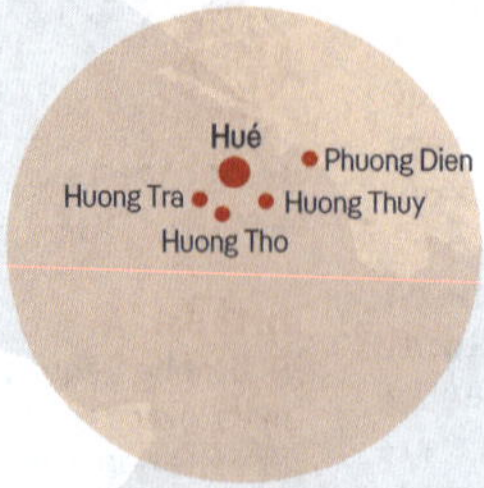

Dintorni di Hué

Immergetevi nella natura tutt'intorno alla città e spingetevi fino alle spiagge a est per un'esperienza ancora più autentica.

Hué è circondata dalla natura: verdi pinete ombreggiano le tombe reali, rigogliose foreste avvolgono le Sorgenti Termali di Thanh Tan e, ovviamente, sabbia e mare non mancano nelle spiagge a est della città. Esplorate le stradine di campagna che si snodano tra le risaie verdeggianti e cogliete l'occasione per entrare in contatto con la gente del posto, fermando un passante per un'informazione, scovando specialità locali e prodotti artigianali nei mercati di quartiere o mangiando qualcosa a una bancarella lungo la strada. Vi lascerete alle spalle la vita di città e scoprirete il calore e la cordialità degli abitanti di Hué.

IL CONSIGLIO

Al botteghino davanti alla Città Imperiale si possono acquistare biglietti singoli e cumulativi per la tomba.

Spiaggia di Vinh Thanh (p175)

SERGII FIGURNYI/SHUTTERSTOCK ©

La tomba reale di Khai Dinh

Dove riposano gli imperatori

LE TOMBE DEGLI ULTIMI IMPERATORI DEL VIETNAM

Le tombe reali di Hué sono tutt'altro che ordinarie: disseminate tra Huong Thuy, Huong Tra e Huong Tho, con sbiaditi guerrieri di pietra a guardia dei morti e torri ricoperte di muschio nascoste tra le colline, rievocano un mondo leggendario ormai perduto. Sparse in un raggio di 10 km, le tombe degli imperatori Nguyen, l'ultima famiglia reale del paese, conservano preziosi manufatti che rispecchiano la ricca storia del Vietnam e non a caso sono state dichiarate Patrimonio dell'Umanità dell'UNESCO.

Il tradizionalismo di **Minh Mang** si riflette appieno nella sua tomba in stile classico cinese con proporzioni perfettamente simmetriche. La famosa tomba di **Tu Duc** è stata pensata come un rifugio nel quale l'imperatore potesse dedicarsi alla poesia. La tomba reale di **Khai Dinh** è intrisa di elementi gotici francesi, coerenti con l'accettazione dimostrata in vita dall'eccentrico imperatore nei confronti del colonialismo francese. L'inaccessibilità della tomba di **Gia Long**, il primo imperatore Nguyen, unita alla sua impopolarità, ne

I SEGRETI DELLA TOMBA REALE

I ricchi e i potenti sono spesso coinvolti in qualche intrigo, e nemmeno gli imperatori Nguyen sfuggirono agli scandali, soprattutto in relazione ai luoghi del loro eterno riposo. La tomba di Tu Duc è la più bella e amena, ma è stata pagata a caro prezzo.

Dall'impiego di lavoratori forzati per la costruzione del mausoleo nacque un tentativo di colpo di stato che fu tempestivamente represso. Khai Dinh, amante del lusso, impose una pesante tassazione per finanziare la realizzazione della sua tomba, che richiese 11 anni di lavoro. Duc Duc rimase in carica solo tre giorni prima di essere deposto e incarcerato, finendo per morire di fame dopo sette giorni di prigionia senza cibo né acqua.

DOVE DORMIRE A SUD DI HUÉ

Anhill Boutique Hotel
Un wellness hotel di lusso con cucina salutare, piscina climatizzata e giardino zen. **$$$$**

Hotel Pilgrimage Village
Invitante resort con alloggi di design e un'ottima spa immerso nella quiete della natura. **$$$**

Pinehill Tu Hieu Homestay
Camere pulite e accoglienti in una struttura spaziosa e tranquilla in fondo alla strada dal Tempio di Tu Hieu. **$**

LONER NGUYEN/SHUTTERSTOCK ©

Ponte di Hien Luong, Zona Demilitarizzata

LA DMZ

Posta lungo il vecchio confine tra Vietnam del Nord e del Sud, la **Zona Demilitarizzata (DMZ)** doveva essere un'area esclusa dai combattimenti. Si estendeva dal confine laotiano alla costa vietnamita, seguendo il corso del fiume Ben Hai, con 5 km di territorio su entrambi i lati. Fu teatro delle battaglie più cruente della guerra del Vietnam. Occupata oggi da piantagioni di gomma e caffè, non presenta più alcuna traccia della guerra, anche perché prima dell'evacuazione gli americani distrussero tutte le basi militari. Si possono però vedere i monumenti dedicati agli eroi locali e il **Cimitero Nazionale di Truong Son**, il più grande cimitero di guerra del Vietnam. Ci sono anche un piccolo museo con cimeli di guerra e un altro dedicato alle **Gallerie di Vinh Moc**.

fanno una delle meno visitate, tanto da versare oggi in uno stato di quasi totale abbandono. **Thieu Tri** fu un conservatore senza pretese e infatti la sua tomba è di gran lunga più semplice rispetto a quelle del padre (Minh Mang) e del figlio (Tu Duc). Mentre il portale d'ingresso è stato accuratamente restaurato, il resto della tomba è in rovina. **Duc Duc** condivide la sua modesta tomba con **Thanh Thai** e **Duy Tan**, due imperatori ai quali fu negata una degna sepoltura a causa dei cattivi rapporti con i colonialisti francesi. Con evidenti influenze francesi, la tomba reale di **Dong Khanh** sorge su una tranquilla collina con una magnifica vista sulla campagna circostante.

Sorgenti termali

PER UN BAGNO RIGENERANTE

Dopo uno o due giorni trascorsi a visitare Hué, potreste avere voglia di un bagno rigenerante nelle acque termali.

Il **Thanh Tan Hot Springs by Fusion** è un wellness resort che sorge in una cornice naturale nel distretto di Phuong Dien, a nord-ovest di Hué. Gli ospiti possono fare il bagno nelle sorgenti minerali all'aperto, le cui acque raggiungono la temperatura di 68°C e sono ricche di calcio, bicarbonato e

DOVE DORMIRE A EST DI HUÉ

Villa Louise Beach & Spa
Incantevole boutique hotel su una spiaggia privata con vista sull'oceano vicino a Thuan An. **$$**

Kawara My An Onsen Resort
Wellness resort in stile giapponese con camere moderne e ampia scelta di rilassanti trattamenti spa. **$$**

Hue Eco Homestay
Camerate e camere private molto semplici con grande attenzione ai tempi del riciclo e del riuso. **$**

magnesio. In una serie di piscine rocciose la temperatura si abbassa gradualmente con l'apporto di acqua corrente. Rinvigorite poi corpo e mente nella **Wellness Spa** con un trattamento di aromaterapia, bambù o pietre calde, e infine andate a rinfrescarvi in piscina. Se siete amanti dell'adrenalina, fate un giro sull'emozionante zip-line lunga 560 m e nel parco avventura con percorsi di funi sospese. I bambini non resteranno delusi dagli scivoli d'acqua e dal villaggio dell'artigianato. Potrebbe piacergli anche aiutare a prendersi cura dei cervi all'**Alba Farm & Deer Garden**.

Il **Kawara My An Onsen Resort** offre onsen (terme in stile giapponese), con bagni di vapore, saune, vasche con idromassaggio, bagni di bicarbonato e bagni freddi. Tenete presente che negli onsen tradizionali si deve essere nudi, perciò ci sono zone separate per uomini e donne. Il resort ha anche vari tipi di alloggi, diversi ristoranti, la piscina, il miniclub, un simulatore di golf, giardini zen e laghetti di carpe koi.

RIFUGIO DI LUSSO SULLA LAGUNA

A metà strada tra Hué e Lang Co, il **Vedana Lagoon Resort & Spa** è un invitante resort e centro benessere con lussuosi bungalow sull'acqua nella Laguna di Cau Hai e ville in collina, ognuna con la sua piscina privata. L'accesso alla spa comprende l'uso dell'idromassaggio, della sauna e del bagno di vapore alle erbe. I prodotti sono fatti con ingredienti naturali al 100%, molti dei quali provenienti dall'orto del resort. Ci sono lezioni di yoga e tai chi e si può giocare a tennis e andare in kayak e bicicletta. Svegliatevi presto per vedere lo spettacolo del sole che sorge sulla laguna e prenotate la Twilight Experience per una romantica cena privata sul molo del resort.

Tutti in spiaggia

FUGA DALLA CITTÀ

Hué è famosa per le attrattive storiche e culturali, ma a est della città ci sono anche spiagge idilliache e una vasta laguna. Potrete quindi godervi la bellezza della natura anche davanti al mare.

Sono tre i fiumi (O Lau, Fiume dei Profumi e Bo) che sfociano nella **Laguna di Tam Giang**, che con i suoi 24 km di estensione è la laguna d'acqua dolce più grande nella zona di Hué. Si può fare un'escursione in barca di 30 minuti sul fiume O Lau passando per l'antica città di **Bao Vinh** e arrivando al molo di Vinh Tu. Il tramonto è uno spettacolo che accende l'acqua di uno splendore dorato.

La **spiaggia di Thuan An** si trova nel punto in cui il Fiume dei Profumi si avvicina alla laguna prima di riversarsi nel Mar Cinese Meridionale. Appena 13 km a est della **Cittadella**, è un tratto di costa lungo 12 km lambito da acque tranquille e rinfrescanti. La spiaggia è molto frequentata dagli abitanti della città, soprattutto durante i caldi mesi estivi, quando brulica di bagnanti, venditori e bambini. Se non ne avete abbastanza di visite culturali, andate a vedere il **Tempio di Thai Duong**, dedicato a una dea Champa.

Mozzafiato e pressoché incontaminata, la **spiaggia di Vinh Thanh** è situata 30 km a sud-est del centro città. Tranquilla e naturale, ha sabbia morbida, onde divertenti e spumeggianti e acque cristalline. Avventuratevi lungo le stradine locali per dare uno sguardo alla vita di campagna e non dimenticatevi di fare il pieno di pesce prima di tornare a Hué.

TRASPORTI LOCALI

Noleggiate una motocicletta o un'auto per raggiungere le tombe a sud, le sorgenti termali a nord-ovest e le spiagge a est.

LANG CO

Appena 60 km a sud di Hué e 40 km a nord di Danang, Lang Co è una meta turistica decisamente sottovalutata, che rimane perciò ancora tranquilla e autentica, offrendo uno spaccato della vera vita di campagna nel Vietnam centrale. Ha una popolazione di soli 11.000 abitanti circa, dediti in gran parte alla pesca e all'allevamento di pesce e ostriche.

La costa di questa pittoresca località di pescatori ha lunghi tratti di sabbia bianca e limpide acque color turchese. La Laguna di Lap An è il sogno di ogni fotografo, con il cielo e le nuvole che si riflettono sul mare piatto e azzurro e le imponenti montagne verdi sullo sfondo. Si può fare snorkelling a Hon Chao, un'isoletta incontaminata, e trekking nel Parco Nazionale di Bach Ma, tra antiche foreste e freschi corsi d'acqua. Data l'abbondanza di pesce fresco, ostriche, gamberi, vongole, granchi e astici, mangiare pesce è d'obbligo quando si viene da queste parti.

IL CONSIGLIO

Lang Co è raggiungibile da Hué e Danang in treno, autobus, automobile e motocicletta. Il modo migliore per arrivarci è attraverso il Passo di Hai Van, sia in treno, con la ferrovia che cinge la montagna mentre scende verso il mare, sia in automobile e motocicletta.

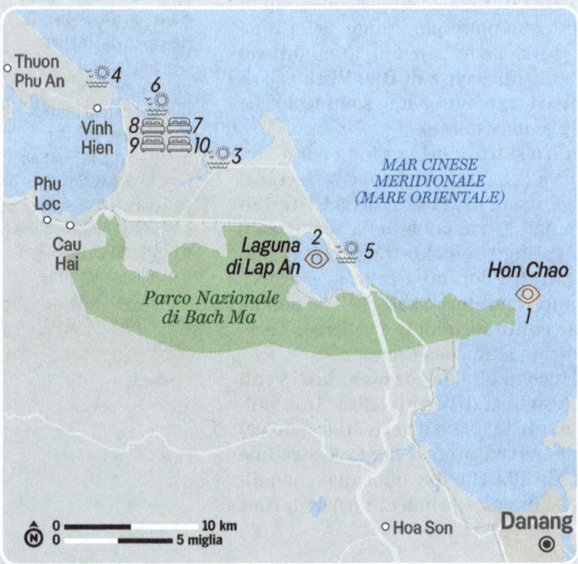

DA NON PERDERE
1 Hon Chao
2 Laguna di Lap An

DA VEDERE
3 Spiaggia di Canh Duong
4 Spiaggia di Ham Rong
5 Spiaggia di Lang Co
6 Spiaggia di Loc Binh

PERNOTTAMENTO
7 Angsana
8 Banyan Tree
9 Laguna Lang Co
10 Laguna Park

NGUYEN QUANG NGOC TONKIN/SHUTTERSTOCK ©

Laguna di Lap An

Dove la montagna incontra il mare

UNA LAGUNA DA CARTOLINA

La **Laguna di Lap An**, chiamata anche Laguna di Lang Co o Laguna di An Cu, è un braccio di mare dalle acque basse e salmastre delimitato dal territorio di Bach Ma a ovest e dalla penisola di Lang Co a est, con meravigliosi paesaggi naturali tutt'intorno. Più di un secolo fa gli imperatori Khai Dinh e Bao Dai della dinastia Nguyen erano soliti andare a pescare a Lap An durante i loro soggiorni estivi a Lang Co. Oggi, invece, la laguna, che ha un'estensione di 800 ettari, è adibita all'allevamento di ostriche.

Godetevi un tranquillo giro in bicicletta o in auto lungo la costa, dove potrete vedere le case su palafitte tipiche della zona, incontrare allevamenti di pesci e ostriche e sperimentare la vita semplice e rustica dei pescatori. Osservateli gettare le reti per catturare i pesci e raccogliere le capesante nascoste nella sabbia. Terminate la visita con una sosta in un'esposizione di perle, dove si possono fare acquisti a prezzi convenienti.

Lap An è particolarmente suggestiva all'alba e al tramonto, quando i colori accesi del cielo si riflettono nelle acque pla-

POSTI MIGLIORI PER DORMIRE A LANG CO

Banyan Tree Lang Co
Spaziose ville con piscina pensate per offrire intimità ed esclusività. $$$

Angsana Lang Co
Camere e suite in una cornice naturale davanti a una baia a mezzaluna. $$$

Lang Co Beach Resort
La prima sistemazione di lusso della città, ispirata alle case tradizionali di Hué. $$

Ha Phuong Homestay
Camere essenziali in una casa con la piscina e la laguna a pochi passi. $

Mai Nga Hotel
Camere pulite ed economiche tra la Laguna di Lap An e la spiaggia di Lang Co. $

DOVE MANGIARE A LANG CO

Hoang Nhi Quan
Apprezzato e pittoresco chiosco di pesce sulla spiaggia di Lang Co, ha anche pietanze vegetariane. $$

Nha Hang Vuon Tram
Ristorante con giardino sulla Laguna di Lap An, è specializzato in piatti locali e ingredienti della giungla. $

Nha Hang Bien Canh Duong
Ristorante di pesce amatissimo dalla gente del posto e ideale per comitive numerose. $

CASCATE NEI DINTORNI

Nelle zone montuose attraversate da fiumi di solito ci sono molte cascate da esplorare e le montagne intorno a Lang Co non fanno eccezione. Dal Passo di Hai Van, girate a sinistra prima del ponte che immette a Lang Co. Svoltate di nuovo a sinistra in una stradina che porta a **Suoi Thac Do**, oppure proseguite ancora un po' per **Suoi Mo**, più facilmente accessibile.
Dall'altra parte del ponte, nel **Parco Nazionale di Bach Ma** si trovano **Suoi Tien**, un'area ricreativa acquatica, e **Thac Bo Ghe**, una cascata più isolata. Le famose **Suoi Voi**, o Sorgenti dell'Elefante, sono chiuse per lavori. Vicino alle cascate ci sono quasi sempre semplici bungalow per soggiornare e posti che servono da mangiare e da bere.

BICHVAN/SHUTTERSTOCK ©

Laguna di Lap An

cide della laguna. Se aspettate che la marea si ritiri, potrete camminare sul banco di sabbia bianca che emerge dall'acqua e scattare delle belle fotografie. Tutt'intorno alla laguna ci sono canotti, barche, dondoli e sedie di cui si può usufruire a prezzi contenuti.

Lusso nella natura

UN SOGGIORNO DA RE

Il complesso **Laguna Lang Co** è una meta di vacanze di livello internazionale appartenente al Banyan Tree Group. Con una superficie di 280 ettari, comprende 3 km di spiaggia privata in una baia riparata, gli hotel **Banyan Tree** e **Angsana**, le case a schiera del **Laguna Park** e un'ampia offerta di attività ricreative. Con un'attenzione particolare per la sostenibilità, il Laguna Lang Co attua misure di salvaguardia e conservazione ambientale, come l'aver bandito l'uso della plastica usa e getta o come il 'campo da golf commestibile', coltivato a risaie e mantenuto curato anche con l'impiego di bufali d'acqua. Per il suo impegno a tutela dell'ambiente, ha

COSA VEDERE A LANG CO

Laguna di Lap An
L'attrazione di punta di Lang Co: un idilliaco specchio d'acqua perfetto da ritrarre in fotografia.

Spiaggia di Lang Co
Molto frequentata e facilmente accessibile, è la prima che si incontra arrivando dal Passo di Hai Van.

Spiaggia di Canh Duong
Tra le preferite in zona, è una spiaggia a forma di mezzaluna dotata di tutti i comfort.

ottenuto la prestigiosa certificazione EarthCheck Gold, un riconoscimento di punta a livello mondiale nell'ambito del turismo sostenibile.

Il Banyan Tree ha eleganti ville con piscina in una raffinata ambientazione tropicale in stile asiatico con un servizio personalizzato. Le camere dell'Angsana esaltano la ricca storia del Vietnam con un tocco di modernità. Il Laguna Park è un residence formato da case a schiera completamente arredate e attrezzate con vista sul campo da golf, perfette per famiglie e piccoli gruppi. L'offerta gastronomica è ampia, con otto tra ristoranti e lounge che servono cucina vietnamita e internazionale.

Divertimento sotto il sole

LE SPIAGGE DI LANG CO

Le spiagge di Lang Co hanno un'anima molto locale e informale. Non ci sono bandiere a indicare le aree balneabili né bagnini di guardia. Da agosto alla fine di ottobre, quando il vento solleva onde regolari e ben definite, sono una meta apprezzata dai surfisti. Bisogna arrivare già con la propria tavola da surf o affittarne una a Danang, perché a Lang Co non ci sono noleggi.

Arrivando a Lang Co dal Passo di Hai Van, si incontra per prima la **spiaggia di Lang Co**, lunga 7 km. È un tratto di costa praticamente deserto, con acque calde e onde lievi tutto l'anno. Sulla spiaggia c'è qualche ristorante all'aperto che serve pesce. Per un lettino o un cocktail si deve andare nei resort.

Immediatamente a nord di Lang Co si trova la **spiaggia di Canh Duong**, una mezzaluna di 5 km delimitata da due promontori e tagliata a metà da un fiume che scende dai monti di Bach Ma. Ha acque limpide e pulite in cui è piacevole nuotare. Ci sono tende, casette a forma di A, bungalow per famiglie e pesce fresco.

Dopo Canh Duong, a nord del complesso Laguna Lang Co, si estende la **spiaggia di Loc Binh**, un ampio tratto di costa con verdi colline alle spalle. Una volta era una spiaggia molto frequentata dalla gente del posto, mentre oggi appare per lo più abbandonata ed è quindi probabile che l'avrete tutta per voi.

Proseguendo verso nord si raggiunge la **spiaggia di Ham Rong**, dove una fitta giungla verdeggiante abbraccia il mare, punteggiato da guglie rocciose che interrompono il paesaggio di sabbia. Ham Rong è un posto molto isolato con pochissimi servizi, perciò portatevi tutto il necessario.

HON CHAO

Ai piedi dello Hai Van, **Hon Chao** è una bella isola incontaminata a 450 m sul livello del mare e larga appena 1,5 km. Situata a circa dieci miglia nautiche dalla costa, si raggiunge in barca o canoa. Ha un territorio e una fauna marina estremamente diversificati. Potrete godervi spiagge con mare cristallino e fare snorkelling per vedere da vicino la vita marina in tutti i suoi colori. Oppure esplorare la foresta vergine ricca di specie rare e visitare il faro costruito in epoca coloniale francese. Se siete avventurosi, piantate la tenda e fermatevi per la notte.

TRASPORTI LOCALI

Il modo migliore per spostarsi nella zona di Lang Co è in moto, perché i luoghi d'interesse sono abbastanza distanti tra loro. Per un viaggio memorabile, abbinate la visita a Lang Co con l'attraversamento del Passo di Hai Van, facendo tappa a una cascata dall'altra parte.

Dintorni di Lang Co

Sulle fresche alture dello splendido Parco Nazionale di Bach Ma vi aspettano foreste tropicali, cascate e laghi.

Il nome Bach Ma significa 'Cavallo Bianco' e si deve alle nuvole bianche che avvolgono le cime delle montagne. Una leggenda narra che gli dei erano andati a cavallo a Bach Ma per un giorno di riposo. Mentre stavano giocando a scacchi, i cavalli si allontanarono in cerca di erba. Al termine della partita gli dei attesero invano il ritorno dei cavalli e alla fine tornarono in volo in cielo senza di loro. I cavalli smarriti vagarono in eterno, trasformandosi infine in nuvole mentre aspettavano i loro padroni.

Il Parco Nazionale di Bach Ma è enorme: copre una superficie di quasi 37.500 ettari e conta ben 1700 specie animali e circa 2.300 tipi di piante.

IL CONSIGLIO

I mesi migliori per andare a Bach Ma sono marzo e aprile, quando i rododendri selvatici sono in fiore.

HIEN PHUNG THU/SHUTTERSTOCK ©

Parco Nazionale di Bach Ma

HIEN PHUNG THU/SHUTTERSTOCK ©

Parco Nazionale di Bach Ma

A piedi nel parco

TRA NATURA E SPIRITUALITÀ

Salendo sul **Vong Hai Dai**, che con i suoi 1448 m sul livello del mare è il punto più alto del Parco Nazionale di Bach Ma, incontrerete piante e animali unici e poi, giunti in vetta, resterete a bocca aperta davanti al panorama che spazia sui monti, sulle valli e sulle spiagge circostanti fino alla **Città Imperiale** di Hué. Dopo aver ripreso fiato, scendete a **Ngu Ho** per rinfrescarvi in una serie di laghi su cinque livelli. È un posto perfetto per riposarsi e rilassarsi, perciò potrebbe essere una buona idea portarsi il pranzo al sacco e fermarsi a mangiare qui. Il terzo lago è particolarmente bello, con una cascata che risplende di bianco-argento alla luce del sole. Raggiungete poi la **Cascata di Do Quyen**, che deve il suo nome ai rododendri che fioriscono in questa zona nel mese di marzo. Oppure potete andare alla **Cascata delle Trote**, famosa per il suo scivolo naturale con un sottile strato di muschio che attenua l'attrito.

Se avete tempo e un mezzo di trasporto, andate al **Monastero Zen di Truc Lam**, ai piedi del **Monte Linh Son**; sorge in mezzo a un lago ed è perciò accessibile solo in barca. Salite i 172 gradini che portano all'arco d'ingresso e poi trascorrete un po' di tempo a esplorare l'antico complesso buddhista. Se ne avete voglia (e se siete portati), sedetevi a gambe incrociate e lasciatevi andare alla meditazione mentre nell'aria si diffondono il profumo dell'incenso e il suono delle campane.

ECOPARCHI DEI DIVERTIMENTI A BACH MA

Il **Villaggio di Bach Ma**, adagiato nella verde vallata del parco nazionale, è un paradiso dell'ecoturismo dove si può fare il bagno in freschi corsi d'acqua, lanciarsi con la zip-line, gustare la cucina locale e visitare un villaggio hobbit ispirato al *Signore degli anelli*. Vi si può anche campeggiare. Lo **Yes Hue Eco** è un resort ecoturistico di 50.000 mq con quattro piscine naturali, tre cascate, giochi d'acqua, ristoranti, barbecue e possibilità di pernottare in campeggio. Grande attenzione viene posta alla sostenibilità: non è consentito l'uso di prodotti chimici per l'igiene personale, i sacchetti e le bottiglie di plastica sono vietati e non si possono raccogliere piante o animali.

TRASPORTI LOCALI

La vetta del Parco Nazionale di Bach Ma è raggiungibile in auto o minibus da 16 posti, mentre non è consentito l'accesso in moto e in bicicletta. Se viaggiate su due ruote, lasciate il veicolo nel parcheggio e imboccate uno dei sentieri che attraversano la giungla. Tenete presente che nel parco non c'è né wi-fi né campo telefonico.

DANANG

Danang è la città più grande del Vietnam centrale, con quasi 1,2 milioni di abitanti. Il nome deriverebbe dalla parola cham *da nak*, che significa 'aprire un grande fiume' e infatti la città è attraversata dal maestoso fiume Han, che poi sfocia nel Mar Cinese Meridionale. Il centro si trova a est, mente la zona orientale ricorda una tranquilla località di mare. Per attraversare il fiume che divide la città sono stati costruiti ben sette ponti, ai quali si deve il nome della birra artigianale prodotta a Danang, 7 Bridges Brewing Co.

Prima occupata dai francesi e poi divenuta un'importante base viet cong, Danang è oggi una delle quattro municipalità controllate centralmente, con un'economia in rapida crescita e diverse istituzioni universitarie. Attualmente nella sua fase adolescenziale, Danang sta sbocciando in una città ordinata e progressista ma con ancora un certo fascino di provincia.

IL CONSIGLIO

Nei weekend e nei giorni festivi alle 21 il ponte del Drago sputa fuoco e acqua per due minuti. Arrivate presto per trovare un posto con una buona visuale. Negli stessi giorni evitate di passare sul ponte del Drago e sul ponte Han tra le 20.30 e le 21.30 per non restare incolonnati nel traffico.

MIGLIORI RISTORANTI DI DANANG

NU DO Kitchen
Carol Pham, finalista di Masterchef, serve il *my quang*, piatto locale di noodles. $

Bep Hen
Piatti buoni e gratificanti, proprio come li farebbe la nonna vietnamita. $

Moc Quan
Vivace ristorante di pesce con ostriche alla griglia e *chip chip* (vongole) con lemongrass. $$

Bikini Bottom
Deliziosi classici occidentali con un tocco orientale. $$

Le Comptoir
Bistrò francese, chef di formazione Michelin, piatti stagionali e creativi. $$$

Sole e mare

SPIAGGE DA CARTOLINA

Danang si caratterizza soprattutto per le sue lunghe spiagge. La **spiaggia di My Khe** è la più grande, con 10 km di sabbia bianca. Secondo la rivista *Forbes* è una delle sei spiagge più belle del mondo. Vi si trovano facilmente lettini a noleggio e ci sono molti posti di ristoro. Confina a sud con la **spiaggia di Bac My An**, lunga 4 km, con tratti pubblici tranquilli e puliti come sulle spiagge private. Più a sud ancora, in direzione di Hoi An, si trova la **spiaggia di Non Nuoc**. Molto meno affollata, condivide i suoi 15 km di costa con alcuni resort di lusso. Essendo vicina alle **Montagne di Marmo** (p185), va bene per vedere entrambi i posti nello stesso giorno.

Nella zona nord di Danang c'è un altro pezzo di costa sabbiosa, la **spiaggia di Nguyen Tat Thanh**, che si estende lungo la via Nguyen Tat Thanh, dal ponte di Thuan Phuoc fino ai piedi del Passo di Hai Van. Il tratto costiero più suggestivo si trova 17 km a nord-ovest del centro di Danang: è la **spiaggia di Nam O**, dove rocce ricoperte di muschio emergono dall'acqua su uno sfondo fatto di palmeti, alberi in fiore e montagne. Portatevi un asciugamano per distendervi, perché non ci sono né lettini né ombrelloni.

Se andate in spiaggia all'alba, vedrete gli abitanti del posto che corrono, nuotano, fanno ginnastica o semplicemente si rilassano distesi sulla sabbia. Il mattino presto, infatti, è il momento del giorno che preferiscono per godersi il mare.

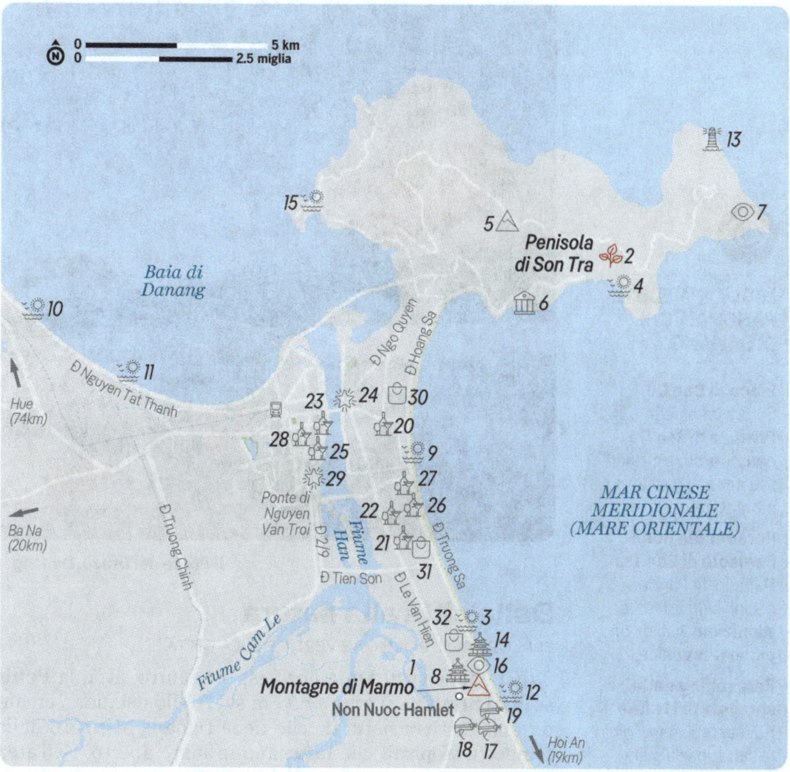

DA NON PERDERE
1 Montagne di Marmo
2 Penisola di Son Tra

DA VEDERE
3 Spiaggia di Bac My An
4 Spiaggia di Bai Nam
5 Picco di Ban Co
6 Museo Dong Dinh
7 Baniano Gigante
8 Pagoda di Linh Ung
9 Spiaggia di My Khe
10 Spiaggia di Nam O
11 Spiaggia di Nguyen Tat Thanh
12 Spiaggia di Non Nuoc
13 Faro di Son Tra
14 Pagoda di Tam Thai
15 Spiaggia di Tien Sa
16 Torre di Xa Loi

ATTIVITÀ, CORSI E TOUR
17 Grotta di Hoa Nghiem
18 Grotta di Huyen Khong
19 Grotta di Tang Chon

LOCALI E VITA NOTTURNA
20 Big Bang Karaoke
21 Dirty Fingers
22 Funky Donkey
23 Karma Lounge Danang
24 New Golden Pine
25 On the Radio
26 Paradise Beach
27 Section 30
28 The 1920's Lounge

DIVERTIMENTI
29 MO'AT

SHOPPING
30 Danang Holiday Surf
31 Danang LST Local Surf Rentals
32 Go Surfing Danang

DOVE DORMIRE A DANANG

Intercontinental Danang Sun Peninsula Resort
Resort di lusso progettato da Bill Bensley, con baia privata sulla Penisola di Son Tra. **$$$**

LIVIE Danang An Thuong
Camere in stile appartamento, moderne ed eleganti, con molti ristoranti, spa, caffè e bar nelle vicinanze. **$$**

HAMA Boutique Home
Camere economiche, bella vista sopra i tetti della città e albergatori cordiali; vicino alla spiaggia di My Khe. **$**

RICHIE CHAN/SHUTTERSTOCK ©

Il Ponte del Drago, Danang

MIGLIORI VEDUTE PANORAMICHE DI DANANG

Picco di Ban Co
Sulla punta della Penisola di Son Tra, con vista sulla città, sull'oceano e sulle montagne.

Parapendio dalla Penisola di Son Tra
Danang, la Pagoda di Linh Ung e il mare sconfinato visti da una prospettiva unica.

Parasailing dalla spiaggia di My Khe
Sospesi sul mare, la vista spazia sulla Penisola di Son Tra e sulla città.

Danang Heli Tours
Volo in elicottero sulle Montagne di Marmo, lungo la spiaggia di My Khe, sul fiume Han e sulla Penisola di Son Tra.

Dalla città alla natura

ESPLORARE IL POLMONE VERDE DELLA CITTÀ

Situata appena 10 km a nord-est del centro città, la **Penisola di Son Tra** si erge a 693 m sul livello del mare, creando una barriera naturale che tiene Danang al riparo dalle tempeste tropicali che infuriano in mare aperto. Nell'area protetta sono presenti quasi 300 tipi di piante e diverse centinaia di specie animali, tra cui alcune rare, come il langur duca dalle zampe rosse, un cercopitecide con il muso giallo-arancio e le zampe dal caratteristico colore rosso bruno. È una creatura schiva che si può riuscire a vedere soprattutto al mattino presto e nel primo pomeriggio, quando esce allo scoperto in branco in cerca di cibo.

Risalendo la Penisola di Son Tra, la prima fermata da fare è al **Museo Dong Dinh**. È il primo museo privato di Danang ed espone manufatti delle civiltà Dai Viet, Sa Huynh e Champa risalenti fino a 2500 anni fa. La **Pagoda di Linh Ung**, con l'imponente Statua del Buddha Femminile, alta più di 100 m, sorge poco oltre. Dopo aver superato l'Intercontinental Danang Sun Peninsula Resort, si arriva al **Baniano Gigante**, che ha una circonferenza di 10 m e, a quanto si dice, un'età di 1000 anni. Ancora un po' più avanti si incontra il **faro di Son**

DOVE BERE UN COCKTAIL A DANANG

Te Bar
Locale raffinato recentemente proclamato miglior bar del Vietnam da *Travel + Leisure*.

The Craftsman
Il capostipite dell'arte dei cocktail a Danang, con ottimi liquori sapientemente selezionati.

Tailor Bar
Bar davvero accogliente dietro a una facciata da sartoria. Provate i cocktail stagionali della casa.

Tra, dove si possono fare delle belle foto, mentre ampie vedute panoramiche si aprono dall'alto del **Picco di Ban Co**. L'ultima tappa della giornata è una delle tante spiagge di Son Tra, come **Bai Rang** vicino alla Pagoda di Linh Ung, o **Bai Nam**.

Tra natura, religione e storia

ALLA SCOPERTA DELLE MONTAGNE DI MARMO

Narra una leggenda cham che una dragonessa aveva deposto un uovo sulla **spiaggia di Non Nuoc**. Alla schiusa dell'uovo, il guscio si ruppe in cinque pezzi, che divennero i cinque picchi calcarei delle **Montagne di Marmo**, i quali a loro volta rappresentano i cinque elementi della filosofia orientale: metallo, acqua, fuoco, legno e terra.

Durante la guerra del Vietnam, le Montagne di Marmo erano il rifugio dei viet cong e dei loro alleati, finché non furono stanati dall'esercito nordvietnamita, che allestì un ospedale da campo nella **Grotta di Huyen Khong**, la più grande tra quelle dei cinque picchi. Ha un'apertura sul soffitto dovuta a un cedimento della roccia attraverso la quale i raggi del sole penetrano nella caverna buia. La **Grotta di Am Phu**, di fronte alla Huyen Khong, ha le pareti ricoperte di antichi disegni. Degne di nota sono

TANG TRUNG KIEN/SHUTTERSTOCK ©

Spiaggia di Nam O (p182)

DA TENERE PRESENTE

Per muoversi in gran parte della penisola bisogna avere una moto semiautomatica, perché quelle automatiche non possono circolare sulle strade ripide e tortuose alle altitudini più elevate. In alternativa si può **noleggiare un'automobile**.

Se decidete di andare da soli, ricordatevi di fare il pieno prima di partire. L'unico posto dove si può fare rifornimento è una baracca vicino all'Intercontinental.

In alcune zone il **segnale mobile** è debole. Pianificate bene il viaggio e portatevi una cartina, oppure ingaggiate una guida locale.

Prima di mettervi in viaggio, andate al **GreenViet Nature Education Center** per farvi un'idea della natura e della biodiversità della Penisola di Son Tra.

Son Tra Retreat
Mettetevi comodi e sfidate il barman a creare un cocktail sul momento.

P.Antheon Cocktail Bar
Al sesto piano, atmosfera elegante da club per gentiluomini e menu essenziale con proposte di stagione.

C Lounge
Nascosto nella zona di An Thuong, ha interni d'ispirazione giapponese e musica dal vivo tutte le sere.

inoltre la **Grotta di Hoa Nghiem** sulla Montagna dell'Acqua e la **Grotta di Tang Chon** sulla Montagna del Metallo.

Sparsi in questa zona ci sono anche alcuni templi e pagode. Risalente a 200 anni fa, la **Pagoda di Linh Ung**, sul versante orientale della Montagna dell'Acqua, è particolarmente suggestiva con i suoi rivestimenti in mattonelle, i laghetti con fiori di loto e i bonsai. A breve distanza sorge la **Torre di Xa Loi**, con un'altezza di 20 m, 200 statue del Buddha e strepitose vedute sui paesaggi sottostanti. Sulla Montagna dell'Acqua, la **Pagoda di Tam Thai** del XVII secolo ha un delizioso cortile interno. Il momento migliore per visitare le Montagne di Marmo è al mattino presto, prima che si affollino di turisti e quando non fa ancora troppo caldo.

MIGLIORI SPA DI DANANG

DAHAN Spa
Servizio impeccabile in un bell'ambiente zen con trasferimenti inclusi (minimo due persone).

Babylon Garden Spa
Moderna, ariosa e verdeggiante; provate il massaggio Kenko.

SEN Boutique Spa
Un'oasi di pace immersa nel verde specializzata nell'antica tecnica della coppettazione.

Herbal Spa
Spa molto frequentata dove lasciarsi viziare dal personale preciso, attento e incredibilmente ben preparato.

Golden Lotus Oriental Organic Spa
Ambiente colorato e vintage-chic nel centro città, con personale gentile e professionale.

Cavalcare le onde

UN PARADISO PER I PRINCIPIANTI

Durante la guerra i soldati americani andavano alla **spiaggia di My Khe** per prendersi una pausa, rilassarsi al sole e surfare insieme alla gente del posto. È nata così la particolare vocazione per il surf di questa spiaggia. Il periodo migliore va da settembre a marzo, ma si può surfare tutto l'anno. Si può fare surf anche alla **spiaggia di Non Nuoc**, sulla strada per Hoi An, e alla **spiaggia di Nam O**. Ci sono tavole a noleggio sia nei chioschi sulla spiaggia di My Khe sia in molti negozi di An Thuong, tutti raggiungibili a piedi dal mare.

Per i principianti, Danang è il posto perfetto per imparare, grazie a onde moderate tutto l'anno. Fatevi aiutare dagli esperti di **Danang LST Local Surf Rentals**, che potranno anche accompagnarvi in altre località fuori città. Gli istruttori del **Danang Holiday Surf** non insegnano solo a surfare, ma forniscono anche consigli preziosi sulla sicurezza in mare, su come interpretare le onde e sull'etichetta del surf. **Surf Shack** offre lezioni private e di gruppo e in più è anche un locale che serve hamburger, se doveste avere fame dopo aver surfato. Da **Go Surfing Danang** sono molto bravi a insegnare ai bambini. Nel 2022 si è svolta la prima competizione di surf del posto, **Da Nang Open**. Per partecipare o assistere all'evento, pianificate la visita in città tra ottobre e fine febbraio.

Bar, locali notturni e musica dal vivo

ACCENDERE LA NOTTE

Quando cala la sera, Danang non dorme: con tanti accattivanti bar di quartiere, lounge sofisticati e vivaci locali notturni, la città rimane sveglia e animata fino all'alba.

Cominciate la serata al **Paradise Beach**, un brulicante lounge sulla spiaggia con gazebi, poltrone a sacco e un bel viavai

DOVE ANDARE PER L'APERITIVO A DANANG

Vietgangz Beach Club Danang
Il piacere di una birra sulla spiaggia con l'Hai Van sullo sfondo.

Lagoon Rooftop
Ordinate un cocktail classico e godetevi la vista sul ponte del Drago e sulla città.

The Pool at Danang Golden Bay
Birra, relax e panorami a perdita d'occhio dall'infinity pool al 29° piano.

BJARU/SHUTTERSTOCK ©

Spiaggia di My Khe

di gente. Andate poi a fare una partita di petanque al **Funky Donkey**, popolare ritrovo di residenti stranieri con eventi quasi tutte le sere. Oppure cimentatevi con biliardo e freccette al **Dirty Fingers**, un bar sport con ottime cose da mangiare.

Se avete voglia di musica dal vivo, andate da **On The Radio**, bar affollato e rumoroso con concerti di cover band, ma anche qualche artista indie o underground del posto. Anche **The 1920's Lounge** ha musica dal vivo, ma con cocktail creativi e un ambiente elegante che ricorda l'epoca del proibizionismo. Per qualcosa di più soft, il **Section 30** è un bar frequentato dai residenti stranieri con un'atmosfera rilassata e band di lingua inglese che si esibiscono nei fine settimana.

Se dopo tanta musica dal vivo vi viene voglia di cantare, il **Big Bang Karaoke**, situato sul lato di Danang verso la spiaggia e aperto 24 ore su 24, sette giorni su sette, ha salottini privati con canzoni in inglese e collegamento a YouTube.

Per finire la serata, andate a ballare al **Karma Lounge Da Nang**, un bellissimo locale su due piani con pista da ballo e un potente impianto audio. Il **New Golden Pine** è un altro posto con energici DJ locali, oppure provate il **MO'AT Lounge**, un nuovo arrivato nel panorama dell'intrattenimento notturno di Danang con un'atmosfera spaziale e futuristica.

MIGLIORI BOUTIQUE HOTEL DI DANANG

The Blossom Resort
Un rifugio in stile giapponese nel centro della città, con camere e ville contemporanee e accesso gratuito all'onsen. **$$**

Hotel Le Bouton
Una meraviglia architettonica che riproduce un vecchio villaggio di pescatori, e dove in tutte le camere si respira aria di mare. **$$**

Bridges Danang Boutique Hotel
Ispirato ai ponti di Danang, è un concept hotel dal design industriale con spazi ben organizzati e terrazza sul tetto. **$**

The Memory
Camerate e camere di classe e di qualità, con un'ottima prima colazione. **$**

TRASPORTI LOCALI

La motocicletta è il mezzo più pratico per spostarsi. Se non volete guidare, ingaggiate un conducente o usate un'app di ride sharing per trovare passaggi in auto. Ci sono autobus pubblici, ma spesso il servizio è irregolare e inaffidabile.

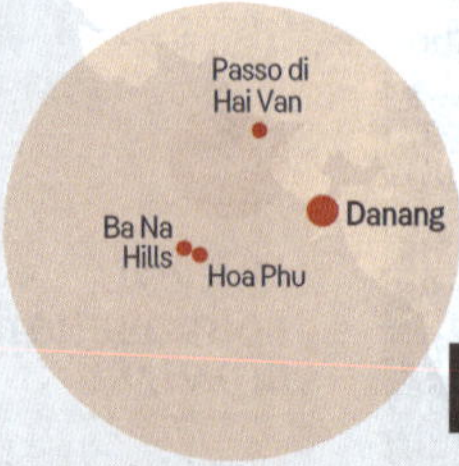

Dintorni di Danang

Divertimento e avventura vi attendono fuori dai confini di Danang. Prendetevi una pausa dalla città e andate in esplorazione.

Appena fuori dalla città di Danang si aprono paesaggi naturali fatti di montagne, foreste, tortuosi passi montani e fiumi impetuosi. Per via dell'altitudine i dintorni di Danang tendono a essere più freschi, perciò nei giorni molto caldi può essere una buona idea andarsene fuori città. A ovest di Danang sorge il Ba Na Hills, un enorme parco a tema a misura di famiglia, mentre il Passo di Hai Van è situato a nord, sulla strada per Lang Co e Hué. Per entrare a stretto contatto con la natura e la vita locale, avventuratevi sulle strade secondarie che penetrano nella giungla e portano a nord e a ovest di Danang o fate escursioni a piedi alla volta di cascate e freschi corsi d'acqua.

IL CONSIGLIO

Andate al Ba Na Hills nel tardo pomeriggio per evitare la folla e godervi il tramonto sul ponte d'Oro.

Ponte d'Oro, Danang

Funivia, Ba Na Hills

Divertimento e fantasia

SCENE DA UNA FIABA

Ba Na Hills è un incantevole parco dei divertimenti per tutte le età. Situato a quasi 1500 m sul livello del mare, offre splendide vedute sui monti circostanti che spaziano fino al Mar Cinese Meridionale e vanta, secondo una classifica della CNN, una delle '10 funivie più spettacolari del mondo'.

Ba Na significa 'La mia montagna' ed era anche il nome di una minoranza etnica che rivendicava il possesso della zona, diventata poi, alla fine del XIX secolo, una delle località di villeggiatura preferite dai colonizzatori francesi grazie al clima decisamente più fresco e ai magnifici panorami.

Prendete la funivia alla Stazione di Hoi An per un viaggio con vedute maestose su nuvole, montagne e cascate. Raggiunto il livello inferiore, dirigetevi verso il **ponte d'Oro**, con due gigantesche mani di pietra che sembrano sostenerlo. Salite poi sulla funicolare che porta ai giardini fioriti in stile francese **Le Jardin D'Amour**. Prendete di nuovo la funivia dalla Stazione di Debay alla Stazione di Morin e andate al **Villaggio Francese**, dove potrete ammirare l'architettura gotica d'ispirazione francese e fermarvi a mangiare qualcosa. Da lì

BA NA HILLS GOLF CLUB

Primo e unico campo da golf progettato da Luke Donald, il Ba Na Hills Golf Club ha ottenuto numerosi riconoscimenti, tra cui 'Miglior campo da golf dell'Asia' e 'Miglior campo da golf del Vietnam' per cinque anni consecutivi. Le 18 buche hanno tutte una splendida vista sulle colline ammantate di giungla e godono di un clima più fresco e un po' meno ventoso rispetto ai campi sulla costa. Con i suoi oltre 7100 metri, è il percorso più lungo del paese.
Gestito da IMG, è un campo di prim'ordine, con driving range in erba e un'elegante clubhouse, un'accademia con la presenza fissa di un professionista PGA e illuminazione notturna per un'esperienza di gioco davvero unica.

DOVE FARE GLAMPING VICINO A DANANG

Yen Retreat
Glamping in riva al fiume ai piedi del Passo di Hai Van, adatto a comitive numerose. **$**

Cu De Camping
Campeggio tradizionale e glamping in unità rialzate, con piscina, sulle sponde del fiume Cu De. **$**

Dreamer in the Forest
Si dorme in iurta con il ruscello che gorgoglia in sottofondo in questa 'mini Dalat' vicino al Passo di Hai Van. **$**

ESCURSIONI CON DANANG HOI AN WATERFALLS

Tony e Cameron del Danang Hoi An Waterfalls hanno passato anni a esplorare le cascate nella giungla di Danang e sono felici di condividere i loro segreti con tutti gli amanti dell'avventura. Le escursioni spaziano dalle Cascate delle Fate, facilmente accessibili, con piscine naturali e pareti basse da cui tuffarsi, fino al campeggio di più giorni alle Shattered Falls (Cascate Infrante), con paesaggi mozzafiato e pareti per arrampicate e tuffi da brivido. Il tour più conveniente è il Dominion, che comprende tre cascate, una delle quali precipita in una pozza profonda 6 m. Non sono escursioni facili. La giungla è imprevedibile, i sentieri sono ripidi e le correnti possono essere molto forti. La maggior parte dei tour è consigliata solo a escursionisti esperti e in buona forma fisica.

HIEN PHUNG THU/SHUTTERSTOCK ©

Villaggio Francese (p189)

raggiungete a piedi la **Zona Spirituale** e visitate la pagoda con una bella vista sul parco. Scendete quindi al **Parco della Fantasia** per tirare fuori il bambino che è in voi e divertitevi un po' nella sala giochi. Terminate la visita con un buon boccale nella **Piazza della Birra**, ispirata all'Oktoberfest.

Durante l'anno c'è sempre qualche evento speciale, come il Carnevale in aprile o la Festa della birra in giugno.

Divertimenti acquatici

CHIARE, FRESCHE E DOLCI ACQUE

Come molte altre città portuali del Vietnam, Danang è circondata da un reticolo di corsi d'acqua. Abbinateli alla giungla e otterrete un'infinità di occasioni per sfuggire al caldo e alla confusione della città, cercando rifugio all'ombra degli alberi e nelle fresche acque dei fiumi.

Nel comune di Hoa Phu, vicino al Ba Na Hills, si trovano le **Sorgenti Termali di Nui Than Tai**, un parco acquatico naturale che comprende 60 ettari di foresta lussureggiante e sorgenti termali con acque ricche di minerali. Rilassatevi nel bagno di fango e nell'*onsen*, o divertitevi nella piscina con le onde o sugli scivoli d'acqua. Seguite la strada per alcuni chi-

DOVE FARE GLAMPING VICINO A DANANG

An Nhien Farm
Ambiente rustic-chic con una deliziosa cucina a km 0 e laboratori di falegnameria. $$

Roc Rach Glamping
Una sistemazione idilliaca vicino a Ba Na Hills. Si sta veramente in mezzo alla natura. $

V-Village Hai Van
Un piccolo rifugio vicino al Passo di Hai Van con iurte e meravigliose vedute panoramiche. $

lometri verso ovest fino a raggiungere **Suoi Hoa**, dove potrete rilassarvi sotto il tetto di paglia dei bungalow sull'acqua, visitare cascate e ponti sospesi e partecipare ai giochi tradizionali dell'etnia co tu. Sempre nel comune di Hoa Phu, in fondo alla strada arrivando da Suoi Hoa, si trova **Phu Hoa Thanh**, con cascate mozzafiato, piscine naturali e opportunità di rafting sul fiume.

Un'altra area ricreativa molto frequentata è **Suoi Luong**, con bagni termali ai piedi di Hai Van, a 18 km dal centro di Danang. Andateci alla fine del viaggio da nord a sud attraverso il Passo di Hai Van per rigenerarvi dopo tanta strada.

Alla conquista del Passo di Hai Van

UN EPICO VIAGGIO SU STRADA

Ventuno chilometri di strade a tornanti tra ripide colline ammantate di giungla e spettacolari vedute sulla sconfinata distesa dell'oceano. Il **Passo di Hai Van** è una delle strade costiere più belle del mondo, comparsa anche in un episodio del 2008 del programma televisivo *Top Gear*. Collega la moderna città di Danang con la cittadina costiera di Lang Co, raggiungendo un'altitudine di 500 m sul livello del mare e una pendenza di 11 gradi.

All'inizio del XIV secolo il Passo di Hai Van segnava il confine tra i regni Champa e Dai Viet. Durante la prima guerra d'Indocina era chiamata la 'Strada senza gioia' e costituiva un collegamento di terra cruciale tra due delle città più devastate dai combattimenti, Hué e Danang.

Sulla sommità del Passo di Hai Van si trovano i resti dello **Hai Van Quan**, un'antica porta fortificata, e alcuni **bunker francesi** dove sono ancora visibili i fori dei proiettili. Fate una sosta qui per ammirare i panorami spettacolari verso nord e verso sud e mangiare qualcosa in uno dei tanti ristoranti sulla strada. Più a sud si incontra **Cu Rua**, un grande masso roccioso che non si può non notare sul lato sinistro della strada e che si presta per fare delle belle foto.

In cima al Passo di Hai Van il tempo può essere molto diverso rispetto al punto di partenza, perciò andateci adeguatamente preparati. Siate inoltre particolarmente prudenti nei giorni di pioggia, quando le strade ripide e le curve strette diventano pericolose.

MIGLIORI TOUR DEL PASSO DI HAI VAN

Easy Riders Vietnam
Esperte guide locali vi condurranno in posti magnifici che non vedreste viaggiando da soli.

OnYaBike Adventures
Organizza viaggi a bordo di motociclette Royal Enfield Himalayan con guide professioniste.

The Motorbike Station
Noleggi di sola andata. Trasportano i bagagli a bordo di un'altra auto, così voi potete viaggiare liberi e leggeri.

Tigit Motorbikes
Noleggi di sola andata con la collaborazione di guide indipendenti e un eccellente servizio clienti.

MotorVina Motorbike Rentals
A Hué, offre noleggi di sola andata con guida e trasferimento bagagli inclusi.

TRASPORTI LOCALI

Il modo migliore per spostarsi a Danang è in scooter o motocicletta. Potete noleggiare una moto e viaggiare in autonomia oppure prendere parte a un'escursione organizzata. C'è anche la possibilità di farsi trasportare come passeggeri, con la guida a fare da conducente. Se preferite l'automobile, scegliete un'escursione in jeep. Di solito si svolgono tra Hué e Danang o Hoi An, perciò sono molto più lunghe. Un'altra bella alternativa è prendere il treno che viaggia lungo la costa tra Lang Co e Danang.

HOI AN

Conosciuta in passato come Faifo, questa città ben conservata con poco più di 120.000 abitanti è un museo vivente di uno dei porti marittimi più attivi di tutta l'Asia tra il XV e il XIX secolo. Nonostante l'inevitabile modernizzazione, la pianta stradale e l'architettura originali sono rimasti inalterati nel tempo, con oltre 800 edifici antichi giunti fino a noi. Dichiarata Patrimonio dell'Umanità dell'UNESCO, nel 2019 è stata eletta migliore città del mondo dai lettori di *Travel + Leisure* e non stupisce quindi che riceva ogni anno oltre tre milioni di visitatori. Trascorrete una giornata a esplorare le stradine della Città Vecchia e poi rilassatevi sulla spiaggia di An Bang con un buon cocktail. Gustate dell'ottimo street food e visitate le coltivazioni biologiche del Villaggio di Tra Que. Fatevi confezionare qualcosa in una sartoria e fate un giro in bicicletta tra villaggi e risaie per un assaggio della vita rurale vietnamita.

IL CONSIGLIO

Visitate la Città Vecchia di sera, quando non fa più tanto caldo e le strade si illuminano di lanterne colorate. Di giorno, invece, andate a prendere il sole, godervi la brezza e rinfrescarvi in mare sulla spiaggia di An Bang.

MIGLIORI RISTORANTI

Phi Banh Mi
Famoso per il suo panino con pancetta di maiale. **$**

Mai Fish
Cucina tradizionale firmata dal rinomato chef Duc Tran. **$$**

Rosie's Cafe
Prima colazione e pranzo all'occidentale in giardino. **$$**

Tok
Ristorante fusion e bar circondato dalle risaie. **$$$**

MUA
Ingredienti vietnamiti preparati dallo chef di formazione Michelin Tru Lang. **$$$**

Am Vegetarian & Hideaway
Ristorante vegetariano con un servizio favoloso. **$**

Un salto indietro nel tempo

SCORCI DI VITA PORTUALE

La **Città Vecchia** è stata dichiarata Patrimonio dell'Umanità dall'UNESCO ed è una delle attrattive più visitate di Hoi An. Nel XV secolo era un importante porto commerciale, uno degli scali principali sulla Via della Seta Marittima e un luogo di scambi prediletto dai mercanti asiatici. Oggi è un quartiere di negozi e ristoranti, soprattutto di artigianato tradizionale e cucina locale.

Molti degli antichi edifici della Città Vecchia furono costruiti tra il XV e il XIX secolo con influenze architettoniche cinesi, giapponesi, portoghesi e francesi dovute alla presenza di pescatori, commercianti e colonizzatori nella popolazione locale. Passeggiando lungo le vie pedonali potrete ammirare le belle case antiche con i muri gialli e il tetto in mattonelle di terracotta e fare acquisti tra sartorie e negozi di abbigliamento, pelletteria e articoli da regalo. Fermatevi a bere qualcosa in un caffè o a mangiare un boccone in uno dei tanti ristoranti della zona. Andate a vedere e fotografare il **Ponte Coperto Giapponese**, costruito negli anni '50 del secolo scorso per collegare il quartiere giapponese e quello cinese, le **Sale Riunioni Cinesi**, usate un tempo come luoghi di culto e di ritrovo, il **Tempio di Quan Cong**, dedicato a un generale cinese modello di lealtà, e l'antica **Casa di Tan Ky**, con uno stile particolare a metà tra giapponese e cinese.

Sulle spiagge di Hoi An

DIVERTIMENTO E BUONA TAVOLA SOTTO IL SOLE

La costa di Hoi An si estende a perdita d'occhio e in una classifica della CNN è tra le 100 più belle del mondo. La spiaggia di **An Bang**, con molti lettini e diversi ristoranti, è tra le più famose.

DA NON PERDERE
1 Città Vecchia
2 Villaggio di Tra Que

DA VEDERE
3 Spiaggia di An Bang
4 Sala Riunioni di tutta la Comunità Cinese
5 Spiaggia Nascosta
6 Ponte Coperto Giapponese
7 Tempio di Quan Cong
8 Casa di Tan Ky
9 Fiume Thu Bon

PASTI
10 An Bang Beach Village Restaurant
11 Banh Mi Phuong
12 Barefoot Beach Club
13 Cao Lau Khong Gian Xanh
14 Com Ga Ba Buoi
15 Eight Days A Week
16 Luna d'Autunno
17 The Fisherman Vegan Restaurant
18 The Tamarinde Tree Restaurant
19 Veranda Food + Drink
20 White Rose Restaurant

LOCALI E VITA NOTTURNA
21 Shore Club
22 Sound of Silence
23 The Deck House

DIVERTIMENTI
24 Bungalow Beach Bar
25 Soul Kitchen

SHOPPING
26 Bao An Tailor
27 Mercato dei tessuti
28 Mr Xe
v. 27 Sewing Bee
v. 27 TaTa Tailor
29 The Tailory

DOVE DORMIRE A HOI AN

Hotel Royal Hoi An – MGallery
Un mix di storia e romanticismo, sul fiume, vicino alla Città Vecchia. **$$$**

Almanity Hoi An Wellness Resort
Un'oasi di comfort, relax e benessere a pochi passi dalla Città Vecchia. **$$$**

Vietnam Backpacker Hostels Hoi An
Camerate e camere private in un ambiente amichevole e divertente nella via Cua Dai. **$**

ROMAINSLAVIK.COM/SHUTTERSTOCK ©

Lungofiume, Hoi An

VILLAGGIO DI TRA QUE

Sulla strada per An Bang, fermatevi al **Villaggio di Tra Que** che, con i suoi campi rigogliosi, i bufali d'acqua al pascolo e i contadini al lavoro, è un altro mondo rispetto alle caotiche strade di Hoi An. Il villaggio, il cui nome significa 'tè alla cannella', è una zona di 40 ettari rinomata per la produzione di erbe aromatiche e verdure biologiche di alta qualità, grazie all'impiego di un fertilizzante speciale: un particolare tipo di alga proveniente da una vicina laguna. Fermatevi al Villaggio delle Verdure di Tra Que per scoprire tutto sulle tecniche di coltivazione della zona. Seguite una lezione di cucina al Water Wheel Restaurant per conoscere i prodotti e le specialità locali. O andate a mangiare al pittoresco Baby Mustard Restaurant con ingredienti a km0.

Per vivere l'atmosfera da spiaggia in un ambiente elegante, provate lo **Shore Club** o **The Deck House**. Per ascoltare musica dal vivo, scegliete il **Soul Kitchen** o il **Bungalow Beach Bar**. Andate da **The Tamarinde Tree Restaurant** per gustare la cucina locale, al **Luna d'Autunno** per una buona pizza, all'**An Bang Beach Village Restaurant** per i sapori intensi della cucina indiana, al **Veranda Food + Drink** per piatti classici e da **The Fisherman Vegan Restaurant** per un delizioso pasto vegetariano. Subito a sud di An Bang si trova la **spiaggia Nascosta**, più tranquilla e naturale e relativamente poco affollata. Il **Barefoot Beach Club** serve da mangiare e da bere all'aperto, mentre il **Sound of Silence** ha un'atmosfera più intima e raccolta. Da **Eight Days A Week** troverete ottimi prodotti da forno e la serata open mic tutti i lunedì.

Taglio sartoriale

CAPI CONFEZIONATI SU MISURA

A Hoi An l'attività sartoriale si sviluppò tra il XVI e il XVII secolo, quando la città era un porto fluviale con mercanti provenienti da ogni dove. I commercianti di seta di altre zone dell'Asia si stabilirono a Hoi An, dove cominciarono a confezionare abbigliamento con le loro stoffe, tramandando l'arte sartoria-

DOVE ACQUISTARE SOUVENIR A HOI AN

Reaching Out
Attività sociale che vende begli articoli da regalo e souvenir realizzati da persone con disabilità.

Cocobox
Caffè e juice bar nella Città Vecchia, vende anche prodotti alimentari di produzione locale.

Gingko
Negozio della Città Vecchia rinomato per le magliette di buona qualità, gli accessori e i particolari motivi grafici.

le di generazione in generazione. Oggi sembra esserci almeno una sartoria in ogni isolato. E con ogni probabilità i costi sono molto più bassi rispetto a quello che si spende altrove.

In genere le sartorie meno care sono quelle nel **mercato dei tessuti**, che ha un ampio assortimento di stoffe. **Sewing Bee**, alla bancarella n. 11, offre un servizio economico ed essenziale, che va bene per confezionare riproduzioni e capi di semplice fattura. Un'altra buona sartoria del mercato è **TaTa Tailor**, al n. 5, che esegue copie perfette, precise fino all'ultimo dettaglio, con consegna in giornata o il giorno successivo.

Mr Xe è un bravo sarto che confeziona camicie e completi a prezzi medi. Se non è presente al primo appuntamento, assicuratevi che ci sia per la prova: con la sua simpatia vi regalerà un'esperienza memorabile.

Attività di famiglia tramandata da tre generazioni, **Bao An Tailor** offre confezioni di alta qualità con straordinaria cura dei dettagli a prezzi contenuti. Sempre nella fascia media, **The Tailory** si distingue per l'abilità artigianale, l'ampio assortimento di stoffe di qualità con le fantasie più attuali e l'eccellente servizio clienti. Le sartorie di livello più alto sono garanzia di qualità, affidabilità e sicurezza. Spesso, se il risultato non è di vostro gradimento, rimborsano il prezzo pagato. Tenete presente però che questi sarti richiedono molte prove e quindi la consegna non è così veloce come nei negozi di categoria medio-bassa.

Ponte Coperto Giapponese (p192)

VILLAGGIO DELLA SETA DI HOI AN

Il Villaggio della Seta di Hoi An, in passato abitato dagli artigiani dediti all'allevamento dei bachi e alla produzione della seta, è oggi un centro educativo e museo della sericoltura e della manifattura serica.

Nel corso della visita interattiva di quattro ore si sperimentano i vari passaggi della produzione della seta di gelso per comprendere quanto tempo e fatica richieda. Si impara a nutrire i bachi, a dipanare la seta e a tessere la stoffa. La guida vi spiegherà come riconoscere i tessuti di seta al 100% e vi farà visitare l'esposizione e il negozio. A seconda dell'orario, la visita termina con il pranzo o la cena. Se avete poco tempo, scegliete il tour di 45 minuti.

Sunday in Hoi An
Raffinato negozio della Città Vecchia con articoli per la casa, abbigliamento e accessori di produzione artigianale.

Lac Viet
Nella Città Vecchia, è una gioielleria specializzata in accessori d'oro e d'argento realizzati su ordinazione.

Metiseko
Marchio di moda sostenibile di Hoi An con stampe originali e qualità artigianale.

I sapori di Hoi An

SPECIALITÀ REGIONALI

Un tempo importante porto commerciale con mercanti provenienti da tutto il mondo, Hoi An è oggi un crogiolo di culture e tradizioni culinarie di ogni tipo. Questa varietà di tecniche e ingredienti si ritrova nelle specialità locali. Il *cao lau*, fatto con carne di maiale, verdure locali e un ricco brodo di ossa, è un piatto di noodles gommosi preparati immergendoli in una soluzione fatta con cenere di legna e acqua del Pozzo di Ba Le. Ordinatene una scodella al **Cao Lau Khong Gian Xanh**, un ristorante senza pretese nascosto nella Città Vecchia che serve spessi tagli di carne di maiale accompagnati dalla ricca e scura salsa della casa. Di aspetto molto simile al dim sum cinese, i ravioli *white rose* hanno un ripieno fatto con un macinato di gamberi, carne di maiale e funghi e vengono cotti al vapore. Al **White Rose Restaurant** la ricetta di queste delizie è un segreto di famiglia.

Il **Banh Mi Phuong**, comparso anche nel programma *Anthony Bourdain: No Reservations*, serve una famosa baguette farcita con una fantastica salsa di carne dalla ricetta segreta e un delizioso pâté con grani di pepe nero. Il vero protagonista, però, è il pane fresco fornito dalla panetteria a fianco.

Praticamente ogni paese del Sud-est asiatico ha la sua versione del riso con carne di pollo: quella vietnamita è il *com ga*. A Hoi An viene arricchito con un misto di erbe aromatiche e cipolle. Il riso è fritto e leggermente croccante e il brodo di pollo viene servito a parte. Il **Com Ga Ba Buoi** è uno dei ristoranti di *com ga* più vecchi e famosi di Hoi An. In tutta la Città Vecchia e non solo ci sono venditori ambulanti di specialità alimentari. Il *banh xoai* (torta di mango) è tra le migliori, ma il nome è ingannevole: infatti non è una torta e non contiene mango. È invece un involtino morbido ripieno di arachidi tritate e zucchero semolato.

MIGLIORI SISTEMAZIONI PARTICOLARI DI HOI AN

Flora Villa by NEST
Alloggi bohémien nel Villaggio di Tra Que. $

Lighthouse
Una villa di lusso sulla spiaggia di An Bang Sud. $$$

Zen House
Casa in stile giapponese con una camera da letto, raggiungibile a piedi dalla Città Vecchia. $$

The Mansion
Casa coloniale francese nel quartiere di Cam Chau con arredi luminosi ed eleganti. $$

Anicca Villa
A Cam Chau, villa con piscina e giardino all'inglese. $$$

Oryza Villa
Bungalow con una camera da letto, in mezzo alle risaie a Cam Chau. $$$

Al chiaro di luna

FESTEGGIAMENTI PER LA LUNA PIENA

Ogni mese, il 14° giorno del calendario lunare, la luna piena raggiunge il culmine e Hoi An assume un aspetto particolarmente pittoresco. Durante la **Festa della Luna Piena** la gente del posto rende omaggio ai propri antenati, presentando offerte e bruciando incenso come auspicio di salute, ricchezza e fortuna. Si spengono tutte le luci e il villaggio si illumina di lanterne colorate e candele. I bagliori si riflettono anche sull'acqua, con piccole lanterne di carta rilasciate sul **fiume Thu Bon**.

DOVE ANDARE A VEDERE IL TRAMONTO A HOI AN

Roving Chillhouse
In mezzo alle risaie, con comodi lettini in un ambiente rustico all'aperto.

Hoi An Kayak Sunset Tour
Escursioni di tre ore lungo le mangrovie di palme nipa mentre il sole tramonta sul fiume.

TOK
Accomodatevi nell'elegante terrazza per godere di una magnifica vista del tramonto sulle risaie.

Festa della Luna Piena

I festeggiamenti si svolgono nei dintorni del **Ponte Coperto Giapponese**, su entrambi i lati del fiume Thu Bon, dal crepuscolo alle 22, quando le strade si riempiono di artisti, musica, eventi di contorno, mercati notturni e bancarelle alimentari. Per evitare la folla, andateci presto e uscite sul fiume con una barca sampan. La 14ª notte dell'ottavo mese lunare, che di solito cade tra la fine di settembre e l'inizio di ottobre, è una luna piena speciale, durante la quale a Hoi An si celebra la **Festa di Metà Autunno**, cioè il momento in cui la luna è più vicina alla terra e quindi più luminosa e più grande che mai. È anche una festa del raccolto, che segna l'inizio del periodo in cui i contadini smettono di lavorare nei campi e possono trascorre più tempo con i propri cari. Per l'occasione si preparano le torte lunari, tortini ripieni con vari ingredienti.

LA CITTÀ VECCHIA AL SUO MEGLIO

La **Festa della Luna Piena** è un evento di straordinaria bellezza che si svolge ogni mese nella Città Vecchia, con lanterne e candele che illuminano il fiume Thu Bon, le strade e la gente in festa.

MIGLIORI SPETTACOLI CULTURALI DI HOI AN

Lune Productions
Compagnia circense vietnamita con artisti e coreografie di prim'ordine, si esibisce in un piccolo anfiteatro. Spettacoli a rotazione con la controparte di Ho Chi Minh City.

Hoi An Memories Show
Spettacolare rappresentazione della storia di Hoi An con 500 attori e ballerini. Arrivate prima che si aprano le porte per assistere ai mini spettacoli ogni 10/15 minuti.

CAB Hoian
Spettacoli di teatro creativo, danza e musica, ma anche laboratori, in un ambiente contemporaneo.

TRASPORTI LOCALI

Nella Città Vecchia è meglio spostarsi a piedi. La campagna e le spiagge si possono invece raggiungere ed esplorare in bicicletta, moto o automobile.

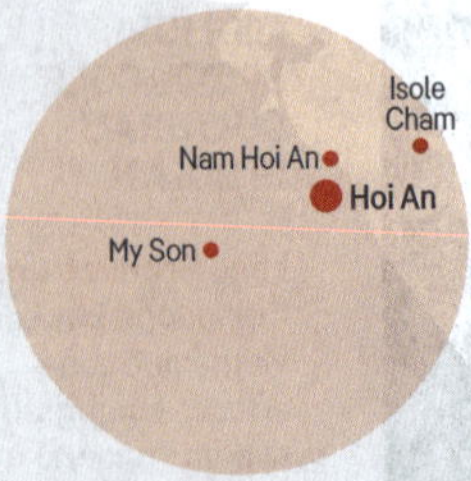

Dintorni di Hoi An

Le spiagge, i resort di lusso e i siti culturali continuano anche nei dintorni di Hoi An, ma con ritmi di vita ancora più lenti.

Se vi piacciono lo snorkelling e le immersioni, non perdetevi le Isole Cham, a est di Hoi An. L'arcipelago, riserva della Biosfera dell'UNESCO, ha una ricca fauna marina, e foreste pluviali e barriere coralline con la più alta biodiversità del Vietnam.

Immerso nella giungla a ovest di Hoi An, il Santuario di My Son, anch'esso sito dell'UNESCO, è uno spaccato di storia del Vietnam centrale, con reperti cham risalenti al IV secolo.

Nam Hoi An, a sud di Hoi An, è una zona eclettica con resort di lusso, un campo da golf da 18 buche, un casinò, un parco dei divertimenti, una distilleria di *rhum agricole* (rum ricavato dal succo di canna da zucchero) e un pittoresco villaggio di pescatori.

IL CONSIGLIO

Quasi tutti gli operatori sospendono le immersioni alle Isole Cham da ottobre a febbraio, quando il tempo e la visibilità non sono ideali.

AVTK/SHUTTERSTOCK ©

Isole Cham

Isole Cham

In fondo al mare

SEGUIRE IL RICHIAMO DELLE SIRENE

Le **Isole Cham** offrono opportunità di snorkelling e immersioni tra le migliori del Vietnam centrale, tra acque cristalline e incontri ravvicinati con squali balena, tartarughe, aquile di mare, pesci fantasma e molte altre creature marine. Nella maggior parte delle escursioni in giornata all'arcipelago è perciò compreso quasi sempre anche lo snorkelling.

Per avventurarvi più in profondità, **Cham Island Diving** offre immersioni per principianti, escursioni con pernottamento e corsi PADI. Se non avete alcuna esperienza, scegliete invece le visite subacquee di **Seatrek**.

Se decidete di esplorare da soli il mare delle Isole Cham raggiungendole in traghetto o motoscafo, scenderete a **Bai Lang**, il principale centro abitato di **Hon Lao** ed ex stazione commerciale. Oltrepassate ristoranti, caffè, alloggi in case private e negozi di souvenir per raggiunge **Bai Ong**, una spiaggia di grande richiamo con sabbia bianca e palme da cocco.

Per un ambiente più tranquillo e autentico, andate a **Bai Huong**, il secondo villaggio più grande dell'isola, e da lì scendete a piedi a **Bai Chong**, un'ampia spiaggia con lettini, amache

PER/DALLE ISOLE CHAM

Le Isole Cham sono servite da traghetti e motoscafi. Sebbene sia il mezzo più lento, il **traghetto pubblico** è anche il più economico e dà meno problemi di mal di mare. Parte di mattina vicino all'**Hoi An Silk Marina Resort and Spa** e dal **molo di Cua Dai**. Il viaggio da Cua Dai dura circa un'ora e mezza. In motoscafo, invece, partendo dal molo di Cua Dai si impiegano solo 20 minuti.
Per il viaggio di ritorno da Hon Lao a Hoi An, rivolgetevi a un'agenzia di **Bai Lang**. Quasi tutte le imbarcazioni per Hoi An partono prima delle 13. È raro riuscire a trovare un passaggio dopo le 15, perciò programmate bene i vostri orari.

DOVE DORMIRE ALLE ISOLE CHAM

Crest House Homestay
Elegante villa a Bai Ong con tre camere da letto, cucina e barbecue all'aperto.
$$

Monkey Homestay & Bar
Graziosa sistemazione sulla spiaggia a Bai Lang, con terrazza sul tetto e un'atmosfera vivace. **$**

Island Smiles
Sistemazione in casa privata a Bai Huong con una padrona di casa materna pronta a soddisfare ogni esigenza. **$**

MIGLIORI ATTRATTIVE NEI DINTORNI

VinWonders Nam Hoi An
Il più grande complesso per il tempo libero del Vietnam, con un parco divertimenti, un parco acquatico, safari fluviali e intrattenimento.

Hoiana Golf & Casinos
Il resort comprende il campo da golf Hoiana Shores, progettato da Robert Trent Jones Jr., e l'Hoiana Casino.

Villaggio dei murales Tam Thanh
Un villaggio di pescatori trasformato dai murales realizzati da artisti coreani e vietnamiti sui muri delle case.

Spiaggia di Tam Thanh
Tranquilla spiaggia con lettini e ombrelloni, si anima al tramonto.

ROMAN BABAKIN/SHUTTERSTOCK ©

Santuario di My Son

e punti di ristoro. Per proteggere l'ambiente naturale dell'isola, gli abitanti si sono impegnati a ridurre i rifiuti in plastica usando le foglie per confezionare gli acquisti e sacchetti riutilizzabili per trasportarli. Se arrivate sull'isola con materiali di plastica, riportateli via con voi quando ve ne andate.

Cronache del rum

UN DISTILLATO PREGIATO

La **Distillerie d'Indochine**, produttrice del **Sampan Rhum**, sorge a soli 15 km dalla Città Vecchia, in un piccolo e tranquillo villaggio di pescatori a Nam Hoi An. La maggior parte degli abitanti del posto e dei residenti stranieri, però, non sa di avere una distilleria artigianale proprio dietro casa, né tantomeno che vi si produce un pregiato *rhum agricole*.

Il piccolo stabilimento è gestito dal comproprietario e mastro distillatore Antoine Poircuitte, discendente di un'antica famiglia di produttori francesi di liquori. Il suo tocco è evidente nell'alambicco di rame importato che troneggia nella sala di fermentazione e nelle botti di quercia per l'invecchiamento del rum. Di francese, però, non c'è altro. Per la produzione del rum vengono utilizzate canne da zucchero locali, provenienti da non più di 40 km di distanza dalla distilleria. E non è una scelta casuale: la vicinanza, infatti, riduce

DOVE DORMIRE NEI DINTORNI DI HOI AN

The AN Retreat Hoi An
Oasi contemporanea decisamente zen con magnifiche vedute sulle risaie e animali dappertutto. **$$**

AnnaBo Tam Thanh Beach House
Alloggi luminosi e bohémien, sulla spiaggia, con letti comodi e una bella vista sul mare. **$$**

The Four Seasons Nam Hai
Lussuosa struttura a 5 stelle ispirata alle tradizionali case vietnamite con giardino. **$$$**

al minimo il tempo che intercorre tra il taglio e la spremitura, garantendo la massima freschezza del succo estratto. Il Vietnam centrale, inoltre, offre condizioni ideali per la produzione del distillato, poiché si trova alla stessa latitudine dei Caraibi francesi, la patria del *rhum agricole*.

Unendo l'esperienza di intere generazioni di distillatori, la passione per il rum e l'amore per il Vietnam, Poircuitte riesce a racchiudere l'anima fulgida e intensa della soleggiata costa vietnamita in un bottiglia da 750 ml. La Distillerie d'Indochine, che propone tre tipi di rum bianco e un rum invecchiato in botti di cognac, è aperta al pubblico per visite guidate, degustazioni e consumazioni in giardino.

Un luogo mistico

ANTICHE ROVINE HINDU

Per più di dieci secoli il regno Champa ha dominato sui territori dell'attuale Vietnam centrale. Tra il IV e il XIII secolo, i cham costruirono il **Santuario di My Son**, un complesso di templi hindu in una valle isolata larga 2 km circondata da montagne e colline. Il sito fu il centro politico e religioso del regno per gran parte della sua esistenza.

Dopo secoli di presenza a My Son e nel Vietnam centrale, spinti dall'espansione del Dai Viet che premeva da nord, i cham abbandonarono la loro terra sacra per fondare nuovi insediamenti più a sud.

My Son venne ben presto invaso dalla giungla e sprofondò nell'oblio finché nel 1898 uno studioso francese scoprì le rovine guidato dai contadini locali. La Scuola Francese dell'Estremo Oriente condusse l'esplorazione del sito e negli anni '30 del secolo scorso furono avviati i lavori di restauro. Durante la guerra del Vietnam il santuario, che veniva utilizzato dall'esercito nordvietnamita, fu bombardato e minato dagli americani e alcune strutture andarono distrutte.

Dichiarato dall'UNESCO Patrimonio dell'Umanità, oggi il sito comprende 70 templi completamente o parzialmente integri, per la maggior parte dedicati alla dea hindu Shiva, ognuno con un proprio stile architettonico corrispondente ai vari periodi storici del regno Champa.

Nel santuario si può passeggiare lungo i sentieri, entrare nei templi e osservare da vicino gli antichi intarsi. Durante la visita si possono notare anche i segni della guerra, compresi alcuni crateri causati dai bombardamenti e conservati per preservare la memoria. Al **museo** del santuario, che illustra i manufatti ritrovati e documenta la storia e la cultura cham, si può anche assistere all'esibizione di **ballerini locali** che eseguono le tipiche danze cham dedicate a Shiva e alle Apsaras con musiche e costumi tradizionali.

IL MIGLIOR ITINERARIO PER MY SON

Ci sono diversi modi per raggiungere My Son da Hoi An. Il percorso più panoramico e più sicuro si snoda nella campagna, tra campi di mais e all'ombra di alti canneti di bambù. Buona parte del viaggio si svolge su stradine strette, inadatte ai camion e agli autobus. Partendo da Hoi An, superate il ponte di Cam Kim e dirigetevi verso Nam Phuoc fino a raggiungere My Son. Al ritorno, passate per il ponte di Cua Dai anziché su quello di Cam Kim. Seguite poi il sentiero lungo il fiume e le mangrovie fino al Villaggio delle Verdure di Tra Que.

TRASPORTI LOCALI

Poiché i luoghi nei dintorni di Hoi An sono lontani e isolati, per gli spostamenti serve la motocicletta. Si può anche noleggiare un'auto o partecipare a un tour organizzato.

Sopra: Mui Ne (p229). A destra: Torri cham di Po Nagar (p220)

AREE PRINCIPALI

QUANG NHAI E SON MY
Via d'accesso a Son My.
p208

QUY NHON
Dimensione urbana.
p212

NHA TRANG
Esuberante località di mare.
p220

COSTA SUD-ORIENTALE

SPIAGGE SCONFINATE E SITI AFFASCINANTI

Oltre alle spiagge, ci sono vivaci città costiere e interessanti rovine cham da esplorare.

Dotato di straordinarie bellezze naturali, questo favoloso tratto di costa con spiagge dorate e splendide baie è la destinazione principale per le vacanze al mare dei vietnamiti. Ovunque andrete, troverete esperienze strepitose da vivere e luoghi memorabili da visitare.

È una regione di grande interesse culturale, con suggestivi templi cham, monumenti storici costruiti dai primi abitanti lungo tutta la costa e affascinanti pagode buddhiste in ogni città. Un altro sito importante da non perdere è il malinconico monumento di guerra di Son My, un luogo toccante dove in molti vanno per rendere omaggio ai caduti.

Nha Trang e Mui Ne sono località di grande richiamo in una zona privilegiata per brevi gite fuori città. Concedetevi qualche giorno per esplorarla più a fondo e scoprirete baie nascoste, fari solitari e uno stile di vita rilassato. Per fuggire dai luoghi più affollati, puntate sulla caletta di Bai Xep o sulla remota spiaggia My Hoa. Non mancano le opportunità per emozioni forti, con attività come kitesurf, immersioni, snorkelling, surf e vela. Noleggiate invece una bicicletta o uno scooter per avventurarvi sulle strade di campagna tra le risaie verde smeraldo.

Dappertutto troverete deliziose specialità culinarie tutte da provare.

Il pesce la fa da padrone e in ogni città ci sono chioschi sulla spiaggia dove gustare prelibatezze come vongole al vapore, granchio al tamarindo, calamari sale e pepe, e gamberi caramellati.

MUI NE
Paradiso del kitesurf.
p229

VUNG TAU
Fuga al mare.
p236

Per orientarsi

Questa magnifica regione comprende una parte considerevole delle coste più belle del Vietnam, tre città incantevoli e ogni sorta di svago, dai bagni di fango alle immersioni.

TRENO

I collegamenti ferroviari sono eccellenti, con diversi treni al giorno che servono tutte le città principali, o ci passano vicino, tranne Vung Tau. È un modo conveniente per viaggiare, ma anche molto lento, dato che la velocità media è di soli 60 km/h.

AUTOBUS

La regione ha un'ottima rete di autobus, anche con cuccette, che collegano tutte le città principali (e Ho Chi Minh City) dalle autostazioni urbane. Gli autobus 'Open Tour' sono un modo comodo per viaggiare.

AUTOMOBILE O MOTOCICLETTA

Con una lunghezza di 845 km, il viaggio in moto lungo la costa non è per motociclisti alle prime armi. Se lo fate, cercate di evitare la Statale 1, per via del traffico di mezzi pesanti. Noleggiare un'auto con conducente garantisce la massima flessibilità, ma è costoso.

Vung Tau, p236

Facilmente raggiungibile in giornata da Ho Chi Minh City per prendere una boccata d'aria di mare, ha anche dei bei posti da visitare, tra cui musei e monumenti di guerra.

Quang Ngai e Son My, p208

Città costiera dal carattere amabile, è anche il punto di partenza per visitare il triste monumento di Son My.

Quy Nhon, p212

Con belle spiagge di sabbia e svariate attrattive, compresi templi cham, sta rapidamente diventando una delle località balneari più visitate della regione.

Nha Trang, p220

Vivace città costiera con isole da esplorare, bagni di fango e mercati, monumenti buddhisti e cham e un'eccellente offerta gastronomica.

Mui Ne, p229

Forse il posto migliore per trascorrere le vacanze con la famiglia; ha belle spiagge dorate, ottime sistemazioni alberghiere e divertenti attività acquatiche, come vela e kitesurf.

Ritmi di viaggio

C'è molto da fare e vedere in questo tratto di costa, dove le spiagge si susseguono una dietro l'altra e non si è mai troppo lontani da un tempio cham o da una pagoda buddhista.

DREAMARCHITECT/SHUTTERSTOCK ©

Bagni di fango (p224)

Se fate una cosa sola

- Andate a **Nha Trang** (p220), che dispone di un eccellente aeroporto e ottimi collegamenti ferroviari con il resto del paese.

- Cominciate esplorando le magnifiche **Torri cham di Po Nagar** (p221) per farvi un'idea della storia e dell'architettura antica della regione. Attraversate il fiume Cai e fate un giro al **mercato di Dam** (p222) a caccia di affari e frutta tropicale. Poi andate a vedere la **Pagoda di Long Son** (p221), il Buddha seduto e la **Cattedrale di Nha Trang** (p224).

- Nel pomeriggio rilassatevi sulla spiaggia vicino al Sailing Club e concedetevi un aperitivo prima di andare a cenare a **Thap Ba** (p221).

Le stagioni

Ci sono feste ed eventi tutto l'anno. Poiché il Vietnam utilizza il calendario lunare, le date precise variano di anno in anno.

GENNAIO

Nel nord della regione le temperature sono più fresche, mentre a sud di Nha Trang è il periodo ideale per una vacanza al mare.

FEBBRAIO

È il mese in cui di solito cade il Tet (Capodanno vietnamita) e poiché molti si spostano per festeggiare in famiglia, possono esserci difficoltà nei trasporti.

LUGLIO

Vi aspettano cieli tersi e temperature elevate; è il periodo ideale per godere delle belle spiagge della regione.

DIMA PHOTOGRAPHER/SHUTTERSTOCK ©, ELIZAVETA GALITCKAIA/SHUTTERSTOCK ©, DREAMARCHITECT/SHUTTERSTOCK ©

In quattro giorni

- Cominciate da **Nha Trang** (p220) visitando il lungomare, le rovine cham e i siti buddhisti e magari assaggiando un po' di street food.

- Il secondo giorno fate un'escursione in barca tra le isole della baia o andate in uno dei famosi **bagni di fango** (p224) della città. Spostatevi quindi a nord e trascorrete un paio di giorni a **Quy Nhon** (p212) per visitare la promenade, il museo e le torri cham e gustare la cucina di mare.

- Il giorno seguente andate a **Bai Xep** (p216) per un po' di relax su una spiaggia idilliaca prima di tornare a Quy Nhon per la cena.

Se avete più tempo

- Se avete più o meno una settimana, iniziate da **Mui Ne** (p229) provando il kitesurf o la vela e facendo poi un'escursione sulle dune di sabbia.

- Il giorno seguente visitate in giornata **Phan Thiet** (p232), con il suo lungofiume e il tempio dedicato al dio balena, e fate una passeggiata lungo la **Sorgente delle Fate** (p231).

- Spostatevi poi a **Nha Trang** (p220) per un altro po' di relax in spiaggia e di visite culturali, quindi risalite la costa per raggiungere la bella **Quy Nhon** (p212); se viaggiate su strada, fermatevi a vedere lo strano affioramento roccioso di **Ganh Da Dia** (p219).

AGOSTO

All'inizio del mese a To Hap (a sud-ovest di Nha Trang) si svolge una festa della frutta: ci troverete esposti dei durian davvero enormi.

SETTEMBRE

A Phan Thiet, alla Pagoda di Ong, migliaia di fedeli partecipano alla festa del dio balena, con rappresentazioni classiche e canti popolari.

OTTOBRE

Al tempio di Po Klong Garai, i cham festeggiano il kate. Il clima è piovoso e la regione può essere interessata da tempeste.

DICEMBRE

Trascorrete il Natale e il Capodanno a Mui Ne, che offre condizioni ottimali per il kitesurf e il windsurf.

QUANG NGAI E SON MY

La maggior parte dei viaggiatori si ferma a Quang Ngai solo il tempo necessario per rendere omaggio alle vittime della più infame atrocità della guerra del Vietnam al vicino monumento di Son My. La cittadina, però, ha anche un'invitante atmosfera rilassata, una gradevole posizione sul fiume e una buona cucina.

A pochi chilometri di strada, il monumento di Son My è dedicato ai morti nel peggior massacro del conflitto tra Stati Uniti e Vietnam. È una tappa doverosa, per quanto triste, per molti viaggiatori. La barbarie di My Lai fu uno dei momenti cruciali della guerra, che ne cambiò la percezione da parte dell'opinione pubblica americana e mondiale.

Poco più a est di Son My c'è una bella spiaggia, My Khe, con acque ideali per nuotare e una sfilza di ristoranti di mare.

IL CONSIGLIO

Non ci sono trasporti pubblici tra Quang Nhai e Son My. Il costo per la corsa in taxi di 13 km è di 175.000đ. In bicicletta si impiegano circa 45 minuti. Dal monumento di Son My si può andare a piedi alla bella spiaggia di My Khe (1,5 km).

MUNDOSEMFIM/SHUTTERSTOCK ©

Statua in memoria del massacro di My Lai (p211)

Una tranquilla città sul fiume

SPECIALITÀ LOCALI E MARE

Adagiata lungo la sponda meridionale del fiume Tra Kruc, la placida cittadina di **Quang Ngai** ha una discreta scelta di alberghi e guesthouse e diversi ristoranti invitanti, ma nessuna attrattiva vera e propria da visitare. Se siete di passaggio, provate la specialità locale, il *com ga*, carne lessa di pollo su una base di riso giallo (cotto al vapore con brodo di pollo) con menta, uova, brodo e verdure sottaceto.

Ancora prima della seconda guerra mondiale, Quang Ngai era già un centro importante della resistenza contro i francesi. È qui che nel 1962 il governo sudvietnamita introdusse il suo fallimentare Piano dei Villaggi Strategici. Gli abitanti furono costretti ad abbandonare le loro case per essere reinsediati in villaggi fortificati, suscitando violente proteste tra la popolazione e alimentando il sostegno per il Viet Cong (VC).

A nord-est della città (e pochi chilometri a est di Son My), la spiaggia di My Khe ha sabbia bianca e belle acque per nuotare. Si estende per chilometri lungo una sottile lingua di sabbia orlata di casuarine e separata dalla terraferma dal Song Kinh Giang, uno specchio d'acqua subito dietro alla spiag-

MIGLIORI RISTORANTI DI QUANG NGAI

Cat Vang
Ha tutti gli essenziali: ottimo pesce, buoni piatti di riso, eccellente carne di capra alla griglia e *com ga* (pollo lesso). $

Vuon Hong Com Chay
Un vero banchetto, con una sorprendete varietà di piatti vegetariani a buffet. $

Duc Chien
Assaggiate gli eccezionali gamberi (da cuocere da soli al barbecue) con salsa agrodolce piccante o uno dei tanti buoni piatti a base di granchio. Davanti alla spiaggia di My Khe. $$

Viet Chay Sala
Ristorante vegetariano con tofu, noodles e zuppe – tutti buonissimi, ben presentati e serviti con salse e intingoli. Niente alcol. $

DOVE DORMIRE A QUANG NGAI

Tron Home
Semplice e pulita sistemazione in casa privata con camere moderne e moto a noleggio. Sulla sponda nord del fiume. $

My Khe Hotel
Hotel di medie dimensioni sulla spiaggia di My Khe, ha camere ben arredate con un buon rapporto qualità-prezzo. $$

Cocoland River Beach Resort
Tra giardini tropicali con palme da cocco, è una bella sistemazione con palestra, spa e piscina. $$$

NHAC NGUYEN/CONTRIBUTOR/GETTY IMAGES ©

Pham Thi Thuan, sopravvissuta al massacro di My Lai, visita la tomba comune nel villaggio di Son My

gia. Evitando i fine settimana e i giorni festivi, avrete buone possibilità di poter godere di questa bella spiaggia quasi in completa solitudine. Con il fondale che digrada dolcemente, è un posto ideale per i bambini.

Lungo il litorale ci sono decine di chioschi di pesce uno dietro l'altro e nei weekend più caldi la birra scorre a fiumi.

Il massacro di My Lai

UN'INFAMIA DEGLI STATI UNITI

Nella tranquilla campagna vicino alla Statale 1, la località rurale di Son My fu teatro di uno dei crimini più orribili della guerra nel Vietnam, un massacro compiuto dai soldati americani il 16 marzo 1968, nel quale furono uccise 504 persone, tra cui molti bambini e anziani.

Sebbene la zona fosse considerata una roccaforte dei viet cong, l'esercito americano non incontrò alcuna resistenza durante l'assalto né fu bersagliato dal fuoco nemico. I soldati rastrellarono tra i 75 e i 150 civili disarmati, li radunarono in una fossa e li sterminarono con le mitragliatrici. Chi cercava di fuggire venne fucilato e colpito con le baionette, le case furono fatte saltare in aria con le granate e almeno quattro donne vennero stuprate.

Profondamente commovente, il Monumento di Son My è dedicato alla memoria delle vittime. Incentrata sulla struggente scultura in pietra di un'anziana donna con il pugno alzato in segno di sfida mentre con l'altro braccio regge il corpo di un bambino morto, la struttura si erge maestosa in mezzo al paesaggio.

Nei giardini intorno al monumento sono state ricostruite alcune scene di quel triste giorno, con gli scheletri delle case bruciate lì dove si trovavano all'epoca, ognuno provvisto di una targa con i nomi e le età delle persone che vi abitavano.

Conosciuta negli Stati Uniti come il massacro di My Lai, la strage fu documentata con dovizia di particolari da un fotografo militare americano e quelle immagini sono oggi il fulcro di un evocativo **museo** allestito sul posto. Le fotografie sono strazianti: si vedono persone terrorizzate davanti ai soldati e corpi di bambini morti. L'esposizione termina con una nota di speranza, raccontando gli sforzi compiuti dagli abitanti per ricostruire le loro vite dopo il dramma subito. Una sezione rende onore ai soldati americani, che cercarono di fermare la carneficina, salvando un gruppo di civili da morte certa, e a coloro che denunciarono l'accaduto.

INSABBIAMENTO

Ai soldati che avevano preso parte al massacro fu ordinato dall'alto di tenere la bocca chiusa, ma molti disobbedirono, tra cui il pilota di elicottero Hugh Thompson Jr, che aveva salvato diverse vite tra donne e bambini.

Quando venne alla luce, la storia ebbe un impatto devastante sul morale dei militari americani. Alimentò le proteste dell'opinione pubblica contro la guerra, in America e nel mondo intero.

A tutti i livelli di comando dell'esercito statunitense fu messo in atto un tentativo di insabbiare le atrocità, portando all'apertura di diverse inchieste.

Il tenente William Calley, a capo del 1° Battaglione, fu deferito alla corte marziale e giudicato colpevole dell'uccisione di 22 civili inermi. Nel 1971 fu condannato all'ergastolo e trascorse tre anni agli arresti domiciliari. La Corte Suprema rifiutò di dare udienza al caso e Calley fu infine liberato.

TRASPORTI LOCALI

I treni fermano alla stazione di Quang Ngai, sulla linea principale Hanoi-Ho Chi Minh City, 1,5 km a ovest del centro. Dal terminal degli autobus, in zona centrale, partono corse regolari per tutte le destinazioni più importanti lungo la Statale 1, tra cui Danang e Quy Nhon. L'aeroporto più vicino è quello di Chu Lai (VCL), 36 km a nord di Quang Ngai, con voli per Hanoi e Ho Chi Minh City.

QUY NHON

Destinazione emergente della costa sud-orientale, l'elegante Quy Nhon è una bella località di mare in cui fermarsi per qualche giorno. Molti viaggiatori trascorrono le giornate a esplorare la costa per poi tornare la sera a cenare negli ottimi ristoranti di pesce della città. Con una popolazione di circa 475.000 abitanti, Quy Nhon è sia un porto di rilievo (con una nutrita flotta di pescherecci) sia una rinomata meta di vacanze. L'atmosfera rilassata e il fascino balneare ne fanno uno di quei posti in Vietnam in cui le coppie di anziani facoltosi scelgono di ritirarsi per trascorrere gli anni della pensione guardando l'oceano e passeggiando sul lungomare. Negli ultimi anni Quy Nhon si sta scrollando di dosso una certa reputazione provinciale e offre un'ampia scelta di bar e caffè, ma non molto per quanto riguarda la vita notturna. Anche lo skyline della città sta rapidamente cambiando con il proliferare di alti condomini e hotel a sud del centro.

IL CONSIGLIO

Quy Nhon non ha l'aeroporto, ma quello di Phu Cat si trova solo 31 km più a nord. Ampliato di recente, oggi ha molti collegamenti utili ed è servito da quattro compagnie aeree con voli per varie città del Vietnam, tra cui Can Tho, Haiphong, Hanoi, Ho Chi Minh City, Thanh Hoa e Vinh.

DA VEDERE
1 Museo di Binh Dinh
2 Spiaggia municipale
3 Torri cham di Thap Doi
4 Statua di Tran Hung Dao

PASTI
5 Đ Xuan Dieu

HIEN PHUNG THU/SHUTTERSTOCK ©

Quy Nhon

Sul lungomare

COSTEGGIANDO LA SPIAGGIA

Quy Nhon si affaccia su un tratto di costa strepitoso con una bella spiaggia di sabbia dorata, costeggiata da un **lungomare** davvero notevole che si stende dalla zona del porto alle colline boscose che si stagliano in lontananza a sud. Negli ultimi anni ha subito un importante restyling.

Lungo **Đ Xuan Dieu**, famosa per i suoi ristoranti di pesce, la spiaggia è piuttosto stretta, ma procedendo verso sud-ovest, dopo un'ampia piazza con un imponente monumento di guerra realista-socialista, si fa più larga e ha tratti balneabili più invitanti. Soggiornando in questa zona, potrete cominciare la giornata con un rinfrescante bagno in mare e nei caldi mesi estivi sarete in compagnia di decine di famiglie vietnamite in fuga dalla calura tropicale. Nei giardini puliti e ben tenuti lungo la spiaggia vedrete anziani che praticano il tai chi e si tengono in esercizio.

Guardando verso est, sulla punta opposta della baia si erge un'enorme statua di **Tran Hung Dao**, il celebre generale della dinastia Tan che respinse due invasioni mongole. Di notte le luci delle barche che pescano i calamari creano l'illusione di un villaggio galleggiante.

MIGLIORI RISTORANTI DI QUY NHON

Gia Vy 2
Componete da soli il vostro banh xeo in questo locale autentico che serve anche gamberi e carne di manzo con salsa piccante. $

Sisters Tavern & Pizza
Vera pizza, pasta, gustose insalate, panini, costolette e vino al calice: non serve cercare oltre. $$

Com Chay Phuoc Duyen
Si distingue per i gustosissimi piatti vegetariani e per il buon buffet. $

C.ine
Buona cucina di mare con vista sulla baia; assaggiate i dolci granchi dal guscio morbido, le capesante o le lumache. $$

DOVE DORMIRE A QUY NHON

King Hotel
Con prezzi contenuti, camere pulite, personale che parla inglese e moto a noleggio, è una buona sistemazione. $

John & Paul Inn
Ostello ben gestito con camere e camerate accoglienti e ben tenute e un bar al piano inferiore. $

Le Mint Hotel Quy Nhon
Hotel di media categoria elegante e raffinato, con una piccola piscina e biciclette a disposizione degli ospiti. $$

INVASIONE MONGOLA

La profonda baia di Quy Nhon è da almeno 800 anni uno dei principali porti vietnamiti. In epoca cham si chiamava Sri Banoy ed era la via d'accesso alla città di Vijaya, nonché uno scalo importante sulla rotta marittima che collegava la Cina con il Medio Oriente e l'Europa.
Fallita l'invasione del Giappone, l'imperatore mongolo Kublai Khan rivolse l'attenzione al regno Champa: nel 1282 inviò a sud del Mar Cinese Meridionale una flotta di 350 navi con 10.000 soldati. I mongoli attaccarono e occuparono Sri Banoy e Vijaya, costringendo alla fuga il re cham Indravarman V.
Gli invasori, però, non resistettero a lungo, provati dal caldo tropicale, dalle malattie, dalla mancanza di rifornimenti e dalle imboscate dei cham. Abbandonarono la loro base nel 1284, ripiegando sul Vietnam settentrionale.

DAVID NGUYEN VN/SHUTTERSTOCK ©

Torri cham di Thap Doi

Museo cittadino

ALLA SCOPERTA DELL'ARTE CHAM

Il piccolo Museo di Binh Dinh è dedicato alla storia della regione ed espone alcune pregevoli sculture cham. La sala d'ingresso celebra le glorie del comunismo locale, mentre quella sulla sinistra si divide tra storia naturale e civiltà tribale. La sala in fondo è invece ricca di interessanti reperti cham, tra cui spicca una scultura della dea Mahishasuramardini risalente al XII secolo. La sala a destra è dedicata alla guerra del Vietnam.

Degna di nota è anche la stampa su seta (di Zuy Nhat, 1959) nella lobby, raffigurante un colonizzatore francese che siede sorretto da un gruppo di mandarini, a loro volta sostenuti da burocrati e padroni dall'aspetto crudele, mentre tutti insieme gravano sulle masse sofferenti.

Templi gemelli

ANTICO SITO ARCHITETTONICO

Le Torri cham di Thap Doi si trovano in un bel parco a nord del centro. Preceduti da una scalinata e ormai privi del tetto,

DOVE BERE UN DRINK A QUY NHON

Quy Nhon Sports Bar
Birra artigianale e comfort food; il proprietario è una miniera di informazioni su Quy Nhon e organizza visite in zona.

69 Pub
Vivace e accogliente, con birra a buon prezzo, discreti cocktail e pasti sostanziosi, soprattutto la prima colazione.

Cafe 1990
Il posto giusto per un buon caffè e in più di sera c'è musica dal vivo.

questi due splendidi templi gemelli hanno la sommità a forma piramidale curva, anziché a gradoni come di consuetudine nell'architettura cham. La torre più grande (alta 20 m) conserva parte delle decorazioni in mattoni e delle statue di granito che erano poste in cima. Agli angoli di entrambi i tetti si vedono i busti smembrati di Garuda (creatura mitologica metà uomo e metà uccello).

Un luogo di guarigione

PER I LEBBROSI E LE LORO FAMIGLIE

Nel 1929, in una bella posizione davanti al mare 6 km a sud di Quy Nhon, il prete francese Paul Maheu fondò il Lebbrosario di Quy Hoa, in un'epoca in cui in Vietnam la lebbra era considerata molto contagiosa e generava perciò paura ed emarginazione.

Oggi è una clinica dermatologica di cui fa parte un villaggio modello. A metà degli anni '70 del secolo scorso contava più di 5000 pazienti, ridotti poi a qualche centinaio. I discendenti delle loro famiglie vivono ancora oggi in questa comunità ben organizzata.

Il parco dell'ospedale è curato e decorato con busti di medici illustri e di importanza storica, sia vietnamiti sia stranieri.

A seconda delle loro capacità, i pazienti lavorano come calzolai, pescatori o coltivatori nelle risaie. C'è anche un laboratorio in cui si realizzano protesi e calzature speciali, ma se volete visitarlo dovrete probabilmente ottenere il permesso dal direttore dell'istituto.

Di fronte al villaggio si estende la bella **spiaggia di Quy Hoa**, molto frequentata nei weekend.

LA CUCINA DI QUY NHON

Essendo una città di mare, non sorprende che Quy Nhon sia famosa per la cucina di pesce, proposta dai tantissimi ristoranti di Đ Xuan Dieu, la strada principale lungo la costa. Altre specialità locali sono il *banh xeo* (crespelle di riso con gamberi o carne di manzo, insalata, germogli di soia, mango verde, fettine di cetriolo e un goccio di salsa piccante) e il *bun ca* (zuppa di noodles con polpette di pesce piccanti e verdure sbollentate).

Centro scientifico

VIAGGIO NEL SISTEMA SOLARE

L'iconico museo scientifico interattivo **ExploraScience Quy Nhon**, in un ampio parco 6 km a sud della città, è dedicato all'esplorazione spaziale, al sistema solare, ai viaggi su Marte, al pianeta Terra e alle risorse naturali. Aperto nel 2021, è incentrato sui temi dello spazio e si rivolge principalmente a un pubblico di studenti. L'attrattiva principale è la vasta esposizione audiovisiva del sistema solare, con spiegazioni in vietnamita e in inglese. Visitato soprattutto da scolaresche, attualmente è aperto al pubblico solo di martedì e, prenotando in anticipo, nei weekend.

CULTURA CHAM

Quy Nhon era un centro importante del regno Champa. Per saperne di più sull'antica **civiltà cham**, predominante nella zona costiera vietnamita fino al 1471, sulla sua religione e sulla sua popolazione, v. p199.

TRASPORTI LOCALI

Il centro di Quy Nhon è abbastanza compatto. Per andare a piedi da un capo all'altro della spiaggia cittadina, dall'estremità orientale di Đ Xuan Dieu a quella meridionale di Đ An Duong Vuong, si impiega meno di un'ora. Scooter e biciclette si possono noleggiare nelle guesthouse; provate al King Hotel.

Dintorni di Quy Nhon

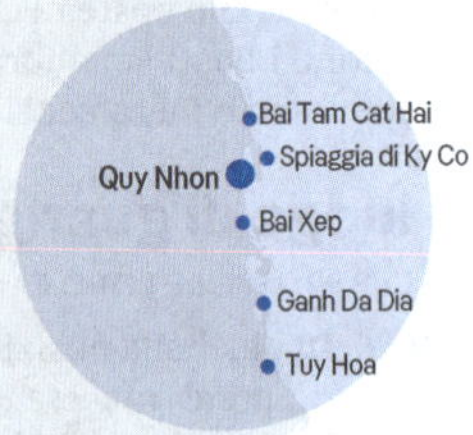

Con favolose spiagge e baie da esplorare, vale la pena di riservare qualche giorno in più a questo tratto di costa per goderne appieno.

La penisola a est di Quy Nhon ha diverse baie con incantevoli spiagge di sabbia, ma fate attenzione perché in tutta questa zona stanno sorgendo campi da golf, parchi a tema e grandi complessi alberghieri: la famosa spiaggia di Ky Co è indubbiamente una meraviglia, ma può essere molto affollata.

Anche la costa a sud di Quy Nhon è molto bella, con piccole baie come quella di Bai Xep. Altre spiagge pressoché deserte si trovano nei pressi della strada costiera in direzione del ponte di Cau An Hai, dove nei pressi di un estuario fluviale sono raggruppati diversi ristoranti di pesce.

Proseguendo verso sud, si incontrano altri posti irresistibili per un tuffo in mare lungo la strada per Ganh Da Dia.

IL CONSIGLIO

Per visitare questa zona potreste dover noleggiare una moto o un'auto con conducente perché i mezzi pubblici sono scarsi (tranne gli autobus per Bai Xep).

HIEN PHUNG THU/SHUTTERSTOCK ©

Spiaggia di Ky Co

Bai Xep

Spiagge da sogno

A PIEDI NUDI SULLA SABBIA

Situata 13 km di strada a sud di Quy Nhon, la bella baia di **Bai Xep** era solo un remoto villaggio di pescatori appena qualche anno fa. Oggi tutto è cambiato, ma nonostante vi sia ormai un costante flusso di viaggiatori indipendenti, la spiaggia conserva ancora il suo fascino spensierato e la sua bellezza è innegabile.

Bai Xep è formata da due insenature. Quella più settentrionale, **Bai Truoc** ('Front Beach'), è un brulicante porticciolo di pescatori con un dedalo di stradine e case addossate le une alle altre e una piccola baia disseminata di barche e attrezzatura da pesca.

Poco più a sud si trova la più grande e più bella **Bai Sau** ('Back Beach'), con un'offerta sempre più ampia di strutture alberghiere, tutte affacciate su una favolosa baia a mezzaluna con acque perfette per nuotare. Nonostante la crescente urbanizzazione (compresi alcuni inappropriati palazzi a più piani), Bai Sau resta una delle località di mare più tranquille e distese del Vietnam, con un'atmosfera informale che ricorda lontane isole thailandesi o cambogiane. Qui è facile perdere la cognizione del tempo mentre ci si rilassa su un'amaca,

VISITARE LE MANGROVIE

Oggi è possibile esplorare in barca il bell'estuario del fiume, le vaste mangrovie e gli allevamenti di gamberi a nord di Quy Nhon. Il villaggio più vicino è Phuoc Son e le imbarcazioni partono dal ristorante Gio Dam. Si possono vedere molti tipi di uccelli, tra cui cicogne e trampolieri. È meglio organizzare le escursioni a Quy Nhon: rivolgetevi a Docker, il proprietario del Quy Nhon Sports Bar, che potrà procurarvi una guida che parli inglese. Il costo è di 600.000đ per persona (minimo cinque persone). Si possono organizzare anche escursioni con pernottamento in tenda.

DOVE DORMIRE A BAI XEP

Life's a Beach
Perfetto per socializzare con altri viaggiatori; situato sulla spiaggia, dispone di camerate e bungalow. **$**

Haven
Fantastica posizione sulla spiaggia di Bai Xep; quasi tutte le camere hanno la vista sul mare. Provate anche la pizza. **$$**

Avani Quy Nhon Resort & Spa
Hotel di lusso con vista sull'oceano da tutte le camere. Bella piscina, buoni ristoranti e ottima spa. **$$$**

SPIAGGIA DI BAI BAU

Bai Bau è una bella insenatura a mezzaluna larga non più di 150 m e racchiusa tra promontori rocciosi, con sabbia bianca e le montagne sullo sfondo. Nei weekend e nei giorni festivi può risultare affollata, ma durante la settimana è probabile che possiate averla tutta per voi. Situata appena 3 km a sud di Bai Xep e a 16 km da Quy Nhon, ha alcune guesthouse, tra cui il Chill Bungalow e il Rubeach Hotel & Restaurant.

NGUYEN QUANG NGOC TONKIN/SHUTTERSTOCK ©

Ganh Da Dia

si socializza con la gente del posto e con gli altri viaggiatori e si esplorano tratti di costa e isole mozzafiato. E se il lusso tropicale vi attira più di un posto letto in camerata, oggi ci sono delle nuove sistemazioni di buon livello, come l'**Anantara Quy Nhon Villas**.

Le guesthouse possono organizzare escursioni in barca tra le isole, comprensive di snorkelling, lezioni di cucina e noleggio motociclette. Da ottobre a marzo si può anche fare surf (rivolgetevi alla guesthouse Haven per noleggiare le tavole).

Appena 3 km a sud di Bai Xep, si trova la bella baia a mezzaluna di **Bai Bau**, con sabbia bianca e le montagne sullo sfondo (v. box).

Esplorare le spiagge a est

BAIE REMOTE

Stretta nell'abbraccio dei rilievi costieri, Ky Co è una baia dalla bellezza mozzafiato situata 23 km a est di Quy Nhon. Le sue acque turchesi e la sabbia fine color crema non sono passate inosservate al popolo di Instagram e oggi è meta di moltissimi turisti vietnamiti che vanno e vengono in giornata, perciò cercate di andarci presto al mattino o nel tardo pomeriggio ed evitate i weekend. Nei mesi di alta stagione (luglio e agosto) forse può essere meglio saltarla del tutto. Tenete presente che l'accesso è complicato e che si paga una tariffa d'ingresso di 150.000đ per persona (compreso il trasporto in fuoristrada dal parcheggio).

Purtroppo nella zona circostante è in corso un'intensa urbanizzazione per il turismo di massa, con la costruzione di diversi grandi complessi alberghieri, campi da golf, uno zoo e parchi a tema. Per ora la quiete dell'incantevole spiaggia di sabbia di **Bai Tam Cat Hai** non è stata disturbata e, con una lunghezza di 3 km, non è mai troppo affollata.

La scogliera delle lastre di pietra

FORMAZIONI ROCCIOSE SUL MARE

Versione minore della Giant's Causeway irlandese, **Ganh Da Dia** è uno spettacolare affioramento di roccia vulcanica che si protende nel mare 78 km a sud di Quy Nhon. Arrivarci è già metà del divertimento, dato che i paesaggi lungo la costa sono davvero straordinari.

Costituito da centinaia di colonne di roccia vulcanica concatenate tra loro, Ganh Da Dia si è formato milioni di anni fa in seguito al raffreddamento di basalto liquefatto. Alcune delle parti più belle sono formate da rocce orizzontali con forme pentagonali ed esagonali di incredibile perfezione. Ganh Da Dia, che i vietnamiti chiamano 'la scogliera delle lastre di pietra', viene usato abitualmente dai monaci buddhisti per le loro cerimonie.

Nella piccola insenatura rocciosa accanto a Ganh Da Dia si può fare il bagno, ma ancor più invitante è la favolosa spiaggia di sabbia sul versante meridionale della baia, distante cinque minuti a piedi. Nel parcheggio la gente del posto vende noci di cocco fresche e snack.

Le indicazioni per Ganh Da Dia si trovano nella cittadina di Chi Thanh, 68 km a sud di Quy Nhon. La strada si snoda per 13 km in un delizioso paesaggio bucolico di risaie e villaggi agricoli.

Proseguendo verso sud (ed evitando la Statale 1), imboccate la bella strada costiera per **Tuy Hoa**. Da Ganh Da Dia dirigetevi verso l'interno (ovest) per 3,5 km e poi prendete una strada secondaria (asfaltata) che porta a sud tra dune di sabbia, cactus e piante di agave fino a raggiungere il villaggio di pescatori di **An Hai** che, con i suoi ristoranti di pesce affacciati sull'estuario dell'O Loan, è perfetto per una sosta.

ROCCIA VULCANICA

Costituito da centinaia di colonne di roccia vulcanica concatenate tra loro, Ganh Da Dia si è formato milioni di anni fa con il raffreddamento di basalto liquefatto.

TEMPIO DI ONG NUI

Situato 25 km a nord di Quy Nhon, uno dei Buddha seduti più grandi del Sud-est asiatico sorge in cima a un'altura con vista a perdita d'occhio sul mare. È raggiunto da una vertiginosa scalinata di 600 gradini fiancheggiata da 18 arhat. Più in basso c'è un'antica pagoda risalente ad almeno 300 anni fa, ma rimaneggiata nel corso dei secoli.

TRASPORTI LOCALI

I mezzi pubblici scarseggiano da queste parti, ma ci sono autobus locali che collegano con frequenza regolare Bai Xep e Quy Nhon. Per godere al meglio di queste zone, uno scooter è molto utile. In alternativa si può noleggiare un'auto con conducente; un'escursione in auto in giornata (con soste per le visite) da Quy Nhon a Nha Trang costa circa US$120. Docker, il proprietario del Quy Nhon Sports Bar, organizza escursioni nei dintorni.

NHA TRANG

La principale località di mare del Vietnam è un'esuberante città con alti grattacieli, meta prediletta dai turisti asiatici. Con una crescente schiera di palazzi lungo la costa, non ha certo uno stile sobrio, ma la posizione è splendida, con una corona di montagne davanti a una baia turchese punteggiata di isole tropicali.

Dietro alla vasta spiaggia bianca a forma di mezzaluna corre una lunga passeggiata con giardini e parchi di sculture. All'interno si apre un panorama cosmopolita di negozi e ristoranti. Alla chiusura dei ristoranti si accende la vita notturna, che rivela l'anima festaiola del centro di Nha Trang. Fino a pochi anni fa i locali si rivolgevano ai backpacker, ma oggi sono pensati soprattutto per la gente del posto e i turisti coreani.

Ci sono anche attività più tranquille da poter fare: un trattamento spa tradizionale con un bagno di fango, una crociera sul fiume o la visita alle antiche torri cham a nord del centro.

IL CONSIGLIO

Nha Trang è delimitata a nord dal fiume Cai e dal monte Son e a sud dal monte Chut e dal fiume Dong Bo. Tra i due estremi è racchiuso un bel tratto di costa sabbiosa. La città non si estende molto verso l'interno, perciò gli hotel e i ristoranti sono in gran parte vicini alla spiaggia.

IN SPIAGGIA

Lunga 6 km, la spiaggia di sabbia dorata di Nha Trang è il suo asso nella manica. Le aree in cui si può fare il bagno in sicurezza (interdette a moto d'acqua e imbarcazioni) sono delimitate da appositi cordoni. Ci sono lettini a noleggio e numerosi snack bar. Il lungomare dietro alla spiaggia è l'ideale per passeggiare o correre. In genere il momento migliore per andarci è la mattina fino alle 13; dopo il vento può sollevare la sabbia.

Resti archeologici sul fiume

UN LUOGO DI CULTO CHAM

Costruite tra il XII e il XII secolo, le Torri cham di Po Nagar sono ancora oggi un luogo di culto frequentato da buddhisti cham, cinesi e vietnamiti. Sorgono su un'altura di granito 3 km a nord del centro di Nha Trang, sulla sponda settentrionale del fiume Cai. Costituiscono la Santa Sede dedicata a Yang Ino Po Nagar, dea venerata dal clan Dua (Liu) che deteneva il controllo della parte meridionale del regno Champa. Disseminate in tutto il complesso ci sono lastre di pietra con iscrizioni di carattere storico o religioso che consentono di farsi un'idea della vita spirituale e della struttura sociale degli antichi cham.

Tutti i templi sono rivolti a est, così come l'**ingresso originale** del complesso, sulla destra risalendo il colle. Nei secoli passati, prima di accedere alla scalinata che porta alle torri, i fedeli attraversavano la sala della meditazione, della quale oggi sono ancora visibili dieci delle colonne di cui era provvista.

In origine il complesso era formato da sette o otto torri, ma oggi ne restano solo quattro, la più bella delle quali è la **Torre Nord** (Thap Chinh; 817 d.C.), con un'altezza di 28 m, il tetto piramidale terrazzato e interni e vestibolo a volta.

Nel 918 il re Indravarman III fece installare nella Torre Nord un *mukha-lingam* (simbolo fallico scolpito e dipinto con un volto umano), che fu però saccheggiato dai khmer. Altre statue continuarono a essere rubate o distrutte e quindi sostituite fino al 965, quando il re Jaya Indravarman IV fece rimpiazzare il *mukha-lingam* d'oro con una statua in pietra di Uma (Shakti, manifestazione femminile di Shiva), giunta fino ai giorni nostri.

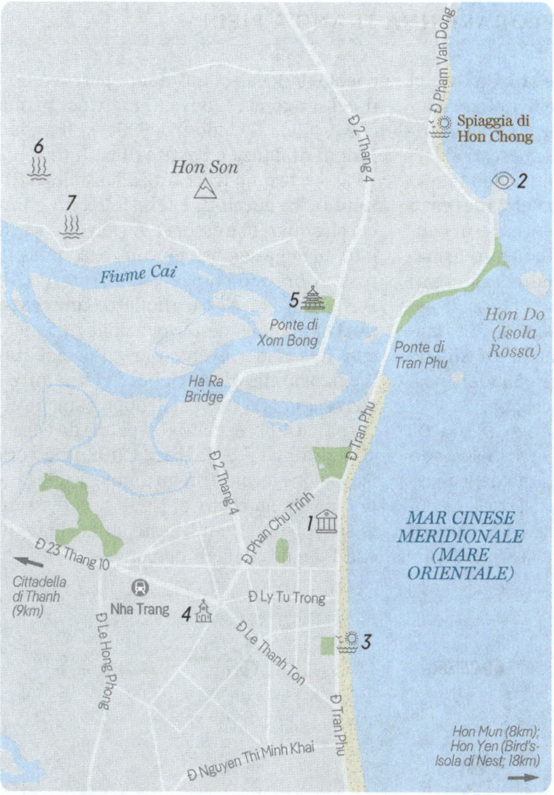

DA VEDERE
1 Museo Alexandre Yersin
2 Promontorio di Hon Chong
3 Spiaggia di Nha Trang
4 Cattedrale di Nha Trang
5 Torri cham di Po Nagar

ATTIVITÀ, CORSI E TOUR
6 I- Resort
7 Thap Ba Hot Spring Center

Sopra all'ingresso della Torre Nord, uno Shiva danzante con quattro braccia è affiancato da due musici, uno dei quali ha i piedi appoggiati sulla testa del toro Nandi. Gli stipiti di arenaria sono ricoperti di iscrizioni, così come alcune sezioni delle pareti del vestibolo. Nella sala principale, con il soffitto pirami-

SITI BUDDHISTI

L'incantevole **Pagoda di Long Son**, fondata alla fine del XIX secolo, sorge nella parte occidentale della città. L'ingresso e i tetti presentano figure di draghi in mosaico di vetro e ceramica, mentre la sala principale del santuario è decorata con interpretazioni moderne di motivi tradizionali.
Sulla collina dietro alla Pagoda di Long Son, c'è un enorme **Buddha** seduto su un fiore di loto, con una magnifica vista sulla città. La base della statua è decorata con bassorilievi raffiguranti ciascuno una fiamma con all'interno i busti di Thich Quang Duc e altri sei monaci buddhisti immolatisi nel 1963 per protestare contro la repressione del governo sudvietnamita.
State alla larga dagli insistenti venditori di costosi bastoncini d'incenso e da chi chiede 'soldi per i monaci'; usate le apposite cassette per le offerte. Vestitevi in modo rispettoso (vietati gli shorts).

DOVE MANGIARE STREET FOOD A NHA TRANG

Via dei ristoranti di pesce
Thap Ba è piena di posti dove mangiare vongole, granchio e gamberi al vapore o alla piastra. **$**

Bancarella di banh xeo
Ottimi *banh xeo* (crespelle di farina di riso con gamberi e germogli di soia) di fronte alle torri cham. **$**

79 Dung Lin
Famoso per l'anatra alla griglia servita con insalata, salse e riso. **$**

ESPLORARE NHA TRANG A PIEDI

Partite dal **1 Lungofiume sul Cai**. Se ci andate di mattina, vedrete le imbarcazioni da pesca che rientrano in città per scaricare i tonni e i pesci pelagici pescati al largo. Percorrete Đ Van Hoa verso sud fino al grande edificio di cemento del **2 mercato Dam** e fate un giro tra le centinaia di bancarelle che vendono abbigliamento firmato, verosimilmente non originale, a prezzi bassi e un incredibile assortimento di pesce essiccato, calamari e gamberi. Le bancarelle alimentari si trovano in un edificio laterale. Il mercato è affollato al mattino e più tranquillo a metà pomeriggio.

Dirigetevi a sud-ovest lungo Đ Hai Ba Trung, verso la spiaggia e il **3 Museo Alexandre Yersin** (p223), una delle maggiori istituzioni scientifiche del paese. A pochi passi di distanza si trova il **4 Museo di Khanh Hoa**, dedicato alla storia e all'archeologia locali. Continuate percorrendo il bel lungomare, dove al mattino, prima che esploda il caldo tropicale, si tengono lezioni di danza e partite di badminton.

Passerete quindi accanto all'insolito **5 ufficio informazioni turistiche**, un edificio che dovrebbe essere a forma di fiore di loto, ma che sembra più un tozzo missile rosa. A breve distanza verso l'interno, in Đ Nguyen Thi, c'è un affollato **6 mercato notturno** dalla netta vocazione turistica, con T-shirt e souvenir per gli occidentali e bancarelle di snack per i vietnamiti.

Proseguendo verso sud, dopo qualche altro parco ombreggiato con palme da cocco, si raggiunge il **7 Sailing Club**, una vera istituzione locale, con un ambiente elegante e un menu costoso. Nelle sere d'estate vi si svolgono grandi feste sulla spiaggia con DJ e migliaia di persone.

Torri cham di Po Nagar

dale alto 28 m, c'è una statua di pietra nera raffigurante la dea Uma con 10 braccia, due delle quali nascoste sotto la tunica, in posizione seduta e appoggiata a una creatura mostruosa.

La **Torre Centrale** (Thap Nam) fu costruita nel XII secolo utilizzando in parte mattoni riciclati sul sito di una struttura del VII secolo. È meno elaborata delle altre torri e ha poche decorazioni; il tetto piramidale non presenta né terrazze né colonne, ma in origine gli altari erano rivestiti d'argento. Nella sala principale c'è un *lingam*. Nella **Torre Sud** (Mieu Dong Nam), un tempo dedicata a Sandhaka (Shiva), si conserva un *lingam*, mentre la **Torre Nord-ovest** (Thap Tay Bac), in origine dedicata a Ganesh, è riccamente decorata. Il sito ha tutt'oggi una valenza religiosa, perciò ricordatevi di togliervi le scarpe prima di entrare e vestitevi in modo consono.

Un pioniere della medicina

LA SUA MISSIONE IN UN MUSEO

Il Museo Alexandre Yersin è uno di quei musei provinciali che si visitano con soddisfazione perché non si limitano a esporre una congerie di ceramiche e cose simili, ma sono centrati su un tema ben preciso. Ha sede in un'elegante residenza davanti al mare,

DOVE DORMIRE: HOTEL E OSTELLI A NHA TRANG

Champa Island Resort
Situato su due isole del fiume Cai, ha ottimi servizi, tra cui un'enorme piscina, palestra e spa. **$$$**

Happy Angel Hotel
Nel cuore della città e a pochi passi dalla spiaggia, ha un'ampia scelta di camere e personale molto gentile. **$$**

Backpack Abode Hostel
Comoda posizione vicino alla spiaggia e atmosfera conviviale grazie anche alla colazione gratuita (e alla birra!). **$**

che fu la casa dello scienziato franco-svizzero Alexandre Yersin (1863-1943), fondatore nel 1895 dell'Istituto Pasteur di Nha Trang.

Yersin fece molte cose, tra cui introdurre in Vietnam l'albero della gomma e la pianta da cui si ricava il chinino e scoprire il microbo trasmesso dai topi che causa la peste bubbonica. Molto rispettato in Vietnam, gli sono state intitolate numerose strade e gli è stata conferita la cittadinanza onoraria postuma per la sua pionieristica attività scientifica nella lotta contro le malattie. Nel museo potrete vedere la biblioteca di Yersin, attrezzature da laboratorio (tra cui anche strumenti astronomici) e un affascinante visore fotografico in 3D. L'edificio è anche la sede dell'Istituto Pasteur, che coordina i programmi di vaccinazione e igiene della costa meridionale del paese. Il personale medico della clinica assiste circa 70 pazienti al giorno. Ci sono informazioni in francese, vietnamita e inglese e un breve film sulla vita di Yersin.

PROMONTORIO DI HON CHONG

Lo stretto promontorio di granito di Hon Chong, 4 km a nord del centro di Nha Trang, offre belle vedute sulla costa montuosa a nord di Nha Trang e sulle isole vicine. Ha anche un piccolo osservatorio, destinato però soprattutto alle visite scolastiche (orari di apertura irregolari). Ci sono inoltre la riproduzione di una casa ruong (abitazione di legno costruita artigianalmente nello stile tradizionale della regione) e un ottimo caffè con vista sul mare. Potrebbe capitarvi di vedere i bambini del posto che si tuffano ad angelo dalla scogliera. Poco più a nord del promontorio c'è una piccola spiaggia, ma è un po' sporca.

Bagni di fango

TRATTAMENTI TERMALI

La gente del posto sostiene che l'unico modo per lavarsi davvero bene è immergersi in un bagno di fango naturale e a Nha Trang ci sono diversi posti dove poterlo fare. Cercate di evitare i weekend, quando sono molto affollati.

I-Resort, 7 km a nord-ovest del centro, è un centro termale di categoria elevata, il più invitante a Nha Trang, con bagni di fanghi termali, piscine e nove cascate di acqua minerale. Gode di una magnifica posizione in mezzo alla campagna, con le montagne in lontananza, e dispone di un discreto ristorante, una spa con centro massaggi e un negozio di souvenir. Propone fanghi e trattamenti spa di tutti i tipi. Il Thap Ba Hot Spring Center, il primo centro di fanghi termali aperto in zona, mantiene un buon rapporto qualità-prezzo. In alternativa alle stanze private, molto costose, considerate i fanghi nell'area comune. Ha un'ampia scelta di pacchetti e sul sito ci sono offerte scontate. Si trova 7 km a nord-ovest di Nha Trang.

Cattedrale di Nha Trang

IN STILE GOTICO FRANCESE

Costruita tra il 1928 e il 1933 in stile gotico francese, con tanto di vetrate istoriate, sorge in cima a una collinetta affacciata sulla stazione ferroviaria. Ha un aspetto elegante, sebbene sia fatta con semplici blocchi di cemento. Non manca qualche tocco di colore in stile vietnamita, come il neon rosso intorno al crocifisso, la luce rosa del tabernacolo e la statua della Madonna con un neon bianco come aureola e uno blu come cornice.

TRASPORTI LOCALI

Il modo migliore per visitare il centro di Nha Trang è a piedi, ma fate attenzione quando attraversate la trafficata strada costiera. I taxi hanno tariffe ragionevoli: la corsa dal centro alle Torri cham di Po Nagar costa circa 30.000đ. La città è pianeggiante, perciò anche la bicicletta è un'ottima soluzione e se ne trovano facilmente a noleggio.

Dintorni di Nha Trang

Prendetevi un po' di tempo per esplorare la Baia di Nha Trang, la costa, i resti archeologici e il centro culturale cham.

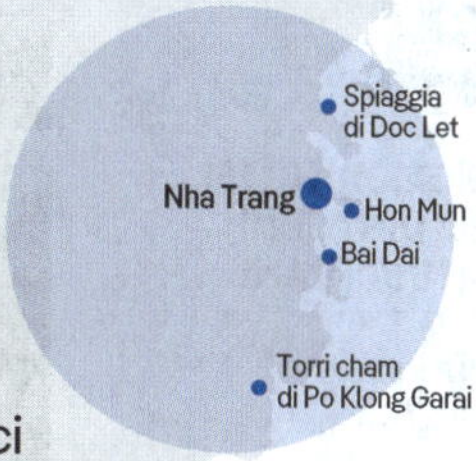

La posizione costiera, le isole al largo e il clima tropicale fanno di Nha Trang una buona base di appoggio per gite in barca e sport acquatici. Le immersioni esercitano da sempre un grande richiamo, ma molti dei siti migliori sono attualmente interdetti a tutela della barriera corallina. Riscuotono molto successo anche le escursioni in barca e una crociera tra le isole può essere un'esperienza memorabile, se si sceglie quella giusta.

A sud della città, Bai Dai è una splendida spiaggia dove si può fare surf e rilassarsi nei tanti locali informali direttamente sulla sabbia. Un po' più lontano, si possono visitare le torri cham di Po Klong e la spiaggia di My Hoa, pressoché incontaminata a eccezione di qualche postazione di kitesurf.

IL CONSIGLIO

Nel pieno della stagione delle piogge (da ottobre a gennaio) ci sono poche opportunità per fare immersioni, snorkelling o vela. Se vi interessano queste attività, è meglio evitare questi mesi.

Surf a Bai Dai (p226)

MIGLIORI HOTEL NEI DINTORNI DI NHA TRANG

Mia Resort Nha Trang
Su una spiaggia privata 16 km a sud di Nha Trang, ha ville spaziose con vista sull'oceano o sul giardino. **$$$**

Fusion Resort Nha Trang
A Bai Dai, le suite e le ville di questo lussuoso complesso sulla spiaggia hanno tutte la vista sul mare e molte dispongono di una piccola piscina privata. **$$$**

West Lake Hotel
Vicino all'estremità settentrionale di Bai Dai, ha camere con un buon rapporto qualità-prezzo. **$**

Ana Mandara Cam Ranh
La posizione sulla spiaggia, lo stile contemporaneo e la magnifica piscina ne fanno una bella sistemazione. **$$$**

NGUYEN QUANG NGOC TONKIN/SHUTTERSTOCK ©

Strada costiera nei pressi di Nha Trang

Spiaggia di Bai Dai

A SUD LUNGO LA SPIAGGIA DEL SURF

A sud di Nha Trang, una spettacolare strada costiera porta alla Baia di Cam Ranh seguendo tutta la lunghezza di **Bai Dai** (spiaggia Lunga), un litorale sabbioso dalla bellezza mozzafiato. L'estremità settentrionale della spiaggia dista 22 km, 30 minuti di strada.

Fino a poco tempo fa, questa era una zona militare e l'accesso era perciò consentito solo a qualche peschereccio. Oggi le cose sono cambiate e lungo tutto il tratto di costa è in corso una rapida urbanizzazione. Sono già stati aperti diversi hotel di grandi dimensioni e molti altri sono in costruzione.

Bai Dai è una delle spiagge migliori del Vietnam per fare surf. La cosa migliore è raggiungere l'estremità settentrionale della costa, dove si trovano il **Bai Dai Surf Camp & Chill**, che noleggia tavole e offre lezioni di surf, il grill bar **Sandy Shores** e diversi ristoranti di pesce. Se il mare è calmo, questa parte della spiaggia è la migliore anche per fare il bagno.

DOVE DORMIRE: HOTEL A DOC LET

Light Hotel
A circa 400 m dalla spiaggia, ha camere pulite e accoglienti con l'aria condizionata e il personale è gentile. **$**

Hoang Khang Hotel
Hotel di quattro piani con camere convenienti e ben arredate. Ha il ristorante ed è vicino alla spiaggia. **$**

Serene Days Doclet Resort
Nuovo hotel sulla spiaggia, vicino all'estremità settentrionale di Doc Let, con una bella infinity pool. **$$$**

Da un'isola all'altra

ESCURSIONI IN BARCA

Con 71 isolette davanti alla costa, alcune delle quali circondate dalla barriera corallina, Nha Trang è famosa per i tour delle isole.

Negli anni '90 del secolo scorso si organizzavano feste in mare a bordo di fatiscenti imbarcazioni da pesca con grandi quantità di spinelli e fiumi di vino di riso servito al 'bar galleggiante' (una camera d'aria tra le acque dell'oceano). Tutto questo finché, ovviamente, le autorità locali non decisero che la marijuana e le sfide all'ultimo bicchiere erano un po' troppo controrivoluzionarie per i loro gusti.

Oggi la scelta è più ampia, dalle crociere alcoliche per backpacker alle gite per famiglie. A dire il vero, quasi tutte le escursioni sono estremamente turistiche, con tappe obbligate all'antiquato Acquario Tri Nguyen, un po' di snorkelling su una depauperata barriera corallina e qualche momento di relax in spiaggia (ingresso a pagamento). Le crociere alcoliche offrono intrattenimento (molto) organizzato con DJ dozzinali (o pacchiane boy band) e tanti giochi a base di alcol. Di solito ci sono 20 o 30 persone stipate su una piccola imbarcazione.

Negli ultimi anni sono aumentate le offerte di qualità superiore, che oggi spaziano dalle imbarcazioni a noleggio alle crociere a bordo di giunche tradizionali. Se potete spendere un po' di più, sono decisamente migliori per trascorrere una bella giornata tranquilla e rilassante nella baia.

Immersioni nella baia

AVVENTURE SUBACQUEE

Nha Trang è la località più famosa del Vietnam per le **immersioni**, sebbene non offra condizioni così soddisfacenti per i subacquei esperti, avendo una visibilità variabile tra 10 m e 15 m. I mesi da febbraio a settembre sono i più favorevoli per le immersioni, mentre il periodo meno adatto va da ottobre a dicembre.

In zona ci sono circa 25 siti dove ci si può immergere. Il migliore era l'**Isola Hon Mun**, che però a giugno del 2022 è stata interdetta a causa del grave stato di degrado in cui versa la barriera corallina. La decisione ha suscitato le proteste degli operatori locali, che sostengono di avere tutto l'interesse a tutelare l'ambiente marino. Studi condotti in precedenza hanno dimostrato che le violente tempeste, il cambiamento climatico, i rifiuti industriali e soprattutto la pesca illegale e

KITESURF A MY HOA

Circa 100 km di strada a sud di Nha Trang, la località balneare di My Hoa sta diventando famosa per il **kitesurf**. Da novembre a marzo troverete cieli limpidi e venti tra i 20 e i 30 nodi che soffiano con costanza dal mare verso la costa.
Tre sono i campi di kitesurf aperti finora e sicuramente ne arriveranno altri, ma per ora l'atmosfera è ancora tranquilla. Perciò se preferite rilassarvi sotto le stelle in un posto relativamente poco sviluppato piuttosto che soggiornare in una grande località turistica come Mui Ne, optate per My Hoa.
Non ci sono trasporti pubblici; la corsa in taxi da Phan Rang costa 275.000đ e dura circa 40 minuti.

DOVE DORMIRE: HOTEL SULLA BAIA DI NINH VAN

Six Senses Ninh Van Bay
Posizione incantevole davanti a un'insenatura; ville eleganti d'ispirazione tradizionale, ognuna con piscina privata. **$$$**

L'Alyana Villas Ninh Van Bay
Casette con il tetto di paglia e piccola piscina privata, maggiordomo personale, yoga, kayak ed escursioni. **$$$**

An Lam Retreat
Rifugio tropicale raggiungibile in barca, è un po' un ritorno alla natura. Villette ben presentate. **$$$**

il dragaggio sono fra le cause principali del deterioramento della barriera corallina.

Restano aperti altri siti, con coralli duri e molli e una discreta varietà di pesci di piccole dimensioni. Si possono vedere pesci pagliaccio, pesci palla e pesci trombetta, e talvolta qualche seppia e polpo.

Le escursioni di un giorno con gli operatori specializzati comprendono in genere il viaggio in barca, due immersioni e il pranzo, con costi che si aggirano tra US$60 e US$90. Se si vuole fare solo snorkelling, ci si può aggregare pagando circa US$20.

A Nha Trang troverete all'incirca una quindicina di operatori specializzati in immersioni, compreso qualcuno poco affidabile che non adotta pratiche responsabili. Di solito sono quelli con prezzi stracciati. Non scendete a compromessi sulla sicurezza e rivolgetevi solo a operatori di buona reputazione.

SPIAGGIA DI DOC LET

Lunga 18 km, con sabbia bianca e acque turchesi poco profonde, Doc Let è una delle spiagge più belle del Vietnam. Negli ultimi anni, però, è partita una serrata corsa all'urbanizzazione e stanno prendendo sempre più piede i viaggi organizzati da Nha Trang. L'ampia baia può essere divisa in tre settori. La zona a nord è la più turistica, con hotel sulla spiaggia e guesthouse più economiche verso l'interno. La parte centrale è dominata dall'enorme porto Hyundai, importante per l'occupazione locale, ma nefasto per il paesaggio. La sezione meridionale ha le spiagge più belle, ma a causa dei cantieri, dei tanti turisti e delle moto d'acqua, è ormai tutt'altro che tranquilla.

Torri cham di Po Klong

TEMPLI HINDU IN COLLINA

Situate a sud di Nha Trang (93 km, un'ora e mezza in auto), le imponenti Torri cham di Po Klong risalgono alla fine del XIII secolo. Costruite come templi hindu, sono fatte di mattoni e sorgono su una piattaforma in cima a Cho'k Hala, una spoglia collina di roccia granitica.

Sopra l'ingresso della torre maggiore (il *kalan*, o santuario) spicca una bella scultura raffigurante la divinità hindu Shiva danzante con sei braccia. Gli stipiti della porta recano iscrizioni nell'antica lingua cham che descrivono gli interventi di restauro eseguiti in passato e le offerte di sacrifici e schiavi.

Nel vestibolo del *kalan* c'è una statua del toro Nandi, cavalcatura di Shiva e simbolo della produttività agricola delle campagne locali. Per assicurarsi un buon raccolto, i contadini deponevano offerte di verdure fresche, erbe e noci di areca davanti al muso di Nandi. Sotto una piramide di legno nella torre principale c'è un *mukha-lingam*, al quale si rende omaggio con liquori e incenso.

Nella torre più piccola, di fronte all'ingresso del santuario, si possono osservare le sofisticate tecniche costruttive dei cham, con le colonne di legno a vista che sostengono il tetto realizzato con materiali leggeri. La struttura adiacente era in origine l'ingresso principale del complesso.

Accanto ai templi c'è un grande e moderno **Centro Culturale Cham** in cui sono esposte belle fotografie che ritraggono individui cham, scene di vita quotidiana e usanze tipiche, e inoltre dipinti, ceramiche, costumi tradizionali e utensili agricoli.

TRASPORTI LOCALI

Ci sono autobus e treni che collegano regolarmente Nha Trang con la zona di Phan Rang (la cui stazione ferroviaria si chiama Thap Cham). Per poter esplorare la regione, però, è meglio disporre di un mezzo proprio. A Nha Trang si possono noleggiare scooter a partire da US$5 al giorno o automobili con conducente a partire da US$80 al giorno.

MUI NE

Tra le mete balneari più rilassanti del Vietnam, Mui Ne è un bel tratto di costa con resort sulla spiaggia che si susseguono per 10 km senza soluzione di continuità, formando un'unica, lunga riviera turistica. Sono in gran parte strutture basse, circondate da giardini tropicali e affacciate sul mare. Il villaggio di pescatori originario esiste ancora, ma ormai i turisti sono più numerosi degli abitanti. Nonostante la presenza di qualche hotel di lusso (e alcune guesthouse economiche), Mui Ne è in prevalenza una località di fascia media.

Il kitesurf esercita un forte richiamo, con numerose scuole di buon livello e ottime condizioni di vento tra la fine di ottobre e aprile. Purtroppo l'erosione costiera costituisce un problema, soprattutto intorno al km 12. L'entroterra è arido e desertico, con alte dune di sabbia: visitarle è un'esperienza emozionante. Fino a pochi anni fa Mui Ne era molto frequentata dai turisti russi, mentre oggi arrivano soprattutto europei occidentali e vietnamiti.

IL CONSIGLIO

Alberghi e ristoranti si concentrano in gran parte in un tratto di 10 km della strada costiera. Molti hotel a est del Km 12 non hanno la spiaggia. Per fare il bagno il posto migliore è intorno al Km 8.

DA VEDERE
1 Sorgente delle Fate
2 Museo del Villaggio dei Pescatori
3 Dune di sabbia
4 Torri cham di Po Shanu

ATTIVITÀ, CORSI E TOUR
5 Manta Sail Training Centre
6 Sailing Club Kit School

PASTI
7 Choi Oi
8 Dong Vui Food Court
9 Sandals

ROVINE CHAM

Situate circa 6 km a ovest di Mui Ne, le Torri cham di Po Shanu sorgono su un'altura con un'ampia vista sulla vicina Phan Thiet e un cimitero costellato di lapidi che sembrano fatte di zucchero. Risalente al IX secolo, il complesso comprende le rovine di tre torri dedicate a Shiva, restaurate nel 2019 utilizzando il più possibile i mattoni originali. Ci sono pannelli con informazioni sulla storia del sito e anche una piccola pagoda.

DET-ANAN/SHUTTERSTOCK ©

Dune di sabbia, Mui Ne

Sport acquatici

KITESURF, WINDSURF E NON SOLO

I venti migliori per il kitesurf e il windsurf soffiano dalla fine di ottobre alla fine di aprile movimentando decisamente le acque. Prima di prenotare un corso di kitesurf di più giorni, può valere la pena di investire in una lezione introduttiva, dato che è una disciplina piuttosto difficile da apprendere. Tenete presente che si tratta di uno sport estremo e che la maggior parte degli operatori non concede rimborsi in caso di ritiro anticipato. A Mui Ne ci sono anche un'ottima scuola di vela e molti negozi che noleggiano tavole da SUP e kayak. Tra agosto e dicembre si può praticare anche il surf. La Sailing Club Kite School e il Manta Sail Training Centre sono operatori affidabili.

Il Sahara del Vietnam

ESPLORARE LE DUNE

Mui Ne è famosa per le sue enormi dune di sabbia rosse e bianche. Situate a nord della strada principale, le *doi hong* ('dune rosse') sono facili da raggiungere, ma le *doi cat trang* ('dune bianche'), 24 km a nord-est, sono le più spettacolari: i venti che soffiano quasi costantemente dall'oceano modellano la sabbia di color giallo tenue in forme che ricordano quelle del Sahara.

Essendo meta di tantissimi visitatori, è difficile riuscire a godersi il silenzio del deserto. Preparatevi anche all'assalto di bambini

DOVE MANGIARE A MUI NE

Dong Vui Food Court
Tavoli all'aperto, ristoranti di tutti i tipi (dalla cucina indiana a quella tedesca) e musica dal vivo ogni tanto nei weekend. $

Sandals
Locale romantico per una cena indimenticabile, con un'atmosfera accogliente e piatti vietnamiti e occidentali. $$

Choi Oi
Ristorante vietnamita moderno con personale gentile e menu invitante; organizza anche corsi di cucina. $

che insisteranno per noleggiarvi slittini di plastica per scivolare sulle dune. A meno di non essere pesi piuma, però, in questo modo non si fanno che pochi metri. Anche i quad e le dune buggy possono essere fastidiosi e non manca un po' di sporcizia: nonostante le pulizie periodiche, la marea di plastica ricompare sempre.

Se prenotate un'escursione organizzata, concordate l'itinerario, meglio se per iscritto. Sono note lamentele, soprattutto per i tour al tramonto, interrotti quando il sole è ancora alto.

Salsa di pesce

UNA PRODUZIONE LOCALE

Il *nuoc mam* (salsa di pesce) è praticamente sempre presente sulle tavole del Vietnam, dove se ne consumano circa 250 milioni di litri all'anno. Aggiunto in cottura, conferisce ai piatti una complessità unica e un sapore umami. Mescolato con aglio, succo di lime, peperoncino e zucchero dà origine al *nuoc cham*, una salsa immancabile servita in ciotoline in cui intingere i cibi.

Phan Thiet (p232) è uno dei principali centri del Vietnam per la produzione della salsa di pesce (la sfida si gioca con l'Isola di Phu Quoc). In città e in tutta la regione ci sono fabbriche e laboratori artigianali e ovunque se ne percepisce il caratteristico odore.

Fare la salsa di pesce è abbastanza semplice: servono solo due ingredienti. In vasi di terracotta o in barili di legno cosparsi di sale marino si dispongono strati di pesce fresco pulito (di solito acciughe) e sale, lasciandoli poi a fermentare nel torrido sole del Vietnam meridionale per periodi variabili da sei mesi a un anno.

Esistono infinite gradazioni di qualità. La più pregiata è la prima estrazione, di color cognac e dall'aroma intenso e pungente, chiamata *nuoc mam nhi* (paragonabile alla qualità extravergine dell'olio di oliva spremuto a freddo). Le estrazioni successive non hanno la stessa intensità e sono più acquose. Un modo per verificare la qualità della salsa è valutarne il contenuto proteico. Se, lasciando cadere uno o due chicchi di riso in una ciotola di salsa di pesce, questi vanno a fondo, significa che il contenuto di proteine è basso e si tratta quindi di un'estrazione secondaria.

Altre varianti sono la salsa *nuoc mam* (preparata con pesce d'acqua dolce), la salsa di pesce cotto, quella sotto forma di pasta e altri tipi fatti con gamberi, granchi o calamari.

Tra Mui Ne e Phan Thiet, l'eccellente Museo del Villaggio dei Pescatori spiega tutto su questo classico vietnamita, sulle sue origini e sulla produzione locale. 14 mostre interattive illustrano 300 anni di storia, la cultura marittima e l'importanza della pesca nell'economia locale. Si può assaggiare e acquistare la salsa.

Di sera ci sono gli 'spettacoli dei pescatori', rappresentazioni teatrali, accompagnate da balli contemporanei, dedicate alla pesca tradizionale e alla cultura di Phan Thiet.

SORGENTE DELLE FATE

Un modo per vedere le dune di Mui Ne può essere risalire il *Suoi Tien*, la 'sorgente delle fate' che scorre in una valle in mezzo alle dune rosse passando accanto a interessanti formazioni di sabbia e roccia. Si può andare dal mare alla sorgente camminando nell'acqua a piedi scalzi. Se poi però volete esplorare le dune, avrete bisogno delle scarpe. Incontrerete un po' di rifiuti e qualche bancarella di souvenir.

DOVE DORMIRE A MUI NE

Sailing Club
Bungalow spaziosi ed eleganti, circondati da giardini tropicali, sulla migliore spiaggia di sabbia a Mui Ne. **$$$**

Minhon Hotel
Con personale giovane e simpatico, ha belle camere intorno alla piscina e sfrutta l'energia solare. **$**

Cargo Remote
Struttura ecocompatibile in collina con una magnifica piscina naturale e belle camere ricavate da container navali. **$$**

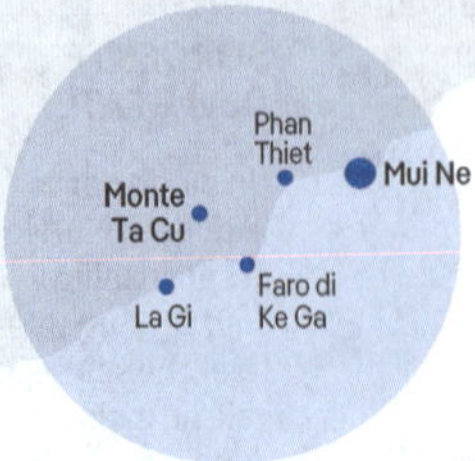

Dintorni di Mui Ne

Mui Ne è una località di vacanze balneari. Se volete un'esperienza più autentica, visitate Phan Thiet e gli altri posti più oltre lungo la costa.

IL CONSIGLIO

Per una bella escursione in giornata da Mui Ne, procuratevi un mezzo di trasporto e dirigetevi a sud lungo la strada per Phan Thiet (e oltre). Qui fa sempre caldissimo, perciò munitevi di crema solare e acqua in abbondanza.

L'arida e scenografica regione intorno a Mui Ne è piacevole da visitare. Non perdetevi la brulicante città portuale di Phan Thiet, famosa per il *nuoc mam* (salsa di pesce), di cui qui si producono milioni di litri all'anno. Il porto di pesca sul fiume è sempre pieno di barche colorate, ma ci sono anche alcuni luoghi d'interesse e molti ristoranti di pesce.

Proseguendo verso sud oltre Phan Thiet, si può fare un bel viaggio in auto lungo la spettacolare strada costiera che porta a Long Hai passando per il faro di Ke Ga. Merita una sosta anche il Monte Ta Cu.

NEALE COUSLAND/SHUTTERSTOCK ©

Phan Thiet

PHAN THIET A PIEDI

Phan Thiet è tra i principali porti del Vietnam meridionale, con una flotta che conta centinaia di pescherecci e un pescato annuo che supera le 50.000 tonnellate. Partite dal **1 Museo di Ho Chi Minh**, in riva al fiume Ca Ty, dedicato al fondatore della nazione vietnamita, che nel 1910 trascorse un anno a Phan Thiet frequentando la vicina **2 Scuola Duc Thanh**; aperta al pubblico, vi si possono visitare le austere aule e i giardini ben curati.

Dirigetevi verso l'interno percorrendo Đ Tran Phu fino al **3 mercato centrale di Phan Thiet**, con banchi pieni di pesce fresco e frutti di mare, in gran parte pescati nell'oceano lontano dalla costa. Ci sono anche bancarelle che vendono spuntini e pasti, fruttivendoli (assaggiate il famoso frutto del drago di produzione locale; p234) e fiorai. Tornando verso il fiume lungo Đ Nguyen Hué, sulla sponda opposta si vede una **4 torre idrica** che risale al 1934; vagamente somigliante a una pagoda, è un simbolo della città.

Proseguite lungo la sponda occidentale del Ca Ty e attraversate il **5 ponte Tran Hung Dao** per godervi un'altra prospettiva del fiume, con centinaia di barche da pesca. Il *nuoc mam* (salsa di pesce) di Phan Thiet è famoso in tutto il Vietnam per il suo sapore intenso. **6 Đ Pham Van Dong**, la strada che costeggia il fiume, è piena di ristoranti di pesce in cui fermarsi a mangiare. Negli anni '70 e '80 del secolo scorso, da qui, a bordo di piccole imbarcazioni, sono partiti migliaia di emigranti vietnamiti in cerca di una nuova vita a Singapore, negli Stati Uniti o in Europa.

Dall'estremità meridionale di Đ Pham Van Dong la vista spazia oltre la foce del fiume fino al mare. Non molto distante percorrendo Đ Le Loi, si trova la **7 spiaggia** di Phan Thiet, uno splendido arco di sabbia chiara.

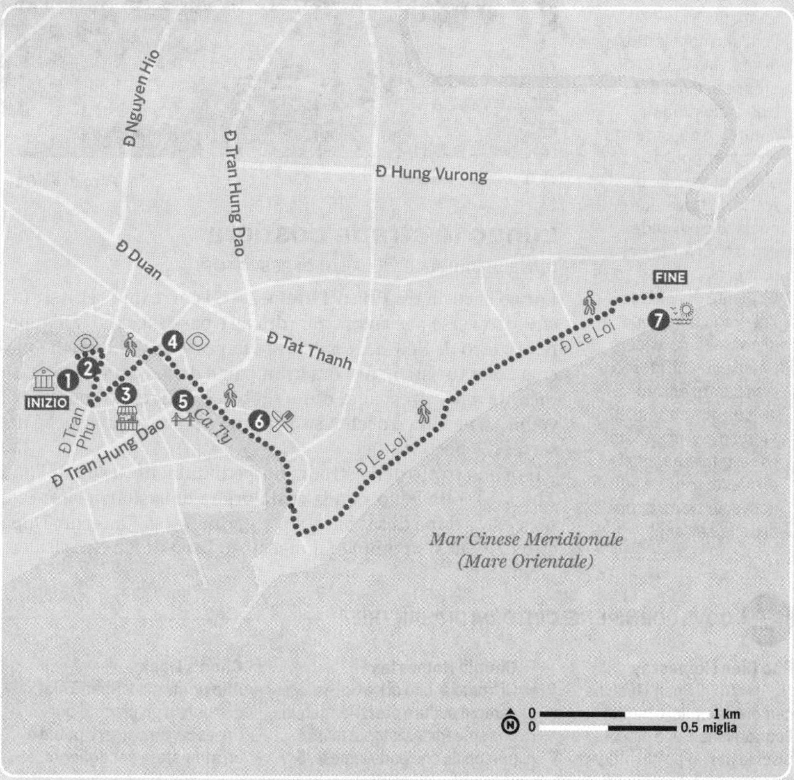

FRUTTO DEL DRAGO

Arrivando di notte nel distretto di Mui Ne, si resta colpiti dalla strana visione di interi campi pieni di lanterne, ognuna delle quali illumina un cespuglio tropicale dall'aspetto insolito. Le luci servono a tenere al caldo il frutto del drago (detto anche pitaya), che è originario dell'America Latina ma prospera nel clima arido e nel suolo sabbioso di questo tratto di costa del Vietnam.
Per l'alto contenuto di vitamina C, le proprietà digestive e gli antiossidanti naturali, è considerato un 'superfood' da alcuni nutrizionisti. A Mui Ne troverete cocktail e bevande al gusto di frutto del drago.
Le piante del frutto del drago fioriscono di notte e il fiore (con petali bianchi intorno a un centro dorato) vive un giorno solo. Il Vietnam è il maggiore esportatore mondiale di questo frutto, con ricavi per un miliardo di dollari all'anno.

DZUNG VU/SHUTTERSTOCK ©

Faro di Ke Ga

Lungo la strada costiera

DUNE DI SABBIA E VILLAGGI DI PESCATORI

Lungo la costa tra **Phan Thiet** e **La Gi** corre una bella strada che attraversa paesaggi straordinari e passa accanto all'imponente faro di Ke Ga. Nonostante la presenza di qualche piccola zona turistica, per ora gran parte della costa rimane un incantevole intreccio di dune sabbiose, villaggi di pescatori, vedute a perdita d'occhio sull'oceano e spiagge pressoché deserte. C'è poco traffico.

Il primo tratto della strada, immediatamente a sud di Phan Thiet, è molto bello, con la costa orlata di casuarine e l'oceano a est, e dune di sabbia color ruggine verso l'interno. Dopo circa 30 km si raggiunge il maestoso **faro di Ke Ga**, risalen-

DOVE DORMIRE NEI DINTORNI DI PHAN THIET

Pho Bien Homestay
Nel centro di Phan Thiet, ha camere semplici e molto economiche e una piccola piscina per un po' di refrigerio. $

Chunlii Homestay
Di fronte al faro di Ke Ga, ha camere pulite a prezzi contenuti, una splendida vista sul mare e personale che parla inglese. $

Chon's Dock
Alla periferia di Phan Thiet, di fronte a un piccolo porto di pesca, ha camere pulite e un'atmosfera accogliente. $

te al periodo francese. Costruito nel 1899, sorge su un isolotto roccioso a circa 300 m dalla costa e si erge per 40 m sulle acque dell'oceano. Si può raggiungere semplicemente a nuoto (o anche a guado) se la marea è molto bassa, ma di solito i visitatori preferiscono ingaggiare un barcaiolo (a partire da 100.000đ per andata e ritorno). Non è permesso salire in cima al faro.

A sud di Ke Ga, la strada piega a sud-ovest, passando vicino a campi ricolmi di frutti del drago (la coltivazione principale di questa zona) e raggiungendo La Gi, 22 km più avanti, un'isolata cittadina di mercato.

Montagna sacra

BUDDHA GIGANTE

La principale attrattiva del **Monte Ta Cu** è l'enorme statua bianca del Buddha sdraiato, **Tuong Phat Nam**, che con i suoi 49 m di lunghezza, è la più grande del Vietnam. La pagoda fu costruita nel 1861, ma il Buddha venne aggiunto solo nel 1972, facendone così un'importante meta di pellegrinaggio.

Il monte si trova nelle immediate vicinanze della Statale 1, 31 km a sud-ovest di Phan Thiet e a 48 km da Mui Ne. Dalla strada statale si può raggiungere il santuario con una bella camminata di due ore oppure con una corsa in funivia di 10 minuti, seguita da un breve, ma ripido, tratto a piedi. Prima di arrivare in cima si incontrano tre grandi statue del Buddha in posizione eretta e nella foresta lì intorno può capitare di vedere qualche scimmia. La funivia, di fabbricazione austriaca, è relativamente moderna.

IL CULTO DELLE BALENE

Si ritiene che il culto delle balene in Vietnam risalga all'inizio del periodo cham. Le comunità di pescatori del Vietnam meridionale venerano le balene come esseri quasi divini, in grado di offrire protezione dalle tempeste e infatti la costa è punteggiata di templi in loro onore. Il **Tempio di Van Thuy Tu** a Phan Thiet è particolarmente interessante, dato che custodisce lo scheletro di una balena di 19 m. Il tempio, che contiene anche altri cimeli della cultura locale, risalirebbe al 1762.

TRASPORTI LOCALI

Gli autobus locali collegano Phan Thiet con Mui Ne, ma per il resto ci sono pochi mezzi pubblici, perciò è meglio avere l'auto o la moto. Un'auto con conducente costa US$90 per un giorno.

VUNG TAU

Situata su una penisola collinosa a forma di pollice, con l'oceano su due lati e una laguna costiera a nord, la città di Vung Tau vanta una posizione spettacolare. Facilmente raggiungibile in giornata da Ho Chi Minh City, è una meta privilegiata per i weekend fuori porta dei saigonesi, che ci vanno per godersi l'aria di mare, le spiagge e i panorami.

È una città gradevole, con ampi viali e strade costiere, e offre anche qualche attrattiva, tra cui musei, imponenti palazzi coloniali e monumenti di guerra. Se gli dei del meteo sono generosi, davanti alle sue spiagge si può fare surf e kitesurf. I viaggiatori di passaggio sono pochi, ma è un buon punto di partenza (o di arrivo) per un bel viaggio lungo la costa fino a Mui Ne.

Molti visitatori occidentali sono ex soldati australiani e neozelandesi: negli anni '60 e '70 del XX secolo, infatti, qui c'era una base ANZAC (corpi militari australiani e neozelandesi).

IL CONSIGLIO

Se avete voglia di pesce, lungo la costa a nord-est del centro ci sono dei buoni ristoranti. Mangiare fuori qui è più costoso che in molte altre città del Vietnam. Per risparmiare, puntate sul mercato del pesce.

SOPRANNOMI

Da molti anni a Vung Tau c'è una comunità ben radicata di residenti stranieri, tanto che alcuni luoghi hanno soprannomi inglesi. Di solito gli stranieri preferiscono **Front Beach** (Bai Truoc), dove ci sono molti bar e ristoranti, mentre la maggior parte dei vietnamiti sceglie **Back Beach** (Bai Sau), che offre opportunità migliori per nuotare e praticare sport d'acqua.

Musei e non solo

CONTESTO CULTURALE

Vung Tau ha tre musei interessanti da visitare. Il **Museo Robert Taylor delle Armi del Mondo** (nella foto a destra) è una delle migliori collezioni private di armi, uniformi e articoli militari di tutta l'Asia. Una sezione è dedicata alla guerra del Vietnam, un'altra al periodo coloniale francese e altre espongono pezzi cinesi, europei e persino zulu.

Robert Taylor, che ha impiegato 50 anni a raccogliere e catalogare la collezione, è spesso presente e disponibile a fornire spiegazioni. La cura per i dettagli è straordinaria e ci sono ottime didascalie in inglese e vietnamita.

L'eccellente **Museo Provinciale** è stato inaugurato nel 2021 in una originale struttura di nuova costruzione, alta quattro piani, davanti al mare. Ben presentata, l'esposizione copre svariati argomenti, tra cui storia locale, ambiente, minoranze e tradizioni culturali. Ampio spazio è dedicato ai conflitti con i francesi e gli americani, con una sezione sulla prigione di Con Dao e molte armi originali.

Il museo illustra anche la cultura locale, documentando le tradizioni religiose, l'arte, l'architettura e la cucina della provincia. Lì accanto c'è il terzo museo cittadino, Bach Dinh (Villa Bianca), la residenza in cui trascorreva i weekend il governatore francese Paul Doumer (divenuto poi presidente francese). Splendida villa di epoca coloniale, è circondata da ampi giardini di frangipani, ma gli interni sono insolitamente spogli (a eccezione di qualche pezzo di arredamento e alcune ceramiche Ming recuperate da relitti di navi naufragate davanti alla costa).

DA NON PERDERE
1 Museo Robert Taylor delle Armi del Mondo

DA VEDERE
2 Statua di Cristo Re
3 Faro
4 Museo Provinciale
5 Villa Bianca

PASTI
6 Quach's Seafood Restaurant
7 Mercato del pesce

DONG NHAT HUY/SHUTTERSTOCK ©

DOVE DORMIRE A VUNG TAU

Sakura Hotel
Camere e appartamenti invitanti, titolari ben informati, scooter e bici a noleggio. Ottimo rapporto qualità-prezzo. **$**

Shin & Sam
Le camere sono ben tenute, c'è un'eccellente prima colazione e la piscina sul tetto è quello che ci vuole contro la calura. **$**

Vung Tau Riva Hotel
Moderno mini hotel con una bella posizione davanti a Back Beach. Molte camere hanno la vista sul mare dal balcone. **$$**

POSTI MIGLIORI PER MANGIARE PESCE

Ganh Hao
Tra i migliori ristoranti di pesce del Vietnam meridionale, con tavoli davanti al mare; provate il granchio con salsa al pepe. **$$$**

Mercato del pesce
Pesce, granchi e frutti di mare di vostra scelta cucinati davanti ai vostri occhi. A Back Beach. **$**

Thanh Phat 2
Semplice locale sul mare con ottimi piatti di gamberi, branzino, granchio e vongole. Si trova 4 km a nord del centro di Vung Tau. **$$**

Quach's Seafood Restaurant
Vivace locale nei pressi di Front Beach, serve frutti di mare freschissimi, tra cui un eccellente granchio in salsa di tamarindo e piatti di gamberi giganti. **$$$**

DONG NHAT HUY/SHUTTERSTOCK ©

Statua di Cristo Re

Come a Rio

A UN PASSO DAL CIELO

Il promontorio meridionale di Vung Tau si protende nell'oceano offrendo vedute a perdita d'occhio sulle zone umide a ovest e sulla città. Qui, in cima a un'altura, con le braccia aperte ad abbracciare il Mar Cinese Meridionale (Mare Orientale), si erge la statua di **Cristo Re** che, con i suoi 32 m di altezza, è tra le più grandi del mondo, superando addirittura l'illustre cugina brasiliana. Si può salire fin sulle braccia del Cristo per ammirare il panorama. Per arrivare in cima al monte si deve percorrere una scalinata con circa 800 gradini oppure, se trovate qualcuno del posto che conosca la strada, si può prendere una scorciatoia in moto lungo un accidentato sentiero di montagna. Tenete presente che non si può entrare all'interno della statua in calzoncini o canottiera.

A nord della statua si erge un faro storico, costruito dai francesi nel 1910, dal quale si gode di vedute altrettanto spettacolari sulla città di Vung Tau. Sebbene il Cristo e il faro sembrino molto vicini, non si può andare dall'uno all'altro né a piedi né con altri mezzi, a causa della presenza di una base militare. Per raggiungere il faro, dirigetevi verso il molo di Cau Da percorrendo Đ Ha Long, prendete una stretta svolta a destra imboccando la stradina a nord dello Hai Au Hotel e quindi risalite la collina.

TRAPORTI LOCALI

Sebbene ci siano regolari autobus di linea in partenza dalle autostazioni di Mien Tay e Mien Dong a Ho Chi Minh City, il modo migliore per raggiungere Vung Tay è in barca. I traghetti veloci di Greenlines effettuano servizio per/dal molo sul fiume di Ho Chi Minh City da quattro a sei volte al giorno, salvo cancellazioni dovute a mare mosso; il viaggio dura due ore.

Poiché Vung Tau è piuttosto estesa, per spostarsi tra Front Beach e Back Beach o altri posti più lontani conviene prendere il taxi. Alcuni hotel hanno biciclette per gli ospiti.

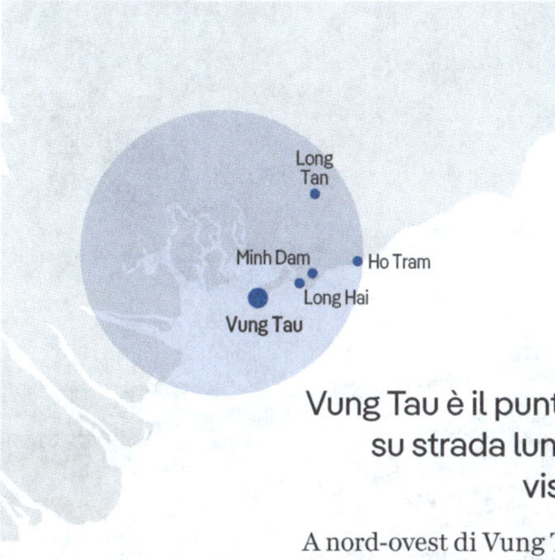

Dintorni di Vung Tau

Vung Tau è il punto di partenza per un bel viaggio su strada lungo la costa fino a Ho Tram e per visitare siti e monumenti di guerra.

A nord-ovest di Vung Tau si estende un favoloso tratto di costa che arriva fino a Phan Thiet, a circa 175 km di distanza. Fino a pochi anni fa, questa era una sterminata distesa di spiagge deserte con qualche villaggio di pescatori, ma oggi stanno sorgendo diversi resort (rivolti ai turisti che arrivano da Ho Chi Minh City) e campeggi (frequentati soprattutto dagli studenti provenienti da Ho Chi Minh City). L'imponente e moderno complesso che si incontra lungo la strada è il mega casinò di Ho Tram.

Nei dintorni ci sono numerosi monumenti e siti legati alla guerra del Vietnam, che è meglio visitare con un tour organizzato da Vung Tau, essendo molto sparsi e difficili da raggiungere autonomamente.

IL CONSIGLIO

Tommy's, a Vung Tau, organizza visite ai siti di guerra rivolte in particolare ai veterani. In alternativa i tassisti fanno pagare circa US$75 per l'intera giornata.

Pesce in essicazione, Long Hai (p240)

CANNONI DA CAMPO FRANCESI

Questi sei grossi cannoni, con le rispettive trincee, sono la testimonianza della grande importanza strategica che Cap St Jacques (nome coloniale di Vung Tau) rivestiva per le autorità francesi per il controllo delle vie d'accesso a Saigon. Per raggiungerli, prendete Đ Tran Phu dopo Mulberry Beach e cercate Hem 444 nel villaggio di pescatori, a circa 6 km da Vung Tau. Girate a destra in una stretta stradina in salita percorribile in moto o a piedi.

QUANG NGUYEN VINH/SHUTTERSTOCK ©

Ho Tram, Vung Tau

Spiagge solitarie

UN MEGA CASINÒ E SPIAGGE QUASI DESERTE

Situata immediatamente a est di Vung Tau, **Long Hai** è una vivace località balneare con spiagge di sabbia, popolare meta di vacanze per la gente del posto, e un operoso porto di pesca. A eccezione della residenza privata di Bao Dai, l'ultimo imperatore del Vietnam (oggi trasformata nel Fleur de Lys Resort & Spa), non ci sono altri luoghi degni di nota.

Proseguendo lungo la costa verso nord-est, si incontrano delle belle spiagge e un lungo banco di sabbia. Già adocchiato dai costruttori, il tratto di costa successivo è caratterizzato dalla presenza di un'area urbanizzata con buon gusto, chiamata **The Hamptons**, con buoni ristoranti e un bel pontile. Più avanti si trova il **casinò di Ho Tram**, enorme monumento all'eccesso e al gioco d'azzardo (i vietnamiti non possono

DOVE DORMIRE A HO TRAM

Grand Ho Tram
Il complesso del casinò ha due eccellenti hotel, con cinque piscine e una magnifica posizione sulla spiaggia. **$$$**

Sanctuary
Bellissime ville in stile contemporaneo, tutte con piscina privata, vicino a una spiaggia di sabbia. **$$$**

Beach House
Semplici camere e bungalow in una posizione tranquilla su una lingua di sabbia tra il fiume e la spiaggia. **$**

andarci a giocare, ma son ben lieti di incassare i soldi spesi dagli stranieri). Casinò a parte, Ho Tram è un posto abbastanza tranquillo e modesto: fino a poco tempo fa non era altro che un piccolo villaggio di pescatori con un disordinato mercato all'aperto e una spiaggia bella ma piuttosto sporca. I chioschi di pesce di questa zona, che servono capesante fresche, granchi blu e gamberi rossi giganti, sono tra i migliori del Vietnam meridionale.

Il tratto di costa che segue è quasi completamente incontaminato e, tra sabbia dorata, dune dolcemente ondulate nell'entroterra e acque cristalline, offre molti posti invitanti in cui fermarsi per un tuffo. In questa zona stanno aprendo molti campeggi, per lo più rivolti agli studenti provenienti da Ho Chi Minh City, con tende tra le dune e i boschi costieri. Di solito sono vuoti durante la settimana, mentre si riempiono nei weekend e nei giorni festivi.

Siti di guerra

GALLERIE, CAMPI DI BATTAGLIA E GROTTE

La **Croce alla Memoria dei Caduti di Long Tan** ricorda una violenta battaglia che si svolse il 18 agosto 1966 tra i soldati australiani e i guerriglieri del Viet Cong (VC). Eretta in origine dagli australiani sopravvissuti alla battaglia, nel 2002 i vietnamiti la sostituirono con l'attuale riproduzione. Si trova a circa 18 km dalla cittadina di Ba Ria e 55 km da Vung Tau, vicino alla località di Nui Dat. Per accedere al monumento non è più necessario richiedere l'autorizzazione e vi si può abbinare la visita alle poco note **gallerie di Long Phuoc**, una rete di cunicoli sotterranei che può essere considerata la versione in scala minore di quella più famosa di Cu Chi (p296).

A **Minh Dam**, che dista 24 km da Vung Tau, ci sono delle grotte con legami storici sia alla guerra d'Indocina sia alla guerra del Vietnam. Sebbene le grotte siano poco più che stretti pertugi tra i massi sulla parete di un dirupo, tra il 1948 e il 1975 i viet cong le usarono saltuariamente come rifugi in cui accamparsi per riposare. Dalle grotte, raggiungibili salendo una scalinata scavata nella roccia, si aprono vedute spettacolari sulla pianura costiera. Un altro bel panorama si può ammirare dal **tempio** che sorge in cima a un monte nelle vicinanze.

MIGLIORI RISTORANTI VICINO A HO TRAM

My Le 2
Subito dietro alla spiaggia di Ho Tram, il My Le 2 serve frutti di mare freschissimi a prezzi contenuti in un ambiente molto semplice. **$$**

Hampton's Pier
Grandissima scelta di piatti, dai classici vietnamiti al gelato gourmet. **$$**

Lob Ho Tram Restaurant
Ristorante di fascia alta, con un'eccellente scelta di piatti di mare, tra cui un delizioso granchio al peperoncino. **$$$**

Ven Ven Hotel Restaurant
Bella atmosfera in cui gustare piatti classici vietnamiti, ben presentati e bilanciati, come il pesce cucinato in tegame di terracotta. **$$**

TRASPORTI LOCALI

Lungo questo tratto di costa i trasporti pubblici sono irregolari; tra Vung Tau e Ba Ria sono in servizio lenti autobus locali. È invece una zona perfetta da esplorare su due ruote; negli hotel e nelle guesthouse si trovano scooter a noleggio.

ALTOPIANI CENTRALI

CITTÀ DI MONTAGNA E COLLINE BOSCOSE

Gli Altopiani Centrali e il Parco Nazionale di Cat Tien uniscono fauna, cascate e villaggi al fascino tranquillo delle caratteristiche città della regione.

Poche parti del Vietnam stimolano l'immaginazione con il richiamo dell'avventura quanto gli Altopiani Centrali. La statale di Ho Chi Minh si snoda tra piantagioni di caffè, montagne disseminate di pini, vasti laghi coperti da canneti e le imponenti *nha rong* (case comunitarie) dei villaggi tradizionali delle minoranze etniche. Nelle aree di giungla protette, in angoli remoti come la zona di Yok Don e il Parco Nazionale di Cat Tien (immediatamente a sud degli Altopiani Centrali), vivono gibboni, lori pigmei, elefanti selvatici e un caleidoscopio di uccelli.

HIEN OHUNG THU/SHUTTERSTOCK ©

Le città piccole e grandi degli Altopiani Centrali hanno climi e caratteristiche molto diverse tra loro. L'ex hill station francese di Dalat (in foto) affascina con il clima fresco, l'architettura d'epoca, i palazzi dell'ultimo imperatore del Vietnam e i locali di tendenza dove trascorrere la serata. Alle porte di questa città alpino-tropicale i viaggiatori più attivi si possono dedicare a escursioni a piedi e in bicicletta o a discese in corda doppia tra montagne, foreste, cascate e fiumi.

Buon Ma Thuot (BMT) e Kon Tum si trovano a quote più basse e quindi hanno un clima più caldo. Bom Ma Thuot è l'indiscussa capitale del caffè del Vietnam, come dimostrano le immense distese di piantagioni, un interessante museo e alcune caffetterie di tendenza.

Kon Tum è riuscita a preservare un insolito e interessante patrimonio coloniale religioso e dal centro città si possono raggiungere facilmente alcuni villaggi tradizionali.

AREE PRINCIPALI

Passo di Long Lan Pass, Provincia di Lam Dong

Per orientarsi

Incuneati tra Cambogia e Costa centromeridionale, gli Altopiani Centrali sono una delle poche regioni del Vietnam prive di spiagge. La statale di Ho Chi Minh attraversa questa zona agricola e collinare, toccando tutte le città principali (tranne Dalat).

AEREO

Ci sono aeroporti a Dalat, BMT e Pleiku con voli quotidiani per e da Hanoi e HCMC. Si può anche andare in aereo a Danang e il numero dei voli è destinato ad aumentare. Dalat inoltre ha collegamenti sempre migliori con altre città del Sud-est asiatico al di fuori del Vietnam.

AUTOBUS

Non avrete problemi a prenotare comodi transfer in autobus tra città tramite il vostro alloggio o un'agenzia di viaggi. In alternativa, andate alla stazione degli autobus locale per i servizi di linea, economici ma molto lenti. Ci sono autobus e minivan diretti da Pleiku e Kon Tum al Laos e alla Cambogia.

MOTO E AUTOMOBILE

Molti viaggiatori indipendenti si spostano tra le città in autobus, ma le esplorano in moto. Come nel resto del paese, le moto di solito si affittano tramite gli alloggi. Se volete una moto con conducente, cercate online o rivolgetevi a un'agenzia di viaggio. Le automobili private offrono la stessa libertà.

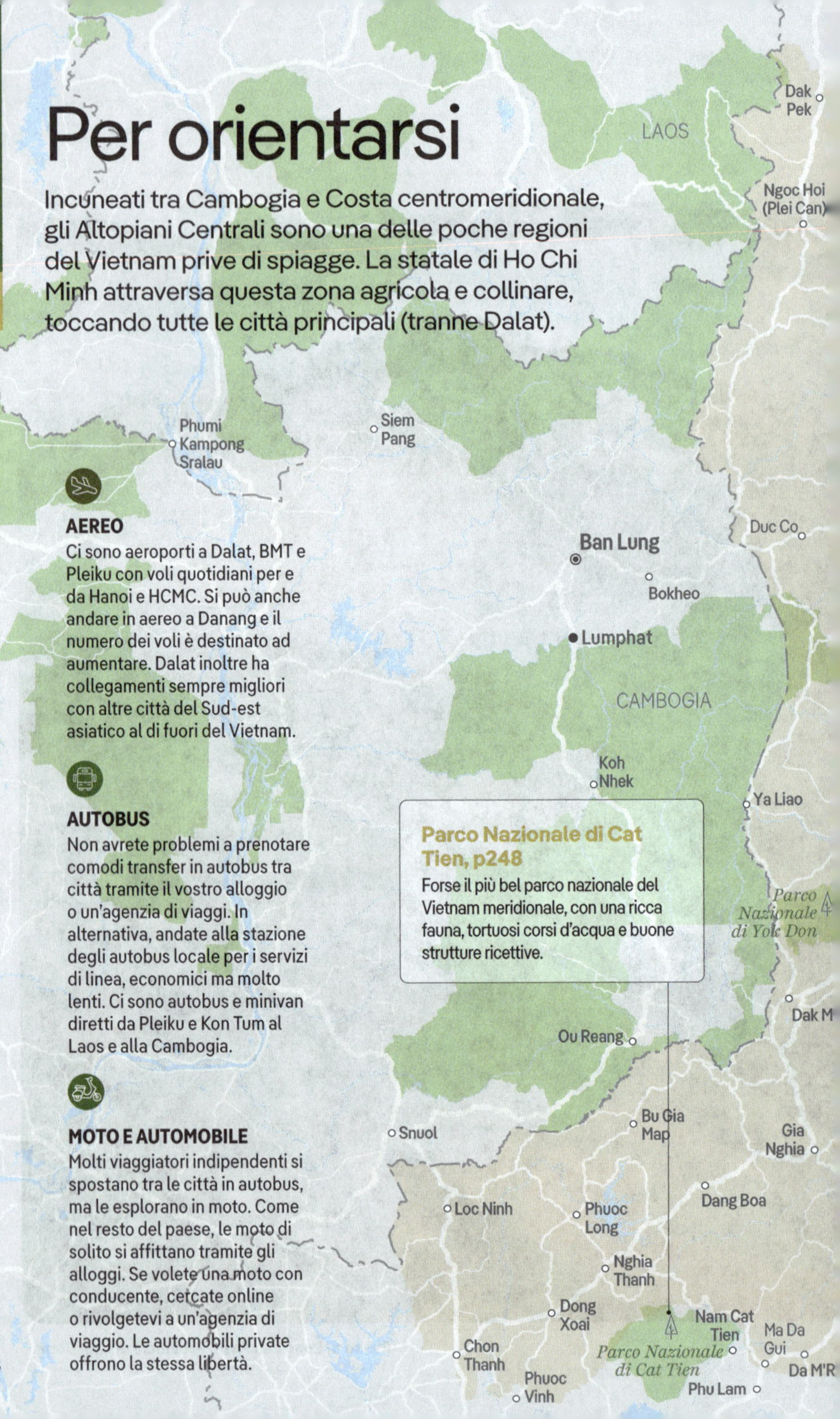

Parco Nazionale di Cat Tien, p248
Forse il più bel parco nazionale del Vietnam meridionale, con una ricca fauna, tortuosi corsi d'acqua e buone strutture ricettive.

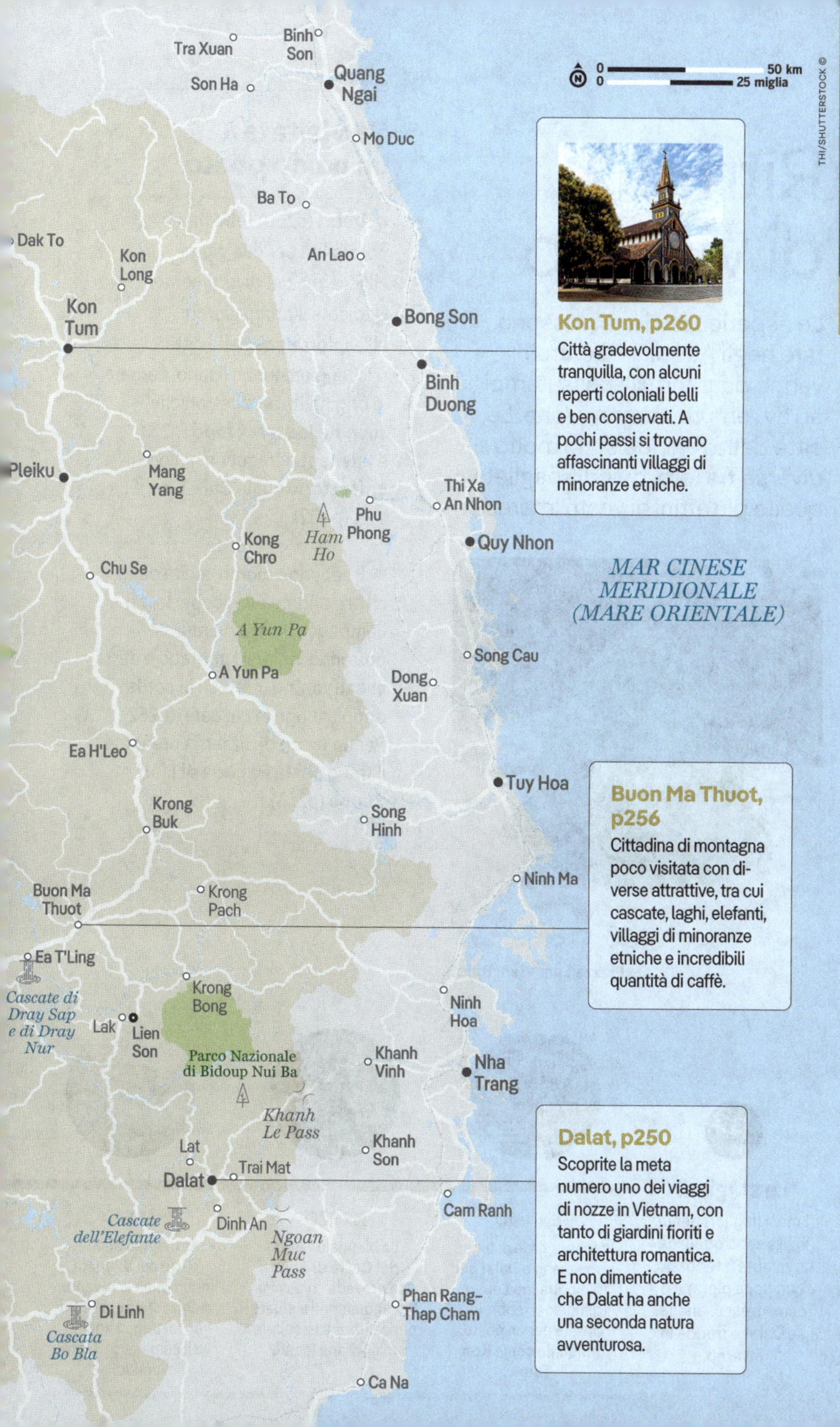

THI/SHUTTERSTOCK ©

Kon Tum, p260

Città gradevolmente tranquilla, con alcuni reperti coloniali belli e ben conservati. A pochi passi si trovano affascinanti villaggi di minoranze etniche.

Buon Ma Thuot, p256

Cittadina di montagna poco visitata con diverse attrattive, tra cui cascate, laghi, elefanti, villaggi di minoranze etniche e incredibili quantità di caffè.

Dalat, p250

Scoprite la meta numero uno dei viaggi di nozze in Vietnam, con tanto di giardini fioriti e architettura romantica. E non dimenticate che Dalat ha anche una seconda natura avventurosa.

Ritmi di viaggio

Le esperienze che si possono fare negli Altopiani Centrali vanno da tranquilli passatempi ad avventure adrenaliniche. Le città della regione sono molto diverse tra loro, quindi scegliete quelle più affini ai vostri interessi.

DONG NHAT HUY/SHUTTERSTOCK ©

Piazza Lam Vien, Dalat

Se visitate un unico posto

- **Dalat** (p250) offre molte possibilità per due giorni all'insegna del divertimento. Dedicate il primo giorno all'esplorazione della città: passeggiate lungo il lago, cercate le originalità architettoniche, scoprite lo **street food** (p252) e fate tappe frequenti nelle **caffetterie** come Café Tung e La Viet (p402).

- Il secondo giorno uscite dalla città e andate alla scoperta della campagna. I più avventurosi potranno infilarsi l'imbrago e darsi al **canyoning** (discese in corda doppia lungo le cascate) (p252). Per un tocco di bizzarria prendete il treno per la **Pagoda di Linh Phuoc** (p253).

Le stagioni

I mesi migliori per la visita sono quelli da novembre a febbraio, con poca pioggia e clima fresco, anche se Dalat è fredda in inverno.

GENNAIO

Immense orde di turisti si riversano a Dalat per il Capodanno Lunare (gennaio o febbraio). Optate per un posto tranquillo come **Kon Tum**.

MARZO

La biennale **Festa del Caffè di Buon Ma** prevede chiassosi festeggiamenti e sfilate per celebrare le culture minoritarie locali.

MAGGIO

In maggio buona parte del Vietnam meridionale è rovente, mentre **Dalat** offre un po' di tregua anche se il clima può essere umido.

NGUYEN QUANG NGOC TONKIN/SHUTTERSTOCK ©, NGUYENQUOCTHANG/SHUTTERSTOCK ©, MICHEL NGUYEN/SHUTTERSTOCK ©

Se avete più tempo andate in cerca della fauna selvatica

- Anche se il Vietnam non è rinomato per la fauna, gli Altopiani Centrali e il **Parco Nazionale di Cat Tien** (p248) offrono alcune ottime esperienze di safari. Se avete più tempo a disposizione, trascorrete due o tre giorni a Cat Tien dove vedrete decine di primati, uccelli e rettili. E potrete perfino trovare tracce di leopardi ed elefanti.

- Se cercate un'occasione più concreta di avvistare il mammifero più grande dell'Asia, concedetevi due giorni in più, puntate sul **Parco Nazionale di Yok Don** (p256) e partecipate all'esperienza etica dedicata agli elefanti. Lungo il percorso potreste anche fare tappa al **Lago Lak**.

Ancora più tempo? Visitate zone sconosciute

- La metà settentrionale degli Altopiani Centrali è poco visitata. La gradevole **Buon Ma Thuot** (p256) è il cuore della prospera industria vietnamita del caffè; ha un magnifico **museo** e un vivace **Coffee Festival** (p257). Inoltre è circondata da **cascate** e da **villaggi della minoranza etnica ede**.

- Modesta e alla buona, **Kon Tum** (p260) è un luogo incantevole per trascorrere un giorno, con i suoi due inattesi **siti culturali**. Nelle vicinanze si trovano le imponenti *nha rong* (case comunitarie) dei **villaggi della minoranza etnica bahnar** e gli elaborati **cimiteri dei jarai** (p262).

OTTOBRE
Clima mite e cascate zampillanti sono garantiti; è il periodo migliore per dedicarsi al **canyoning** a Dalat.

NOVEMBRE
Con la fine della stagione delle piogge il livello dell'acqua è alto e si ammirano placidi panorami sul **Lago Lak**.

DICEMBRE
Il mese migliore per evitare caldo torrido, inondazioni, frane e sanguisughe nel **Parco Nazionale di Cat Tien**.

PARCO NAZIONALE DI CAT TIEN

Lo splendido Parco Nazionale di Cat Tien comprende un'area di foresta pluviale tropicale di bassa quota straordinariamente ricca di biodiversità. Il parco di 720 kmq, un'autentica giungla, è uno dei più grandi tesori naturali del Vietnam ed è il posto migliore del sud del paese per l'escursionismo e il birdwatching. Cercate di evitare i weekend e le festività pubbliche, quando il parco è invaso dai turisti locali.

La fauna comprende 100 specie di mammiferi tra cui elefanti, leopardi, il gaur (un bovide simile al bisonte) e primati come gibboni, lori pigmei e langur. Ci sono anche decine di specie di rettili e anfibi, oltre a un'incredibile varietà di serpenti, ragni e farfalle. Tra le oltre 350 specie di uccelli rari ci sono pernici colloarancio e fagiani del Siam. Vale la pena di trascorrere almeno una notte a Cat Tien, ma gli amanti della natura saranno felici di trascorrevi anche tre o quattro giorni.

IL CONSIGLIO

Nel Parco Nazionale di Cat Tien la stagione secca va da novembre ad aprile; è il periodo migliore per la visita, nonché il più fresco dell'anno. Al di fuori di questi mesi preparatevi al peggio che può offrire una foresta pluviale tropicale: inondazioni, sanguisughe e giornate roventi.

LONGLIFE/SHUTTERSTOCK ©

Coccodrillo, Parco Nazionale di Cat Tien

Nella giungla

GIBBONI, GAUR, ORSI E COCCODRILLI

Il Parco Nazionale di Cat Tien si può esplorare a piedi, in mountain bike, in fuoristrada e in barca lungo il fiume Dong Nai. Prenotate le esperienze presso la sede centrale del parco all'ingresso del parco nazionale o tramite il vostro hotel. La sede centrale fornisce informazioni su brevi passeggiate e giri in bicicletta autoguidati, ma per trekking specifici prenotate un tour. Alcuni percorsi sono su sentieri piatti e lastricati, mentre altri sono sfacchinate fangose e impegnative con tanto di torrenti da guadare. Portate repellenti per insetti e acqua in abbondanza; le guide forniscono calze anti sanguisuga.

La visita guidata più richiesta è quella per vedere e ascoltare il coro di gibboni dalle guance gialle all'alba. Si parte alle 4.30 e si visita anche l'interessante Centro Dao Tien per i primati a rischio di estinzione; si consiglia di prenotare con un certo anticipo. Altri tour propongono safari notturni in cerca di insetti, escursioni per vedere i gaur al pascolo (gli avvistamenti non sono garantiti) e gite in barca al Lago dei Coccodrilli (Bau Sau), che sono più facili da avvistare se si viene al tramonto o si prenota una notte alla sede del parco. Vale la pena di visitare anche il Centro di salvataggio e conservazione delle specie che ospita orsi malesi e orsi neri salvati dai bracconieri; informatevi sugli orari di visita alla sede del parco.

MIGLIORI ALLOGGI A CAT TIEN

Cat Tien Park Hotel Albergo discreto gestito dal parco nazionale e appena all'interno dei suoi confini. Comodo per escursioni all'alba e per non dover comprare biglietti a ingresso multiplo. Si può anche campeggiare. $

Green Bamboo Lodge Resort Apprezzato insieme di bungalow in bambù e mattoni, quasi tutti con vista sul fiume. Il ristorante non è male e la reception può organizzare tour e prenotare trasporti per proseguire il viaggio. $$

Forest Floor Camere tendate ricche di atmosfera affacciate sul fiume Ben Cu e camere più grandi ed eleganti in case di legno tradizionali. Anche il ristorante è buono. $$$

TRASPORTI LOCALI

Gli autobus tra Dalat e Ho Chi Minh City passano dall'incrocio per il villaggio di Nam Cat Tien e il parco, 6 km a sud di Ma Da Gui. Chiedete alla vostra guesthouse di mandarvi un mototaxi. C'è un servizio piuttosto regolare di piccoli autobus locali dal villaggio di Nam Cat Tien a HCMC. Le guesthouse prenotano posti sull'autobus notturno per Dalat o Ho Chi Minh City, ma dovrete prendere un taxi fino all'incrocio. Le biciclette vengono noleggiate o messe a disposizione gratis dalle guesthouse o si noleggiano alla sede centrale del parco.

DALAT

Dalat evoca l'Europa sotto molti aspetti: il clima ricorda la primavera italiana, la città è disseminata di ville francesi, le fragole sono gustose quanto quelle inglesi e i campi di fiori rivaleggiano con quelli olandesi. Sotto altri aspetti Dalat è la quintessenza del Vietnam: vivaci bancarelle di street food, caffè, karaoke e mercati sono spuntati come funghi per soddisfare la massa di turisti vietnamiti che si riversa a frotte nei weekend e nelle feste nazionali. I francesi fondarono Dalat nel 1912 per sfuggire al caldo torrido di Saigon (qui la temperatura media giornaliera si aggira tra i 15°C e i 24°C). I coloni hanno lasciato in eredità le ville estive e un'atmosfera da località di villeggiatura a cui i vietnamiti hanno aggiunto tocchi originali. Molti viaggiatori stranieri hanno eletto Dalat, con il suo clima mite e i dintorni selvaggi, a capitale dell'avventura nel Vietnam meridionale e praticano canyoning, campeggio, mountain bike e trekking nelle colline circostanti.

IL CONSIGLIO

Non sottovalutate l'offerta turistica e sportiva di Dalat; troppi viaggiatori lasciano la città pentiti di non averle dedicato più tempo. Oltre a godervi le attività outdoor, gli ottimi ristoranti e i siti storici, ricavatevi un po' di tempo per vagare senza meta tra le vie e i locali della città.

I MIGLIORI STREET FOOD DI DALAT

Banh Can
Tortini di riso grigliati guarniti con uovo di quaglia e serviti con salsa di pesce dolce e aromatica. Provateli a colazione al **Ban Can Cay Bo**.

Banh Mi Xiu Mai
Qui il *banh mi* è servito con brodo caldo di maiale invece che con affettati. Assaggiatelo a pranzo al **Banh Mi Xiu Mai Hoang Dieu**.

Banh Trang Nuong
La carta di riso alla griglia con gustose guarnizioni è soprannominata la 'pizza di Dalat'. Venite la sera a P Nguyen Van Troi.

Il centro di Dalat a piedi

INFILATEVI LE SCARPE DA PASSEGGIO

Per raggiungere i siti più fuori mano di Dalat vi servirà una moto o un taxi, ma per molti altri vi basterà infilare un buon paio di scarpe. Partite dal **1 Cong Vien Yersin** (Parco Yersin), un parco frondoso dedicato al batteriologo Alexandre Yersin, morto nella vicina Nha Trang. Il parco si trova sulla sponda meridionale del **2 Ho Xuan Huong** (Lago di Xuan Huong), un lago a forma di banana creato con una diga nel 1919, che ora prende nome da una poetessa vietnamita antiautoritaria del XVII secolo.

Art déco a Dalat

ARCHITETTURA INDOCINESE TRA LE DUE GUERRE

Buona parte del Sud-est asiatico di terraferma è punteggiato di opere di architettura francese del XX secolo, ma soltanto a Dalat troverete un tale patrimonio art déco, con intrecci di angoli, ampie curve e motivi geometrici. La straordinaria **stazione ferroviaria di Dalat** degli anni '30 sfoggia un insolito trio di tetti triangolari ispirati all'architettura di una minoranza etnica locale, mentre le tettoie semicircolari sono tipiche della versione indocinese dell'art déco. Le tettoie sono presenti anche nel **Palazzo Estivo di Bao Dai** (Bao Dai Summer Palace 3 su Google Maps), uno dei vari ritiri sugli Altopiani Centrali in cui Bao Dai, l'ultimo imperatore del Vietnam, trovava pace e rifugio. Il palazzo del 1933, oggi un museo, è il miglior esempio di Dalat di Streamline Moderno, una versione dell'art déco ispirata a motivi aerei e nautici. Osservate gli oblò sul retro e le finestre incurvate che ricordano la timoniera di una nave.

DA VEDERE
1 Palazzo Estivo di Bao Dai
2 Casa Pazza
3 Istituto Pasteur

PASTI
4 Dalat Train Cafe

LOCALI E VITA NOTTURNA
5 Co Bong
6 Cu Ru-Sao La

PERNOTTAMENTO
7 Cu Tren Cay Homestay
8 Dalat Hotel du Parc

TRASPORTI
9 Stazione di Dalat

Agli appassionati di tipografia consigliamo una sosta all'Hotel du Parc, del 1932, che sfoggia un audace font avenida associato allo stile art déco, o all'Istituto Pasteur, un centro sulla ricerca sui vaccini intitolato al chimico francese Louis Pasteur.

Il coraggio di essere diversi

DALAT ECCENTRICA

Dalat ha sempre avuto una personalità stravagante, come testimonia la Casa Pazza (Crazy House), una liberissima interpretazione architettonica del surrealismo. Immaginate camere scolpite collegate da ponti sottili che emergono da un groviglio di vegetazione in cemento, una profusione di forme che scendo-

DOVE DORMIRE A DALAT

Leuleu
Ostello accogliente con un'atmosfera cordiale e alla buona; camerate pulite e camere confortevoli. **$**

Stop and Go Hotel
Hotel appartato a tema artistico circondato da pini e a pochi passi dal lago di Xuan Huong. **$$**

Ana Mandara Villas
Complesso elegante e isolato, con sette ville coloniali francesi restaurate nella periferia occidentale della città. **$$$**

no come colate laviche, colori vivaci, finestre simili a ragnatele e l'impressione di trovarsi all'interno di un organismo vivente, con ringhiere sinuose che ricordano le liane della giungla. Immaginate Gaudí e Tolkien che si fanno di acido insieme e creano la loro versione di Disneyland.

Si tratta di una casa privata ideata dalla proprietaria, Dang Viet Nga, che lavora al progetto dal 1990. Hang Nga, come è chiamata dalla gente del posto, si è laureata in architettura a Mosca e ha progettato vari altri edifici nella zona. Suo padre, Truong Chinh, è stato il successore di Ho Chi Minh e il secondo presidente del Vietnam dal 1981 al 1988. Nella sala al piano terra c'è un tempietto in suo onore. A chi viaggia con bambini consigliamo la prudenza: il labirinto di tunnel instabili, passerelle sopraelevate e ripide scale non è sicuro per i più piccoli. Altre bizzarrie di Dalat sono la caffetteria **Co Bong** in tema anni '60, il **Cu Tren Cay Homestay**, con case sull'albero sul tema dei gufi e il collettivo artistico **Cu Ru-Sao La**, che organizza eventi eclettici ma irregolari.

I MIGLIORI BAR DI DALAT

Fog Bar
Il locale hipster di Dalat con DJ che si esibiscono regolarmente nell'interno piccolo e scuro e un dehors più grazioso. È frequentato soprattutto da gente del posto, ma anche gli stranieri sono i benvenuti.

Fox's Den
Raffinato cocktail lounge che può competere con i migliori bar di Hanoi e Ho Chi Minh City. I cocktail sono originali, belli e squisiti.

District 1
Questo bar a due piani offre decine di birre artigianali locali alla spina, oltre a birre in bottiglia provenienti da Belgio, Germania e Repubblica Ceca in un'atmosfera accogliente e di tendenza.

Calarsi dalle cascate a corda doppia

ECCO A VOI IL CANYONING

Il canyoning - un insieme di escursionismo, nuoto, arrampicata e discesa a corda doppia lungo cascate- è l'attività outdoor più celebre di Dalat. Per gli amanti dell'avventura sarà una gioia calarsi lungo cascate impetuose, superare rapide in zip-line, tuffarsi in piscine naturali e buttarsi nella 'lavatrice', una cascata impetuosa che fa girare su se stesso chi si cala in

MICHELE RUCICCI/SHUTTERSTOCK©

Casa Pazza (p251)

DOVE MANGIARE A DALAT

Tiem Mi Tau Cao
Semplice ristorante specializzato in zuppa di wonton e noodles con fettine di maiale e carne trita. **$**

Le Chalet Dalat
Bistrò nel verde in parte all'aperto, di fronte alla Casa Pazza. È arredato con gusto e serve specialità vietnamite. **$$**

Chill Chill Eatery
Graziosa gemma nascosta tra le colline con atmosfera mediterranea e menu creativo. **$$$**

Lago Xuan Huong (p250)

corda doppia. Dopo alcuni tragici e fatali incidenti, la sicurezza viene presa molto sul serio, ma consigliamo di rivolgersi a un'agenzia con una buona reputazione come Hello Dalat, Phat Tire o Highland Sport Travel. Quasi tutte propongono tour di mezza giornata o giornata intera alle vicine Cascate di Datanla.

I MIGLIORI TOUR OPERATOR

Hello Dalat
Collegata con il Leuleu Hostel, Hello Dalat organizza tour individuali o pacchetti di più giorni.

Phat Tire
Operatore molto professionale ed esperto che propone mountain bike, trekking, kayak e altro.

Highland Sport Travel
Anche se per Highland Sport l'avventura viene al primo posto, la sicurezza viene presa con estrema serietà.

Un viaggio in treno

ALL'INFERNO E RITORNO

Dalla graziosa stazione art déco di Dalat prendete un treno per Trai Mat, dove potrete perdervi nella labirintica Pagoda di Linh Phuoc, a poche centinaia di metri dalla stazione. Il complesso comprende una grande sala di preghiera, un drago fatto con più di 10.000 bottiglie di birra, un grande Bodhisattva della Compassione realizzato con fiori e un edificio aggiunto con un imponente Bodhisattva seduto.

Bella non è, ma colpisce senz'altro per la sua stravaganza. Non dimenticate di esplorare la terrificante interpretazione dell'inferno della pagoda, che però non è adatta ai bambini. Prendete un caffè e un dessert alla cioccolateria **The Choco** o al Dalat Train Cafe, ricavato in un vecchio vagone sui binari. Tenete presente che il treno parte solo con un minimo di 25 passeggeri.

PRENDETE UN CAFFÈ

K'Ho Coffee (khocoffee.com) fa parte di una cooperativa i cui profitti supportano i coltivatori della minoranza k'Ho. Contattateli in anticipo per partecipare ai workshop sul processo di lavorazione dal chicco alla tazzina. Per info sull'amore dei vietnamiti per il caffè, v. p403.

TRASPORTI LOCALI

L'aeroporto di Lien Khuong si trova 30 km a sud di Dalat e gestisce voli regolari per e da Hanoi, Ho Chi Minh City, Danang e un numero crescente di città del Sud-est asiatico fuori dal Vietnam. Da qui Dalat si raggiunge in autobus navetta e taxi, oppure si può organizzare il trasporto con il proprio hotel. L'autostazione, 1,5 km a sud del Lago Xuan Huong, è servita soprattutto dagli affidabili autobus Phuong Trang che coprono tutte le principali mete regionali. I motociclisti apprezzeranno le due strade (QL27 e QL27C) che collegano Dalat con Nha Trang sulla costa. La QL27C è la più panoramica delle due. L'ideale per visitare Dalat è abbinare tratti a piedi, in motocicletta e in taxi.

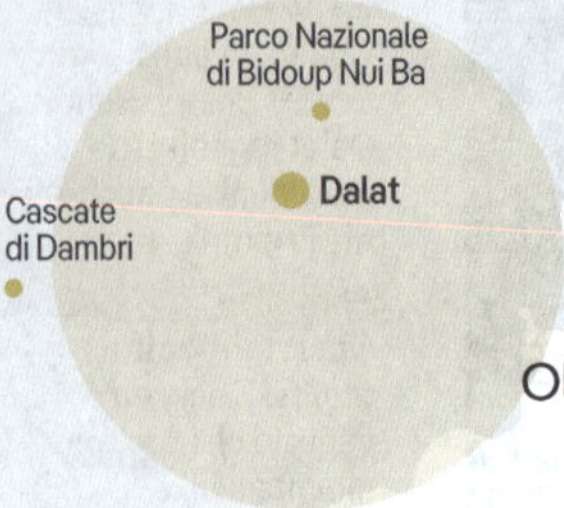

Dintorni di Dalat

Oltre le fattorie e i campi che circondano Dalat vi aspettano le alte vette e le grandi cascate per cui sono famosi gli Altopiani Centrali.

I laghi, le cascate e i parchi nazionali nei dintorni di Dalat meritano una visita a sé e sono posti ideali in cui rifugiarsi quando ci si inizia a stufare dei caffè e della folla della città. Oltre al lago di Tuyen Lam, alle cascate di Dambri e al Parco Nazionale di Bidoup Nui Ba, vicino a Dalat ci sono alcuni altri siti interessanti da esplorare. Le Cascate dell'Elefante, 30 km a sud-ovest di Dalat, prendono nome da una grande roccia che ricorda la testa di un elefante. Passando da una stretta caverna si può arrivare dietro le cascate e farsi innaffiare dagli schizzi d'acqua. La Cau Dat Farm propone visite della fattoria e offre panorami su file e file di verdissime piante di tè.

IL CONSIGLIO

Le Cascate di Dambri sono una tappa nel viaggio tra Dalat e Ho Chi Minh City; Bidoup Nui Ba in quello tra Dalat e Nha Trang.

HUY THOAI/SHUTTERSTOCK ©

Raccolta del tè, Dalat

Cascate di Dambri

Cascate di Dambri

LE PIÙ BELLE CASCATE DEL VIETNAM MERIDIONALE

Le Cascate di Dambri sono tra le più alte e spettacolari del Vietnam e meritano una visita perfino nella stagione secca. Per ammirare una vista straordinaria prendete la funivia che sale in verticale o inerpicatevi sul ripido sentiero che porta in cima alle cascate. Un secondo sentiero scende con ripidi scalini a un belvedere ancora più strepitoso e prosegue fino alle più piccole **Cascate di Dasara**. Il complesso circostante comprende un albergo, una ruota panoramica, scivoli acquatici e un cinema 7D (a quanto pare un'aggiunta indispensabile a qualsiasi meraviglia naturale).

Parco Nazionale di Bidoup Nui Ba

UN ALTOPIANO MONTANO POCO VISITATO

Situato in un altopiano ricco di foreste 50 km a nord di Dalat, il Parco Nazionale di Bidoup Nui Ba comprende boschi di conifere, macchie di bambù e praterie a quote che vanno da 650 m a 2288 m. Ospita anche diversi primati, orsi neri e la rana volante vampiro.

Si possono fare escursioni a piedi alla **Cascata di Thien Thai** (3,5 km), al **Monte Lang Biang** (9 km) e una gita con notte in tenda al **Monte Bidoup**. Se non avete la moto, rivolgetevi a un'agenzia di viaggi di Dalat per trasferimenti o tour.

IO VIVO QUI: CAMPEGGIARE VICINO A DALAT

Le Trong Thanh Liem, cofondatore di **Highland Sport Travel**, ci consiglia dove campeggiare.

Se volete passare una notte in tenda, andate assolutamente al **Lago di Tuyen Lam**, meno di 10 km a sud di Dalat. È il mio posto preferito per via dei magnifici panorami sulle montagne e delle fitte pinete che circondano il lago. Se vi svegliate abbastanza presto, spesso riuscirete ad ammirare la nebbia che danza sul lago, creando un'atmosfera quasi mistica. Qui mi viene voglia di staccare da tutto, lasciare il telefono a casa, fare una grigliata in riva al lago e magari bere un buon vino locale. Se non avete una tenda, la maggior parte delle agenzie di viaggi di Dalat riuscirà a procurarvene una.

TRASPORTI LOCALI

Le Cascate di Dambri sono 130 km a sud-ovest di Dalat e oltre 200 km a nord di Ho Chi Minh City. Se non avete un mezzo indipendente, pensate a un transfer in auto tra le due città che preveda una tappa alle cascate. In alternativa, gli autobus tra Dalat e Ho Chi Minh City vi potranno fare scendere al bivio per le cascate. Da qui dovrete negoziare con un *xe om* (mototaxi) o un taxi. Le Cascate dell'Elefante, la Cau Dat Farm, il Parco Nazionale di Bidoup Nui Ba e il Lago di Tuyen Lam si raggiungono in moto a noleggio, taxi o tour privato da Dalat.

BUON MA THUOT

Buon Ma Thuot nasce come semplice insediamento rurale: nella lingua degli ede il nome significa 'villaggio del padre di Thuot'. Ma ormai ha superato da tempo le sue origini rustiche e oggi è una città estremamente moderna. Il merito è soprattutto del caffè, introdotto dai francesi tra il 1915 e il 1920. Anche se i chicchi non sono celebri per la qualità – vengono utilizzati in gran parte per il caffè solubile – l'industria del caffè ha trasformato la Provincia di Dak Lak, dove si trova Buon Ma Thuot, in un luogo relativamente prospero.

I viaggiatori di solito fanno tappa qui mentre sono diretti a siti dei dintorni come il Parco Nazionale di Yok Don, il lago Lak, alcune splendide cascate e villaggi abitati da una dozzina di minoranze etniche. La città non è molto visitata, ma è una base piacevole, con ristoranti che servono piatti freschi e gustosi e locali rustici dove gustare il miglior caffè del posto.

IL CONSIGLIO

Come per molte altre località fuori mano del Vietnam, visitare in modo approfondito Buon Ma Thuot e dintorni senza una moto è una vera sfida. La città ha edifici bassi ma è molto estesa, per cui visitarla a piedi può essere noioso; inoltre per raggiungere le cascate avrete bisogno di una moto.

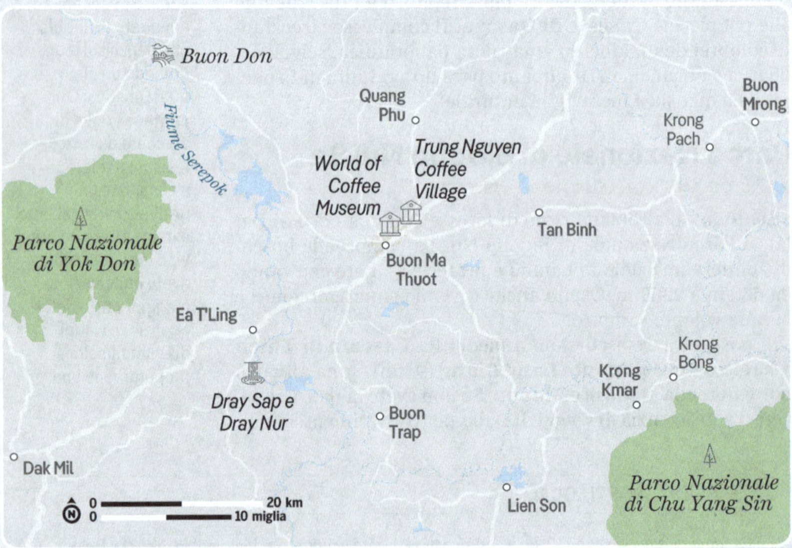

SARAH NGUYEN/SHUTTERSTOCK ©

Chicchi di caffè

Una celebrazione del caffè

IL MOMENTO PIÙ IMPORTANTE DELLA GIORNATA

La Provincia di Dak Lak, di cui Buon Ma Thuot è la capitale, produce più caffè di qualsiasi altra località del Vietnam. Il biennale **Festival del Caffè** (il prossimo è previsto nel 2025) si propone di promuovere il caffè locale e di solito si svolge in marzo in diverse sedi sparse per la città. Tra musica ed esibizioni di trampolieri, numerosi locali offrono caffè gratis.

Festival a parte, l'interessante **World of Coffee Museum** espone migliaia di manufatti che illustrano la storia della coltivazione del caffè in un vistoso edificio moderno. Potrete anche visitare il **Trung Nguyen Coffee Village**, una sorta di museo etnologico all'aperto sul tema del caffè, o esplorare una fattoria dove si produce **Caffè Aeroco**.

Cascate di Dray Sap e di Dray Nur

OVVERO LE CASCATE MARITO E MOGLIE

Questa coppia di cascate si trova meno di 25 km a sud-ovest di Buon Ma Thuot e merita almeno una mezza giornata di visita, compreso il piacevole viaggio dalla città, anche se non è possibile fare il bagno. A differenza di molte altre cascate del Vietnam, quelle di Dray Sap e Dray Nur non sono state manomesse in alcun modo e dalle varie piattaforme panoramiche si ammirano viste mozzafiato con tanto di spruzzi. La cascata di Dray Nur è larga 250 m ed è probabilmente la più imponente delle due.

I MIGLIORI CAFFÈ A BUON MA THUOT

ARUL
Non si può rinunciare a una tappa caffè all'ARUL, ospitato in una longhouse ede e circondato da un giardino frondoso e pieno di fiori. Propone anche un'eccellente cucina tradizionale.

Zen Coffee
Altro locale rustico dove assaggiare bevande a base di caffè prodotto con chicchi locali. Le opere d'arte delle minoranze etniche aggiungono un tocco di stile.

House of Lens
Se è una giornata di sole, andate in questo grazioso caffè all'aperto che sembra fatto apposta per gli appassionati di fotografia. Il caffè vietnamita è favoloso.

TRASPORTI LOCALI

L'aeroporto di Buon Ma Thuot dista 8 km dalla città e ha voli per Ho Chi Min City, Hanoi e Danang. In città ci sono varie stazioni e fermate dell'autobus; prenotate il posto in autobus tramite il personale dell'albergo che vi dirà dove e quando andare. I piccoli autobus di lusso che prelevano i turisti in albergo non servono ogni città. Gli autobus pubblici toccano i principali centri della regione oltre a Nha Trang, Tuy Hoa, Danang e Ho Chi Min City. Il mezzo migliore per spostarsi a Buon Ma Thuot è la moto, ma ci sono anche taxi.

Dintorni di Buon Ma Thuot

Esperienze etiche con elefanti nella più grande riserva naturale del Vietnam e visite a villaggi remoti vicino a un lago di montagna.

Buon Ma Thuot si trova tra il Parco Nazionale di Yok Don (la più grande riserva naturale del Vietnam) e il Lago Lak, il più esteso specchio d'acqua degli Altopiani Centrali. Yok Don ha una superficie di oltre 115.000 ettari, composti in gran parte da foresta decidua secca, interrotta dal corso sinuoso del fiume Srepok che si spinge fino in Cambogia. Decine di specie di mammiferi selvatici, tra cui elefanti, leopardi e i rari lupi rossi, si nascondono nel fitto della giungla e non vengono quasi mai viste dai visitatori, mentre è più facile avvistare muntjac della Sonda, scimmie, serpenti e uccelli. Il Lago Lak, particolarmente bello all'alba e al tramonto, è la base ideale per fare il bagno e visitare i villaggi vicini.

IL CONSIGLIO

Sul Lago Lak ci sono alcuni alloggi magnifici, al contrario che a Yok Don. Vi consigliamo di visitare il parco da Buon Ma Thuot ma di pernottare sul lago.

DORSTEFFEN/SHUTTERSTOCK ©

Elefante asiatico nel Parco Nazionale di Yok Don

QUANG NGUYEN VINH/SHUTTERSTOCK ©

Lago Lak

Un'esperienza etica con gli elefanti

VICINO MA NON TROPPO

Ci vuole circa un'ora di autobus per andare da Buon Ma Thuot al Parco Nazionale di Yok Don (yokdonnationalpark.vn), che organizza belle uscite di escursionismo, ciclismo, barca, birdwatching e pesca. Ma il fiore all'occhiello è il tour etico degli elefanti, frutto di una collaborazione tra il parco nazionale e la ONG Animals Asia. Rivolti a viaggiatori consapevoli, i tour (di una o mezza giornata) mettono in primo piano il benessere degli elefanti e permettono di osservare tre pachidermi che in passato venivano montati. Oggi si spostano più o meno liberamente sotto lo sguardo vigile dei loro *momahout* attenti a non lasciarli invadere le proprietà private.

Una notte con vista lago

UN LODGE RUSTICO E UN CAMPO TENDATO

Il **Lago Lak**, a circa un'ora di autobus da Buon Ma Thuot, ha almeno due strutture ricettive che rendono una notte sull'acqua un'esperienza indimenticabile. All'interno il **Lak View Hotel** è piuttosto spartano, ma offre una splendida vista sul lago e organizza escursioni a piedi, in bicicletta, in moto e in barca, barbecue e visite ai vicini villaggi m'nong. Il **Lak Tented Camp**, più ricco di atmosfera, si trova sull'altra sponda del lago e si raggiunge in barca. È un lodge rustico a basso impatto ambientale con meno di 20 bungalow e tende glamping; offre anche economici letti in camerata. Da qui si possono fare escursioni alle cascate, kayak sul lago e visitare villaggi.

LA CULTURA MATRILINEARE DEGLI EDE

Il popolo Ede della **Provincia di Dak Lak** è unico per la struttura familiare matrilineare e il ruolo di potere esercitato dalle donne nella famiglia. Di solito le giovani donne si scelgono il marito, che si trasferisce nella longhouse della famiglia della moglie, di proprietà della matriarca. I bambini prendono il cognome della madre e le proprietà di famiglia vengono trasmesse di madre in figlia (i figli maschi non ereditano), conferendo un importante potere economico alle donne. Di solito la moglie è responsabile dell'economia familiare. Il secolare sistema matrilineare sta cambiando con le rapide trasformazioni economiche del Vietnam, ma resta in gran parte intatto nelle zone rurali. **Buon Don**, villaggio ede 40 km a nord di Buon Ma Thuot, sembra finto ma è comunque interessante.

TRASPORTI LOCALI

Gli autobus pubblici collegano Yok Don a Buon Ma Thuot ma orari e fermate cambiano spesso; chiedete al vostro albergo. In alternativa, organizzate il trasporto con il parco nazionale al momento di prenotare un tour, o accordatevi con un autista di Buon Ma Thuot. Gli autobus tra Dalat e Buon Ma Thuot passano dal Lago Lak, quindi chiedete di scendere qui.

KON TUM

L'atmosfera rilassata, la posizione sul fiume e le vie relativamente poco trafficate di Kon Tum la rendono una tappa piacevole per i viaggiatori che esplorano i vicini villaggi delle minoranze etniche. Nella zona ce ne sono circa 700, soprattutto bahnar, ma anche sedang e jarai. Per immergersi nella cultura di queste tribù Kon Tum è una base decisamente migliore di Pleiku, la città 5 km a sud, distrutta nella guerra del Vietnam e poi ricostruita, che è più grande e più brutta ma ha collegamenti migliori.

Anche se Kon Tum non ha sofferto quanto Pleiku, la provincia è stata teatro di combattimenti durante la guerra. Nella primavera del 1972 in città e nei dintorni si è svolta un'importante battaglia tra le forze sud e nordvietnamite e la zona è stata devastata dalle incursioni dei B-52 americani. Non si sa se per caso, per accordi o intervento divino, la splendida cattedrale di legno è sopravvissuta e resta un frequentato luogo di culto e uno dei simboli della città.

IL CONSIGLIO

Il prefisso 'kon' nel nome di un luogo di solito indica un villaggio bahnar, mentre 'plei' in genere si riferisce a un villaggio jarai. Tenetelo presente nelle vostre esplorazioni. Kon Tum e Pleiku oggi sono comuni multietnici, ma il nome suggerisce che siano nati da etnie bahnar e jarai.

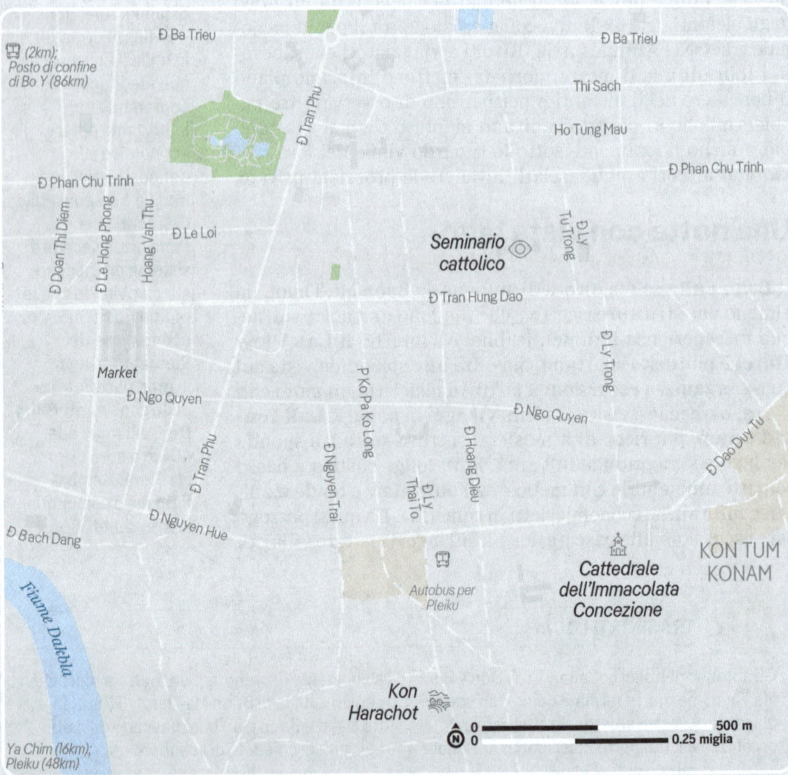

THI/SHUTTERSTOCK ©

La Cattedrale dell'Immacolata Concezione, Kon Tum

Kon Tum cristiana

IL PATRIMONIO RELIGIOSO

Costruita interamente in legno, la Cattedrale dell'Immacolata Concezione ha una facciata scura, decorazioni dorate e ampi colonnati; la gente del posto la chiama Nha Tho Go (chiesa di legno). L'interno è luminoso, arioso ed elegante e presenta travi dagli intrecci geniali. Cuore della diocesi di Kon Tum, che vanta 160 anni di storia, serve soprattutto i fedeli delle minoranze etniche.

Due isolati a nord si trova l'incantevole vecchio seminario cattolico, costruito nel 1934. Il piano di sopra è stato adibito a museo sulla vita delle tribù di collina, ma non è sempre aperto. Fuori, a sinistra dell'edificio, osservate la scultura della Madonna con il Bambino Gesù: Maria è vestita in abiti tradizionali e porta uno zaino tipico della tradizione bahnar.

DOVE DORMIRE, MANGIARE E BERE A KON TUM

Konklor Hotel
Hotel in stile resort che offre casette con due appartamenti pulite e ordinate a 2 km dal centro. **$**

Ristoranti vietnamiti
Tra P Dao Duy Tu e P Tran Hung Dao si trova un quartiere a forma triangolare pieno di buoni ristoranti locali. **$–$$**

Indochine Café
Annesso al buon Indochine Hotel, il bar è una perfetta dimostrazione dell'architettura in bambù di Vo Trong Nghia.

PERCHÉ AMO KON TUM

Josh Zukas, autore Lonely Planet *@joshuazukas*

Kon Tum è stata la prima città che ho visitato sugli Altopiani Centrali. Era estate a metà degli anni 2000 e risalivo in moto dal caldo afoso della costa. Ricordo distintamente il clima che diventava più freddo, nuvoloso e umido. Dopo avere superato il gelido passo di Violak ed essere sceso passando per il villaggio montano di Mang Den, sono arrivato in una Kon Tum molto fangosa. È stato come entrare in un altro paese; l'atmosfera non aveva niente a che vedere con quella della pianura. Da allora sono tornato diverse volte e, a differenza di molte altre città vietnamite, Kon Tum è cambiata ben poco. I turisti sono sempre rari, i villaggi accoglienti e l'architettura mi fa ancora restare senza fiato. Kon Tum è una meta per viaggiatori indipendenti, ma questo è parte del suo fascino.

Casa rong in un villaggio bahnar

I villaggi bahnar

IMPONENTI CASE COMUNITARIE

Alla periferia di Kon Tum si trovano diversi gruppi di villaggi bahnar. La vita del villaggio ruota intorno al tradizionale *nha rong*, la casa comunitaria, su palafitte e con il tetto di paglia. Oltre a essere la sede della varie feste, funge da sala riunioni, centro spirituale, tribunale e scuola. I tetti dei *rong* tradizionalmente hanno decorazioni sulla cima, a volte intessute nella paglia. Le palafitte in origine fungevano da protezione contro gli elefanti e altri animali. Anche le abitazioni tradizionali sono su palafitte e il bestiame vive sotto la casa. Chiedete sempre il permesso prima di fotografare le case o i volti delle persone.

Il più vicino a Kon Tum è il magnifico *nha rong* di **Kon Harachot**, mentre un po' più a est si trova il *nha rong* di **Kon Tum Konam**. Il villaggio di **Kon K'tu**, 9 km a sud-est di Kon Tum, si raggiunge attraversando il ponte sospeso di Kon K'lor e percorrendo una strada piena di buche. C'è un bel *nha rong* lungo il fiume vicino alla chiesa cattolica e due semplici alloggi presso gli abitanti. Lungo il percorso si passa da un altro *nha rong* a **Kon K'lor**.

I villaggi Jarai

IN CERCA DI CIMITERI

Alcuni villaggi jarai isolati praticano ancora le usanze tradizionali, come quella di portare cibo ai defunti nei cimiteri tradizionali. Le tombe sono indicate da un capanno o da pali di bambù e ai margini sono piazzate sagome di legno scolpite, spesso raffigurate con le mani sul volto in espressione di lutto. Un orcio posto sulla tomba rappresenta il defunto e gli oggetti di cui avrà bisogno nell'aldilà vengono sepolti con lui.

Per sette anni dalla scomparsa di un congiunto i parenti portano cibo sulla sua tomba e trascorrono gli anniversari della morte al cimitero, banchettando e bevendo vino di riso per commemorare e celebrare il defunto. Dopo il settimo anno si ritiene che lo spirito se ne sia andato e la tomba viene abbandonata dopo un'elaborata cerimonia in cui vengono sacrificati degli animali e si suona il gong che spezza in modo definitivo il legame tra vivi e morti. Nel distretto di **Ya Chim** (Ia Chim su Google Maps), che inizia 10 km a sud-ovest di Kon Tum, ci sono diversi villaggi jarai.

TEMPLI E TOMBE

Il Vietnam ha molti luoghi di culto e siti religiosi in rovina, tra cui magnifici templi cham, vasti complessi buddhisti, maestose tombe, suggestive pagode e belle chiese coloniali francesi. Per ulteriori informazioni, v. p 24.

Pagoda di Minh Thanh

TRA DRAGHI E BONSAI

Se visitate Kon Tum, è probabile che passiate da Pleiku, una città molto più grande 45 km a sud con un aeroporto e un'autostazione dotata di collegamenti migliori. Probabilmente non vi verrà voglia di fermarvi per la notte, ma se siete di passaggio vale la pena di visitare il Tempio di Minh Thanh. Costruito soltanto nel 2014, è un grande e splendido complesso buddhista, circondato da giochi d'acqua e bonsai, che si trova a sud del centro città. Il suo grande vanto è la magnifica pagoda a nove piani che viene illuminata di notte. Dai quattro angoli del tetto dell'edificio principale si affacciano minacciosi dragoni.

TRASPORTI LOCALI

Kon Tum non ha aeroporto. Gli autobus per Pleiku (con fermata all'aeroporto di Pleiku) partono da vari punti che vi indicherà il vostro albergo. L'autostazione di Kon Tum, in posizione scomoda 2,5 km a nord-ovest del centro, gestisce gli autobus a lunga percorrenza. Per For Hoi An, prendete un autobus o un minivan per Danang e cambiate là. Il vostro hotel vi prenoterà i minivan-limousine per altre città, comodi perché fermano in centro. La moto è il mezzo più pratico per visitare Kon Tum e i villaggi vicini.

HO CHI MINH CITY

LA MODERNA METROPOLI DEL VIETNAM

Ho Chi Minh City è il volto più vorticoso del Vietnam: una dinamica metropoli di cultura e commerci che traina il paese verso il progresso.

Se Hanoi è sinonimo di cultura e storia, Ho Chi Minh City equivale a divertimento, moda e gioventù. Qui grattacieli di vetro e acciaio gettano la loro lunga ombra sugli edifici centenari del periodo indocinese. Con oltre nove milioni di abitanti (e si direbbe quasi altrettante motociclette) distribuiti in 24 distretti, Ho Chi Minh City offre un caos controllato 24 ore su 24, oltre a siti interessanti per gli appassionati di templi e musei, gli amanti dell'architettura, i buongustai e chiunque ami la vita frenetica delle grandi città.

Il più grande centro del Vietnam attira anche studenti universitari e gente in cerca di migliori opportunità lavorative da tutta la regione, per cui è un autentico crogiolo di culture e cucine.

In origine parte del regno di Cambogia, Saigon era un porto relativamente piccolo, chiamato Prey Nokor fino al tardo XVII secolo. Quando i coloni vietnamiti si spinsero a sud, la città divenne la base della dinastia Nguyen che governò il Vietnam meridionale dal XVI al XVIII secolo. Durante la rivolta di Tay Son contro i Nguyen, i profughi cinesi fondarono un insediamento nelle vicinanze, che i vicini vietnamiti chiamarono Cholon (Grande mercato). In seguito, sotto il dominio francese, Saigon divenne la capitale della Cocincina; nel 1954 dopo la partenza dei francesi la città diventò la capitale della repubblica del Vietnam. Quando cadde in mano alle forze nordvietnamite nel 1975, venne ribattezzata ufficialmente Ho Chi Minh City (anche se molti la chiamano ancora Saigon, soprattutto riferendosi ai distretti 1 e 3).

Oggi Ho Chi Minh City è il cuore finanziario e commerciale dell'economia vietnamita, con un tasso di crescita ben superiore alla media nazionale e prezzi al metro quadro vertiginosi. Ha il PIL pro capite più alto del Vietnam ed è facile vedere eleganti membri della classe media che sfoggiano auto e gadget tecnologici all'ultimo grido. Parte del fascino di Ho Chi Minh City consiste nell'eclettico incrocio di vecchio e nuovo, con viali bordati di alberi secolari e sontuosi edifici dell'epoca coloniale francese, spesso convertiti in caffè di tendenza, musei creativi e alberghi di lusso.

AREE PRINCIPALI

ZONA DI DONG KHOI
Storica e sfarzosa.
p270

PALAZZO DELLA RIUNIFICAZIONE E DINTORNI
Atmosfera locale e di tendenza.
p278

CHOLON
La più grande Chinatown del mondo.
p284

Distretto di Binh Thanh, Ho Chi Minh City. A sinistra: Via pedonale Bui Vien (p281)

DA KAO E DINTORNI
Ricca di verde
e con un fascino discreto.
p289

DISTRETTO 2
Dove gli stranieri residenti in città
si godono la vita.
p292

Per orientarsi

Ho Chi Minh City si estende su una superficie di 2000 kmq; la parte orientale della città è attraversata dal fiume Saigon. Chi si trattiene pochi giorni di solito si concentra sui Distretti centrali 1 e 3, dove si trova gran parte di siti turistici e ristoranti.

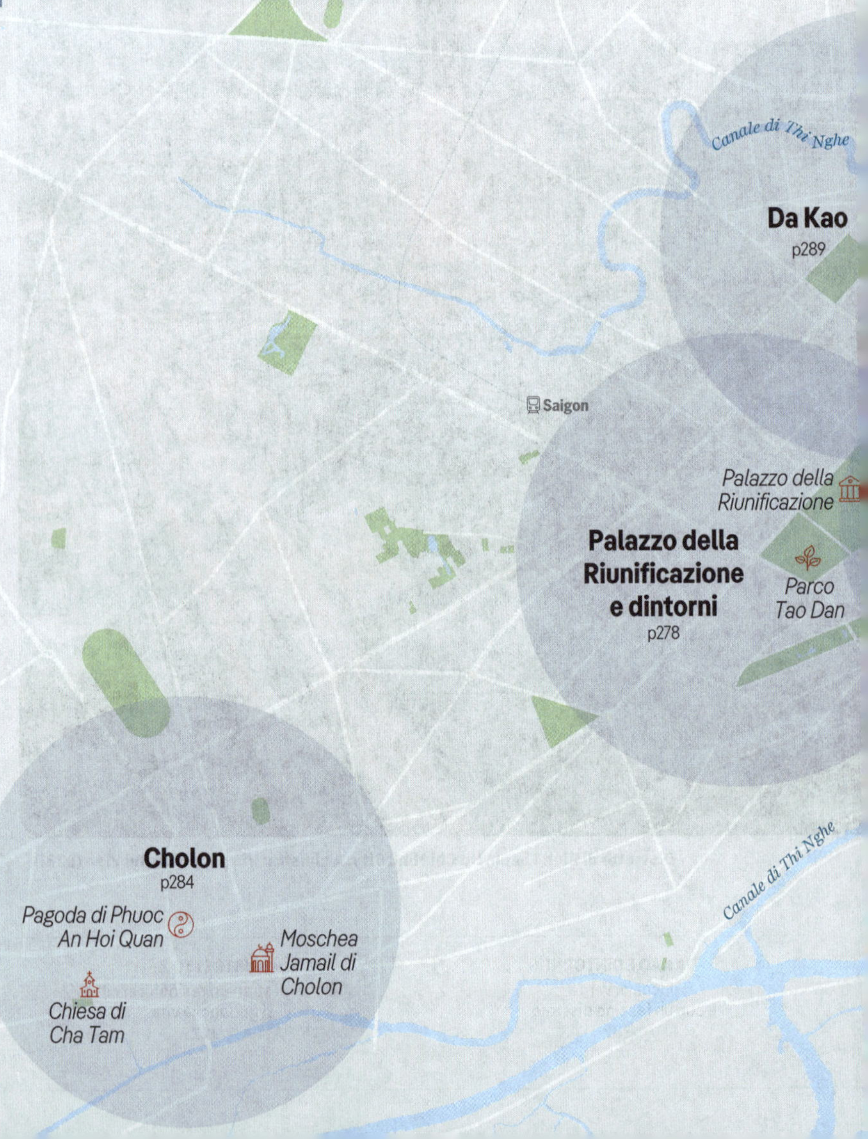

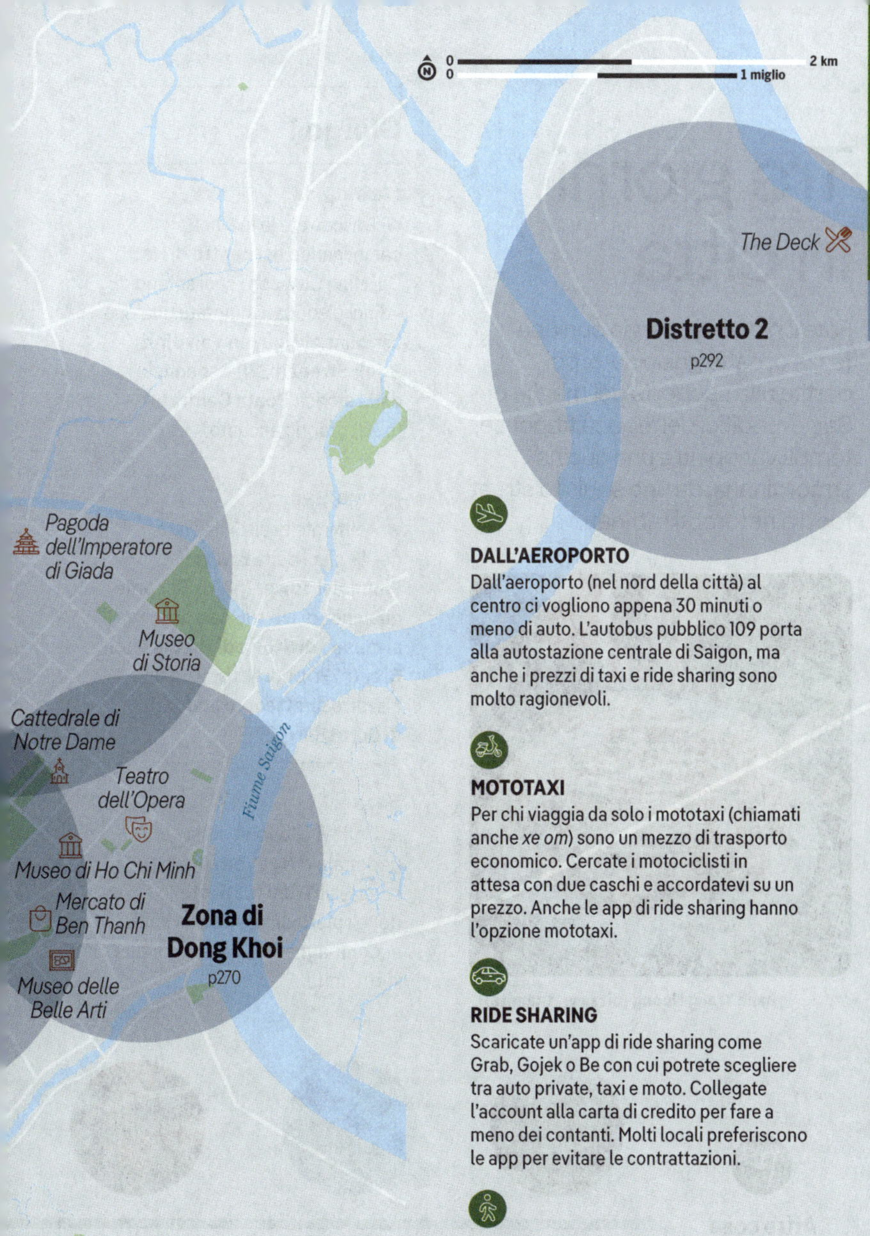

DALL'AEROPORTO

Dall'aeroporto (nel nord della città) al centro ci vogliono appena 30 minuti o meno di auto. L'autobus pubblico 109 porta alla autostazione centrale di Saigon, ma anche i prezzi di taxi e ride sharing sono molto ragionevoli.

MOTOTAXI

Per chi viaggia da solo i mototaxi (chiamati anche *xe om*) sono un mezzo di trasporto economico. Cercate i motociclisti in attesa con due caschi e accordatevi su un prezzo. Anche le app di ride sharing hanno l'opzione mototaxi.

RIDE SHARING

Scaricate un'app di ride sharing come Grab, Gojek o Be con cui potrete scegliere tra auto private, taxi e moto. Collegate l'account alla carta di credito per fare a meno dei contanti. Molti locali preferiscono le app per evitare le contrattazioni.

A PIEDI

A Saigon non incontrerete molti pedoni, scoraggiati dal calore e dall'umidità. Una zona che si visita comodamente a piedi è quella di Dong Khoi/Nguyen Hue dove i vari siti sono vicini tra loro. State attenti quando attraversate la strada e sollevate ben in alto la mano per farvi notare.

Tre giorni in città

Fate il pieno di energia con una tazza di caffè ghiacciato, poi partite alla scoperta del meglio di Saigon: edifici dell'epoca francese, templi variopinti e una cucina straordinaria, da uno squisito street food a ristoranti raffinati.

AJNGUYEN/SHUTTERSTOCK ©

Banh Trang Nuong (pizza vietnamita)

Giorno 1

Mattina

- Trascorrete la mattina camminando nel **centro** di Ho Chi Minh City, con i suoi splendidi edifici d'epoca. Comprate qualche cartolina al **Nguyen Van Binh Book Street** (p271) e speditele dalla storica **Posta Centrale** (p271) proprio accanto.

Pomeriggio

- Ammirate la città dall'alto dei 49 piani della **Bitexco Financial Tower** (p273). Scoprite qualcosa di più sul Vietnam al **Museo di Storia di Ho Chi Minh City** (p290), poi assistete a un bizzarro **spettacolo acquatico di burattini** (p291).

Sera

- Unitevi alla folla nella pedonale **đ Nguyen Hue**, poi cenate al **Trieu Institute** (p275), dove i piatti di alta cucina sono accompagnati da gin artigianale vietnamita.

Altre cose da fare...

Uscite dai Distretti 1 e 3 ed esplorate un lato della città meno tirato a lucido ma altrettanto divertente, tra aquiloni e birra artigianale.

IN GIRO PER LA CAMPAGNA
Fate un giro in bici sull'Isola di **Thanh Da**, a pochi minuti dal centro, con le sue risaie e la caratteristica atmosfera da Delta del Mekong.

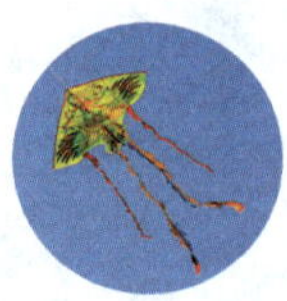

AQUILONI IN VOLO
Unitevi alle centinaia di persone che fanno volare gli aquiloni ai piedi del **ponte Thu Thiem 2** con vista sullo skyline cittadino.

ESPLORATE IL D4
Tuffatevi nel caleidoscopio di street food nel proletario **Distretto 4**, a pochi passi dal centro.

HIEN PHUNG THU/SHUTTERSTOCK ©, TULEYHCM/SHUTTERSTOCK ©, STEVE ESTVANIK/SHUTTERSTOCK ©

Giorno 2

Mattina

- Iniziate la giornata con una ciotola di pho fumante prima di partecipare a un corso di cucina con visita del **mercato Ben Thanh** (p282).

Pomeriggio

- Fuggite al calore del giorno e scoprite la storia del Vietnam attraverso il filtro dell'arte al **Museo di Belle Arti** (p274). Poi esplorate la storia più recente nell'inquietante **Museo dei Residuati Bellici** (p281).

Sera

- Ammirate il tramonto dal **rooftop bar dell'Anan Saigon** (p273) sorseggiando un *pho-jito.* Dopo un'innovativa cena di street food rivisitato, ammirate l'interno dell'**Opera House** (p273) assistendo a uno spettacolo acrobatico come l'A O Show e concludete con un bicchiere al **Summer Experiment** (p277).

Giorno 3

Mattina

- Unitevi alla gente del posto e partecipate agli esercizi mattutini nel frondoso **Parco Tao Dan** (p280), poi andate a **Cholon** (p284) per esplorare la Chinatown più grande del mondo mangiando ravioli al vapore e bevendo caffè con filtro a rete al mercato Thu Do.

Pomeriggio

- Vagate nella suggestiva **Pagoda dell'Imperatore di Giada** (p290) con elementi taoisti e buddhisti, il tutto avvolto nella foschia dell'incenso, poi concedetevi un high tea al raffinato **Hôtel des Arts Saigon** (p283).

Sera

- Ammirate i dettagliatissimi disegni della città a **The Studio Saigon** (p272) e prendete un aperitivo nel bar nascosto. Al vicino **Nous Dine** (p272) fate una cena indimenticabile con classici locali rivisitati in chiave moderna.

DATEVI ALL'ARTE

Partecipate a uno dei numerosi workshop come quello di xilografia ispirata a scene di strada nello **District 4 Studio** di Jack Clayton.

CUCINA SPERIMENTALE

Chiedete cortesemente una degustazione improvvisata di salsa di pesce artigianale al **Restaurant Esta**.

BIRRE ARTIGIANALI

Scoprite il mondo in piena espansione della birra artigianale con una visita autoguidata dei **birrifici del Distretto 2** ispirati da ingredienti locali.

PUNTATE IN ALTO

Salite alla **Blank Lounge** al 75° piano del Landmark 81 per una vista mozzafiato sulla città e un cocktail al tramonto.

ZONA DI DONG KHOI

STORICA E APPARISCENTE

Se Ho Chi Minh City avesse un centro ufficiale, coinciderebbe senz'altro con i dintorni delle vie Dong Khoi e Nguyen Hué. È una delle poche zone che si esplorano meglio a piedi che in taxi, con un'infinità di siti interessanti raggruppati uno accanto all'altro. Non ci vuole molto a immaginare queste strade quando erano canali che permettevano alle navi di risalire il fiume Saigon e proseguire fino alla cittadella. Ora i canali sono stati interrati e i negozietti hanno ceduto il passo a boutique esclusive e caffè di tendenza, ma guardando con attenzione, noterete ancora tracce di edifici di inizio Novecento che conferiscono alla zona un fascino unico. Anche se non rappresenta certo il Vietnam tipico, questo è una sorta di luogo fantastico, un'oasi di privilegio che consente di fare un magnifico viaggio nel tempo tra splendidi edifici d'epoca come l'Opera e la Posta Centrale.

IL CONSIGLIO

Con i suoi numerosi caffè di tendenza e panetterie in stile francese, è la zona ideale per una pausa piacevole rilassandosi e osservando i passanti tra un sito da visitare e l'altro. Le vetrine dei negozi sono uno spettacolo e troverete regali e pezzi di arredo di alta qualità.

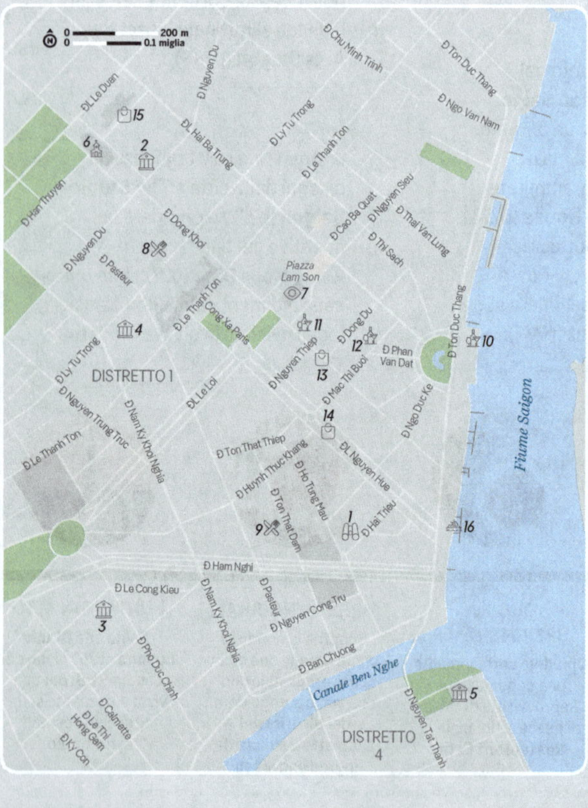

DA VEDERE
1 Bitexco Financial Tower
2 Posta Centrale
3 Museo di Belle Arti
4 Museo di Ho Chi Minh City
5 Museo di Ho Chi Minh
6 Cattedrale di Notre Dame
7 Teatro dell'Opera

PASTI
8 42 Ly Tu Trong
9 Anan Saigon

LOCALI E VITA NOTTURNA
10 Ros Yacht Club
11 Saigon Saigon Bar
12 Trieu Institute

SHOPPING
13 Dong Khoi Street
14 Nguyen Hue
15 Nguyen Van Binh Book Street

TRASPORTI
16 Molo di Bach Dang

Via dei libri Nguyen Van Binh

UNA VIA OMBROSA PER GLI AMANTI DEI LIBRI

Questa incantevole e ombreggiata via di 100 m tra Hai Ba Trung e la Cattedrale di Notre Dame fa la gioia dei bibliofili e degli utenti di Instagram con una ventina di cartolerie e librerie (con qualche titolo in inglese), bancarelle di artisti che vendono ceramiche e altri pezzi di artigianato e alcuni caffè all'aperto da cui godersi l'atmosfera locale. Il piccolo parco giochi, sul tema della sicurezza stradale, è frequentato da famiglie soprattutto la sera e nei fine settimana. L'ampia via ospita spesso mostre di fotografia ed eventi culturali.

Negozio in Nguyen Van Binh

Posta Centrale

LO STORICO UFFICIO POSTALE ANCORA IN FUNZIONE

L'ufficio postale del periodo francese, ancora in pieno servizio e tra i simboli della città, è stato progettato da Marie-Alfred Foulhoux (anche se spesso viene attribuito erroneamente a Gustave Eiffel) e costruito tra il 1886 e il 1891. Lo spazioso ingresso con volta a botte e i numerosi elementi in ferro battuto dipinti di verde ricordano una stazione ferroviaria. All'esterno ci sono targhe ispirate alla scienza dedicate a personaggi come Samuel Morse e Benjamin Franklin, mentre all'interno spiccano affascinanti mappe del Vietnam meridionale, Saigon e Cholon e un grande mosaico di Ho Chi Minh. Entrando, guardate in basso per ammirare il magnifico pavimento piastrellato d'epoca.

Cattedrale di Notre Dame

LA CHIESA FRANCESE IN MATTONI ROSSI

Costruita tra il 1877 e il 1883 a un costo di oltre 2,5 milioni di franchi, la Cattedrale di Notre Dame ravviva il cuore del quartiere governativo di Ho Chi Minh City. I campanili gemelli sono sormontati da guglie e croci che toccano i 60 m, mentre la facciata neoromanica in mattoni rossi è uno degli sfondi preferiti per le foto di nozze. Questa cattedrale cattolica, ispirata liberamente all'omonima chiesa parigina, è in corso di restauro dal 2017 e la data di fine lavori è stata rimandata al 2027. Durante le nostre ricerche l'unico modo di ammirare le vetrate dipinte e le pareti interne era partecipare alla messa. Il grazioso parco di fronte è un punto di ritrovo di studenti.

Nguyen Hue

UNA VIA PEDONALE CON CAFFÈ DI TENDENZA

In passato per i francesi Nguyen Hue era 'le Grand Canal', che collegava la città al fiume Saigon; ora il canale è stato interrato da tempo ed è diventato una via pedonale piena di negozi, ristoranti e uffici. Il viale parte dal fastoso Palazzo del Comitato del Popolo con la sua facciata barocca giallo pallido e le imponenti colonne corinzie ispirate all'Hôtel de Ville di Parigi e arriva al fiume. L'interno del palazzo purtroppo è chiuso al pubblico, ma alcune rare fotografie mostrano l'architettura originale e gli elementi decorativi rimasti intatti. Durante il giorno non c'è ombra, quindi, dopo avere fatto una fotografia di fronte alla statua di bronzo di Ho Chi Minh alta 7,2 m, è meglio ripararsi all'interno, magari nella libreria di tre piani Fahasa o nel palazzo trasformato in centro commerciale soprannominato 'Café Apartments' per i suoi numerosi ed eclettici locali specializzati in tè e caffè. Date un'occhiata ai pittoreschi negozi di abbigliamento, poi sedetevi finalmente nel balcone di un caffè al tramonto, osservando la gente che si accalca sulla via sotto di voi per assistere alle esibizioni di musicisti, ballerini e artisti di strada.

Cattedrale di Notre Dame (p271)

42 Ly Tu Trong

UN CONDOMINIO DEGLI ANNI '30 TRASFORMATO IN SPAZIO COMMERCIALE

A pochi passi dal famoso tetto immortalato dal fotoreporter olandese Hubert van Es nella sua fotografia di guerra nel 1975 si trova uno degli edifici residenziali più celebri della città, ora trasformato in spazio commerciale. Salite le scale che portano al The Studio Saigon, la galleria d'arte dell'artista-barista britannico Richie Fawcett, e date un'occhiata alle dettagliatissime scene di strada di Ho Chi Minh City. Se siete fortunati, potreste essere invitati al suo bar nascosto dove vengono serviti i drink d'autore descritti nel suo libro 'Cocktail Art of Saigon'. Lo stesso edificio ospita anche Nous Dine, uno spettacolare ristorante capsula da otto posti che serve menu degustazione stagionali di sei portate. Osservate gli chef che preparano con estrema cura piatti moderni ispirati a sapori e ingredienti vietnamiti.

Bitexco Financial Tower

PANORAMI MOZZAFIATO DAL SECONDO EDIFICIO PIÙ ALTO DELLA CITTÀ

Il modo migliore di farsi un'idea della topografia di Ho Chi Min City è salire in alto. Uno dei migliori belvedere è quello dallo Skydeck al 49° piano della Bitexco Financial Tower (in foto), il grattacielo alto 262 m progettato da Carlos Zapata. Inaugurato nel 2010, il palazzo ha tre piani sotterranei e 68 piani in superficie con un centro commerciale al piano terra. La struttura in vetro e acciaio si ispira a un bocciolo di loto, fiore simbolo del Vietnam, e la piattaforma al 52° piano è per l'atterraggio degli elicotteri.

Teatro dell'Opera

Teatro dell'Opera

UN ELEGANTE PALAZZO DEL PERIODO FRANCESE

Chiamato ufficialmente Teatro Municipale, questo grandioso edificio coloniale con tanto di scala monumentale e statue di marmo rende in pieno l'idea dello sfarzo della Francia della Belle Époque. Costruito nel 1897 al costo di oltre 2,5 milioni di franchi, il Teatro dell'Opera è uno degli edifici più famosi della città. L'unico modo per ammirare l'elegante interno con lampadari, statue di bronzo e bei pavimenti in granito è assistere a uno spettacolo. Controllate la pagina Facebook dell'Ho Chi Minh City Ballet Symphony Orchestra per informazioni sugli spettacoli, che vanno da opera e balletto a danza moderna e musical. Qui va in scena anche il divertente A O Show, una fantasia acrobatica, tra circo, musica dal vivo e cultura locale.

Anan Saigon

CUCINA VIETNAMITA INNOVATIVA CON UN TOCCO DI MODERNITÀ

L'Anan Saigon, in un wet market all'ombra della Bitexco Financial Tower, è considerato da molti come il capostipite della cucina vietnamita contemporanea. Le versioni da $100 di pho e *banh mi* hanno fatto scalpore, ma le proposte quotidiane sono altrettanto innovative e reinterpretano in chiave moderna i classici dello street food. Tra i piatti rivisitati che abbinano ingredienti vietnamiti a tecniche di cucina francesi ci sono i tacos *banh xeo* e il gelato di salsa di pesce. Al piano di sopra potrete scegliere tra il Nhau Nhau, un cocktail bar ispirato alla vecchia Saigon, il Pot Au Pho, specializzato in varianti della classica zuppa di noodles, oppure un rooftop bar da cui ammirare il tramonto.

Museo di Ho Chi Minh

A SINISTRA: SAIKO3P/SHUTTERSTOCK ©, IN BASSO: VICHIEBI/SHUTTERSTOCK ©

Museo di Ho Chi Minh

TUTTO SU 'ZIO HO'

Il Museo di Ho Chi Minh è dedicato alla storia del rivoluzionario e politico più amato del Vietnam, dall'infanzia all'impegno politico, al ruolo giocato nella cacciata dei francesi fino a raggiungere i vertici del governo nordvietnamita e alla morte nel 1969. Il tutto è illustrato soprattutto attraverso fotografie ed effetti personali. Il museo ha sede nell'ex casa doganale costruita dai francesi nel 1863, il più antico edificio coloniale rimasto in città. È soprannominata la 'Casa del Drago' (Nha Rong) per i draghi gemelli presenti sul tetto, come nelle pagode e nei templi.

Museo di Ho Chi Minh City

SCOPRITE LA STORIA E LA CULTURA DELLA CITTÀ

Ospitato in un grandioso edificio neoclassico del 1885 chiamato in passato Palazzo Gia Long, il Museo di Ho Chi Minh City (foto a destra) illustra la storia della città tramite reperti archeologici, ceramiche e antiche mappe. Si parla molto della lotta per l'indipendenza a cui è dedicata gran parte del piano superiore. Ma ci sono anche affascinanti sezioni sulla valuta vietnamita e approfondimenti sulla cultura di Saigon, come tradizioni matrimoniali, noci di betel, musica folk e credenze religiose. Nel giardino sono esposti diversi cimeli militari, tra cui il jet F-5E americano usato da un pilota sudvietnamita rinnegato per bombardare il Palazzo Presidenziale (ora Palazzo della Riunificazione) l'8 aprile 1975.

Museo delle Belle Arti

L'ARTE VIETNAMITA DALL'ANTICHITÀ A OGGI

Tra ariosi corridoi e verande d'epoca è difficile decidere se sia più bello l'edificio giallo e bianco di epoca coloniale o le oltre 22.000 opere d'arte che ospita. Il museo è decorato con piastrelle di colori vivaci e vanta alcune belle (anche se un po' deteriorate) vetrate dipinte, nonché uno degli ascensori più antichi di Saigon. La collezione, divisa tra arte antica e moderna, comprende sculture di legno e pietra del IV secolo di epoca Funan e opere di arte cham dal VII al XIV secolo. Tra i pezzi più moderni c'è uno straordinario e gigantesco dipinto laccato del celebre artista Nguyen Gia Tri realizzato in 20 anni e un'affascinante collezione di arte di propaganda del periodo della guerra. Troverete altre statue nel parco e nel cortile.

Via Dong Khoi

Istituto Trieu

RISTORANTE E BAR SPECIALIZZATO IN GIN VIETNAMITA

Ispirato alle diverse culture, sapori e piante del Vietnam, il gin artigianale della signora Trieu viene prodotto in piccole quantità nella sua distilleria a Cu Chi, utilizzando estratti vegetali di origine sostenibile provenienti da fattorie indipendenti, mercati di villaggio e cooperative sparsi in tutto il Vietnam. Cercate di identificare alcune delle spezie, tè, frutti ed erbe in sfere di vetro, mentre vi dirigete verso il vostro tavolo, gettando un'occhiata alla cucina a vista. Il menu include giocosamente alcune di queste essenze vegetali in piatti di cucina contemporanea presentati splendidamente e pensati per l'abbinamento con l'apprezzatissima gamma di gin. Il bar al piano di sopra è specializzato in drink innovativi a base di gin.

Via Dong Khoi

VIA DELLO SHOPPING DI SAIGON

Chiamata Rue Catinat durante il periodo francese, via Dong Khoi è la strada più chic di Saigon (e quella con i prezzi dell'immobiliare più alti), con boutique di alta moda, alberghi esclusivi, graziosi negozi di souvenir e begli edifici d'epoca trasformati in negozi e caffè. Cuore della vecchia Saigon, questa zona esclusiva va dal fiume alla cattedrale di Notre Dame passando dal Teatro dell'Opera (Teatro Municipale) e dà nome ai vicini centro civico e quartiere centrale degli affari. Di fronte al Teatro dell'Opera, in diagonale, si trova l'Art Arcade, una piccola galleria commerciale piena di negozi che vendono dipinti originali e riproduzioni. Al piano di sopra dell'edificio di epoca francese troverete altri raffinati caffè e boutique. Scendendo lungo Dong Khoi, fermatevi al Brodard Restaurant & Tea House, il caffè più antico della città, e concedetevi una fetta di torta appena sfornata. In fondo alla strada, troverete il molo Bach Dang e una piacevole passeggiata sul lungofiume, molto frequentata la sera, quando soffia la fresca brezza del fiume e spuntano carretti che vendono spuntini.

LA MIGLIORE CUCINA LOCALE

Hoa Tuc
Nascosto nel cortile della vecchia Raffineria d'Oppio di Saigon, l'Hoa Tuc serve versioni salutari di specialità vietnamite in un grazioso locale art déco. Organizza anche buoni corsi di cucina nel ristorante stesso. $$

Food Alley at 76 Hai Ba Trung
Per mangiare a buon mercato in centro, zona di solito cara, da metà pomeriggio in poi andate in questo vicolo gastronomico con una dozzina di venditori di piatti di riso e noodles. Comprate qualcosa da bere per avere diritto a un posto ai tavoli sul retro. $

Quan Bui
Il vasto menu con piatti tradizionali di tutto il Vietnam senza glutammato e con contenuto di zucchero e sale ridotto lo rende molto frequentato da una ricercata clientela locale. $$

NGUYEN QUANG NGOC TONKIN/SHUTTERSTOCK ©

Ho Chi Minh City

ALTRE IDEE PER DONG KHOI

Saigon da una prospettiva diversa

ESPLORAZIONI IN AUTOBUS, BATTELLO, AUTO D'EPOCA E A PIEDI

Quasi nessuno visita a piedi Ho Chi Minh City a causa del caldo, dell'umidità e del traffico, che a volte si riversa perfino sui marciapiedi. Se preferite evitare le moto, l'autobus Hop On-Hop Off è un ottimo modo di visitare la città. Potrete percorrere l'itinerario che tocca i 10 siti principali della metropoli in meno di un'ora con il giro veloce, oppure scendere e visitare i vari siti con il biglietto di una giornata. Se proprio volete camminare, fatelo almeno per una giusta causa. **Old Compass Travel** organizza visite guidate a piedi (con qualche tratto in taxi) dedicate a storia, architettura, religione e vita quotidiana a Saigon. Ho Chi Minh City ha un buon numero di rooftop bar, ma probabilmente nessuno è storico quanto il **Saigon Saigon Rooftop Bar**, uno dei più vecchi della città. Non ci vuole molto a immaginare politici, soldati e giornalisti che si godono una birra ghiacciata nel patio al decimo piano affacciato su via Dong Khoi e dintorni. Oggi, invece che da bombe e pallottole, la colonna sonora è fornita da ritmi latini accompagnati dalla leggendaria Happy Hour.

DOVE TROVARE BIRRIFICI ARTIGIANALI

Pasteur Street Original Tarooml
Birreria intima e accogliente con rooftop che offre una dozzina di birre alla spina.

Rogue Saigon
Locale rilassato con 15 birre alla spina e rooftop con vista sulla Bitexco Tower.

Heart of Darkness
Scegliete tra più di 20 birre artigianali tra cui pale ale, IPA e lager.

DALL'ACQUA

Per vedere Saigon dall'acqua informatevi sulle crociere di lusso in motoscafo di Les Rives in partenza dal **molo di Bach Dang**. I tour, ben organizzati, comprendono Can Gio, i Tunnel di Cu Chi e il fiume Saigon al tramonto con cocktail offerti. Per un'alternativa più economica, prendete in considerazione il Saigon Waterbus. Nato per facilitare i trasporti ai pendolari evitando il traffico, è diventato sempre più popolare tra i turisti che possono ammirare lo skyline cittadino dal fiume per meno di un dollaro. Al momento ci sono cinque fermate in direzione nord e il viaggio richiede circa un'ora; si passa sotto diversi ponti e accanto a yacht di lusso, tranquilli caffè e ristoranti sul fiume e alla lussureggiante isoletta di **Thanh Da** che ricorda il delta del Mekong. Fate in modo di tornare al molo Bach Dang nel tardo pomeriggio e accaparratevi un posto nel dehors dell'elegante **Ros Yacht Club** per godervi la cena o un cocktail davanti al tramonto sul fiume Saigon.

TESORI NASCOSTI

Per scoprire alcune gemme nascoste della città imparando qualcosa di nuovo, partecipate ai **tour fotografici di Saigon Imaging** che partono da una tranquilla pagoda vicino al centro. I corsisti imparano a sperimentare con la luce e altre impostazioni, per poi addentrasi tra piccoli vicoli, mercati locali e pittoreschi complessi abitativi puntando a fotografare in modalità manuale. Del tutto personalizzabili, dai principianti assoluti ai professionisti più esperti, i corsi sono un modo divertente per rincorrere la luce perfetta e rallentare il traffico frenetico di Saigon con lunghe esposizioni.

Un altro modo di vedere i siti più interessanti e nello stesso tempo farsi vedere è girare la città a bordo di una Citroën d'epoca decappottabile con autista di Saigon 2CV Tour. Potrete scegliere tra una 2CV francese o una La Dalat, la prima auto costruita e prodotta in Vietnam all'inizio degli anni '70, e tra il tour dei siti principali durante il giorno o un giro notturno dedicato allo street food.

TEMPI DI GUERRA

Una visita ai **Tunnel di Cu Chi** (p296), un elaborato sistema di tunnel a circa un'ora e mezzo da Ho Chi Minh City, aiuta a capire come i viet vong sono stati in grado di combattere gli americani e i sudvietnamiti usando le tattiche della guerriglia.

IO VIVO QUI: I MIGLIORI BAR DI SAIGON

Richie Fawcett (@richie_fawcett), barista artista e autore di *Cocktail Art of Saigon*, ci rivela alcuni dei suoi locali preferiti in centro.

Summer Experiment
Salite le scale di un vecchio edificio per trovare questo bar nascosto con un menu innovativo; un posto davvero divertente.

Nhau Nhau
L'arredo intimo e contemporaneo è in piacevole contrasto con il wet market di sotto. Sedetevi sul balcone e osservate i passanti.

Firkin Bar
Consideratevi fortunati se riuscite a trovare posto in questo bar esclusivo con una selezione di whiskey senza pari e un'attenzione maniacale al dettaglio.

Layla Eatery & Bar
L'unico posto dove i cocktail ironici e divertenti non deludono mai e l'atmosfera vivace è garantita.

DOVE DORMIRE A DONG KHOI

Caravelle Hotel
Inaugurato nel 1959, di fronte al Teatro dell'Opera; le lussuose camere dell'Heritage Wing hanno una vista magnifica. **$$$**

Fusion Suites Saigon
Questo hotel raffinato ma con prezzi ragionevoli occupa i 10 piani superiori del celebre Saigon Centre. **$$$**

Little Saigon Boutique Hotel
Le camere, anche se piccole, sono pulite e accoglienti, i prezzi economici e si trova in pieno centro. **$$**

PALAZZO DELLA RIUNIFICAZIONE E DINTORNI

ATMOSFERA LOCALE E DI TENDENZA

La zona a ovest del Palazzo della Riunificazione è chiamata comunemente Distretto 3; spesso viene sottovalutata perché meno sfarzosa del vicino Distretto 1, ma si sta affermando rapidamente come il quartiere più di tendenza della città. Una rete di vie vivaci e alberate racchiude il piacevole Parco Tao Dan e gli impeccabili giardini del Palazzo della Riunificazione. Qui troverete un felice connubio di rilassata cultura locale e boutique di stilisti emergenti, oltre ad alcuni dei migliori ristoranti di Ho Chi Minh City. Ci sono locali esclusivi ma anche ristorantini a conduzione familiare che servono la stessa specialità da decenni e intere strade piene di bancarelle dove si banchetta con diversi piatti al costo di una tazza di caffè a casa vostra. Il Distretto 3 è anche un quartiere storico, con una grande concentrazione di edifici d'epoca, molti dei quali si sono reinventati come negozi e caffè.

IL CONSIGLIO

Valutate la possibilità di fare base nel Distretto 3. Qui c'è un elemento di scoperta assente nelle zone più turistiche, tra cui il piacere di scovare ristoranti meno noti ma altrettanto buoni. Molti dei siti principali si raggiungono a piedi lungo strade ombrose, mentre per visitare i siti del centro basta una breve corsa in taxi.

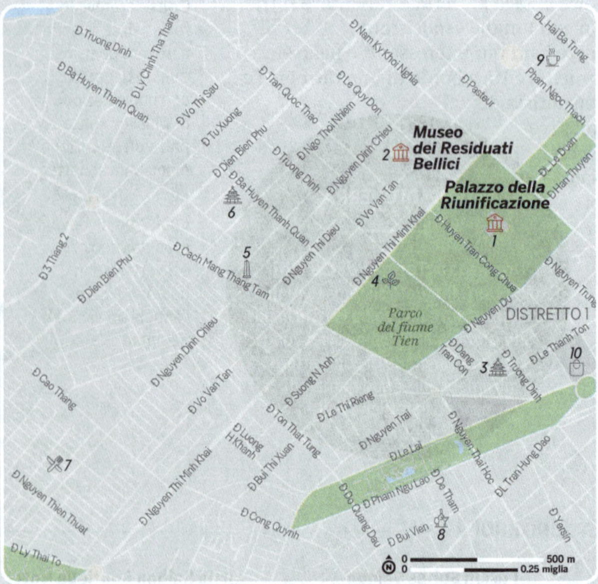

DA NON PERDERE
1 Palazzo della Riunificazione
2 Museo dei Residuati Bellici

DA VEDERE
3 Tempio hindu di Mariamman
4 Parco di Tao Dan
5 Monumento al venerabile Thich Quang Duc
6 Pagoda di Xa Loi

PASTI
7 Mercato di Ban Co

LOCALI E VITA NOTTURNA
8 Via Pedonale Bui Vien
9 Hôtel des Arts Saigon

SHOPPING
10 Mercato di Ben Thanh

Tempio hindu di Mariamman

UN PITTORESCO TEMPIO HINDU CON 100 ANNI DI STORIA

La comunità hindu di Ho Chi Minh City è poco numerosa, ma questo colorato assaggio di India meridionale è considerato sacro anche da molti vietnamiti e cinesi. Il tempio, che ha fama di essere miracoloso, è stato costruito alla fine del XIX secolo da chettyar di lingua tamil ed è dedicato alla dea madre hindu Mariamman, che secondo la tradizione tiene lontano le malattie e favorisce la fertilità. La caratteristica di spicco del tempio è l'elaborata torre (in foto) decorata con dozzine di statue dai colori sgargianti.

Monumento al Venerabile Thich Quang Duc

Monumento a Thich Quang Duc

STATUA DEL MONACO CHE SI IMMOLO'

Il tranquillo parco commemorativo è dedicato al venerabile Thich Quang Duc, un monaco buddhista di 66 anni che nel 1963 si immolò all'incrocio vicino alla Pagoda di Xa Loi per protestare contro la politica anti buddhista di Ngo Dinh Diem, il presidente del Vietnam del Sud supportato dagli Stati Uniti (lo stesso anno era stata vietata l'esposizione della bandiera buddhista). Al suo gesto di ribellione si attribuisce in parte l'entrata in guerra degli Stati Uniti. Il memoriale, inaugurato nel 2010, consiste in una statua in rame di Thich Quang Duc, di 12 tonnellate e alta 6 m, avvolta dalle fiamme davanti a un bassorilievo sulla lotta dei buddhisti contro la repressione.

Pagoda di Xa Loi

UNA PAGODA BUDDHISTA CUSTODE DI UNA SACRA RELIQUIA

Le pareti interne di questo santuario modernista, celebre per custodire una sacra reliquia del Buddha, sono decorate con dipinti della vita del Buddha. Ma il tempio del 1956 è famoso anche per essere stato attaccato da schiere di soldati nel 1963, quando era diventato un centro dell'opposizione al governo di Diem. Oggi è tornato un tranquillo rifugio buddhista con una grande statua di un Buddha seduto e una torre a sette livelli alta 32 m all'interno del complesso. Le donne entrano nella sala centrale, dove spicca una gigantesca statua dorata di Sakyamuni (il Buddha storico), dalla scala sulla destra dell'entrata, mentre gli uomini usano le scale a sinistra.

PARCHI PER RIGENERARSI

I numerosi parchi di Ho Chi Minh City non solo forniscono importanti spazi verdi, ma sono anche un luogo in cui gli abitanti, abituati a vivere in camere e case anguste, possono cambiare temporaneamente aria e godersi lo spazio aperto e l'aria fresca. Sentitevi liberi di unirvi (a volte pagando una piccola somma) ai gruppi di persone che ballano o fanno ginnastica al ritmo di uno stereo portatile. Di sera coppie e famiglie spesso fanno picnic improvvisati (anche se in genere sui marciapiedi e non sull'erba che di solito è off limits).

Parco di Tao Dan

UN OMBREGGIATO PARCO STORICO

Uno degli spazi verdi più belli della città è il Parco di Tao Dan, di 10 ettari; passeggiate lungo i viali punteggiati di panchine e ombreggiati da svettanti alberi tropicali, come poinciane e giganteschi Sao Den e So Khi. Non solo è considerato il polmone verde della città con splendidi giardini fioriti e un migliaio di alberi, ma vanta anche una lunga storia: fu realizzato nel 1868 e in origine si chiamava 'Jardin de la ville'.

Cercate di venire la mattina presto o nel tardo pomeriggio, quando centinaia di persone fanno ginnastica all'ombra degli alberi. Il parco giochi di 300 mq è molto frequentato dalle famiglie. I proprietari di uccelli in cattività (in gran parte anziani signori) si ritrovano nel caffè di fronte all'ingresso sud la mattina presto e sorseggiano caffè vietnamita mentre i loro animali si godono il sole e l'aria fresca, imparando nuove canzoni l'uno dall'altro.

Altri siti interessanti del parco sono il Tempio Commemorativo dei re Hung, dedicato ai 18 re che si ritiene abbiano fondato la nazione vietnamita, e una riproduzione in miniatura del tempio di Po Klong Garai Cham a Phan Rang.

Il parco è diviso a metà da Đ Truong Dinh. A nord-est di Đ Truong Dinh si trova un giardino di sculture contemporanee e il vecchio Cercle Sportif, un circolo sportivo esclusivo durante il periodo coloniale francese, trasformato nel Labour Culture Palace con campi da tennis, una piscina art déco con un colonnato e una clubhouse.

VINH LOC/SHUTTERSTOCK ©

Parco di Tao Dan

Via Pedonale Bui Vien

L'ISOLATO DOVE FAR FESTA

HECKE61/SHUTTERSTOCK ©

La zona intorno alle vie Pham Ngu Lao, De Tham e Bui Vien è da tempo meta dei viaggiatori con un budget ridotto e offre guesthouse e ristoranti internazionali economici e negozi che vendono beni essenziali. Di sera Bui Vien (in foto; pedonale nelle sere del weekend) si trasforma in una 'via della birra', una chiassosa festa di strada animata da alcol, narghilè e palloncini. Go-go dancer, artisti di strada e club che cercano di superarsi a vicenda con vivaci ritmi Vinahouse attirano turisti e giovani vietnamiti desiderosi di far festa. Per osservare la scena dall'alto il View Rooftop Bar al 9° piano serve pasti e drink a prezzi ragionevoli.

Palazzo della Riunificazione

L'EX RESIDENZA DEL PRESIDENTE VIETNAMITA

La discordante architettura anni '60 e l'ambiente sinistro delle sue sale deserte conferiscono uno strano fascino a questo caratteristico edificio governativo (chiamato anche Palazzo dell'Indipendenza) circondato da palme reali. Sembra che qui il tempo si sia fermato a quando i primi carri armati comunisti entrarono a Saigon, il 30 aprile 1975. L'edificio è inestricabilmente associato alla caduta della città nel 1975, anche se sono i particolari kitsch e gli elementi d'epoca a catturare i visitatori.

Progettato dall'architetto vietnamita formatosi a Parigi Ngo Viet Thu, è uno straordinario esempio di architettura anni '60 con pianta ariosa e aperta. Il piano terra è articolato in varie sale riunioni, mentre al piano di sopra c'è un grandioso insieme di sale da ricevimento usate per accogliere i dignitari stranieri e non. Sul retro dell'edificio si trovano gli appartamenti del presidente; osservate i modellini di barche, le code di cavallo e le zampe di elefante mozzate. Al secondo piano vedrete una bizzarra sala per giocare a carte con tanto di bancone a forma di botte, lampade ricavate da coprimozzi e sedie a tre zampe disposte intorno a un tavolo da gioco con gambe svasate. Ci sono anche un cinema e un nightclub sul tetto con l'immancabile piattaforma di atterraggio per elicotteri. Ma forse la parte più affascinante sono i sotterranei con un centro di telecomunicazioni, una sala di guerra e un dedalo di tunnel, dove giganteschi ventilatori d'epoca fendono l'aria intorno ad antichi radiotrasmettitori. Il Palazzo della Riunificazione è aperto alle visite quando non sono previsti incontri o ricevimenti ufficiali; ci sono guide che parlano inglese e francese.

Museo dei Residuati Bellici

TRISTE RICORDO DELLA GUERRA DEL VIETNAM

Per capire il contesto della guerra con gli Stati Uniti e il suo impatto devastante sui civili vietnamiti, visitate questo interessantissimo museo. Molte atrocità documentate qui sono note, ma è raro che gli occidentali abbiano l'occasione di sentire le vittime di un'azione militare che raccontano la loro storia. Alcune esposizioni sono di parte, ma molte delle foto più disturbanti di atrocità commesse provengono da fonti statunitensi, come quelle sul massacro di My Lai. Fuori sono esposti blindati americani, pezzi di artiglieria e armi di fanteria, mentre un angolo del cortile è dedicato alle famigerate prigioni francesi e sudvietnamite nelle isole di Phu Quoc e Con Son.

SUPERSTIZIONI DA MERCATO

Con il reddito quotidiano che fluttua vertiginosamente, non c'è da stupirsi che i venditori siano superstiziosi, sempre in cerca di presagi fortunati e segni infausti. C'è un piccolo tempio nascosto sopra una scalinata traballante vicino all'ingresso, dove i venditori pregano il dio guardiano. Di solito i commercianti credono che se la prima transazione della giornata è vantaggiosa, si faranno buoni affari: quindi la mattina presto evitate di contrattare o di chiedere i prezzi, se non avete intenzione di comprare.

JARVA JAR/SHUTTERSTOCK ©

Mercato di Ben Thanh

Il mercato di Ben Thanh

IL MERCATO PIÙ FAMOSO DI SAIGON

Dalla sua inaugurazione nel 1914 con il nome di 'Halles Centrale', quello di Ben Thanh è il mercato più famoso della città. Oggi l'immagine del suo ingresso sud e della torre dell'orologio è sinonimo di Ho Chi Minh City e il mercato e le vie circostanti costituiscono una delle zone più vivaci della città. Vedrete alti cumuli di tutto ciò che viene comunemente mangiato, indossato o utilizzato dai saigonesi e troverete un'infinità di souvenir. Si dice che se non riuscite a trovare qualcosa a Ben Thanh, probabilmente non esiste.

Oltre alle T-shirt e ai pezzi di artigianato, un buon regalo da acquistare sono frutta secca, noci e nocciole e spezie. I venditori delle circa 1500 bancarelle sparse su una superficie di oltre 13.000 mq sono determinati e i prezzi delle merci per turisti di solito sono da tre a quattro volte superiori alla media, quindi preparatevi a un'energica contrattazione.

Nell'anello esterno ci sono molti negozi di abbigliamento e souvenir 'a prezzo fisso'. Anche qui vale la pena di contrattare, soprattutto se comprate più articoli. Molti considerano il mercato una trappola per turisti, ma in realtà offre tra gli ingredienti migliori della città, come si nota dai prodotti freschi, dai fiori e dalla carne appena macellata ('carne calda' in vietnamita). Quando il mercato coperto chiude, subentra un piccolo mercato notturno con bancarelle gastronomiche aperto fino a mezzanotte.

Street food e ristoranti di classe

MANGIARE BENE NEL DISTRETTO 3

Il Distretto 3 è rinomato per la straordinaria scelta di posti dove mangiare in diverse vie gastronomiche. Per qualcosa di buono ed economico puntate sui dintorni del **mercato di Ban Co** (Pho Am Thuc Cho Ban Co) dove vi aspettano fumanti crêpes ripiene di maiale e gamberetti, ravioli al vapore con gamberi e pannocchie grigliate spalmate di olio allo scalogno. Gli amanti del pesce punteranno diritti su đ Nguyen Thuong Hien, appena a nord di đ Nguyen Thi Minh Khai. Questo breve tratto di strada trabocca di ristoranti specializzati in pesce preparato sul momento. Per godervi al massimo l'esperienza, partecipate a un tour di **Saigon Street Eats** che tocca alcune delle vie gastronomiche frequentate dai locali, dà consigli pratici e racconta le storie di alcuni di questi piatti squisiti. All'altra estremità della scala, l'high tea dell'**Hôtel des Arts Saigon** è uno dei migliori della città in un magnifico ambiente ispirato all'Indocina con pianoforte dal vivo e splendide opere d'arte. Al tramonto salite al Social Club sul tetto e ammirate il panorama della città 23 piani più sotto. Per ricreare i sapori vietnamiti a casa partecipate ai tour al mercato di **Provincial Table Cooking Class** seguiti da divertenti corsi di cucina in uno spazio pittoresco a due passi dal mercato Ben Thanh.

Crêpe fritta vietnamita con maiale e gamberetti

PERCHÉ AMO IL DISTRETTO 3

James Pham,
coautore di *Lonely Planet Vietnam*

Uno dei passatempi preferiti dei vietnamiti è semplicemente andare in giro in moto, fuggendo dai quartieri soffocanti e godendosi la brezza nei capelli (sotto il casco). Il Distretto 3 è uno dei miei preferiti per andare a zonzo, con i suoi ampi viali fiancheggiati da maestosi alberi secolari e i numerosi caffè e ristoranti in dimore francesi riconvertite. Gli affitti sono notevolmente più bassi rispetto al centro e quindi spuntano sempre nuovi ristoranti. Ma forse quello che amo di più sono i numerosi spazi verdi. In un universo urbano di motociclette e cemento rifugiarsi nella fresca ombra dei parchi e osservare i passanti con un drink di canna da zucchero in mano è davvero rigenerante.

DOVE DORMIRE NEI DINTORNI DEL PALAZZO DELLA RIUNIFICAZIONE

Sila Living
Hotel raffinato ed elegante, con camere enormi, una splendida posizione, piscina e palestra. **$$$**

Mai House Saigon
L'Indocina incontra i comfort moderni in questo hotel di design con una splendida piscina al quinto piano. **$$$**

Chez Mimosa Local Alley
Hotel pittoresco nella zona dei backpacker con lavatrici gratuite e lavaggio dei piedi alla partenza. **$$**

CHOLON

LA CHINATOWN PIÙ GRANDE DEL MONDO

Fondata dagli immigranti cinesi alla fine del XVIII secolo come vivace porto commerciale a 11 km da Saigon, Cholon (ovvero 'Grande mercato') oggi conta ben un milione di abitanti di etnia cinese. Anche se nel 1931 le due città si sono fuse, una visita qui dà ancora la sensazione di entrare in un mondo diverso o almeno in una copia della Saigon di 25 anni fa; ci sono meno grattacieli e su vetrine e templi spiccano caratteri cinesi. Trovare qualcuno che parli mandarino non è difficile, anche se quasi tutti gli abitanti (sinovietnamiti) di Hoa-Kieu comunicano in dialetti della Cina meridionale e parlano il vietnamita con un forte accento, perfino se sono nati qui. Una gita a Cholon, che occupa metà del Distretto 5, è un'esperienza sensoriale: banchetterete con dim sum, esplorerete templi ricchi di atmosfera e aspirerete il profumo fragrante delle erbe della medicina tradizionale.

IL CONSIGLIO

Anche se l'attrazione principale sono i templi, colorati e suggestivi, a Cholon si viene soprattutto per assaporare l'atmosfera e apprezzare la sua diversità dal resto di Ho Chi Minh City. Una visita guidata aiuta a capire meglio la storia e le storie che stanno dietro alla cultura e agli edifici.

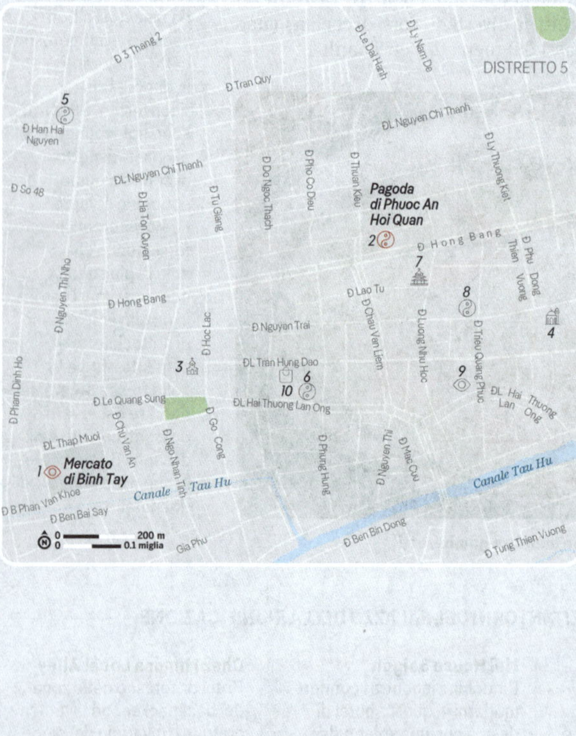

DA NON PERDERE
1 Mercato di Binh Tay
2 Pagoda di Phuoc An Hoi Quan

DA VEDERE
3 Chiesa di Cha Tam
4 Moschea Jamail di Cholon
5 Pagoda di Khanh Van Nam Vien
6 Pagoda di Ong Bon
7 Pagoda di Quan Am
8 Pagoda di Thien Hau
9 Erboristerie tradizionali

SHOPPING
10 Mercato dei tessuti di Soai Kinh Lam

Pagoda di Thien Hau

Pagoda di Thien Hau

UNA PAGODA DEL XVIII SECOLO DEDICATA ALLA DEA DEL MARE

Una delle pagode più antiche della città è la settecentesca Pagoda di Thien Hau, dedicata alla dea del mare venerata da mercanti, marinai, viaggiatori e pescatori. Costruita da migranti provenienti da Guangzhou per ringraziare la dea di essere arrivati sani e salvi, la graziosa pagoda con belle decorazioni in ceramica sul tetto è frequentata da fedeli e visitatori che si mescolano sotto i grandi portaincenso appesi al soffitto. La pagoda è celebre soprattutto come luogo in cui vengono a pregare le donne che desiderano avere bambini.

Pagoda di Phuoc An Hoi Quan

L'ELABORATO TEMPIO TAOISTA AL GENERALE QUAN CONG

Incorniciata da piante verdeggianti e con un interno fiammeggiante di toni rossi, oro, verdi e gialli, questa pagoda del 1902 è uno dei templi con le decorazioni più belle della città (foto a destra). È stata fondata per commemorare il generale cinese Quan Cong e a sinistra dell'ingresso si trova una statua a grandezza naturale del suo cavallo sacro. Osservate anche gli elaborati oggetti rituali in ottone, le armi e gli splendidi intarsi lignei su altari, pareti, colonne, lanterne e portaincensi. All'esterno ammirate le scene in ceramica che decorano il tetto, ognuna con innumerevoli minuscole figure.

Pagoda di Khanh Van Nam Vien

L'UNICO TEMPIO TAOISTA DEL VIETNAM

Costruita tra il 1939 e il 1942, questa pagoda è considerata l'unico tempio taoista puro del Vietnam e spicca per le sue statue multicolori di discepoli taoisti. Al piano di sopra cercate la magnifica statua di Laotse, filosofo supremo del taoismo e autore del Dao De Jing, alta 150 cm. L'aureola a specchio di Laotse è alquanto surreale, mentre alla sua sinistra ci sono due targhe di pietra che spiegano come eseguire gli esercizi taoisti di inspirazione ed espirazione. Il tempio è rinomato per le attività di beneficenza che svolge a favore della comunità, tra cui la gestione di una casa di cura e di una clinica che forniscono gratuitamente assistenza e cibo. Se lo desiderate, potete lasciare un'offerta.

Erboristerie tradizionali

UNA DOSE DI MEDICINA TRADIZIONALE VIETNAMITA

Mentre visitate il quartiere, passate dalla zona delle erboristerie tradizionali tra Đ Luong Nhu Hoc e Đ Trieu Quang Phuc per un'esperienza olfattiva che non dimenticherete facilmente. Per provare la medicina tradizionale vietnamita spiegate al farmacista il vostro problema: potrete scegliere le capsule già confezionate o lasciare che il farmacista vi crei un pacchetto personalizzato con le erbe essiccate conservate in barattoli di vetro o nei cassetti. Per approfondire visitate il Museo di Medicina Tradizionale Vietnamita, 15 minuti a nord nel Distretto 10.

Museo di Medicina Tradizionale Vietnamita

Pagoda di Ong Bon

UNA PITTORESCA PAGODA COSTRUITA DAGLI IMMIGRANTI DEL FUJIAN

Questa pagoda piccola ma ricca di atmosfera, nota anche come Tempio di Nhi Phu, trabocca di intarsi dorati e di incensi fumanti. Costruita da cinesi immigrati dalla Provincia di Fujian come loro prima sala riunioni, è dedicata a Ong Bon, lo spirito guardiano che presiede alla felicità e alla ricchezza; lo vedrete seduto in una teca dorata illuminata da luci LED dietro un altare dorato decorato con elaborate incisioni. Uscendo, osservate le divinità protettrici della porta dipinte all'interno della porta centrale e l'insegna 'Ecole de Foukien' sopra l'ingresso principale della scuola alla porta accanto.

Pagoda di Ong Bon

Mercato di Binh Tay

IL PIÙ GRANDE MERCATO DI CHOLON

Il mercato originale di Binh Tay fu costruito dai francesi in un sito diverso intorno al 1880, mentre quello attuale fu inaugurato nel 1928 e fondato dall'uomo d'affari e filantropo cinese Quach Dam, originario di Guangdong. Costruito intorno a un cortile centrale con giardini, il mercato principale di Cholon vende soprattutto all'ingrosso ma merita una visita per ammirare gli elementi di architettura cinese come i due dragoni che fissano la luna sopra l'ingresso principale e i leoni e draghi di bronzo intorno alla fontana centrale. Non si parla molto inglese, ma aspettatevi un'accoglienza calorosa se prendete un caffè o una ciotola di noodles alle bancarelle gastronomiche al piano terra, vicino all'ingresso sul retro.

Pagoda di Quan Am

Moschea Jamail di Cholon

UNA SOBRIA MOSCHEA BIANCA E BLU

Le linee nette e gli scarsi ornamenti di questa sobria moschea blu e bianca (in foto sotto) con quattro minareti sono in netto contrasto con i vicini templi buddhisti cinesi e vietnamiti. Osservate anche la vasca per le abluzioni rituali e il mihrab, la nicchia piastrellata sulla parete della sala di preghiera che indica la direzione della Mecca. La moschea fu costruita da musulmani tamil nel 1935, ma dal 1975 serve le comunità musulmane malesi e indonesiane.

Pagoda di Quan Am

TEMPIO DEL XIX SECOLO DELLA DEA DELLA MISERICORDIA

Uno dei templi più attivi e pittoreschi di Cholon, la Pagoda di Quan Am è stata fondata all'inizio del XIX secolo da coloni provenienti dalla provincia cinese di Fujian. È dedicato alla Dea della Misericordia, il cui nome completo è Quan The Am Bo Tat, letteralmente 'il Bodhisattva che ascolta tutti i pianti del mondo' in riferimento alla sua missione di compassione. Il tetto è decorato con magnifiche figure in ceramica tratte da drammi e leggende tradizionali cinesi. Un'altra peculiarità sono i pannelli in oro e lacca sulle porte d'ingresso e le elaborate colonne con draghi.

Chiesa di Cha Ta

CHIESA IN STILE GOTICO DEDICATA A SAN FRANCESCO SAVERIO

Inaugurata nel 1902, la chiesa color ocra dedicata a san Francesco Saverio prende nome da François Xavier Tam Assou (1855-1934), vicario apostolico di Saigon, originario della Cina. Tra la gente del posto è più nota come Chiesa di Cha Tam (Padre Tam) dal nome del primo amatissimo parroco. La chiesa in stile gotico incorpora sia all'esterno sia all'interno elementi decorativi asiatici, tra cui caratteri cinesi. Gli appassionati di storia sapranno che qui il 2 novembre 1963 venne catturato il presidente Ngo Dinh Diem, che si era rifugiato in chiesa con il fratello Ngo Dinh Nhu dopo essere fuggito dal palazzo presidenziale. Una targa su una panca nel retro della chiesa indica il luogo in cui i due fratelli erano seduti a pregare.

CONSIGLI PER FOTOGRAFARE CHOLON

Arnaud Foucard, fotografo francese residente in Vietnam e proprietario di **Vietnam Photo Adventures**, ci consiglia come fotografare Cholon. @arnaudfoucard

Salite in alto
Salite sulle scale per catturare i mercati dall'alto, cercando scene interessanti tra gli ombrelloni colorati. Vasi e piatti rotondi forniscono un piacevole contrasto.

Nei templi
Il fumo dell'incenso garantisce immagini suggestive. Cercate un angolo tranquillo per fotografare i fedeli in preghiera senza disturbarli.

Tra i vicoli
Spesso all'ingresso dei vicoli ci sono semplici caffè con una grande atmosfera. Sono posti magnifici per giocare con le impostazioni della luce della macchina fotografica.

Siate pazienti
Aspettate con pazienza lo scatto perfetto, magari un passante con un cappello a cono che attraversa il mercato.

DAVID BBOKUCHAVA/SHUTTERSTOCK ©

Cholon

ALTRE IDEE PER CHOLON

Cibo, fotografia e divertimento

SOTTO LA SUPERFICIE DI CHOLON

Per una prospettiva diversa di Cholon, partecipate alle passeggiate fotografiche di Vietnam Photo Adventures, tra vicoli, scale di appartamenti privati e suggestive pagode. Imparerete come approcciare le persone, realizzare una composizione migliore e studiare la perfetta inquadratura e nel frattempo scoprirete un volto più locale e infinitamente meno turistico di Cholon.

Se preferite esplorare per conto vostro, procuratevi una copia dell'eccellente *Exploring Saigon-Cho Lon* dello storico locale Tim Doling. Il volume, meravigliosamente approfondito, descrive tre itinerari a piedi a Cholon (oltre a moltissimi altri in zone diverse della città e oltre), perfetti per chi ama passeggiare al proprio ritmo e ha tempo per apprezzare le storie e i dettagli.

Parte del fascino di Cholon consiste nei suoi numerosi e affascinanti mercati. Alcuni occupano interi isolati, mentre altri sono formati da una fila di negozi che vendono articoli simili. Il **mercato dei tessuti di Soai Kinh Lam** offre una straordinaria selezione di tessuti, interessanti soprattutto per chi ha intenzione di farsi confezionare un abito in Vietnam.

XO Tours, un'agenzia a gestione completamente femminile, propone tour gastronomici in moto di Cholon e altri quartieri poco turistici. Il rapporto uno a uno garantisce una qualità molto elevata e tour sicuri e ben organizzati.

DOVE MANGIARE A CHOLON

Mi Keo Kungfu Khai Ky
Osservate i noodles freschi che vengono tirati a mano per preparare zuppe squisite. **$$**

An Duyen Cho Lon
Ristorante molto frequentato nei weekend, con ricco menu, buoni prezzi e una simpatica atmosfera da negozio. **$$**

Ha Cao Kieu Ky
Questa bancarella nel mercato di Thu Do vende sette tipi di ravioli al vapore, perfetti per un pasto economico. **$**

DA KAO E DINTORNI

UN QUARTIERE VERDE DAL FASCINO DISCRETO

Da dove abbia origine il nome del quartiere di Da Kao è una questione dibattuta, perché indubbiamente non si tratta di una parola vietnamita. Quasi tutti gli storici concordano sul fatto che sia un imbastardimento francese di 'Dat Ho' e che indicasse una regione amministrativa o una cerchia di mura protettive ai tempi della vecchia cittadella. Qualunque sia la sua origine, questa antica zona del Distretto 1 è in netto contrasto con i grattacieli sfavillanti e le pacchiane esibizioni di ricchezza di downtown. Da Kao è un quartiere di edifici bassi e vie alberate, che ospita numerosi consolati e alcuni splendidi edifici del periodo coloniale francese. Nelle sue vie storiche (e in quelle ai confini del quartiere, all'angolo orientale del Distretto 3) si nasconde un vivace gruppetto di bar e ristoranti, oltre ad alcune delle migliori trattorie tradizionali della città.

IL CONSIGLIO

I siti più interessanti di Da Kao sono distanti tra loro e per spostarsi dall'uno all'altro bisogna prevedere brevi corse in taxi. Se vi piace camminare, lungo il Canale Nhieu Loc-Thi Nghe ai confini nord di Da Kao si snoda un percorso pedonale di 8 km dove troverete gente del posto che si allena e diversi graziosi caffè e ristorantini.

Pagoda dell'Imperatore di Giada

SUGGESTIVO TEMPIO TAOISTA E BUDDHISTA

Costruito nel 1909 in onore della suprema divinità taoista (l'Imperatore di Giada o Re dei Cieli, Ngoc Hoang), è uno dei templi più ricchi di atmosfera di Ho Chi Minh City. Sul tetto spiccano elaborate decorazioni piastrellate, mentre le statue del tempio, che raffigurano personaggi della tradizione buddhista e taoista, sono in cartapesta rinforzata. All'interno dell'edificio principale incombono due figure taoiste feroci e minacciose: sulla destra (guardando l'altare) si trova la statua di 4 m del generale che sconfisse il Drago Verde (raffigurato ai suoi piedi); a sinistra si erge invece la statua del generale che sconfisse la Tigre Bianca (calpestata a sua volta). I fedeli si raccolgono intorno all'ineffabile Imperatore di Giada che presiede il santuario principale. Un altro altare interessante è quello dedicato a Than Hoang, il Signore degli Inferi, con pannelli intagliati raffiguranti le varie punizioni che attendono i peccatori nell'aldilà. L'altare dedicato alla dea Kim Hue Nuong Nuong, circondata da levatrici e bambini, è frequentato soprattutto da donne che desiderano avere figli.

DUC HUY NGUYEN/SHUTTERSTOCK ©

Museo di Storia di Ho Chi Minh City

Museo di Storia di Ho Chi Minh City

LA STORIA DEL VIETNAM IN 365 PASSI

Costruito nel 1929, questo affascinante museo sino-francese (visitabile in 365 passi) ospita un'interessante collezione di manufatti che illustrano l'evoluzione delle culture del Vietnam, dall'epoca preistorica alle civiltà di Dong Son (emersa nel 2000 a.C.) dell'Epoca del Bronzo, Funan (dal I al VI secolo d.C.), cham, khmer e vietnamita. I pezzi più interessanti sono i preziosi reperti provenienti dall'Angkor Wat (in Cambogia) e una bella collezione di statue buddhiste. Non perdetevi la magnifica collezione di sculture di ispirazione hindu e buddhista della cultura champa, un regno di origine indiana che governò su alcune zone del Vietnam centro-meridionale. Il museo è adiacente ai lussureggianti Giardini botanici che meritano una visita, anche se la sensibilità di qualcuno potrà essere urtata dagli animali in gabbia ospitati nello zoo annesso.

Piatti della tradizione o cucina all'avanguardia?

MANGIAR BENE A TUTTI I PREZZI

Una cena al **Restaurant Esta**, uno spazio industrial-chic con appena 40 tavoli, sarà una delle esperienze gastronomiche più memorabili che farete a Ho Chi Minh City, soprattutto se prenotate un tavolo al bancone dello chef, da cui si può osservare da vicino la splendente cucina a vista. I menu, straordinariamente creativi e basati su prodotti freschi, cambiano ogni settimana ma una costante è che ognuno dei piatti, presentati alla perfezione, è entrato prima o poi a contatto con una fiamma. Si tratta di una cucina modernista nel miglior senso del termine, con tocchi di sapori vietnamiti provenienti dai prodotti locali. Se invece preferite un banchetto di piatti del posto a prezzi stracciati, puntate a colpo sicuro su **Van Kiep**, una via con dozzine di ristoranti e bancarelle gastronomiche. Alcune servono un unico, eccezionale piatto, come per esempio ravioli al vapore o zuppa di noodles al granchio, mentre altri sono in stile mensa; scegliete quello che vi ispira di più e buon appetito.

Per chi ama la cultura

MUSEI PER TUTTA LA FAMIGLIA

Il **Museo delle Donne del Vietnam meridionale** potrà sembrare di nicchia, ma l'esposizione sull'agricoltura, la vita familiare e i commerci tradizionali sono affascinanti. La sezione sull'evoluzione dell'*ao dai*, un abito simile a una tunica, attraverso i secoli è particolarmente interessante, soprattutto se non riuscite a visitare il Museo dell'Ao Dai nel Distretto 9. Dopo una gita allo zoo, fermatevi nell'adiacente **Museo di Storia di Ho Chi Minh City** (p290) per assistere allo spettacolo acquatico di burattini, una forma artistica originaria nel Delta del Fiume Rosso. I burattinai stanno dietro una tenda immersi nell'acqua fino al petto e manovrano i burattini che sembrano ballare sull'acqua.

A TAVOLA PER UNA GIUSTA CAUSA

In Vietnam i disabili vengono spesso protetti dalla famiglia che li nasconde in casa senza dar loro la possibilità di crearsi una vita indipendente. Nel Blanc. Restaurant, specializzato in cucina asiatica fusion, i clienti usano un libretto del linguaggio dei segni di Ho Chi Minh City per ordinare e interagire con il personale non udente. Nell'adiacente Noir gli ospiti cenano al buio, serviti da personale non vedente. Scegliete il menu fisso a più portate e utilizzate tutti gli altri sensi per cercare di indovinare di cosa si tratta. Lungo il vicolo si trova Noir Spa, uno spazio elegante dove terapisti con difficoltà visive eseguono massaggi con luci accese o spente.

DOVE MANGIARE A DA KAO

Pho Chao
Questo minuscolo ristorantino serve l'unico *pho-tine* della città (patate fritte con cheddar e salsa pho). **$**

Quan Thuy 94
Granchio preparato in mille modi diversi; forse il più buono è la frittura di gamberi dal guscio molle. **$$**

Du Du Xanh
La cucina vegetariana raffinata e a prezzi ragionevoli piacerà anche ai carnivori. In una bella dimora di epoca francese. **$$**

DISTRETTO 2

DOVE VIVONO I RESIDENTI STRANIERI

La vecchia zona paludosa a est del centro di Saigon è ora diventato l'enclave cittadina con più residenti stranieri, un quartiere riqualificato con gigantesche ville in aree recintate, imponenti grattacieli, centri commerciali all'ultimo grido e un'infinità di scuole internazionali. All'inizio del 2021 il Distretto 2 è diventato ufficialmente parte di una città all'interno della città, ma quando si parla di andare qui di solito ci si riferisce alla zona di Thao Dien, dov'è raggruppata gran parte dei ristoranti, bar e boutique. Con il Distretto 7 è il quartiere d'elezione degli stranieri residenti in città e merita una corsa in taxi sul ponte di Saigon, soprattutto se avete una mezza idea di trasferirvi a Ho Chi Minh City o cercate una sistemazione alternativa sul fiume, magari avendo già visitato bene il centro. Il Distretto 2 è soprattutto un posto per godersi la vita, mangiare e bere in alcuni dei locali più belli della città.

IL CONSIGLIO

Una giornata rilassante nel D2 è un bel modo di spezzare il viaggio. Per una mattinata piacevole con bagno e pranzo ci sono ristoranti con piscina e hotel che offrono pass giornalieri. Molti ristoranti sono a Đ Thao Dien e gli altri quartieri si raggiungono con brevi corse in taxi.

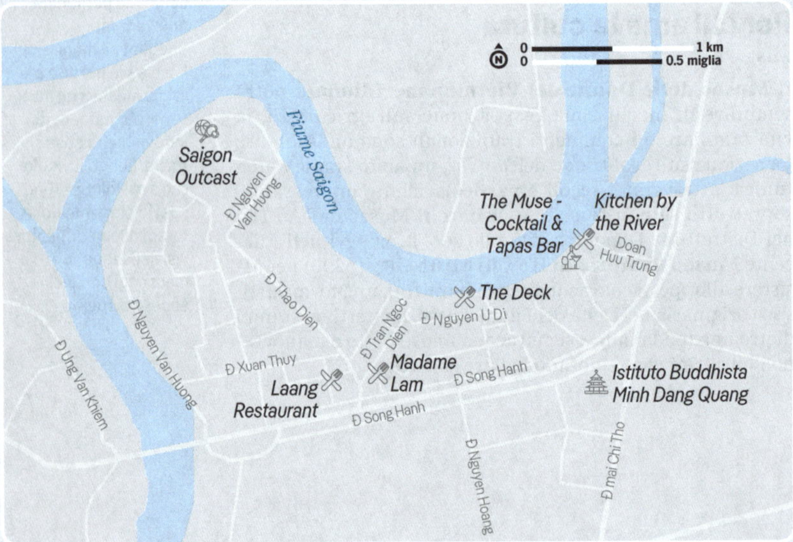

A DESTRA: NDQ/SHUTTERSTOCK ©, SOTTO: QUANG NGUYEN VINH/SHUTTERSTOCK ©

Distretto 2

The Deck

UN ESCLUSIVO RISTORANTE SUL FIUME

Da tempo uno dei locali preferiti dalla comunità di stranieri residenti in città e dai ricchi saigonesi, il Deck (in foto), con la sua moderna cucina panasiatica a base di pesce, è l'esperienza quintessenziale del D2. Prenotate un tavolo sul fiume o accomodatevi all'interno con un'elegante atmosfera da spiaggia e porte dal pavimento al soffitto aperte alla brezza fluviale. Dopo cena andate all'adiacente Deck Bar per un cocktail. Per completare l'esperienza prenotate un motoscafo dal centro e sbarcate alla porta del ristorante.

Il Saigon Outcast

EVENTI E SPORT AVVENTURA

Un'istituzione del D2 da più di 10 anni, il Saigon Outcast è imbattibile nell'organizzazione di eventi. Adatto alle famiglie, dispone di uno skatepark gratuito e della parete di arrampicata più alta di Saigon (15 m) gestita da Push Climbing che offre corsi, attività e attrezzatura. Le vie di arrampicata sono adatte a tutti, dai principianti agli esperti. Poi rilassatevi davanti a una delle 13 birre alla spina e a comfort food occidentali. Gli eventi attirano anche 1000 persone: si va dai mercati delle pulci e dai festival gastronomici a house party e serate cinema. Cercate su Facebook il programma completo.

Istituto Buddhista Minh Dang Quang

UN TRANQUILLO COMPLESSO BUDDHISTA

Il più grande complesso buddhista di Saigon, Phap Vien Minh Dang Quang, prende il nome dal fondatore dell'Ordine Mendicante Buddhista (Tang Gia Khat Si), una delle principali sette buddhiste del Vietnam meridionale, nota per estendere la vocazione monastica alle donne e per le rigide pratiche previste per monaci e monache. Fondato nel 1968 ed espanso nel 2009, il complesso colpisce per le quattro torri disposte intorno a un cortile centrale. I tetti a otto falde richiamano il Nobile Ottuplice Sentiero, mentre l'edificio centrale a tre piani ha statue di vari Buddha, tra cui quello femminile Quan Am (bodhisattva della compassione) e spazi per lezioni e meditazione. Tutti i corsi sono in vietnamita, ma alcuni monaci parlano inglese.

I MIGLIORI PUNTI DI RITROVO

Soma Saigon
Il posto ideale per rilassarsi. Ha un ottimo menu asiatico fusion per brunch e pranzo, e la sera spesso ci sono eventi come spettacoli comici, musica live e serate a tema. $$

L'Herbanyste
Godetevi la piscina in giardino gustando i creativi piatti vegani, vegetariani o senza glutine. Il ristorante produce formaggio di anacardi, pesto e kombucha e al piano di sopra c'è una bella zona wellness. $$

Snap Cafe
Locale tre in uno con ottimi piatti occidentali, thailandesi e messicani. Lo Snap Cafe è adatto alle famiglie e sul retro c'è un parcogiochi sabbioso e ombreggiato. $$

Ralf's Gelato
Il gelato e i sorbetti, fatti a mano ogni giorno in piccole quantità con ottimi ingredienti, sono un tonico contro il calore soffocante di Saigon. $$

SOFIE FRYDENLUND/SHUTTERSTOCK ©

Complesso residenziale, Distretto 2

ALTRE IDEE PER IL DISTRETTO 2

Ristoranti vietnamiti creativi

PRANZI O CENE CHE VALGONO IL VIAGGIO

Uno dei motivi principali per visitare il Distretto 2 è mangiare e bere bene. Gli ottimi ristoranti abbondano, ma ve ne consigliamo alcuni che offrono cucina vietnamita con un tocco innovativo.

Il **Madame Lam** in un'elegante sede dall'atmosfera inizio Novecento con travi a vista, colonne in legno e tetto in tegole, propone un'originale cucina vietnamita. La passione dello chef e proprietario Cuong per l'autentica cucina locale traspare dalle favolose rivisitazioni di piatti familiari, per esempio aggiungendo interi gamberi dal guscio molle negli involtini primavera, e pezzetti di mango al manzo, cotto nel wok. È il meglio della cucina vietnamita innovativa.

Per una versione più salutare della cucina vietnamita moderna con meno zucchero e sale e senza glutammato, il **Laang Restaurant** serve un vasto menu, con un'ampia selezione di piatti vegetariani, in un pittoresco locale di ispirazione vintage. L'insalata di pomelo con gamberi alla griglia è una delle specialità, come le tenere costine alla griglia marinate con cinque spezie.

Per una cucina vietnamita da tocco latino provate **Kitchen by the River**. Sedetevi nel dehors coperto con una splendida vista sul fiume Saigon o nella sala da pranzo casual elegante e godetevi l'eccellente comfort food a base di ingredienti locali di alta qualità come fragole e verdure biologiche di Dalat. Per una vista ancora migliore andate al **The Muse – Cocktail & Tapas Bar** e sorseggiate un cocktail ammirando un ampio panorama sul fiume.

DOVE DORMIRE NEL DISTRETTO 2

Mia Saigon
Hotel di super lusso a tema artistico sul fiume Saigon con opere d'arte inestimabili e una splendida piscina sul fiume. $$$

Villa Song
Boutique hotel sul fiume con piscina di acqua salata e grazioso bistrò con musica acustica dal vivo. $$$

La Casita
Dieci stanze tranquille intorno a una piscina, circondate da alcuni dei migliori ristoranti della zona. $$$

DINTORNI DI HO CHI MINH CITY

GITE ALL'INSEGNA DI STORIA E NATURA

Se passate più di due giorni a Ho Chi Minh City, può valere la pena di fare una gita in giornata. Abbandonate la città per la campagna e puntate su Can Gio, a sud-est, una delle 11 riserve della biosfera del Vietnam Patrimonio dell'Umanità dell'UNESCO. Se viaggiate in battello, osservate la periferia urbana cedere il passo a banani e case su palafitte. Se viaggiate su strada, fermatevi nei mercati locali, dove i gruppi di turisti sono ancora rari. Se amate storia e cultura, andate a nord-ovest per visitare Cu Chi e la città di Tay Ninh. Qui capirete come i vietnamiti sono riusciti a sconfiggere una superpotenza mondiale e vi renderete conto della brutalità della guerra. Proseguite fino a Tay Ninh per visitare la pittoresca Santa Sede della religione locale del Caodanismo, una bizzarria rococò che fonde stili dissonanti come chiesa francese, tempio cinese e moschea islamica.

IL CONSIGLIO

Assaggiare specialità locali renderà più autentiche le vostre gite, quindi a Tay Ninh cercate piatti come maiale bollito in carta di riso alla rugiada, a Can Gio vongole, gamberetti e palme nipa (palme delle mangrovie) e a Cu Chi vitello alla griglia con erbe selvatiche accompagnato da succo di canna da zucchero con durian.

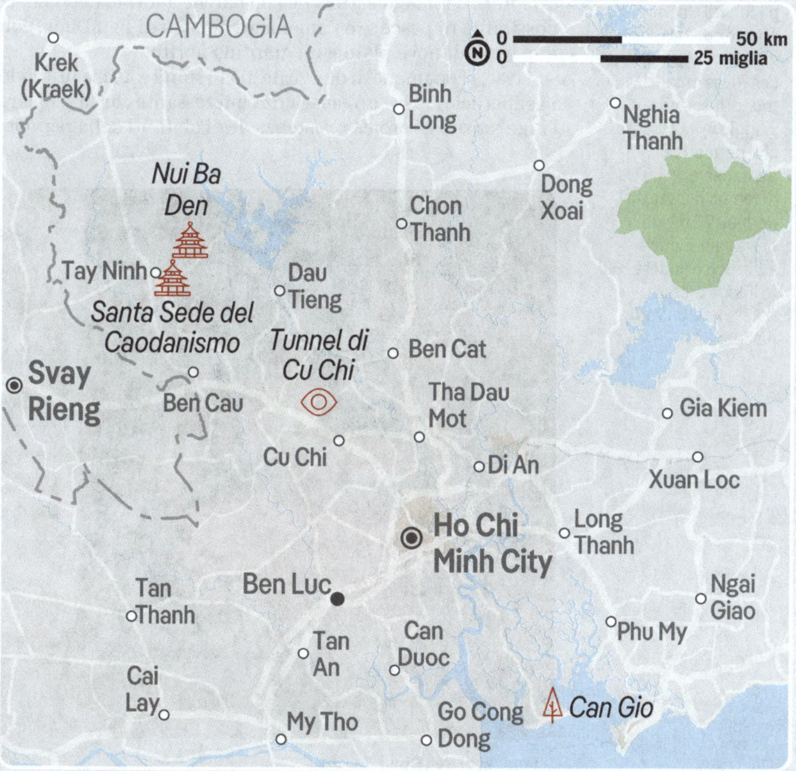

I tunnel di Cu Chi

UNA VASTA RETE DI TUNNEL DEL PERIODO BELLICO

Costruita in origine dal Viet Minh nella terra rossa di Cu Chi (soffice nella stagione delle pioggia, dura come la pietra nei mesi secchi) durante la guerra contro i francesi, la rete di tunnel di Cu Chi divenne leggendaria negli anni '60 perché facilitava ai viet cong il controllo di una vasta zona rurale a soli 30-40 km da Ho Chi Minh City. Nel momento di massimo sviluppo la rete di tunnel andava dalla capitale sudvietnamita al confine con la Cambogia; nel solo distretto di Cu Chi ci sono più di 250 km di tunnel. La rete, in parte articolata su diversi piani, comprendeva innumerevoli botole, ambienti abitabili, magazzini, fabbriche di armi, ospedali da campo, centri di comando e cucine. Le ricostruzioni in superficie e le cartine aiutano a comprendere meglio la storia.

Due sezioni di questa straordinaria rete di tunnel (versioni ingrandite e migliorate rispetto all'originale) sono aperte al pubblico. Una si trova vicino al villaggio di Ben Dinh e l'altra 15 km più oltre, a Ben Duoc. I gruppi di viaggi organizzati di solito vanno a Ben Dinh, più vicino e con siti meno sparpagliati. I vietnamiti spesso preferiscono Ben Duoc con più tunnel da esplorare e un lago artificiale con barche a forma di cigno, la possibilità di pescare e l'imponente tempio di Ben Duoc, con una torre di nove piani e un giardino fiorito.

Si tratta comunque di due visite molto simili e anche restando in superficie si vive un'esperienza interessante che fa scoprire l'ingegnosità e l'eroica resistenza degli abitanti della regione.

COME RAGGIUNGERE CU CHI

Entrambi i siti dei tunnel si possono raggiungere con l'autobus pubblico, dalle autostazioni di Ben Thanh, An Suong o Cholon; tutte le corse prevedono un cambio. Nel biglietto d'ingresso è compresa l'assistenza di una guida che fornisce brevi spiegazioni e accompagna i visitatori nei tunnel con una torcia. I tour operator propongono pacchetti a buon prezzo con trasporto e visita guidata, mentre Les Rives organizza tour di lusso con viaggio in motoscafo, che permette di risparmiare un po' di tempo rispetto ai normali 90 minuti di viaggio. Evitare il traffico e godersi la fresca brezza del fiume è un vero piacere.

DAN HANSCOM/SHUTTERSTOCK ©

I tunnel di Ben Douc

Nui Ba Den

SITO DI PELLEGRINAGGIO SUL MONTE DELLA SIGNORA NERA

La Nui Ba Den (Monte della Signora Nera), 15 km a nord-est di Tay Ninh, svetta 850 m sopra la campagna circostante tanto che si è guadagnata il nome di 'tetto del Vietnam sud-orientale'. Nel corso dei secoli è stata un luogo sacro per le comunità khmer, cham, vietnamite e cinesi e conserva diversi interessanti templi rupestri. Risparmiatevi i 1500 gradini e prendete l'ovovia che in soli 5 minuti vi porterà al complesso religioso, oppure optate per la più panoramica strada Van Son che arriva in cima. Visto che i siti di Tay Ninh sono lontani tra loro, di solito si visita con una gita in giornata insieme ai Tunnel di Cu Chi.

QUANG NGUYEN VINH/SHUTTERSTOCK ©

Can Gio

Can Gio

UNA RISERVA DELLA BIOSFERA DELL'UNESCO

Nota come il 'polmone verde' di Ho Chi Minh City, la Riserva della Biosfera di Mangrovie di Can Gio si trova 60 km a sud-est della città. Con i suoi 75.740 ettari, vanta diversi habitat tra cui foreste di mangrovie, piane fangose, zone umide, paludi salmastre e posidonie, che ospitano varie specie di mangrovie, invertebrati che vivono nelle mangrovie, pesci e uccelli.

Le zone più interessanti da visitare sono due. Per gli appassionati di guerra c'è la Base della Guerriglia di Rung Sac, un parco di 541 ettari con strutture ricostruite per illustrare la guerra nella giungla, quando i rivoluzionari facevano base qui durante i conflitti contro francesi e americani negli ultimi due secoli. Per chi preferisce un'esperienza naturalistica, il Vam Sat Eco-Park ha una Laguna dei Pipistrelli dove si organizzano tranquille escursioni in canoa per avvistare volpi volanti sugli alberi. C'è anche una torre di osservazione ornitologica alta 26 m per vedere la foresta nel suo insieme e gli oltre 20.000 uccelli di 26 specie diverse che vivono nella riserva. Gli amanti del birdwatching vengono tra aprile e ottobre, nella stagione della nidificazione.

La Santa Sede del Caodanismo

L'ORIGINALISSIMO TEMPIO DI CAO DAI

Fondato dal mistico Ngo Minh Chieu nel 1926, il Caodanismo è una religione sincretica che ingloba vari elementi di buddhismo, confucianesimo, taoismo, animismo delle tribù locali, cristianesimo e islam, con un tocco di illuminismo laico per non farsi mancare niente. Il termine Cao Dai è sinonimo di Dio. Si calcola che in Vietnam ci siano da quattro a sei milioni di seguaci del caodaismo.

Questa stimolante religione che fonde Oriente e Occidente ha un tempio principale, la Santa Sede del Caodanismo, 4 km a est di Tay Ninh nel villaggio di Long Hoa. Lo scrittore Graham Green lo ha descritto come 'Cristo e Buddha che si affacciano dal tetto di una cattedrale in una fantasia orientale alla Walt Disney con tanto di draghi e serpenti in Technicolor'. La sala principale ha otto colonne intonacate a cui sono attorcigliati draghi multicolori che sostengono una cupola simbolo del paradiso, sotto la quale si trova un gigantesco globo blu costellato di stelle con al centro l'occhio divino. Dal balcone posteriore al piano di sopra si ammira la vista migliore, soprattutto durante le sessioni di preghiera.

FILMLANDSCAPE/SHUTTERSTOCK ©

Mercato galleggiante, Can Tho (p318)

AREE PRINCIPALI

BEN TRE
Terra di noci di cocco e tranquilli corsi d'acqua.
p304

VINH LONG
La porta d'ingresso ai soggiorni presso gli abitanti sull'Isola di An Binh. p309

CAO LANH
Foreste, storia e un'infinita varietà di uccelli.
p312

CAN THO
Mercati galleggianti ed energia da grande città.
p318

DELTA DEL MEKONG

CULTURA, COMMERCIO E ISOLE DA SCOPRIRE

Il fiume più grande del Sud-est asiatico nasce in Tibet e incontra finalmente l'oceano in una regione vasta e affascinante al centro del successo agricolo del Vietnam.

Tappezzato di un brillante verde smeraldo e di sfumature olivastre spesso addolciti dalla pioggia tropicale, il Delta del Mekong è la 'ciotola di riso' del Vietnam e il suo cuore agricolo (in foto). Tradizionalmente il commercio locale di frutta, verdura e altri prodotti è stato facilitato dalla possibilità di spostarsi lungo il possente Mekong e i suoi numerosi affluenti in un paesaggio affascinante dove barche, case e mercati galleggiano sui fiumi, i canali e i corsi d'acqua che attraversano il paesaggio come arterie.

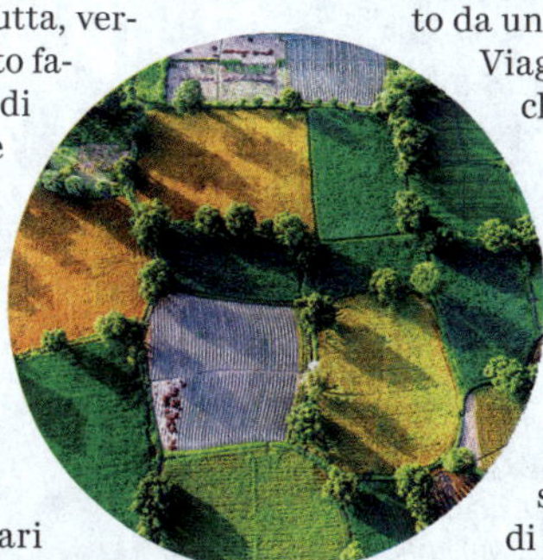

Una serie di spettacolari ponti sospesi cerca ora di dare una nuova forma alla tradizione di commerci acquatici del Delta, rendendo più agevoli i trasporti di merci al mercato via terra; in campagna però si respira ancora un ritmo di vita languido, quasi soporifero. Qui i bufali si crogiolano nelle risaie, barche cariche di noci di cocco e frutta scivolano lente sulle acque color fango e chi esplora gli stretti vicoli del Delta e le stradine lungo i canali viene ricompensato da un'autentica ospitalità rurale.

Viaggiando in moto o in bicicletta si ha l'occasione di vivere a ritmi più lenti e naturali e spesso alla fine di un giorno di esplorazioni si soggiorna presso famiglie locali.

In altri luoghi di questa regione affascinante e variegata troverete foreste di mangrovie pullulanti di uccelli e resti di bunker viet cong, elaborate pagode khmer e templi buddhisti, isole vicine alla costa che offrono spiagge di sabbia bianca, sentieri che portano a calette isolate e la spettacolare transizione architettonica dell'isola più grande del Vietnam.

Per orientarsi

Con una superficie di oltre 40.000 kmq che copre il 12% del paese, il vasto Delta del Mekong è una regione agricola molto produttiva delimitata dal Golfo di Thailandia e dal Mar Cinese Meridionale.

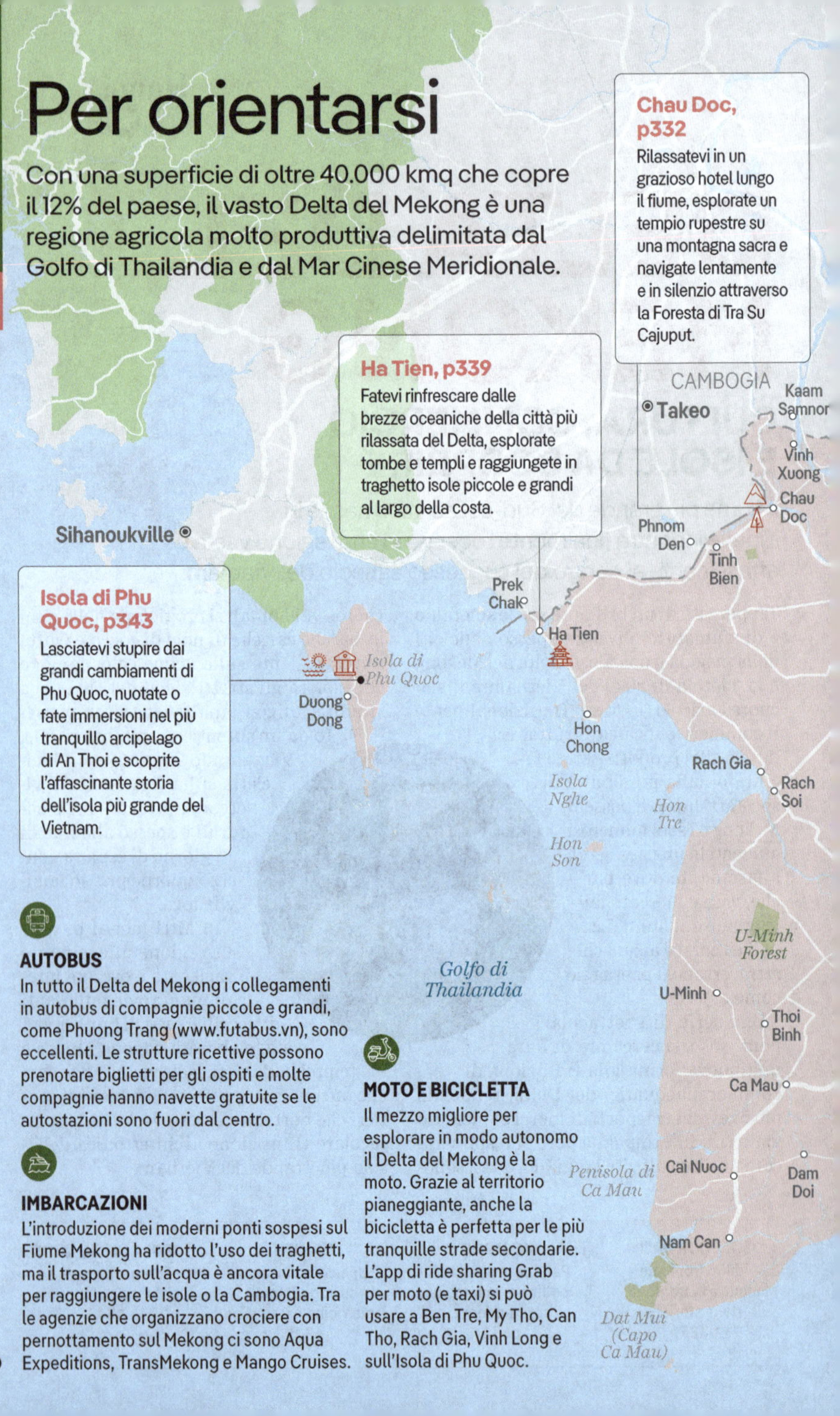

Chau Doc, p332

Rilassatevi in un grazioso hotel lungo il fiume, esplorate un tempio rupestre su una montagna sacra e navigate lentamente e in silenzio attraverso la Foresta di Tra Su Cajuput.

Ha Tien, p339

Fatevi rinfrescare dalle brezze oceaniche della città più rilassata del Delta, esplorate tombe e templi e raggiungete in traghetto isole piccole e grandi al largo della costa.

Isola di Phu Quoc, p343

Lasciatevi stupire dai grandi cambiamenti di Phu Quoc, nuotate o fate immersioni nel più tranquillo arcipelago di An Thoi e scoprite l'affascinante storia dell'isola più grande del Vietnam.

AUTOBUS

In tutto il Delta del Mekong i collegamenti in autobus di compagnie piccole e grandi, come Phuong Trang (www.futabus.vn), sono eccellenti. Le strutture ricettive possono prenotare biglietti per gli ospiti e molte compagnie hanno navette gratuite se le autostazioni sono fuori dal centro.

IMBARCAZIONI

L'introduzione dei moderni ponti sospesi sul Fiume Mekong ha ridotto l'uso dei traghetti, ma il trasporto sull'acqua è ancora vitale per raggiungere le isole o la Cambogia. Tra le agenzie che organizzano crociere con pernottamento sul Mekong ci sono Aqua Expeditions, TransMekong e Mango Cruises.

MOTO E BICICLETTA

Il mezzo migliore per esplorare in modo autonomo il Delta del Mekong è la moto. Grazie al territorio pianeggiante, anche la bicicletta è perfetta per le più tranquille strade secondarie. L'app di ride sharing Grab per moto (e taxi) si può usare a Ben Tre, My Tho, Can Tho, Rach Gia, Vinh Long e sull'Isola di Phu Quoc.

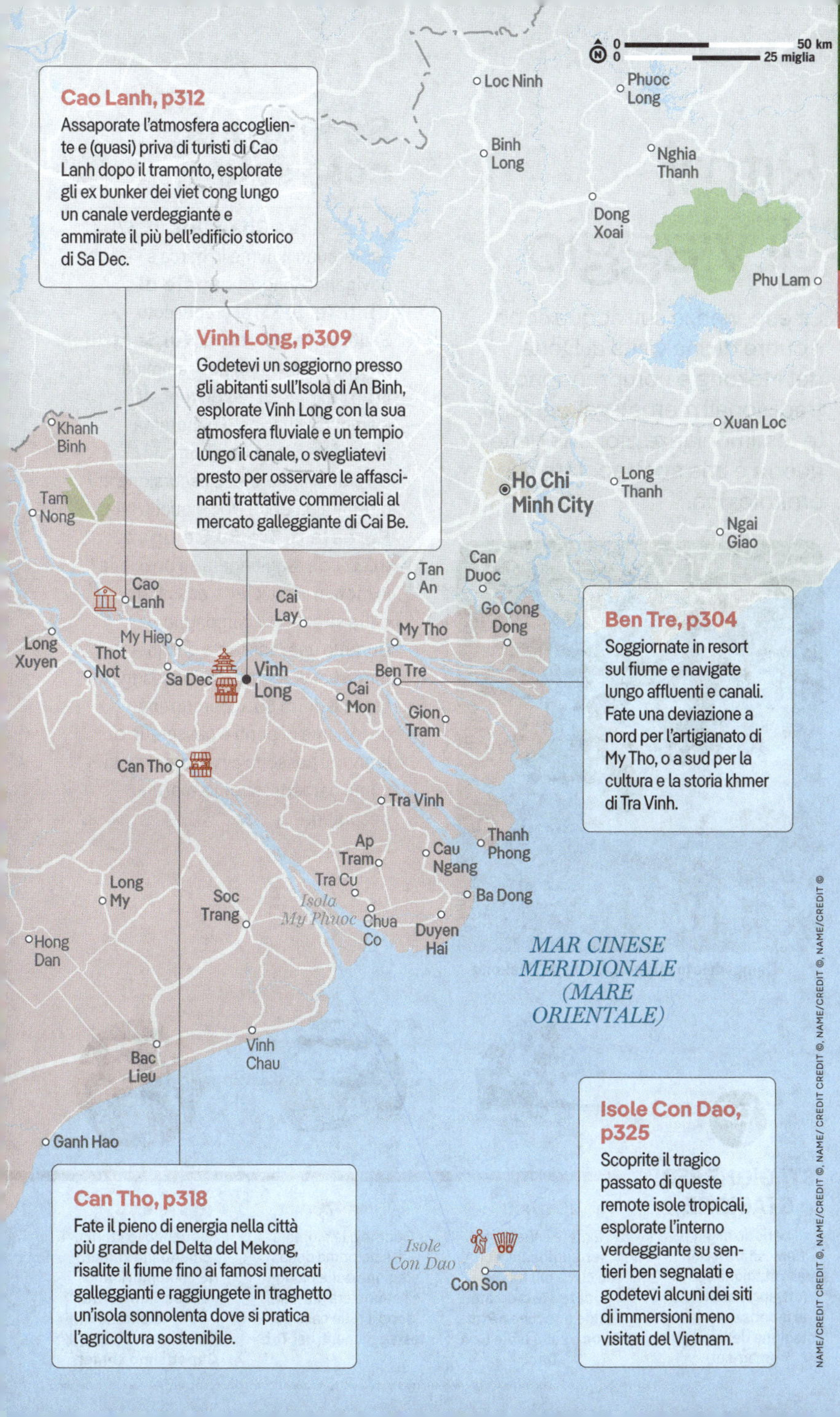

Cao Lanh, p312

Assaporate l'atmosfera accogliente e (quasi) priva di turisti di Cao Lanh dopo il tramonto, esplorate gli ex bunker dei viet cong lungo un canale verdeggiante e ammirate il più bell'edificio storico di Sa Dec.

Vinh Long, p309

Godetevi un soggiorno presso gli abitanti sull'Isola di An Binh, esplorate Vinh Long con la sua atmosfera fluviale e un tempio lungo il canale, o svegliatevi presto per osservare le affascinanti trattative commerciali al mercato galleggiante di Cai Be.

Ben Tre, p304

Soggiornate in resort sul fiume e navigate lungo affluenti e canali. Fate una deviazione a nord per l'artigianato di My Tho, o a sud per la cultura e la storia khmer di Tra Vinh.

Can Tho, p318

Fate il pieno di energia nella città più grande del Delta del Mekong, risalite il fiume fino ai famosi mercati galleggianti e raggiungete in traghetto un'isola sonnolenta dove si pratica l'agricoltura sostenibile.

Isole Con Dao, p325

Scoprite il tragico passato di queste remote isole tropicali, esplorate l'interno verdeggiante su sentieri ben segnalati e godetevi alcuni dei siti di immersioni meno visitati del Vietnam.

Ritmi di viaggio

Le esperienze sull'acqua sono il cuore di una visita al Delta del Mekong e comprendono i tradizionali mercati galleggianti, le testimonianze storiche della guerra e una spettacolare riserva ornitologica.

INDOCHINASTUDIO/SHUTTERSTOCK ©

Campi di loto allagati, Delta del Mekong

Se fate una cosa sola

● Fate base a **Chau Doc** (p332), esplorando il fiume in barca e navigando lungo il **canale di Vinh Te** (p333) al crepuscolo. Salite su un mototaxi a **Nui Sam** (Monte Sam; p334) per camminare in un labirinto di templi rupestri e ammirare un vasto panorama al confine con la Cambogia. Un'ultima imperdibile escursione in giornata da Chau Doc è quella alla **Foresta di Tra Su Cajuput** (p337), da raggiungere se possibile in moto o in bicicletta passando dalle stradine di campagna. Durante una rilassante gita in barca nel verdeggiante paesaggio fluviale di Tra Su, o percorrendo un insieme di ponti e passerelle di legno, si possono avvistare uccelli come garzette, aironi e martin pescatori.

STAGIONE PER STAGIONE

Il periodo migliore per visitare il Delta è la stagione secca (ott-apr) per evitare le inondazioni della stagione delle piogge (mag-set).

GENNAIO

Evitate il Vietnam settentrionale, con un clima più fresco, e godetevi le giornate calde e secche a **Phu Quoc** e sulle **Isole Con Dao**.

MARZO

Godetevi le giornate di sole prima della stagione delle piogge e l'atmosfera rilassata dopo il folle caos dei festeggiamenti del **Tet**.

APRILE

Seguendo lo storico calendario khmer, le comunità khmer di Soc Trang e Tra Vinh celebrano il Chol Chnam Thmay, il **Capodanno khmer**.

EVGENY DRABLENKOV/SHUTTERSTOCK ©, MUTO KOJI/SHUTTERSTOCK ©, LOCHUYNH/SHUTTERSTOCK ©

Con quattro giorni a disposizione

● Abbinate il soggiorno a Chau Doc con una visita a **Can Tho** (p318), tre ore di auto a sud-est. La più grande città del Delta è ricca di energia urbana, in particolare sul lungofiume, e offre interessanti esperienze acquatiche, come una gita in barca in un'alba color indaco, visite ai mercati galleggianti, o uscite pomeridiane in traghetto per visitare gli allevamenti di pesce e l'architettura sostenibile dell'**Isola di Son** (p323). Non dimenticate di assaggiare l'eccellente street food di Can Tho, incentrato in Đ De Tham e nel mercato notturno cittadino. Tra i locali dove bere qualcosa la sera ci sono cocktail bar cosmopoliti e birrifici artigianali, oppure il bar d'epoca del **Victoria Can Tho Resort** (p321).

Se avete più tempo

● Tra le visite a Chau Doc e Can Tho, dedicate un po' di tempo all'**Isola di An Binh** (p310) vicino a **Vinh Long** (p309). Gli alloggi presso privati a conduzione familiare sono una base ideale per dedicarsi a tranquille gite in bicicletta ed escursioni in barca. L'ex roccaforte viet cong della **Foresta di Xeo Quyt** (p314) si può visitare dalla vicina città di **Cao Lanh** (p312). Le province di **Tra Vinh** e **Soc Trang** sono impregnate di cultura tradizionale khmer, mentre il più remoto arcipelago delle **Isole Con Dao** (p325) si raggiunge agevolmente da Can Tho o da Soc Trang. Il tragico passato di Con Dao, ex isola prigione, è ora bilanciato dall'occasione di dedicarsi a splendide immersioni ed escursioni a piedi.

LUGLIO

La frutta abbonda, con durian, mangostano, longan, mango e rambutan. Vi toccherà qualche temporale pomeridiano, ma ne varrà la pena.

OTTOBRE

Nella stagione delle piogge, nella **Foresta di Tra Su Cajuput** il livello delle acque è al massimo e la vegetazione più rigogliosa che mai.

NOVEMBRE

Il clima si stabilizza dopo la stagione delle piogge e a Tra Vinh e a Soc Trang si svolgono gare di longboat durante il **festival khmer di Oc Om Boc**.

DICEMBRE

È un altro buon periodo per visitare **Tra Su**. Il livello delle acque è più basso, ma gli uccellini escono dal guscio e gli uccelli migratori sono più numerosi.

VN STOCK/SHUTTERSTOCK ©, JIDOWIN/SHUTTERSTOCK ©, VIVANVU/SHUTTERSTOCK ©, IKONYA/SHUTTERSTOCK ©

BEN TRE

Per i viaggiatori indipendenti Ben Tre è l'introduzione ideale al Delta del Mekong, con eccellenti boutique hotel in località appartate lungo il fiume, comodo accesso in autobus da Ho Chi Minh City e la possibilità di visitare le attività artigianali locali, ancora relativamente al di fuori del flusso turistico. Il tranquillo lungofiume cittadino con vecchie ville coloniali francesi si esplora piacevolmente a piedi, mentre la passeggiata sul lungofiume, i placidi villaggi dall'altra parte del ponte Ben Tre e gli stretti viottoli sulle due sponde del fiume sono perfetti per una gita in bicicletta.

La zona di Ben Tre è celebre per i *keo dua* (dolci al cocco). Molte donne del posto lavorano nei piccoli stabilimenti che li producono, dove bollono pentoloni del colloso impasto al cocco che poi viene steso e tagliato a quadratini. La specialità di Ben Tre è meritatamente famosa in tutto il Vietnam.

IL CONSIGLIO

Le migliori sistemazioni di Ben Tre sono quelle tranquille e appartate lungo il fiume, da cui resort e hotel possono organizzare il trasporto in città (circa 15 minuti). I siti più belli da esplorare a piedi sono il lungofiume di Ben Tre e il vicino mercato centrale. A pochi isolati di distanza, buoni caffè e ristoranti fanno da cornice al piccolo Lago di Truc Giang.

Preparazione di dolci al cocco

La terra della noce di cocco

ESPLORAZIONI IN BARCA E IN BICICLETTA

Il momento migliore per una passeggiata sul lungofiume di Ben Tre sono le ore fresche della mattina o il crepuscolo. Dopo uno spuntino al mercato, fate una deviazione al **TAKA Coffee An Hoi** per un rinfrescante caffè freddo, poi visitate due edifici storici: la chiesa cattolica si trova qui dal 1889, mentre l'attuale **Cattedrale di Ben Tre** è stata realizzata tra il 1949 e il 1955. Il **Museo Provinciale** di Ben Tre, circa 300 m lungo il fiume in direzione del mercato, è ospitato in uno splendido edificio coloniale francese. La curatissima collezione è incentrata sull'importante ruolo giocato dalla regione durante la resistenza contro l'occupazione francese e la guerra del Vietnam.

Attraversando gli altissimi ponti sospesi che collegano la Provincia di Ben Tre ad altre zone del Delta del Mekong a nord e a sud, si capisce subito perché Ben Tre viene soprannominata terra della noce di cocco. Lungo il fiume c'è un'immensa distesa di palme da cocco e visitando i dintorni in barca e in bicicletta si coglie quanto questa versatile pianta sia vitale per l'economia locale. Le crociere di mezza giornata di **Mango Cruises** esplorano zone poco visitate, tranquilli canali e minuscoli corsi d'acqua nel bosco e illustrano i vari modi in cui viene sfruttata l'umile palma da cocco. Le visite sono incentrate su **Giong Trom** e **Phong Nam**, due dei distretti meno turistici di Ben Tre.

DOVE DORMIRE NEI DINTORNI DI BEN TRE

Mango Home Riverside
Boutique bungalow in un boschetto di alberi di mango e palme da cocco con piscina e ristorante. **$$**

Island Lodge
Lodge di design tranquillo e appartato su un'isola del fiume Mekong tra Ben Tre e My Tho. **$$**

Mekong Home
Sistemazione privata lungo il fiume con piscina e ottima cucina a sud-est di Ben Tre città. **$$**

TRASPORTI LOCALI

Gli autobus Minh Tam dal Distretto 5 di Ho Chi Minh City sono il mezzo più diretto per raggiungere Ben Tre. Informatevi presso il vostro alloggio sulle comode navette che dall'autostazione Minh Tam di Ben Tre portano alle varie sistemazioni. L'autostazione di Ben Tre si trova 5 km a nord della città, ma per raggiungere i centri principali del Delta come Can Tho o Chau Doc è più rapido prendere un taxi o una moto per l'ufficio FUTA, 8 km a nord-ovest dal centro di My Tho, e di là un autobus diretto. Per tornare agli alloggi sul fiume dopo la visita a Ben Tre e My Tho, usate l'app Grab per taxi e mototaxi dalle due città.

Dintorni di Ben Tre

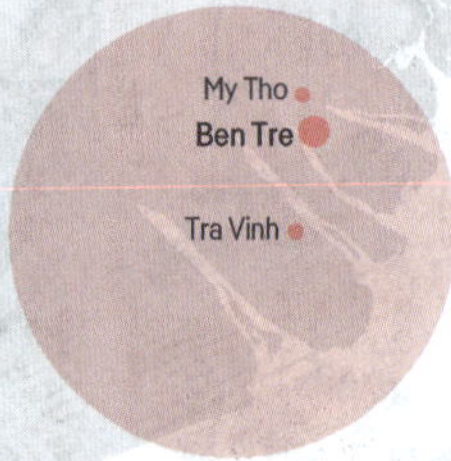

A nord vi aspetta il labirinto commerciale di My Tho sul lungofiume, a sud il patrimonio storico e attuale di cultura khmer a Tra Vinh.

Snodo fisso delle escursioni sul Delta del Mekong in partenza da Ho Chi Minh City, My Tho è spesso considerata un luogo di passaggio dai viaggiatori, ma merita una visita a sé soggiornando nei caratteristici alloggi lungo il fiume nei pressi di Ben Tre. Fate una passeggiata sul lungofiume di My Tho, ammirate i templi buddhisti e cao dai, o fate una gita in barca nel tranquillo dedalo di piccole industrie della regione. Tra Vinh, a sud di Ben Tre, è permeata di cultura tradizionale khmer, un'eredità dell'epoca in cui questa parte del Vietnam era sotto il dominio della Cambogia, concluso nel XVIII secolo. In entrambe le città bisogna assolutamente assaggiare le specialità locali: *hu tieu* a My Tho e *bun nuoc leo* a Tra Vinh.

IL CONSIGLIO

Trascorrete una notte a Tra Vinh per visitare i templi khmer della città all'alba e al tramonto.

BALATE DORIN/SHUTTERSTOCK ©

Pagoda di Vinh Tranh

FIREBIRD007/SHUTTERSTOCK ©

Tributario del fiume Mekong

Un'introduzione al Delta

ALLA SCOPERTA DELLE ATTIVITÀ ARTIGIANALI TRADIZIONALI

Grazie alla vicinanza a Ho Chi Minh City, My Tho è una popolare meta di gite in giornata che offrono un assaggio della vita e dei commerci sul Delta del Mekong. Le agenzie di viaggi locali organizzano gite alle isole vicine e a un labirinto di piccoli canali per esplorare una serie di attività artigianali; si parte dalla centrale **stazione dei battelli turistici di My Tho**. Di solito si visitano un laboratorio di dolci al cocco, un'azienda che produce miele (e un ottimo vino di banane) e un vivaio di orchidee. I prezzi sono inferiori se ci si unisce a un gruppo, anche se andare da soli con un itinerario più flessibile può essere più stimolante.

Partite presto se visitate My Tho da Ben Tre (circa 20 minuti in autobus o taxi) perché in città ci sono altri siti interessanti. Il lungofiume con i suoi caffè è un posto piacevole per una passeggiata, mentre due siti religiosi testimoniano l'intensa spiritualità della zona. Nella **Pagoda di Vinh Trang**, circa 1 km a est del centro, gigantesche statue del Buddha dominano un tranquillo tempio dove i monaci si prendono cura di un santuario dalle ricche decorazioni. Le offerte sono gradite e supportano la casa in cui i monaci ospitano i bambini bisognosi.

LA SPECIALITÀ DI MY THO

Gli *hu tieu* (vermicelli in brodo di maiale) sono presenti in tutto il Delta del Mekong, ma il piatto è originario di My Tho. Riccamente guarnito con frutti di mare freschi e secchi, maiale, pollo, interiora ed erbe fragranti, può anche essere servito in versione asciutta (senza brodo) o come piatto vegetariano. Assaggiate l'originale, con le sue numerose proteine, da **Hu Tieu 44**, oppure ordinatelo senza carne da **Hu Tieu Chay Cay BoDe**. Tutti e due iniziano a servire intorno alle 8 e vanno avanti fino alle 21. Chay Cay Bo De serve anche involtini primavera vegetariani e *banh xeo* (pancake salati).

DOVE DORMIRE A TRA VINH

Bich Ngoan Hotel
Camere pulite e colorate a pochi isolati dal fiume. Al piano di sotto c'è un buon caffè in giardino. **$**

Thanh Tra Hotel
Business hotel centrale e con un buon rapporto qualità-prezzo vicino al mercato coperto di Tra Vinh. **$**

Vila Basi
Casa privata immersa nel verde e un po' bohémienne, 12 km a ovest di Tra Vinh. Perfetta per chi viaggia in moto. **$**

LA GASTRONOMIA DI TRA VINH

Ogni città del Delta del Mekong ha la sua specialità culinaria. A Tra Vinh è il *bun nuoc leo*, una zuppa di noodles di influenza cambogiana a base di pesce fermentato, pollo, succo di cocco, fiori di banana ed erba cipollina. Servita in una fila di semplici ristorantini lungo **Đ Ly Thuong Kiet**, è accompagnata dagli indispensabili contorni di maiale arrosto e tortine di gamberetti croccanti e al vapore. Non stupitevi se la mattina tornate per un secondo giro. Le altre meraviglie gastronomiche di Tra Vinh sono il *banh tet* – riso glutinoso, fagioli mungo, maiale e uova centenarie avvolti in foglie di banano – e uno dei migliori mercati all'aperto del Vietnam meridionale, un posto vivace e pittoresco che si estende lungo Đ Bach Dang sul lungofiume.

TULEYHCM/SHUTTERSTOCK ©

Pagoda di Hang

La cultura khmer tradizionale

TEMPLI, PAGODE E UN MERCATO LUNGO IL FIUME

Tra Vinh ha bei viali ombreggiati da grandi alberi e, con oltre 140 pagode khmer disseminate nella provincia, è il luogo ideale per indagare il legame spesso ignorato tra Mekong e Cambogia. La Provincia di Tra Vinh ha circa 300.000 abitanti di etnia khmer; anche se parlano vietnamita, scavando un po' più in profondità scoprirete che la cultura khmer è ancora molto viva in questa parte del Vietnam. Con ogni probabilità sarete gli unici turisti stranieri in città. La corsa in autobus da Ben Tre a Tra Vinh dura circa due ore.

La pagoda di **Ong Met**, appena a nord del mercato coperto di Tra Vinh, è affollata di monaci buddhisti khmer che studiano nella biblioteca, spazzano per terra o passeggiano nei giardini ombrosi. Le guglie dorate della pagoda, fondata nel 711, brillano tra alti eucalipti. **Kampong Ksan**, all'estremità opposta del centro di Tra Vinh, si trova circa 2 km più a sud; se andate a piedi, fate un giro nel meraviglioso **mercato sul lungofiume**. È la pagoda khmer più recente di Tra Vinh e i suoi stupa dorati ricordano il Wat Arun di Bangkok. Ammiratela da Kho Dau, dall'altra parte del fiume. I bambini della scuola della pagoda sono sempre felici di salutare i turisti. Per completare il tour delle pagode khmer, visitate la **Pagoda di Hang**, 6 km a sud della città, detta pagoda delle cicogne perché cicogne e aironi fanno il nido negli alti alberi vicini.

TRASPORTI LOCALI

My Tho è collegata a Ben Tre da autobus frequenti. Dista solo 15 km (è a nord, dall'altra parte dell'alto ponte Rach Mieu), per cui si visita in taxi o moto con una gita di un giorno. L'app di ride sharing Grab è attiva in entrambe le città. L'autostazione di Tra Vinh si trova 5 km a sud della città sulla Statale (QL) 54. Di solito le compagnie di autobus hanno navette gratuite per le loro sedi in centro. Anche se Tra Vinh si visita con una (lunga) gita in giornata, vi consigliamo di trascorrere una notte in questa città dove i turisti stranieri sono una rarità.

VINH LONG

Situata tra Can Tho e My Tho, Vinh Long è uno dei principali snodi di trasporti del Delta del Mekong. I viaggiatori apprezzano soprattutto il tranquillo lungofiume, vicino a buoni ristoranti e a un interessante mercato; nel centro città, nella zona di Trung Nu Vuong, si respira un'atmosfera urbana piacevolmente vivace. Dal lungofiume è facile organizzare una gita in barca per esplorare il labirinto fluviale di canali serpeggianti e stretti corsi d'acqua, ma la maggior parte dei visitatori prosegue in traghetto fino alla vicina An Binh per trascorrere qualche giorno nella pace della campagna in una delle rinomate abitazioni rurali a gestione familiare. Se arrivate direttamente dall'energia frenetica di Ho Chi Minh City, un soggiorno rilassante e la buona cucina casalinga locale potrebbero essere quello di cui avete bisogno.

IL CONSIGLIO

Sportelli bancomat, ristoranti, caffè e street food sono tutti raggruppati nella zona di Trung Nu Vuong. Il centro città dista circa 500 m dal fiume Co Chien, a nord. Ci sono traghetti frequenti dal lungofiume all'Isola di An Binh.

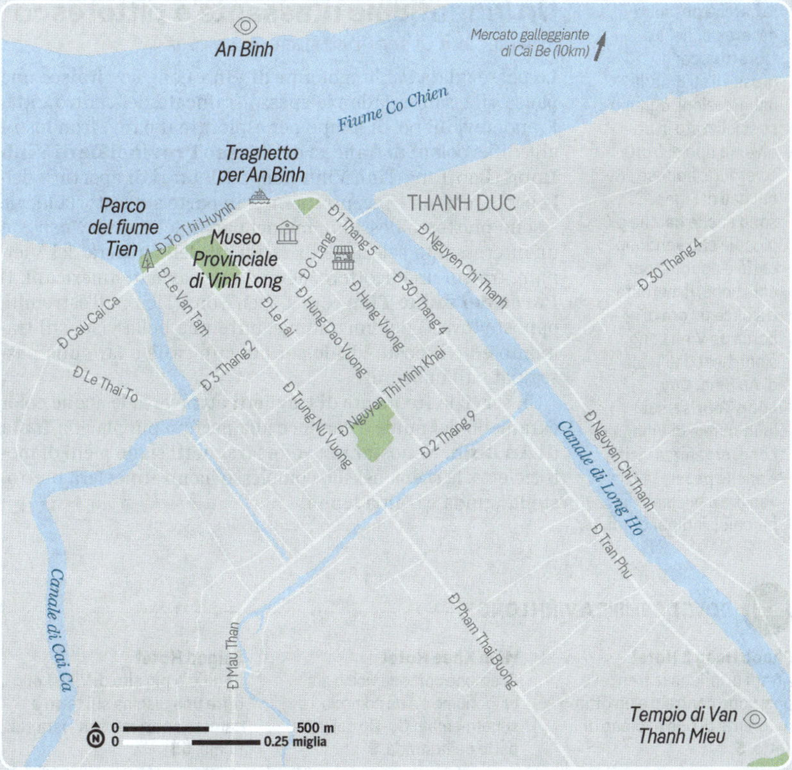

IL MERCATO GALLEGGIANTE DI CAI BE

Le gite in battello in partenza da Vinh Long fanno spesso tappa al mercato, malgrado si sia drasticamente ridotto da quando ponti e strade hanno sostituito il trasporto delle merci via fiume. Anche la pandemia di Covid-19 lo ha danneggiato e a fine 2022 consisteva di appena una decina di barche. Il momento migliore per visitarlo è intorno alle 6, ma anche a quest'ora le barche possono essere poche. Qui attraccano grossisti su grandi imbarcazioni, ognuno specializzato in un diverso tipo di frutta o verdura, appese ad alti pali di legno. Ci sono anche barche più piccole che vendono caffè e noodles per colazione. Il mercato è a circa un'ora di barca da Vinh Long a nord-est dell'Isola di An Binh. **Cuu Long Tourist**, sul lungofiume di Vihn Long, organizza visite; è anche possibile che veniate avvicinati da barcaioli indipendenti.

SCENIC VIETNAM/SHUTTERSTOCK ©

Vinh Long

Un lungofiume rilassante e pittoresco

A SPASSO SULLE SPONDE DEL FIUME CO CHIEN

La passeggiata sul lungofiume di Vinh Long costituisce una pausa rilassante dalle vie spesso trafficate del centro città. Prendetevi un po' di tempo per esplorare il parco frondoso e gli edifici coloniali francesi del **Museo Provinciale di Vinh Long** (Bao Tang Tinh Vinh Long). Gli orari di apertura della parte interna – incentrata in gran parte sulla storia locale – sono piuttosto flessibili, ma nel parco del museo è esposta un'interessante selezione di residuati della guerra del Vietnam, tra cui un elicottero, aerei e carri armati americani. Il **Parco del fiume Tien** (Cong Vien Song Tien), all'estremità opposta (ovest) del lungofiume, offre una bella vista sul tramonto ed è il posto ideale per bere un caffè e fare una passeggiata all'imbrunire.

Un servizio frequente di traghetti attraversa le acque color caramello del fiume e conduce alla perfino più placida **Isola di An Binh**. Nonostante a volte i traghetti siano pieni di motociclette, la scena nel suo complesso ha un'atmosfera piuttosto languida e d'altri tempi.

DOVE DORMIRE A VINH LONG

Phuoc Hung 2 Hotel
Arredi di influenza francese, posizione centrale e un ottimo ristorante di pho al piano di sotto. **$**

Minh Khue Hotel
Posizione comoda vicino al lungofiume e a un comodo supermercato Co-Op dall'altra parte della strada. **$**

Saigon Hotel
L'edificio più alto di Vinh Long offre una piscina sul tetto e camere spaziose con vista sul fiume. **$$**

Un piacevole soggiorno in famiglia

UNA TRANQUILLA FETTA DI VITA RURALE

L'Isola di An Binh si trova subito a nord del lungofiume di Vinh Long. Si raggiunge con un traghetto sempre affollato ed è una tappa popolare tra chi esplora il Delta del Mekong. Le agenzie di viaggio di Ho Chi Minh City propongono tour di gruppo con soggiorno presso gli abitanti, ma è semplice anche prenotare online rivolgendosi agli operatori locali e raggiungere l'isola in modo indipendente. Di solito si viene accompagnati in moto alle varie sistemazioni e dall'isola si possono fare crociere di mezza giornata al mercato galleggiante di Cai Be e tra gli stretti e pittoreschi canali.

Alcune sistemazioni hanno grandi stanze comuni con letti a cuccetta, mentre altre offrono bungalow spartani con bagno in comune, o camere con bagno privato. La prima colazione di solito è compresa; in alcuni posti si condividono i pasti con la famiglia dei proprietari, mentre quelli più grandi hanno semplici ristoranti. Tenete presente che nei posti più affermati e in attività da più tempo le interazioni con la famiglia possono essere minime. Sull'isola potrete andare in bicicletta tra bancarelle di jackfruit e alberi di papaya, attraversando con attenzione ponti ad arco di decenni fa su stretti canali, o godervi una piacevole mattina o pomeriggio di relax in amaca. L'unica costante è l'ambiente rustico e verdeggiante.

Un affascinante tempio lungo il canale

IN MEMORIA DI UN CELEBRE RIVOLUZIONARIO

Il Tempio di Van Thanh Mieu, circa 2,5 km a sud-est del centro di Vinh Long, risale al XIX secolo. I templi confuciani come questo, decorato con vivide rappresentazioni di draghi e statue di Confucio, sono rari nel Vietnam meridionale. I monaci che studiano qui sono in realtà buddhisti.

La sala anteriore è dedicata all'eroe locale Phan Thanh Gian che guidò un'insurrezione contro i coloni francesi nel 1930. Quando divenne chiaro che la rivolta era stata domata, Phan si uccise per non farsi catturare dall'esercito coloniale. La sala posteriore, costruita nel 1866, ha un ritratto di Confucio sopra l'altare. Esplorate il parco frondoso accanto al **canale di Long Ho** e cercate i due laghetti ricoperti di fiori di loto.

A Vinh Long è attiva l'app Grab per taxi e mototaxi; in alternativa il tempio si raggiunge con 30 minuti di cammino lungo Tran Phu, la strada che costeggia il canale di Long Ho. La gente del posto di solito chiama il complesso 'Tempio di Phan Thanh Gian', quindi usate questo nome se vi fate accompagnare da un mototaxi trovato per strada.

DOVE MANGIARE A VINH LONG

Quan Nem Nuong
Nem nuong (spiedini di maiale alla griglia) serviti con un piatto traboccante di erbe fresche. Aspettatevi un'accoglienza entusiastica da parte del cane dei proprietari. Lungo la stessa strada ci sono buoni ristoranti di *lau* (hotpot) e al mercato centrale di Vinh Long troverete frutta fresca in abbondanza. $

Thoc Cafe
La brezza del lungofiume, economici piatti da prima colazione e caffè, smoothie e succhi di frutta. Di sera nel frondoso giardino si servono spuntini. $

Pho Trung Vuong
Il *pho bo* (zuppa di noodles con manzo) è servito in solide ciotole di pietra. Apre per la prima colazione e anche per la cena dalle 16. Sotto l'hotel Phuoc Hung 2. $

Meo U Kitchen
Piatti influenzati dallo street food giapponese e coreano serviti in un giardino verdeggiante. $

DOVE DORMIRE SULL'ISOLA DI AN BINH

Ngoc Sang Homestay
Sul lungofiume; noleggio gratuito di biciclette e calorosa accoglienza della cordiale famiglia dei proprietari. $

Phuong Thao Homestay
Camere doppie, camerate confortevoli e piscina, il tutto in un giardino frondoso. $

Ba Linh Homestay
Camere con bagno privato in un semplice edificio in legno. $

CAO LANH

Cao Lanh è il centro amministrativo ed economico della Provincia di Dong Thap e ha stretti legami commerciali con la vicina Cambogia. Grazie ai buoni collegamenti stradali con Can Tho e Chau Doc, è una comoda base da cui visitare la Foresta di Xeo Quyt e il Parco Nazionale di Tram Chim, che si esplorano soltanto in barca: gli stretti corsi d'acqua di Xeo Quyt riecheggiano la resistenza dei viet cong, mentre Tram Chim ospita una ricca popolazioni di cicogne e altri uccelli.

Intersecata da canali, con un interessante parco e un grazioso lago al centro, Cao Lanh si visita agevolmente a piedi. È anche una città piacevolmente non turistica, tanto che con ogni probabilità sarete gli unici stranieri in visita. Ricordatevi solo di portare un antizanzare: vi servirà per esplorare la Foresta di Xeo Quyt, senza contare che Cao Lanh ha un'incidenza di dengue superiore ad altre località sul Delta del Mekong.

IL CONSIGLIO

A Cao Lanh i posti più interessanti per i viaggiatori si trovano nelle vicinanze della centrale stazione degli autobus, vicina all'hotel Sao Mai e al ristorante Ngoc Lan in Đ Nguyen Hue. Un'altra buona zona per hotel, caffè e ristoranti è quella appena a nord del parco Van Thanh Mieu, lungo Ton Duc Thang.

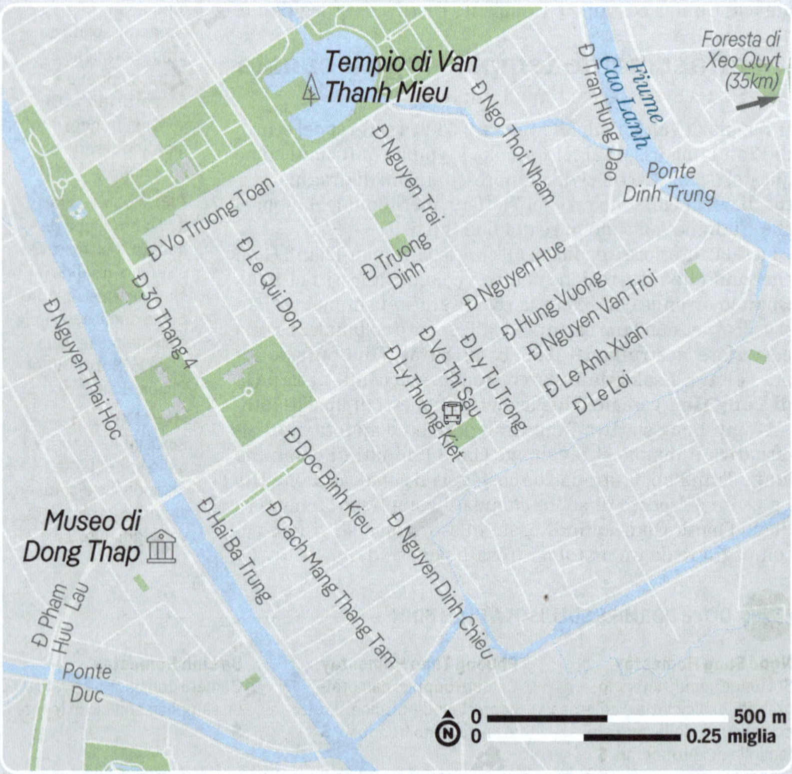

Parco Nazionale di Tram Chim (p317)

Storia, cultura e vita locale

UN MAGNIFICO MUSEO E UN APPREZZATISSIMO PARCO

Malgrado le scarse didascalie in inglese, il Museo di Dong Thap è uno dei più interessanti di tutto il Mekong. Il piano di sotto del bell'edificio è dedicato alla storia antropologica della Provincia di Dong Thap, con esposizioni di attrezzi, sculture, modelli di case tradizionali, oltre agli immancabili animali impagliati e pesci sotto vetro. Il piano di sopra è incentrato sulla storia bellica e sulla vita e l'influenza di Ho Chi Minh. Il museo si trova dall'altra parte del canale all'estremità sud del centro città.

Proseguendo verso nord-ovest si raggiunge il Van Thanh Mieu, nel cuore della città; è un parco verde e lussureggiante con un tempio e un lago al cui centro spicca una siepe che riproduce la sagoma del Vietnam. Il parco è il luogo ideale per osservare la vita locale di Cao Lanh: la mattina presto si incontrano persone in abiti sportivi che fanno ginnastica, mentre dopo il calare del sole gli innamorati si radunano sulle panchine intorno al lago. Nelle vicinanze ci sono diversi buoni locali dove andare la sera per bere un bubble tea, un succo di frutta o un caffè.

IN RICORDO DELLA GUERRA

Il monumento di maggiore spicco di Cao Lanh è quello che commemora la guerra. Si trova all'estremità orientale della città nei pressi della Statale 30 ed è chiamato dai locali **Nghia Trang Liet Si Dong Thap**. Realizzato in stile socialismo reale, consiste in una grande statua bianca in cemento di un soldato con un mazzo di fiori in mano, di fronte a una stella stilizzata. Sul retro della statua sono rappresentate alcune cicogne, simbolo del Mekong.

DOVE DORMIRE A CAO LANH

Sao Mai Hotel
Camere gigantesche e una buona prima colazione a buffet. Vicino all'autostazione di Cao Lanh. **$$**

Hotel Tri Le
L'albergo più recente di Cao Lanh con camere di buon gusto, posizione strategica e noleggio di scooter. **$**

Hotel BOB
Camere spaziose e raffinate lungo il canale appena a nord del Van Thanh Mieu; vicino ci sono buoni ristoranti. **$**

Un'incantevole esperienza nel bosco

SCOPRITE L'AFFASCINANTE STORIA DEI VIET CONG

Circa 35 km a sud-est di Cao Lanh, nei pressi del villaggio di My Hiep, si estende la Foresta di Xeo Quyt. È una vasta palude di 52 ettari coperta da una fitta cupola di alti alberi e rampicanti, che nasconde i resti dei bunker dei viet cong. Si esplora a bordo di piccole canoe attraverso gli stretti canali che solcano il bosco, oppure a piedi seguendo i sentieri sopraelevati. Alla fine della stagione delle piogge, in settembre o ottobre, spesso l'acqua invade il sentiero, per cui, se viaggiate in barca, dovrete abbassarvi per passare sotto i piccoli ponti di cemento.

Gli affascinanti **tour in canoa** di 20 minuti di Xeo Quyt passano da vecchi bunker, strutture dove si radunavano i viet cong (rievocati da gruppi di manichini) ed ex miniere, il tutto lungo un percorso circolare su un canale traboccante di giacinti d'acqua (*luc binh*). È un'esperienza magnifica accompagnata dal suono della pagaia, manovrata da una donna della tribù locale dei My Hiep. Ricordatevi solo di spalmarvi di repellente per insetti perché ci sono sempre zanzare in agguato. Il **sentiero pedonale** corre parallelo al canale e permette di affacciarsi nei bunker viet cong e osservare le botole nascoste attraverso le quali i viet cong sparivano sottoterra. A differenza di quelli di Cu Chi, questi ingressi non sono stati ingranditi per fare passare i viaggiatori occidentali, quindi non è possibile entrare nei tunnel.

Durante la guerra del Vietnam, erano presenti solo una decina di viet cong alla volta, ma di solito si trattava di generali che dirigevano le operazioni militari ad appena 2 km dalla base statunitense. Gli americani non si resero mai conto che i generali si trovavano proprio sotto il loro naso e, anche se periodicamente bombardavano la foresta, i viet cong restavano al sicuro nei loro covi.

I MIGLIORI RISTORANTI DI CAO LANH

Ngoc Lan
La sera cenate all'aperto al 'Magnolia' e gustate i suoi eccellenti piatti tra cui pollo con lemongrass e peperoncini. C'è un comodo menu in inglese. $

Anna Pizza
Pizze cotte al forno a legna e buoni piatti di pasta. Ordinate una classica pizza prosciutto e funghi o assaggiate la pizza speciale del Mekong con foglie di tamarindo, fiori di pisello e peperoncino. $

A Luc Quan Dinh Heo Rung
Simpatico barbecue specializzato in cinghiale e anatra alla griglia accompagnati da salse piccanti ed erbe fresche. Godetevi la posizione lungo il canale sorseggiando una birra fresca. $

TRASPORTI LOCALI

L'autostazione di Cao Lanh si trova in posizione comoda nel centro città. FUTA è la compagnia con partenze più frequenti; tra le destinazioni ci sono Can Tho, Chau Doc e Ho Chi Minh City. Altre mete locali, più vicine a Cao Lanh, sono Sa Dec e Vinh Long.

Per le escursioni nella Foresta di Xeo Quyt, accordatevi con un mototaxi di Cao Lanh o chiedete al vostro hotel di prenotarvi un taxi. Le agenzie con sede a Can Tho (e Chau Doc) organizzano tour di più giorni sul Delta del Mekong con tappa a Xeo Quyt.

Dintorni di Cao Lanh

Scoprite l'interessante avifauna, un'industria locale che rende il Vietnam più colorato e la casa storica che ha ispirato una scrittrice francese.

Prendete un autobus in direzione sud-est, attraversate il Mekong e costeggiatelo fino alla città di Sa Dec, ex capitale della Provincia di Dong Thap ora sostituita da Cao Lanh, ma ancora celebre in tutto il paese come centro della produzione dei fiori più colorati e famosi del Vietnam. Vicino al fiume Sa Dec offre cadenti ville coloniali, un bel mercato notturno e il romanticismo malinconico di una dimora storica di fine Ottocento. L'avifauna è un altro buon motivo per spingersi più oltre, nel Parco Nazionale di Tram Chim che pullula di uccelli migratori provenienti dalla Cambogia e nel Giardino delle Cicogne di Bang Lang, abitato tutto l'anno da 10 diverse specie di uccelli.

IL CONSIGLIO

È possibile passare la notte nell'Antica Casa di Huynh Thuy a Sa Dec. Non perdetevi l'esperienza di dormire in un traballante letto a baldacchino.

L'Antica Casa di Huynh Thuy (p316)

IL VILLAGGIO FIORITO DI SA DEC

Esplorando la periferia occidentale di Sa Dec, fiori e divertimento sono assicurati. Lungo il fiume e i canali si trovano circa 3000 vivai a conduzione familiare; molti coltivano fiori diversi (tra cui orchidee, margherite e calendole), mentre altri si concentrano su oltre 50 varianti di rose, esportate in tutta l'Asia per matrimoni, celebrazioni nei templi e altro. I vivai sono aperti tutto l'anno, anche se prima dell'annuale festival Tet per il Capodanno vietnamita i fiori praticamente scompaiono. La domenica arrivano orde di turisti locali da Ho Chi Minh City e i vivai sono molto frequentati nelle vacanze del Tet. Le distese di fiori multicolori sono anche diventate un'attrazione per le coppie di innamorati e gli sposi in luna di miele che adorano postare foto su Instagram o TikTok.

MARIE SHARK/SHUTTERSTOCK ©

Villaggio fiorito di Sa Dec

Ricordi di un amore proibito

ESPLORATE UNA STORICA DIMORA LUNGO IL FIUME

La rilassata e relativamente tranquilla ex capitale della Provincia di Dong Thap, **Sa Dec**, è una città di viali alberati e cadenti ville coloniali, il tutto incorniciato dal lento fluire del fiume color caramello e circondato da frutteti e mercati di fiori. La città è servita da autobus frequenti (45 minuti) in partenza da Cao Lanh.

La maggiore attrattiva per i viaggiatori, in particolare per i francesi, è l'affascinante **Antica Casa di Huynh Thuy Le**, ricca di atmosfera e chiamata localmente 'Casa dell'Innamorato'. Costruita originariamente nel 1895, la graziosa villa sul fiume in passato era la residenza di Huynh Thuy Le, rampollo di una ricca famiglia cinese che nel 1929 ebbe una relazione con la futura scrittrice francese Marguerite Duras. All'epoca lei aveva appena 15 anni e viveva con la sua famiglia nell'Indocina coloniale in condizioni decisamente meno agiate del rampollo di una facoltosa famiglia di commercianti cinesi.

Duras in seguito immortalò il loro amore nel suo libro *L'Amant* (L'Amante) e il racconto, in parte autobiografico, fu trasformato in film dal registra francese Jean-Jacques Annaud nel 1992. Fu il primo film occidentale a essere girato in

DOVE MANGIARE A SA DEC

Quan Com Thuy
Squisite specialità locali tra cui pesce di fiume fritto e anguilla cotta in pentola di terracotta con contorno di riso. $

Hu Tieu Nam Vang My Ngo
Il locale più rinomato di Sa Dec per i noodles *hu tieu*. $

Mercato notturno
Mercato sul lungofiume con ristoranti di hotpot e un'infinità di spiedini alla griglia. $

Vietnam dopo la riunificazione del paese nel 1975 e, a causa delle numerose scene spinte, nei cinema e alla televisione vietnamita è stato proiettato sempre e solo in una versione pesantemente modificata. La casa è in stile sino-francese con elaborati intarsi in legno all'interno, porte intarsiate in madreperla, mobili in legno massiccio e pavimenti con piastrelle francesi. Fotografie d'epoca mostrano i veri protagonisti del libro e anche le riprese del film. Se sarete fortunati, troverete la signora Thanh Tuyen, una deliziosa guida locale originaria di Sa Dec che riporterà alla vita la toccante storia di un amore di un secolo fa in un ottimo inglese (o francese).

Una splendida riserva di avifauna

OSSERVATE OLTRE 200 SPECIE DI UCCELLI LOCALI

Il **Parco Nazionale di Tram Chim**, circa 40 km a nord di Cao Lanh, è celebre soprattutto per le rare gru antigone *(Grus antigone sharpii)*. Più di 220 altre specie di uccelli vivono nella riserva e, nonostante la zona sia meno accessibile della Foresta di Tra Su Cajuput vicino a Chau Doc, Tra Chim è comunque una meta molto apprezzata dai viaggiatori appassionati di birdwatching. Le gru di Tram Chim nidificano tra dicembre e maggio, mentre da giugno a novembre migrano verso nord-ovest attraverso il confine con la Cambogia.

I guidatori di mototaxi di Cao Lanh potranno accompagnarvi all'ingresso del parco. Non dimenticate di accordarvi anche sul viaggio di ritorno. All'interno del parco ci si sposta con taxi elettrici, motoscafi e barche condotte con pertica. Una torre di osservazione, con tanto di gigantesco uovo in vetroresina sulla cima, offre scorci magnifici sulle paludi di Tram Chim circondate da imponenti alberi di cajuput. Da gennaio a marzo i canali sono ravvivati dai toni porpora dei fiori di utricularia, una pianta carnivora subacquea con fioritura stagionale.

IL GIARDINO DELLE CICOGNE DI BANG LANG

Circa 40 km a sud-est di Cao Lanh, vicino alla città di Long Xuyen, si trova il **Giardino delle Cicogne di Bang Lang**, una riserva di avifauna di 1,3 ettari dove vivono migliaia di cicogne e garzette nivee. Undici specie diverse sono state identificate nella piccola foresta e c'è un'alta piattaforma di osservazione da cui avvistare gli uccelli sui rami. I momenti migliori per osservarli sono all'alba e al crepuscolo. Anche se Bang Lang non è un sito imperdibile, merita una sosta se si dispone di un mezzo di trasporto indipendente e si è in viaggio tra Can Tho e Chau Doc.

TRASPORTI LOCALI

Sa Dec si raggiunge facilmente con gli autobus che da Cao Lanh si dirigono a sud ed è servita anche da frequenti autobus FUTA provenienti da Vinh Long e Can Tho.

Il modo migliore per visitare i mercati dei fiori cittadini è prendere un mototaxi dal centro di Sa Dec, mentre l'Antica Casa di Huynh Thuy Le si trova in centro. Per visitare il Parco Nazionale di Tram Chim da Cao Lanh, prenotate un mototaxi o una visita guidata con trasporto in auto. Contattate Dong Thap Tourist tramite il Sao Mai Hotel di Cao Lanh.

CAN THO

Can Tho è la città più grande del Delta del Mekong e può sembrare una metropoli dopo qualche giorno trascorso a esplorare le zone remote della regione. In quanto centro politico, economico, culturale e di trasporti del Delta, è un luogo vivace con un piacevole insieme di stretti vicoli e ampi viali e un lungofiume che sembra addormentato durante il giorno ma si risveglia la sera, quando diventa la via pedonale cittadina. Bar, caffè e ristoranti sono più vari rispetto alle città vicine, lo street food è eccellente e Can Tho è l'unica località del Delta del Mekong dove trovare un cocktail o una birra artigianale. Di solito i viaggiatori vengono per visitare i vicini mercati galleggianti a bordo di barche cariche di turisti in piedi dall'alba con gli occhi ancora assonnati; anche le altre mete turistiche, tra cui il centro di agricoltura sostenibile dell'Isola di Son, si raggiungono via fiume.

IL CONSIGLIO

I siti principali di Can Tho sono sul lungofiume, quindi la città si esplora facilmente a piedi. L'app di ride sharing Grab è utile per raggiungere in taxi e in moto località più lontane come il Tempio dei Re Hung. Partecipate a un tour organizzato per visitare l'Isola di Son e i mercati galleggianti.

I MIGLIORI RISTORANTI DI CAN THO

Spices
Prenotate per il buffet di street food del sabato sera al Victoria Can Tho Resort. $$

Lua Nep
Squisiti piatti vietnamiti e pesce fresco serviti sotto un alto padiglione dal tetto di paglia. $$

L'Escale
Cocktail, tapas, rooftop e un ambiente romantico vi aspettano al Nam Bo Boutique Hotel. Assaggiate i gamberetti all'aglio o il salmone alla griglia. $$

Nam Bo
Al piano sotto del Nam Bo Hotel, fonde sapori vietnamiti e internazionali. Serve anche la colazione. $$

I famosi mercati galleggianti

COMMERCIO, CAFFÈ E NOODLES A COLAZIONE

Il più grande mercato galleggiante del Delta del Mekong è quello di Cai Rang, a 6 km da Can Tho in direzione di Soc Trang. Il momento migliore per visitarlo è tra le 6 e le 7 del mattino, battendo sul tempo il grosso del turisti e il caldo. È un mercato all'ingrosso, quindi osservate la merce legata ai lunghi pali sopra le barche per capire cosa si vende.

Cai Rang si vede anche dalla strada, ma è più interessante arrivarci in barca dal lungofiume di Can Tho (45 minuti). Un'altra soluzione è guidare fino all'approdo delle imbarcazioni di Cau Dau Sau (circa 4 km a sud-ovest di Can Tho passando dal ponte di Dau Sau), da cui ci vogliono appena 10 minuti per raggiungere il mercato in barca. A causa del miglioramento delle strade e dei trasporti, il numero di venditori è in calo; nel 2022 si contavano circa 250-300 barche, più o meno la metà rispetto agli anni precedenti. All'epoca delle nostre ricerche le autorità locali stavano studiando come preservare il fascino del mercato per i turisti.

Alcuni tour dei mercati galleggianti da Can Tho comprendono anche quello di Phong Dien, un mercato più intimo con più barche a remi che a motore.

Storia, templi e pagode

ARCHITETTURA SPETTACOLARE E SPAZI SPIRITUALI

A Can Tho ci sono diversi interessanti edifici storici che meritano una visita. L'Antica Casa di Binh Thuy, risalente al 1870, fu costruita dal ricco mercante Duong Chan Ky e massiccia-

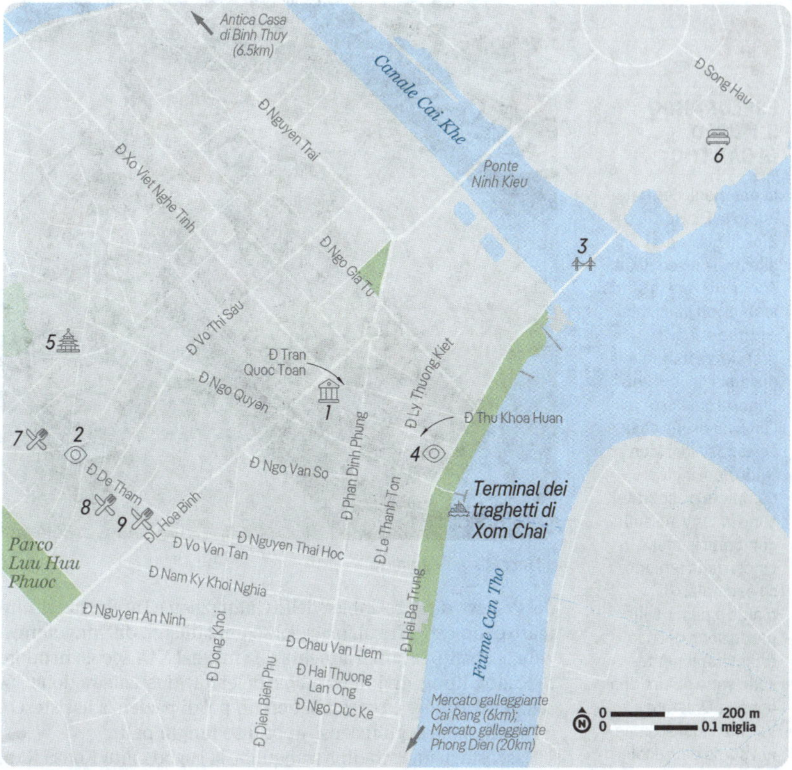

CHE COSA VEDERE
1 Museo di Can Tho
2 Đ De Tham
3 Ponte del Fiore di Loto
4 Tempio di Png
5 Pagoda di Pitu Kohsa Rangsay

PERNOTTAMENTO
6 Victoria Can Tho Resort

PASTI
7 Banh Cong Co Ut
8 Hieu Banh Song Yen 2
9 Quan Com Chay Cuong

mente rinnovata in stile coloniale francese all'inizio del XX secolo. L'interno della casa è ancora originale con piastrelle del pavimento dipinte a mano, begli intarsi in legno e vetrinette espositive dal pavimento al soffitto. La casa è stata una delle location principali dell'adattamento cinematografico di *L'amant* (v. p316), diretto da Jean-Jacques Annaud nel 1992.

Il Tempio di Ong, affacciato sul fiume Can Tho, è decorato con immensi porta incensi sempre accesi. Il tempio si trova all'interno

DOVE DORMIRE A CAN THO

The Lighthouse
Boutique hotel con camere spaziose, una splendida posizione sul fiume e un ottimo caffè ristorante. **$$**

Azerai Can Tho Resort
Resort di lusso e design sulla punta di un'isola privata. **$$$**

Victoria Can Tho Resort
Lusso e stile coloniale francese con un parco lussureggiante e una spa lungo il fiume. **$$$**

ESPLORANDO IL MUSEO DI CAN THO

In posizione centrale lungo la DL Hoa Binh, il grande e ben allestito museo di Can Tho fa rivivere la storia locale con manichini e riproduzioni a grandezza naturale di edifici, tra cui una pagoda cinese e l'interno di una casa. Le esposizioni (con traduzioni inglesi complete e accurate) sono incentrate sulle comunità khmer e cinesi della regione, su esemplari di piante e pesci, sulla produzione del riso e, inevitabilmente, sulle varie guerre che hanno devastato il Vietnam meridionale nel corso dei secoli. Particolarmente interessanti sono le foto degli anni '60 e '70 che illustrano la presenza della Marina e della Guardia Costiera americane sul Delta durante la guerra del Vietnam. Le vaste gallerie del museo offrono un rifugio dal calore estivo di Can Tho o dai violenti acquazzoni nella stagione delle piogge.

HUY THOAI/SHUTTERSTOCK ©

Mercato galleggiante

del Palazzo dell'Assemblea dello Guangzhou e l'ambiente profumato e fumoso offre un piacevole cambiamento dal lungofiume.

Fu costruito originariamente alla fine del XIX secolo in onore di Kuang Kung, divinità simbolo di lealtà, giustizia, ragione, intelligenza, onore e coraggio. Con un po' di pazienza assisterete all'accensione degli incensi, appesi su lunghi pali.

Nascosta in una stradina tranquilla, la Pagoda Pitu Kohsa Rangsay di Can Tho è una rara pagoda buddhista theravada khmer, costruita nel 1948. Le splendide dorature, le elaborate incisioni alle pareti, le colonne dipinte, la gigantesca statua del Buddha e il panorama sulla città dal balcone lasciano a bocca aperta.

Intensi sapori locali

LA CELEBRE ZONA GASTRONOMICA DI CAN THO

Essendo la città più grande del Delta del Mekong, Can Tho ha un'ottima offerta gastronomica. Una delle vie centrali, **Đ De Tham**, è particolarmente consigliata ai viaggiatori interessati ai sapori curiosi e dà il meglio di sé nel tardo pomeriggio e di sera. Si trova a nord-ovest del lungofiume e si può visitare con i tour di street food di **Hieu's Tour** (hieutour.com) e **Mekong Tours** (mekongtours.info). Consigliamo Banh Cong

DOVE DORMIRE A CAN THO

Mekong 69 Hostel
Ostello vivace, con arredi moderni e personale disponibile ed entusiasta. **$**

Green Village Mekong
Bungalow con il tetto di paglia in una zona rurale lungo il fiume, a 10 km dal centro di Can Tho. **$$**

Can Tho Ecolodge
Sistemazione in case di legno di due piani rustiche ma eleganti. Nel villaggio di Ban Lang, 12 km a sud-ovest di Can Tho. **$$**

Co Ut per assaggiare il *banh cong*, una specialità locale di Can Tho che consiste in una sorta di muffin salato di fagioli mungo ripieno di gamberetti. Assaggiatene un paio avvolti nella lattuga e serviti con una montagna di erbe fresche. Per i piatti vegetariani andate da Quan Com Chay Cuong, un popolare ristorante vicino all'incrocio di Đ De Tham e ĐL Hoa Binh. I piatti di verdura, riso e finta carne (compreso un hotpot di finto pollo) sono ben preparati e il servizio è cordiale. Ordinate dal menu in inglese o indicate quello che volete dal buffet. Le vicine bancarelle di street food e ristoranti lungo Đ De Tham servono di tutto, da giganteschi *banh xeo* (crêpes salate ripiene) a *com ga hap cai* (pollo lesso con riso). Lasciate un po' di spazio per il dolce e assaggiate i deliziosi flan di **Hieu Banh Song Yen 2**, un'accogliente panetteria poco lontano da Quan Com Chay Cuong.

Notti di energia e divertimento

LA DESTINAZIONE PREFERITA DALLE FAMIGLIE LOCALI

Ogni singola sera della settimana, la zona più vivace della città è **Ninh Kieu**, l'area pedonale di Can Tho, una stravaganza lungo il fiume con luci al neon che si estende per 700 m lungo Đ Hai Ba Trung. Dalle 18 alle 20 la via è riservata ai pedoni e offre attrattive come il **mercato notturno** lungo Vo Van Tan e le bancarelle gastronomiche a qualche isolato di distanza lungo Phan Boi Chau. I piatti più apprezzati sono il *banh trang nuong* (la 'pizza vietnamita') e la fresca *goi xoai* (insalata di mango). Anche gli appassionati dei ravioli *xiu mai* e degli spuntini alla griglia non saranno delusi

L'intrattenimento lungo la via pedonale è garantito dai suonatori ambulanti e dagli artisti improvvisati che si radunano fuori dal **mercato vecchio** dell'epoca coloniale francese. Osservate le affascinanti coreografie e le rivisitazioni vietnamite della cultura K-pop. Per fuggire dall'intenso sovraccarico sensoriale di questo tratto della via pedonale, andate verso nord lungo il fiume e attraversate lo spettacolare **ponte Pedonale del Fiore di Loto** sul canale Cai Khe. Inaugurato nel 2016, il grazioso ponte a forma di S è frequentato dalle coppiette di adolescenti, tanto da essere soprannominato 'ponte dell'Amore'; dalla piattaforma panoramica al centro si ammira una splendida vista sul fiume a sud e su Đ Hai Ba Trung. Dall'estremità settentrionale del ponte con una breve passeggiata si raggiunge il **Victoria Can Tho Resort**.

VISITA AI MERCATI GALLEGGIANTI

Prima di prenotare un tour considerate queste variabili.

Cosa è compreso? È una breve visita a Cai Rang o un tour di mezza giornata che comprende anche Phong Dien e i corsi d'acqua minori?

Quanto è grande la barca? Le barche più grandi hanno giubbotti di salvataggio e tettoie, ma i gruppi sono più numerosi. Quelle più piccole sono più intime, ma non sempre hanno giubbotti di salvataggio e ripari da sole e pioggia.

Quando parte il tour? Se partite dopo le 6, perderete i momenti più vivaci.

La guida parla un buon inglese? Le barchette sul lungofiume sono le più economiche, ma non aspettatevi grandi spiegazioni. Hieu's Tour (hieutour.com) ha guide che parlano inglese e programmi interessanti.

TRASPORTI LOCALI

Can Tho è lo snodo di autobus più importante del Delta del Mekong. La maggior parte delle corse termina all'autostazione centrale (Ben Xe 91B), circa 5 km a sud-ovest del centro città. A volte gli autobus lungo la strada fermano a Bến xe Khách Trung Tam a sud del fiume e a 5 km dal centro di Can Tho. Alcune compagnie hanno navette gratuite per/dall'autostazione. Si può usare l'app Grab per taxi e moto per andare dalle autostazioni agli alloggi. I traghetti Mai Linh Express portano alle Isole Con Dao.

Buona parte dei siti principali di Can Tho si trovano sul lungofiume, perfetto da esplorare a piedi. Partecipate a un tour per scoprire i mercati galleggianti e i siti fuori dal centro.

Dintorni di Can Tho

Esplorate il cuore del Vietnam meridionale e la sua tradizionale cultura khmer, una sorprendente isola rurale e uno spettacolare nuovo tempio in onore di un'antica dinastia.

Sfruttate l'energia urbana del lungofiume di Can Tho come base per interessanti escursioni di mezza giornata, o avventuratevi fuori dagli itinerari più battuti alla scoperta di splendide pagode. Il Tempio dei Re Hung, molto vicino al lungofiume di Can Tho, è un edificio audace che riafferma l'unità del Vietnam, mentre i tour con le guide di Can Tho sono il modo migliore per esplorare l'interessante entroterra rurale della città in traghetto e in bicicletta. Soc Trang, circa due ore di autobus a sud-est, è pervasa di cultura khmer e molti templi sono influenzati culturalmente e spiritualmente dalla vicina Cambogia. Venite in novembre per un festival tradizionale ravvivato dalla corse di longboat sul fiume Soc Trang.

IL CONSIGLIO

Il clima di Can Tho può essere molto caldo e umido. Se fate escursioni in bicicletta partite nel fresco relativo della mattina.

TRAN QUI THINH/SHUTTERSTOCK ©

MARIE MARTIN/SHUTTERSTOCK ©

Tempio buddhista, Can Tho

L'isola più divertente di Can Tho

AGRICOLTURA SOSTENIBILE SU UN'ISOLA SORPRENDENTE

Con la sua agricoltura sostenibile, l'ottima cucina e i sorprendenti divertimenti locali, l'**Isola di Son** (nota anche come Isola di Con Son) è una popolare meta di gite da Can Tho. Situata circa 10 km a nord-ovest della città, è più facile visitarla con una visita guidata. Le escursioni di mezza giornata con **Hieu Tour** di Can Tho spesso sono accompagnate da Kim Hien, una guida dell'isola, amichevole e molto competente.

Le escursioni iniziano con la traversata in battello dal sonnacchioso molo di Co Bac; una volta raggiunta la pianeggiante Isola di Son, si prosegue a piedi e a bordo di una mini flotta di barche più piccole per raggiungere diverse località nei dintorni. Gli allevamenti di pesci si alternano a frutteti di pomelo biologici e sostenibili e gli assaggi di torte e spuntini tradizionali alla crema di cocco sono sempre molto apprezzati. Spostarsi in barca facendo varie tappe, camminare lungo le strette vie dei villaggi e attraversare canali su vertiginosi ponti di corda è sia rilassante sia divertente. Come se non bastasse, gli intraprendenti abitanti del posto hanno

TEMPLI E PAGODE IN BICICLETTA

Can Tho è una comoda base per dedicarsi a escursioni in bicicletta di mezza giornata. Partendo dal lungofiume ci si addentra tra le vie della città accompagnati da una guida, poi si raggiunge in traghetto **Cai Von**, dall'altra parte del fiume nella Provincia di Vinh Long. Si fa tappa al mercato di Cai Von per un caffè mattutino, poi si visita un affascinante tempio buddhista dedicato a Tien Hau, la dea cinese del mare. Proseguendo soprattutto su stradine tranquille, si imbocca un viottolo lungo il canale che attraversa tranquilli villaggi e porta all'ultima tappa: la **Pagoda di Phu Ly**, un complesso di templi khmer vicino al villaggio di **Dong Binh**. Il padiglione principale è ravvivato da vivaci dipinti sulla vita del Buddha, spesso sovvenzionati da famiglie khmer locali che ora vivono all'estero. Contattate Hieu Tour per gite guidate in bicicletta.

DOVE FARE COLAZIONE A CAN THO

Chicken Banh Mi 37
Croccanti baguette ripiene di pâté, pollo alla griglia e, volendo, uovo *(banh mi op la)*. **$**

The Lighthouse
Il posto giusto dove andare quando siete in cerca di espresso e uova Benedict. **$$**

Quan Pho Bo Kho 34
Iniziate la giornata con un *pho bo* (zuppa di noodles con manzo) lungo l'affollata Đ De Tham. **$**

inserito originali intrattenimenti nelle loro attività artigianali. Un consiglio? Usate gli smartphone in slow-motion per filmare gli straordinari pesci serpenti dell'Isola di Son o il modo spettacolare in cui si producono i popcorn di riso soffiato da queste parti.

Il cuore della cultura khmer

TEMPLI, PAGODE E PIPISTRELLI AL TRAMONTO

Raggiungibile agevolmente in autobus da Can Tho (circa due ore), **Soc Trang** è un importante centro di cultura khmer. Circa il 30% della popolazione dell'omonima provincia è costituito da khmer (la percentuale più elevata in Vietnam) e la città lungo il fiume è una comoda base per esplorare i templi khmer della regione. L'annuale **Festival Om Bom Boc** di Sog Trang, previsto in novembre a seconda del calendario lunare, attira comunità khmer da tutto il Vietnam e la Cambogia; l'attrattiva principale sono le entusiasmanti corse di longboat lungo il fiume Soc Trang.

Il mezzo migliore per esplorare in giornata i templi khmer di Soc Trang è la motocicletta; le destinazioni su cui concentrarsi sono tre. Costruita originariamente in legno nel XVIII secolo, la **Pagoda di Xa Long** fu completamente ricostruita nel 1923, ma risultava ancora troppo piccola, per cui tra il 1969 e il 1985 si raccolsero donazioni per finanziare l'imponente pagoda attuale. Fondato oltre 200 anni fa dalla famiglia cinese Ngo, il **Buu Son Tu** (Tempio della Montagna Preziosa) ha una caratteristica singolare: quasi tutti gli oggetti al suo interno sono fatti di argilla. Le centinaia di statue e sculture che decorano l'interno sono state scolpite a mano dal monaco Ngo Kim Tong. Infine, la **Pagoda di Mahatup** (Pagoda del Pipistrello) è un pacifico monastero khmer abitato da una colonia di pipistrelli frugivori che al crepuscolo si levano in volo in centinaia dalla pagoda per andare alla ricerca di cibo nei frutteti vicini.

TEMPIO DEI RE HUNG

Il **Tempio dei Re Hung** di Can Tho è uno degli edifici recenti più spettacolari del Vietnam, a forma di un tradizionale tamburo di bronzo. Le 18 alte colonne del tempio simboleggiano i 18 leggendari re della dinastia Van Lang che governarono il Vietnam del nord dal 2789 a.C. Il lago che circonda il tempio è incorniciato da 54 colonne cilindriche, simbolo dei 54 gruppi etnici del Vietnam. Inaugurato nel 2022, è stato eretto a Can Tho, nel Vietnam meridionale, per promuovere l'unità con il Vietnam del nord in tutta la nazione. Venite al crepuscolo per catturare il momento con i fotografi locali, approfittando della luce tenue del tardo pomeriggio. I mezzi migliori per raggiungere il tempio, circa 8 km a nord-est del centro di Can Tho, sono il taxi o la moto.

TRASPORTI LOCALI

Ci sono autobus frequenti da Can Tho a Soc Trang, due ore a sud-est. Questa città fluviale ha anche traghetti per le Isole Con Dao ed è il più vicino punto di imbarco dalla terraferma per questo remoto arcipelago. In caso di forti venti e mare mosso (capita spesso nella stagione della piogge) questi traghetti da Soc Trang possono essere soppressi o in ritardo ed è meglio prendere un aereo da Can Tho o Ho Chi Minh City. Iscrivetevi a un tour di Hieu Tour per esplorare l'Isola di Son, o fare una gita in bici con tappa alle pagode Tien Hau e Phu Ly.

ISOLE CON DAO

Le Isole Con Dao, circa 80 km a sud-est del Delta del Mekong, sono una delle mete più appaganti del Vietnam per i viaggiatori curiosi. La minuscola capitale dell'isola principale Con Son, incentrata intorno al lungomare di fronte all'oceano, fonde l'architettura coloniale con un ambiente rilassato e ottimi caffè e ristoranti. Nel resto di quest'isola aspra e boscosa ci si dedica all'escursionismo, a esplorazioni in scooter o bicicletta e all'osservazione della fauna, con la possibilità di avvistare lo scoiattolo gigante nero e l'endemico geco cirtodattilo.

In tutte le splendide 15 isole dell'arcipelago si possono trascorrere giornate rilassanti dedicandosi a beachcombing, immersioni e snorkelling. Il presente, fatto di paesaggi spettacolari e avventure outdoor, compensa il tragico e affascinante passato delle isole, usate come prigione per i rivoluzionari durante il colonialismo francese e la guerra del Vietnam.

IL CONSIGLIO

La cittadina di Con Son, capitale dell'Isola di Con Son, la più grande delle 15 isole e isolotti dell'arcipelago di Con Dao, ha un lungomare oceanico e si visita agevolmente a piedi. Noleggiate uno scooter per raggiungere la partenza dei sentieri del parco nazionale e le spiagge sparse per l'isola.

La tranquilla capitale delle isole

VILLE COLONIALI E UN MERCATO MATTUTINO

In tutto il Vietnam non esiste un luogo paragonabile alla città di **Con Son**. Questa incantevole e minuscola capitale, con le sue strade pulite, gli edifici comunali ben tenuti e l'atmosfera prospera e tranquilla sarebbe una location ideale per un film d'epoca ambientato nell'Indocina del passato. Il traffico è ancora scarso e spesso tra le vie soffia una rinfrescante brezza marina.

Il lungomare di **Đ Ton Duc Thang** è perfetto per una passeggiata, con le sue ville di epoca coloniale francese, alcune delle quali si sfaldano lentamente nel clima tropicale, mentre poche altre sono state trasformate in boutique hotel. All'estremità ovest del lungomare a fine 2022 è stato inaugurato un nuovo **terminal dei traghetti** a forma di balena, in posizione più comoda per i viaggiatori che arrivano in battello. Il **Cafe Con Son**, poco lontano nell'ex Maison des Passagers (Casa Doganale) francese, è un ottimo posto per un drink al tramonto. Pochi isolati all'interno si trova il **mercato locale** di Con Son, animato soprattutto tra le 7 e le 9 del mattino, e perfetto per la prima colazione.

Echi della lotta rivoluzionaria

PRIGIONI CHE RIFLETTONO UNA STORIA TRAGICA

Remota e isolata dalla terraferma, in passato Con Son era un inferno per i prigionieri che languivano in tetre prigioni, create inizialmente per rinchiudere i dissidenti politici all'epoca del dominio coloniale francese e poi usate anche per ospitare

I POSTI MIGLIORI PER MANGIARE A CON SON

Thu Ba
In posizione centrale, è specializzato in frutti di mare e hotpot. $$

ULA Bar & Kitchen
Cocktail, birre artigianali e ottimi spuntini. $$

Gia Minh
Noodles fatti in casa, involtini primavera di pesce e vini di prugna e ananas artigianali. $

Beach House Restaurant
Pasta fatta in casa, schiacciate, insalate e cocktail economici.

Chay Day's Vegetarian Kitchen
Banh xeo (crêpes salate), insalate e consigli su cosa fare a Con Dao. $

CRAVENA/SHUTTERSTOCK ©

Vista delle Isole Con Dao

IN MEMORIA DI VO THI SAU

La tomba più visitata nel **Cimitero Hang Duong** di Con Son è quella di **Vo Thi Sau**, una ragazza che si batteva per la resistenza durante l'occupazione francese. A 14 anni uccise un capitano francese con una bomba a mano, ma fu catturata solo anni dopo per un secondo tentato omicidio. Fu portata a Con Son e giustiziata a 19 anni. Se andate al cimitero a mezzanotte, troverete una folla intorno alla sua tomba che recita preghiere e porta offerte, tra cui specchi, pettini e rossetti, simboli della sua giovinezza. I vietnamiti credono che la mezzanotte sia l'ora più propizia per rendere omaggio e venerare lo spirito di questa eroina nazionale che venne uccisa alle prime ore del giorno del 23 gennaio 1952.

gli oppositori del regime spalleggiato dagli americani negli anni '60. Tutte le ex prigioni di Con Son e dintorni si visitano con un unico biglietto in vendita al Museo Bao Tang Con Dao, il posto migliore per farsi un'idea del contesto storico prima di visitare le prigioni.

Con una breve passeggiata a sud-ovest del museo si raggiunge Phu Hai, la più grande delle 11 prigioni delle isole, risalente al periodo coloniale francese. Vi furono incarcerati migliaia di prigionieri e in ogni edificio di detenzione ne erano ammassati fino a 200. Durante il periodo francese tutti i prigionieri erano tenuti nudi e incatenati in fila. Oggi una serie di manichini emaciati, molto realistici, riporta alla vita quei tempi terribili.

Immediatamente a nord del museo si trova la Prigione di Con Dao con le sue famigerate celle soprannominate 'gabbie delle tigri'. Le prime furono costruite intorno al 1940 dai francesi per rinchiudere circa 2000 prigionieri politici e gli Stati Uniti continuarono a utilizzarle negli anni '60 e '70. Ci sono 120 celle con sbarre al soffitto da cui le guardie potevano punzecchiare i prigionieri come tigri in uno zoo di epoca vittoriana. L'esistenza delle gabbie delle tigri divenne nota al mondo esterno solo nel 1970, quando un assistente congressuale americano fotografò le celle e i prigionieri al loro interno e le immagini furono pubblicate sulla rivista *Life*.

DOVE DORMIRE A CON DAO

Lighthouse Boutique Hotel
Camere colorate ed eleganti nella cittadina di Con Son, vicine a buoni ristoranti e a un supermercato. **$$**

LoCo Lodge
Dispone di letti in camerata e tende private e permette di dedicarsi a pesca, snorkelling e campeggio. **$**

Eden House & Coffee
La famiglia forse più accogliente di Con Dao offre graziosi bungalow in giardino. A circa 2,5 km dal centro di Con Son. **$$**

CHE COSA VEDERE
1 Museo Bao Tang Con Dao
2 Prigione di Con Dao
3 Đ Ton Duc Thang
4 Campo di Phu Hai

PASTI
5 Bo Beefsteak 30A
6 Con Son Market

LOCALI E VITA NOTTURNA
7 Bar 200
8 Cafe Con Son

Una superba panoramica storica

UNO DEI MIGLIORI MUSEI DEL VIETNAM

Inaugurata nel 2013, la sede principale del Museo Bao Tang Con Dao di Con Dao propone una collezione curatissima, distribuita su diversi piani. Si consiglia di visitare le gallerie in senso orario; i cartelli e i commenti in inglese sono eccellenti.

Con oltre 2000 pezzi, tra cui diorama e rare fotografie e documenti, il museo inizia con interessanti mostre sulla geolo-

DOVE DORMIRE A CON DAO

Six Senses
Trattamenti spa di extra lusso e cucina superba in posizione appartata sulla spiaggia. **$$$**

Hotel de Condor
Raffinato ed elegante boutique hotel nella tranquilla periferia rurale della cittadina di Con Son. **$$**

Hotel Huong Dao
Mini hotel pulitissimo e ben gestito vicino al mercato di Con Son. Dai piani di sopra la vista spazia su città e montagne. **$$**

GLI ALTRI MUSEI DI CON SON

Il **Museo della Rivoluzione** di Con Dao, vicino al lungomare nell'ex residenza del comandante francese, è dedicato alla resistenza vietnamita contro i francesi, all'opposizione comunista alla Repubblica del Vietnam e al trattamento dei prigionieri politici. Troverete anche un quadro di Vo Thi Sau (che affronta la morte a testa alta) e alcuni animali impagliati: boa, lucertole e scimmie. Per scoprire di più sull'adolescente martire per la libertà ed eroina nazionale, visitate il **Museo di Vo Thi Sau**, in una residenza coloniale francese lungo **Đ Le Duan**. In questa via alberata si trovano alcune delle ville coloniali più eleganti di Con Son.

DONG NHAT HUY/SHUTTERSTOCK ©

'Gabbie delle tigri' nella Prigione di Con Dao, Isola di Con Son (p326)

gia e la preistoria delle isole, per poi passare alla storia naturale, ai primi viaggi nell'arcipelago dei marinai portoghesi nel 1560 e alla fondazione di una stazione commerciale della Compagnia Britannica delle Indie Orientali dal 1702 al 1705. Quando nel 1861 i francesi crearono una prigione sull'isola, Con Dao divenne un luogo molto più cupo e inquietante. Il museo documenta molto bene questo periodo, descrivendo senza sconti le rigide condizioni di vita nelle prigioni e concentrandosi sui numerosi rivoluzionari vietnamiti imprigionati qui. Si parla anche di Con Dao durante la guerra del Vietnam con una mostra sull'articolo del 1970 sulla rivista *Life* che rivelò l'esistenza della prigione costruita dagli americani e delle famigerate 'gabbie delle tigri' usate come celle.

Prima di esplorare le prigioni di Con Dao visitate il museo che vi farà capire il contesto storico di questo tragico periodo della storia dell'isola. Comprate il biglietto Con Dao Sights, che comprende anche le prigioni e altri musei.

TRASPORTI LOCALI

Di solito ci sono voli da Ho Chi Minh City, Hanoi e Can Tho per l'aeroporto di Con Dao, ma da aprile a dicembre 2023 l'aeroporto è stato chiuso per rinnovare la pista; come soluzione provvisoria si pensava agli elicotteri.

Superdong (superdong.com.vn), con sede vicino a Soc Trang, gestisce i traghetti per Con Dao. Soluzioni alternative sono il Con Dao Express (condaoexpress.net) da Soc Trang e Vung Tau, e il MaiLinh Express (taucaotocmailinh.com.vn) da Can Tho. Nel 2023 è stato aperto un nuovo terminal dei traghetti vicino alla cittadina di Con Son. I traghetti vengono spesso cancellati o ritardati a causa dei forti venti e del mare mosso, in particolare da settembre a novembre.

Prenotate in anticipo voli e traghetti da dicembre a marzo e anche nei fine settimana e nelle feste nazionali. Chiedete al vostro alloggio di prenotarvi una navetta condivisa per portarvi dall'aeroporto di Con Dao alla città.

Dintorni della cittadina di Con Son

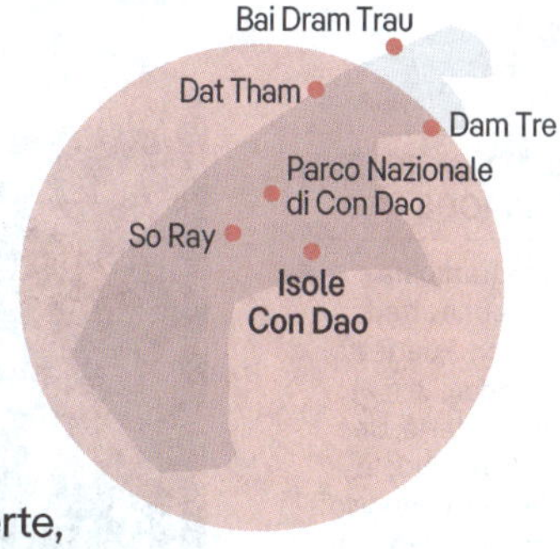

Camminate tra foreste e spiagge deserte, immergetevi in acque limpidissime e datevi alle esplorazioni indipendenti in bicicletta.

Per molti viaggiatori vietnamiti, tra cui un numero sempre più esiguo di ex soldati e rivoluzionari che furono imprigionati sull'isola, le prigioni e i musei della cittadina di Con Son sono una meta di pellegrinaggio obbligata. Ma al di là del fascino sonnolento della capitale e dei suoi siti storici, è la straordinaria bellezza naturale dell'arcipelago a rendere le Isole Con Dao una meta così affascinante. È uno dei luoghi più sicuri del paese per viaggiare in scooter, spesso sullo sfondo di paesaggi spettacolari, e per i viaggiatori più attivi dalla sede del parco nazionale si diparte una serie di sentieri ben indicati che portano a remoti belvedere e spiagge nascoste. Anche snorkelling e immersioni sono molto richiesti.

IL CONSIGLIO

Prima di una gita a piedi, fate scorta di *banh mi* e frutta fresca al mercato mattutino della cittadina di Con Son.

Isole Con Dao

MOTO, BICICLETTE E SPIAGGE

Meno trafficata e con buone strade, Con Son è perfetta per andare in moto o in bicicletta. Una strada principale collega l'aeroporto al porto di Ben Dam passando dalla cittadina di Con Son. Sono in corso lavori per prolungare questa strada asfaltata lungo le coste ovest e nord di Con Son, ma per ora non è possibile compiere il giro completo dell'isola. La spiaggia di **Bai Dram Trau**, che si raggiunge con una sterrata 1 km prima dell'aeroporto, è una magnifica mezzaluna delimitata da promontori rocciosi. Veniteci con la bassa marea. Si può fare snorkelling sulla barriera corallina e dall'alba al tramonto ci sono capanni che servono pesce. Dall'arco sabbioso di **Bai Vong**, a nord-est, un sentiero porta al **Dam Tre (Laguna dei Bambù)**. La spiaggia di **Bai An Hai** è la migliore per fare il bagno se si alloggia in città.

TRAN QUI THINH/SHUTTERSTOCK ©

Bai Dram Trau

Tenetevi in forma con l'escursionismo

SPLENDIDI PANORAMI SU FORESTE E OCEANO

Sull'Isola di Con Son si possono fare moltissime belle escursioni a piedi. Procuratevi un permesso alla **sede centrale del parco nazionale**, 2,5 km all'interno di Con Son; il modo migliore per raggiungerla è in scooter o in bicicletta. L'ufficio del parco di solito fornisce un opuscolo sulle passeggiate sull'isola e diversi percorsi hanno pannelli esplicativi in inglese. Molti sentieri sono lastricati ma possono essere scivolosi dopo la pioggia, per cui si consiglia di indossare buone scarpe da escursionismo.

Si può fare un'escursione alle vecchie piantagioni di frutta di **So Ray**, seguendo un sentiero ripido ma ben indicato che attraversa una fitta foresta pluviale. Gli ex edifici della piantagione ora ospitano macachi cinomolghi (tenetevi a distanza e non date loro da mangiare). Due torri panoramiche offrono un'ampia vista sulla cittadina di Con Son e le altre isole più lontane. La partenza del sentiero (circa un'ora e mezza-due ore tra andata e ritorno) si trova a Huynh Thuc Khang, a sud-ovest della sede centrale del parco nazionale.

DOVE BERE UN DRINK A CON SON

Infiniti Cafe & Resto
Birre fresche, cocktail e i migliori hamburger e pizze al forno a legna della città.

Phien Khuc
Caffè, succhi e spuntini serviti in un incantevole giardino con ninnoli d'epoca.

Bar200
Birre fresche, comodi pouf e buona pizza. È la sede del Con Dao Dive Center.

Dalle vicinanze della sede centrale del parco partono anche altre escursioni, tra cui una gita di tre/quattro ore tra andata e ritorno alla spiaggia di **Dat Tham**.

Vicino alla pista dell'aeroporto parte una bella passeggiata che attraversa foreste e mangrovie, supera un torrente in cima alla collina e porta alla **Bamboo Lagoon** (Dam Tre). È un buon posto per fare snorkelling e lungo la strada si possono incontrare scoiattoli neri e scimmie. Tenete presente che la prima parte del percorso lungo la spiaggia di Bai Vong è aperta ed esposta al sole. Calcolate circa cinque ore tra andata e ritorno.

Immersioni e snorkelling a Con Dao

BARRIERE CORALLINE E RELITTI IN UN PARCO MARINO

I sommozzatori esperti che conoscono le acque del Vietnam considerano da tempo Con Dao uno degli ambienti marini più incontaminati del paese. Le acque intorno alle isole sono ufficialmente protette per cui i coralli sono numerosi e in salute ed è facile vedere coralli tavola, madrepore e meandrine. La fauna acquatica comprende tartarughe verdi e tartarughe embricate, razze, pesci balestra, pesci pappagallo, cernie, seppie e qualche squalo.

Purtroppo la protezione dell'oceano intorno all'arcipelago non è rigida. Alcuni skipper ancorano le barche direttamente alla barriera corallina, la pesca illegale diminuisce il numero di pesci e gli operatori di immersioni dell'isola devono regolarmente togliere reti e spazzatura dalla barriera.

Le immersioni si possono fare tutto l'anno, ma il periodo da febbraio a giugno offre le condizioni migliori e una buona visibilità. A novembre e dicembre si possono verificare forti tempeste. I prezzi sono più alti rispetto alle località della terraferma, ma anche l'esperienza è spesso di maggiore soddisfazione. I relitti offrono un potenziale incredibile ai sommozzatori più esperti; c'è per esempio una nave mercantile di 64 m a una profondità da 30 m a 40 m e frequentata da una ricca fauna marina.

Il **Con Dao Dive Center** (divecondao.com), con sede al **Bar 200**, offre corsi PADI, immersioni turistiche, snorkelling e uscite di apnea. Alcuni alberghi e guide indipendenti propongono escursioni di snorkelling più economiche, ma ci è stato segnalato che durante queste uscite a volte si fa pesca subacquea illegale. Le escursioni del Con Dao Dive Center saranno più costose, ma senz'altro non sono nocive per l'ambiente.

GITE IN BARCA ALLE ISOLE

Le gite in barca alle isole più piccole sono molto richieste a Con Dao. **Bay Canh**, a est dell'Isola di Con Son, ha splendide spiagge, antiche foreste, mangrovie, barriere coralline e tartarughe marine (in stagione). Una fantastica passeggiata di due ore (con una ripida salita di 325 m) porta a un faro funzionante del periodo francese sulla punta orientale di Bay Canh. In cima il panorama è mozzafiato. Informatevi alla sede del parco nazionale a Con Son città sui tour per osservare le tartarughe che depongono le uova da fine giugno a settembre. Alcuni ambientalisti di Con Dao sconsigliano ai viaggiatori di partecipare a questi tour perché pensano che il parco nazionale non protegga abbastanza i siti di deposizione delle uova e le uova stesse dai cacciatori di frodo.

TRASPORTI LOCALI

Scooter e biciclette si possono noleggiare in numerosi alberghi nella cittadina di Con Son. Una buona strada costiera porta da Con Son verso sud passando per Bai Nhat e Ben Dam. I sali e scendi sono piuttosto dolci, ma fate attenzione ai forti venti intorno a Mui Ca Map (a sud della cittadina di Con Son).

Per fare un tour in barca ed esplorare altre isole, rivolgetevi alla sede centrale del parco nazionale a nord della cittadina di Con Son, o all'ufficio di **Lighthouse Trip Con Dao** (facebook.com/congtydulichlighthouse.condao) a 12A Đ Le Duan. Anche le strutture ricettive di solito danno consigli e prenotano gite in barca.

CHAU DOC

Molti viaggiatori visitano Chau Doc prima di imbarcarsi su un motoscafo sul Mekong tra Cambogia e Vietnam. È una città piacevole con importanti comunità cinesi, cham e khmer e la sua varietà culturale la rende un luogo affascinante da visitare anche se non si è diretti in Cambogia. Si consiglia di fare una gita in battello sul fiume, o di visitare le moschee e i laboratori tessili delle comunità locali musulmane cham. Le escursioni di un giorno a Nui Sam (Monte Sam) e alla Foresta di Tra Su Cajuput sono deviazioni imperdibili dopo una giornata rilassante trascorsa a esplorare l'affascinante lungofiume di Chau Doc. Un drink al tramonto nell'elegante bar sul fiume del Victoria Chau Doc Hotel è il modo ideale di concludere una giornata in città, mentre il brand Victoria offre due delle strutture ricettive più belle di tutto il Delta del Mekong, tra cui il Victoria Nui Sam Lodge.

IL CONSIGLIO

Il lungofiume e il centro di Chau Doc si percorrono agevolmente a piedi, ma per visitare il Monte Sam è indispensabile farsi portare da una guida competente o da un taxi o una moto. Per scoprire il fiume iscrivetevi a una gita in battello o a una visita guidata dal 30 Thang 4 Park.

POSTI MIGLIORI PER MANGIARE A CHAU DOC

Bassac Restaurant
L'elegante ristorante del Victoria Chau Doc Hotel lungo il fiume fonde sapori francesi e vietnamiti. **$$**

Thanh Tinh
Piatti vegetariani a prezzi stracciati, tra cui tofu al lemongrass e spinaci d'acqua all'aglio. **$**

Mercato coperto di Chau Doc
Specialità locali tra cui *bun ca* (zuppa di pesce con noodles) e *chuoi nep nuong* (riso glutinoso alla griglia con banana). **$**

Chau Doc Hoi Quan
Piatti tipici della Provincia di An Giang tra cui *tung lo mo* (salsiccia di manzo fermentata). Buoni *lau* (hotpot) per gruppi. **$**

Mercati, allevamenti di pesci e gite in battello al tramonto

ESPLORARE UN AFFASCINANTE LUNGOFIUME

Raccolta lungo le rive del **Hau Giang (Bassac)**, Chau Doc si trova in una delle posizioni più interessanti del Delta del Mekong. Il **Parco 30 Thang 4**, che si estende a nord-ovest del Victoria Chau Doc Hotel, è il luogo migliore della città per passeggiare e una zona perfetta per osservare il fiume. Proseguendo in Duong Gia Long, il vasto **mercato coperto** di Chau Do vende prodotti del Delta e non solo. È possibile che nel Parco 30 Thang 4 veniate avvicinati da donne che propongono gite su piccole imbarcazioni, per esempio alla comunità di **case galleggianti** dall'altra parte del fiume. Queste abitazioni rustiche, che galleggiano su bidoni di metallo vuoti, sono nello stesso tempo abitazione e fonte di sostentamento per gli abitanti. Infatti sotto ogni casa vengono allevati dei pesci in reti di metallo sospese. I pesci vivono bene nel loro ambiente fluviale abituale, mentre le famiglie locali li mettono all'ingrasso per poi venderli sul mercato internazionale. Alcune **gite in barca** comprendono un viaggio lungo il **Canale Vinh Te**, che scorre accanto alla frontiera cambogiana e raggiunge infine Ha Tien. Partite per la vostra gita in barca all'incirca un'ora prima del tramonto, in modo da tornare al lungofiume di Chau Doc quando inizia a calare uno scuro crepuscolo. Fino a poco tempo fa Chau Doc aveva un popolare mercato galleggiante, ma ora non esiste più a causa del miglioramento dei collegamenti e dell'impatto del Covid-19.

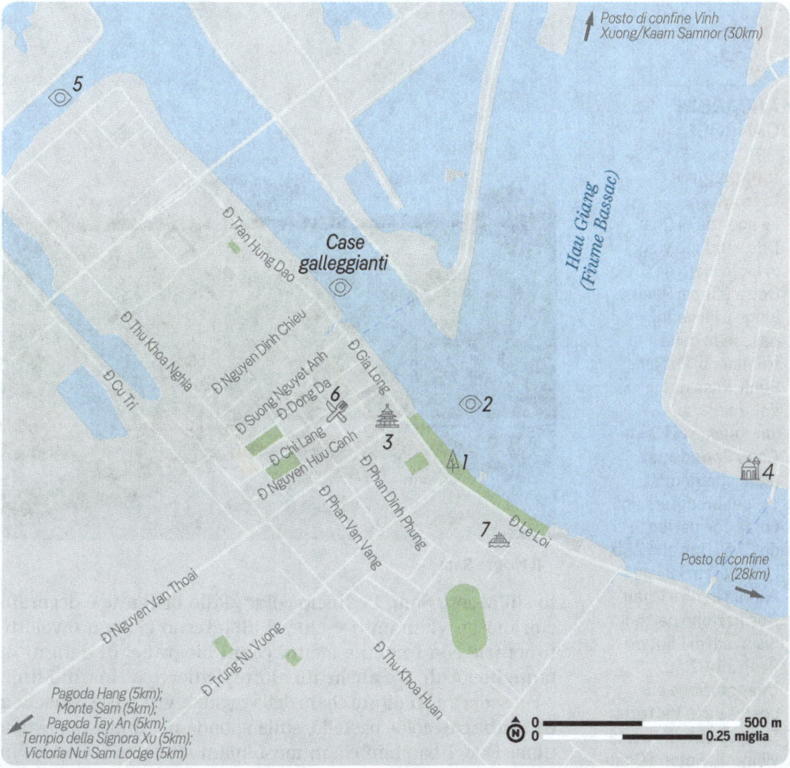

DA VEDERE
1 Parco 30 Thang 4
2 Mercato galleggiante
3 Tempio di Chau Phu
4 Moschea di Mubarak
5 Canale Vinh Te

PASTI
6 Mercato coperto di Chau Doc
7 Hang Chau Speedboat

Templi, pagode e moschee

DIVERSE CULTURE E RELIGIONI

In quanto città di confine vicina alla confluenza storica di culture e paesi, Chau Doc vanta un patrimonio architettonico di diverse fedi. Alla periferia della città, i templi e le pagode del Monte Sam (Nui Sam; p334) attirano molti pellegrini buddhisti, come un altro tempio in posizione più centrale. Si tratta del **Tempio di Chau Phu**, quasi sul lungofiume, eretto nel 1926 in onore di Thoai Ngoc Hau, un funzionario della dinastia Nguyen sepol-

DOVE DORMIRE A CHAU DOC

Victoria Chau Doc Hotel
Lussuoso fascino coloniale e splendida posizione sul fiume: ecco a voi il migliore albergo di Chau Doc. **$$$**

Homestay Khoa Chaudoc
Il più accogliente alloggio privato a gestione familiare di Chau Doc è in comoda posizione centrale. **$**

Murray Guesthouse
In questa guesthouse vietnamita-neozelandese troverete consigli di viaggio e biciclette da usare gratis. **$$**

ANDARE IN CAMBOGIA

Raggiungere la frontiera
Le agenzie di Chau Doc vendono viaggi in motoscafo da Chau Doc a Phnom Penh lungo il Mekong, passando dalla frontiera di Phnom Penh. Passate dalla sede sul lungofiume di **Hang Chau Speedboat** (hangchautourist.vn) per prenotare una corsa con partenza da Chau Doc alle 7.30. Le imbarcazioni da Phnom Penh a Chau Doc partono dal molo Sisowath di Phnom Penh alle 12.30. Una soluzione più costosa è la **Victoria Speedboat** che parte vicino al Victoria Chau Doc Hotel; prenotate in albergo.

Alla frontiera
Procuratevi un e-visa cambogiano online in anticipo, oppure richiedetene uno all'arrivo alla frontiera cambogiana. Se andate dalla Cambogia al Vietnam, dovrete procurarvi un visto vietnamita in anticipo.

VIETNGUYEN1234/SHUTTERSTOCK ©

Il Monte Sam

to sul Monte Sam. L'edificio color giallo brillante è decorato con motivi vietnamiti e cinesi; all'interno ci sono tavolette funerarie con i nomi e alcuni cenni biografici di defunti di famiglie locali. C'è anche un altare dedicato a Ho Chi Minh.

Per scoprire la cultura cham della regione, visitate la **Moschea di Mubarak** color pastello, sulla sponda del fiume opposta a Chau Doc. I bambini cham musulmani studiano il Corano in lingua araba e le botteghe dei villaggi vendono tessuti dai colori vivaci ben lavorati. Se non siete musulmani, evitate di entrare durante le preghiere. Per visitare la moschea prendete il traghetto con trasporto auto che attraversa il fiume Hau Giang dal molo di Chau Giang. Dall'attracco la moschea si raggiunge con una breve passeggiata. I tour di Chau Doc con Ms San di **Mekong Chau Doc Travel** (p338) esplorano un altro villaggio cham, meno visitato.

Templi, pagode e splendidi panorami

UN IMPORTANTE SITO DI PELLEGRINAGGIO

Luogo sacro per i buddhisti, il **Monte Sam** (Nui Sam; 284 m) trabocca di pagode e templi. L'intensa influenza cinese ne fa una meta frequentata da fedeli di etnia cinese, insieme a buddhisti di ogni provenienza. Tempo permettendo, la vista dal-

DOVE BERE UN DRINK AD HAU DOC

Tan Chau Salon Bar
Cocktail e birre artigianali nell'eleganza in stile indocinese del bar del Victoria Chau Doc Hotel.

Boke Station
Caffè artigianale e birre fresche in una rivisitazione contemporanea di un negozio d'epoca.

Cafe Goc Pho
Succhi di frutta, caffè e bubble tea da sorseggiare ai tavoli lungo la strada. Serve i cocktail più economici di Chau Doc.

la vetta si spinge fino alla Cambogia. Partecipate a un tour organizzato o noleggiate uno *xe om* (mototaxi) da Chau Doc (circa 6 km). Potrete salire a piedi con 45 minuti di cammino su strada asfaltata, o farvi lasciare in cima.

Fondata nel 1847 sul sito di un tempio precedente, la **Pagoda di Tay An** si trova ai piedi della montagna, in fondo alla Statale 91, il maestoso viale che arriva da Chau Doc. L'eclettica architettura riflette influenze hindu e islamiche, mentre l'ingresso principale è tipicamente vietnamita.

Il **Tempio di Donna Xu** ospita una statua oggetto di grande venerazione e si trova sulla stessa strada della Pagoda Tay An, di fonte al Monte Sam. In origine era un semplice edificio in bambù e foglie. L'attuale tempio ricostruito, molto vistoso, fonde elementi di metà Novecento con motivi vietnamiti e una profusione di luci lampeggianti e neon tutta contemporanea.

La **Pagoda Rupestre (Hang)** si trova a metà del versante ovest della montagna (il più lontano) e offre una splendida vista sulla campagna. Nella parte inferiore ci sono le abitazioni dei monaci e le tombe esagonali dei due fondatori della pagoda. Per capire come orientarvi tra il santuario principale e il labirinto di grotte e caverne più in alto consultate le cartine.

Case galleggianti (p332)

DORMIRE SUL MONTE SAM

Il **Victoria Nui Sam Lodge**, sulle pendici del Monte Sam, non sembrerebbe fuori posto sulle Alpi. Le camere sono arredate con letti a baldacchino e comprendono immensi balconi con vista sulle risaie. Si organizzano sessioni di yoga la mattina presto ed escursioni a piedi di due ore ai templi e alle pagode del Monte Sam. Informatevi online sulle tariffe delle camere, sorprendentemente abbordabili, soprattutto nei giorni feriali e al di fuori dei periodi di vacanza. Lo spazioso **La Giang**, il ristorante del lodge, ha un vasto dehors ed è aperto anche agli ospiti esterni per pranzo, cena e spuntini.

TRASPORTI LOCALI

La stazione degli autobus di Chau Doc si trova all'estremità est della città, a circa 2 km dal centro. Tra le destinazioni più servite dalle compagnie Phuong Trang (www.futabus.vn) e Hung Cuong ci sono Can Tho, Cao Lanh e Rach Gia. Minibus più piccoli effettuano regolarmente il percorso di tre ore per Ha Tien. Prenotate i biglietti tramite il vostro alloggio e informatevi sulle navette per la stazione degli autobus.

Dintorni di Chau Doc

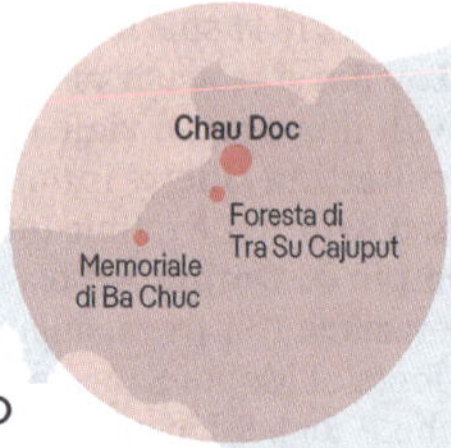

Da Chau Doc visitate uno splendido paradiso faunistico e un malinconico memoriale che ricorda una recente tragedia sociale.

Sono due le escursioni più richieste dal trafficato attracco di Chau Doc sul fiume Hau Giang (Bassac). Inaugurata nel 1986, la Foresta di Tra Su Cajuput fu fondata quando gli uccelli migratori, tra cui aironi e garzette, si stabilirono spontaneamente sugli alberi di cajuput e melaleuca per migliorare la qualità dell'acqua con cui si coltiva il riso. La riserva è ancora incorniciata da risaie verde smeraldo, ma la maggiore attrattiva di Tra Su sono le numerose specie di uccelli che vivono in questo splendido tratto di fiume. Il Memoriale di Ba Chuc, sempre a sud-ovest di Chau Doc, ricorda i vietnamiti del villaggio uccisi dagli khmer rossi nel 1978 durante le incursioni transfrontaliere dalla Cambogia.

IL CONSIGLIO

Per visitare Tra Su partite presto da Chau Doc: di mattina gli uccelli sono più attivi e il traffico dei battelli è meno intenso.

DZUNG VU/SHUTTERSTOCK ©

XUANHUONGHO/SHUTTERSTOCK ©

Sopra e a sinistra: Foresta di Tra Su Cajuput

Un tranquillo paradiso naturale

IN BARCA CIRCONDATI DA UCCELLI MULTICOLORI

Situata circa 23 km a ovest di Chau Doc, l'immensa **Foresta di Tra Su Cajuput** ospita nei suoi 800.000 ettari un numero incredibile di uccelli migratori. Buona parte della zona paludosa è vietata ai visitatori per non disturbare le aree di nidificazione degli uccelli. Le visite prevedono due elementi chiave: un giro in motoscafo lungo i canali fluviali bordati di alberi e invasi da un tappeto galleggiante di fiori di loto, e una tranquilla gita in canoa di 20 minuti lungo stretti canali e attraverso un paesaggio di nodosi alberi sommersi. Le donne del luogo guidano a colpi di pagaia le imbarcazioni attraverso questo verdeggiante labirinto naturale; la mancia è apprezzata e meritata. Anche i sottili ponti di bambù e i sentieri sopraelevati sono un ottimo modo per esplorare la riserva. Tra gli uccelli più facili da avvistare ci sono martin pescatori, aironi, garzette e cormorani.

Un buon periodo per visitare Tra Su è quello da dicembre a gennaio, quando si schiudono le uova e gli uccelli migratori sono più numerosi. Nella stagione delle piogge, da luglio

IO VIVO QUI: LE MERAVIGLIE NATURALI DI CHAU DOC

Huynh Phi San ('Ms San') di **Mekong Chau Doc Travel** (www.mekongchaudoctravel.com) ci spiega perché è fiera di essere nata e di vivere a Chau Doc.

Monte Sam
Fedeli di tutto il Vietnam vengono a pregare nei templi e nelle pagode del luogo più storico di Chau Doc. Adoro ammirare la vista sulla mia città e sul Delta dalla vetta e il tramonto dal dehors del Victoria Nui Sam Lodge è sempre speciale.

Foresta di Tra Su Cajuput
Tra Su è molto più recente del Monte Sam, ma le sue fitte foreste verdeggianti e i canali fiancheggiati da mangrovie sono altrettanto spettacolari. Quello che mi piace di più è scivolare su una piccola barca condotta in silenzio da una delle cordiali donne del luogo.

SPECIE DI UCCELLI DA AVVISTARE A TRA SU

Martin pescatori
Occhi ben aperti in cerca di un lampo turchese che si getta in acqua.

Aironi ed egrette
Nascoste sulle cime degli alberi, sono gli abitanti più eleganti di Tra Su.

Cormorani
Cercateli appollaiati sui rami degli alberi mentre fanno asciugare l'imponente apertura alare.

a ottobre, ci sono relativamente meno uccelli, ma in questo periodo dell'anno il paesaggio della foresta è illuminato da numerose e brillanti tonalità di verde.

L'EREDITÀ DEGLI KHMER ROSSI IN VIETNAM

Tra il 1975 e il 1978 i soldati khmer rossi attraversavano regolarmente il confine con il Vietnam per uccidere civili innocenti. Dall'altra parte del confine la situazione era perfino peggiore: quasi due milioni di cambogiani furono uccisi durante il periodo del regime della Kampuchea Democratica di Pol Pot. Ba Chuc si trova 4 km a sud della strada che corre parallela al confine con la Cambogia tra Ha Tien e Chau Doc. Il sito è stato oggetto di importanti rinnovamenti in occasione del quarantesimo anniversario del massacro nel 2018; il modo migliore per visitarlo è partecipare a una gita in giornata da Chau Doc, circa 40 km a nord.

Ricordando una tragedia recente

UNA TESTIMONIANZA NECESSARIA E COMMOVENTE

Il Memoriale di Ba Chuc si erge a memoria degli orrori perpetrati dagli khmer rossi che tra il 18 e il 30 aprile 1978 attraversarono la frontiera tra Vietnam e Cambogia e uccisero 3157 abitanti dei villaggi locali, lasciando soltanto due sopravvissuti.

Il memoriale consiste in due parti: l'ossario che ospita i teschi e le ossa di oltre 1100 vittime, e la sala commemorativa adiacente dove sono esposte le foto scattate dopo il massacro. Nell'ossario, progettato per ricordare un fiore di loto, teschi e ossa sono divisi per gruppi di età (compresi i minuscoli teschi di lattanti e bambini) e per sesso. La raccolta ricorda i campi dell'eccidio di Choeung Ek, in Cambogia, dove sono esposti migliaia di teschi delle vittime degli khmer rossi.

Il santuario della memoria di Ba Chuc, con una zona ben definita in cui lasciare offerte, è un luogo rilassante e contemplativo se confrontato all'agghiacciante esposizione alla porta accanto. Nella sala commemorativa sono esposte le armi utilizzate dagli khmer rossi, tra cui coltelli, baionette e randelli, oltre ai bastoni usati per torturare le donne. Molte vittime di Ba Chuc furono torturate fino alla morte e le immagini sono estremamente dirette e sconvolgenti.

Le pareti inferiori del **Tempio di Phi Lai Tu**, dietro la sala commemorativa, sono ancora coperte di macchie scure: è il sangue degli oltre 300 abitanti del villaggio che furono massacrati qui dentro. Il governo vietnamita aveva diversi motivi per invadere la Cambogia nel 1978, ma il massacro di Ba Chuc fu uno dei fattori principali.

TRASPORTI LOCALI

Tra Su si visita agevolmente in taxi da Chau Doc o con le visite guidate in moto di Ms San di Mekong Chau Doc Travel. I viaggi su due ruote da Chau Doc alla riserva passano da stradine rurali e attraversano ponti tranquilli per entrare nella foresta attraverso una stretta strada rialzata incorniciata da risaie. Tenete presente che nei giorni festivi Tra Su è molto affollata di turisti locali. L'unico modo di visitare il Memoriale di Ba Chuc sono i mezzi privati da Chau Doc (45 km) o Ha Tien (65 km).

HA TIEN

Ha Tien fa parte del Delta del Mekong, ma la sua posizione al margine sud-orientale del Golfo di Thailandia la rende molto diversa dal paesaggio del Delta, caratterizzato da fiumi, canali e risaie. La zona è costellata di formazioni calcaree, sulle colline ci sono piantagioni di alberi del pepe e nelle giornate limpide a ovest si distingue l'Isola di Phu Quoc.

La città possiede un fascino languido, con cadenti ville coloniali, un pittoresco mercato lungo il fiume e una parte più moderna, da ammirare soprattutto di notte quando è avvolta da sfavillanti luci al neon. Chi è diretto in Cambogia raggiungerà rapidamente Kep o Kampot e ogni giorno diversi traghetti salpano dal lungofiume di Ha Tien diretti alla dinamica e sempre più popolare Isola di Phu Quoc. Da Ha Tien si può raggiungere anche un'isola molto più tranquilla che non ha conosciuto lo sviluppo impetuoso della più grande vicina.

IL CONSIGLIO

Il fresco lungofiume di Ha Tien è perfetto per una piacevole passeggiata. Dall'interessante mercato seguite per circa 1,5 km la passeggiata sull'oceano verso ovest: troverete caffè con luci al neon, ristoranti di pesce e il secondo mercato notturno di Ha Tien. Vi servirà un taxi o una moto per raggiungere la Pagoda rupestre di Thach Dong.

La città più tranquilla del delta

FRESCHE BREZZE ED EDIFICI COLONIALI

Iniziate a esplorare il lungofiume di Ha Tien dal mercato cittadino, accanto al fiume Giang Thanh che scorre sonnacchioso nel Golgo di Thailandia. A monte, immediatamente a nord di un canale che scorre verso est fino a Rach Gia, il fiume si allarga e forma il **Dong Ho (Lago dell'Est)**, in realtà un'insenatura che si trasforma in una distesa scintillante quando c'è la luna piena. I **mercati** di Ha Tien, al massimo dell'animazione già dalle 5 del mattino, sono ben organizzati con quattro edifici separati dove si vendono cibi secchi, pesce, verdure e carne e perfino un adiacente mercato notturno che vende abiti a prezzi stracciati. A partire dalle 18, vicino al più centrale mercato notturno, spuntano diverse bancarelle gastronomiche. Le strade minori intorno al mercato nascondono negozi d'epoca dipinti in colori pastello.

Dai mercati proseguite lungo **Đ Tran Hau**, una vivace via commerciale perfetta per fare uno spuntino, come *banh mi* (baguette ripiene) e *xiu mai* (ravioli) alla griglia. Appena dopo Đ Thuy Tram, la strada confluisce in un **parco lungo il fiume**. Dall'altra parte del fiume si trova il **Monastero Ngoc Tien**, abbarbicato sulla collina, da cui i monaci godono di una delle viste migliori della città.

Tombe, templi e pagode

ALLA SCOPERTA DEL PATRIMONIO STORICO DELLA REGIONE

Esplorate le tombe storiche e i templi della città partendo dal languido lungofiume di Ha Tien. Le **tombe della fami-**

L'OASIS BAR & HOMESTAY

Per informazioni aggiornate sui viaggi tra Ha Tien e la Cambogia rivolgetevi a Andy, uno straniero che abita da tempo in città, e alla moglie vietnamita Queyn dell'**Oasis Bar & Homestay** (0297-370 1553, oasisbarhatien@hotmail.com). L'Oasis ha cambiato sede a fine 2022 e ora si trova a 3 km da Ha Tien sulla strada per Rach Gia. Offre camere confortevoli e un bar accogliente, punto di riferimento essenziale per chi viaggia in questa parte del Delta del Mekong. Andy può anche prenotare trasporti e tour con Mr The di Ha Tien.

MICHELLE HOLIHAN/SHUTTERSTOCK ©

Monastero Ngoc Tien (p339)

ECCO A VOI MISTER THE

Per comprendere nel modo migliore il patrimonio storico e culturale di Ha Tien prendete contatto con l'inimitabile Mister The (pronunciato 'tay'), una guida esperta che organizza gite di mezza giornata e una giornata intera a bordo della sua moto. Mister The parla un ottimo inglese e vi fisserà un appuntamento anche con breve preavviso per capire insieme a voi cosa vi interessa di più fare ed esplorare. Può anche procurare biglietti di autobus e organizzare trasferimenti alla stazione degli autobus. Il modo migliore di contattare Mister The è tramite Andy dell'Oasis Bar & Homestay.

glia Mac Cuu, chiamate localmente **Nui Lang** (Collina delle Tombe), si trovano in posizione centrale. Vi sono sepolti Mac Cuu, un governatore cinese del XVIII secolo nominato dagli khmer e diverse decine di suoi parenti. La vicina **Pagoda di Tam Bao** fu fondata da Mac Cuu e ora è abitata da monache buddhiste. Di fronte all'edificio a più livelli si erge una statua di Quan The Am Bo Tat (la Dea della Pietà). La statua più grande all'interno del santuario è in ottone dipinto e rappresenta A Di Da (il Buddha del Passato).

La **Pagoda di Phu Dung**, circa 800 m a nord-ovest di Tam Bao, fu fondata alla metà del XVIII secolo da Nguyen Thi Xuan. La sua tomba e quella di una delle sue ancelle si trovano sul fianco della collina dietro la pagoda. Nella sala principale della pagoda, sulla pedana centrale, spicca la statua di bronzo del Buddha Thich Ca proveniente dalla Cina. Spingendosi 3 km a nord di Phu Dong, possibilmente in moto, si raggiunge la **Pagoda rupestre di Thach Dong**. Inerpicatevi tra le grotte per ammirare le tavolette funebri e gli altari a Ngoc Hoang, Quan The Am Bo Tat e ai due monaci buddhisti che fondarono i templi della pagoda. Trovare un mezzo così a nord della città può essere difficile, quindi chiedete al vostro autista di aspettarvi.

DOVE DORMIRE A HA TIEN

Bao Anh Motel
Il miglior rapporto qualità-prezzo della città, con vista sul fiume e in ottima posizione vicino al mercato. $

Visuha Hotel
L'albergo più recente di Ha Tien offre una piscina sul tetto, camere gigantesche e prima colazione a buffet. $$

Ha Tien Homestay
Camere semplici ed eleganti in un quartiere residenziale. Con una breve passeggiata si arriva sul lungofiume per un caffè. $

DA VEDERE		LOCALI E VITA NOTTURNA	SHOPPING
1 Tombe della famiglia Mac Cuu	**3** Pagoda di Phu Dung	**6** Coffee Dong Ho	**8** Mercato di Ha Tien
2 Monastero Ngoc Tien	**4** Parco lungo il fiume	**7** Mekong Cafe	
	5 Pagoda di Tam Bao		

Alla scoperta di un'isola dei pirati

RITMI TRANQUILLI LONTANO DAL MONDO

Ricoperta da una fitta vegetazione e circondata da acque limpide, l'Isola di **Hai Tac** è stata per 500 anni un covo di pirati fino alla riunificazione del Vietnam nel 1975. Ora gli abitanti sono soprattutto famiglie di pescatori e la piccola isoletta, soprannominata **Isola dei Pirati**, è un tranquillo rifugio con alcune semplici guesthouse e alloggi presso privati; dista solo un'ora dalla terraferma e si raggiunge con i traghet-

DOVE MANGIARE A HA TIEN

Mercato notturno
Pesce fresco, ristoranti di *lau* (hotpot) e alcune bancarelle gastronomiche. **$**

Quan Hai San Bo Ke
La fresca *bia* (birra) di Saigon si abbina con pesce fresco – tra cui montagne di crostacei - e vista sul fiume. **$**

Quan Thanh Thuy
Locale a gestione familiare con squisita *hu tieu mi ga* (zuppa di noodles al pollo) e *banh canh,* noodles spessi simili a udon. **$**

ANDARE IN CAMBOGIA: DA HA TIEN A KEP

Fino alla frontiera
Per andare da Ha Tien alla Cambogia bisogna prendere un taxi o un mototaxi per il posto di confine Xa Xia-Prek Chak border, traversare la frontiera a piedi e poi proseguire per Kep o Kampot in taxi, tuk tuk o motocicletta. All'epoca delle nostre ricerche non c'erano autobus diretti che entravano in Cambogia, ma ora i viaggiatori sono più numeros e la situazione potrebbe cambiare; contattate Andy all'Oasis Bar & Homestay per informazioni aggiornate.

Alla frontiera
Procuratevi un e-visa cambogiano online o all'arrivo al confine. Se andate dalla Cambogia al Vietnam, procuratevi il visto vietnamita in anticipo. La "mafia" dei taxi cambogiana ha fama di spennare i viaggiatori con tariffe degli autobus eccessive, 'malintesi' sui prezzi dei taxi e truffe sul cambio.

MICHAEL WAPP/SHUTTERSTOCK ©

ti in partenza da Ha Tien. Oltre ai circa 2000 abitanti, distribuiti in quattro trascurati villaggi di pescatori, c'è una base dell'esercito sulla collina da cui si tiene d'occhio la Cambogia.

Un pista asfaltata di 5 km, da percorrere in moto, fa il giro dell'isola e si può fare una bella escursione a piedi a un **tempio sulla collina** da cui si ammira una splendida vista. La spiaggia più bella di Hai Tac è **Bai Bac**, sulla costa nord, con capanni che servono pesce alla griglia. A volte si riesce a far un'uscita con i pescatori locali o a organizzare una gita in barca a un'isola vicina disabitata.

Il cambiamento è già in corso: dalla terraferma è arrivata l'elettricità 24 h su 24 e gli investitori vietnamiti hanno intenzione di costruire strutture ricettive più capienti delle rustiche case private. L'isola si può visitare con una breve gita in giornata da Ha Tien con Minh Nga, ma per godersi davvero il fascino rilassato di Hai Tac è meglio fermarsi una notte.

Durante la stagione delle piogge, da giugno a ottobre, il mare è spesso mosso e a volte i battelli per Hai Tac vengono sospesi.

TRASPORTI LOCALI

La moderna autostazione di Ha Tien è 1,5 km a sud del ponte principale che porta in città. Ci sono corse frequenti per Ho Chi Minh City, Can Tho, Chau Doc e Rach Gia. I traghetti passeggeri per l'Isola di Phu Quoc di Phu Quoc Express e Superdong partono dall'altra parte del ponte sulla sponda sud del fiume. Bici e moto si trasportano sul Phu Quoc Express, ma non con Superdong. I più lenti traghetti con trasporto auto di Than Thoi e Binh An partono vicino al ponte. Sempre dall'altra parte del ponte partono i battelli di Minh Nga per l'Isola dei Pirati (Hai Tac). I cartelli al porto indicano le partenze per Tien Hai o Dao Hai Tac, ovvero l'Isola dei Pirati. Gli orari sono flessibili soprattutto nei giorni feriali e da novembre ad aprile. Il vostro albergo potrà verificare gli orari di partenza e prenotare i biglietti.

ISOLA DI PHU QUOC

Orlata da spiagge di sabbia bianca e con ampi tratti ancora ammantati di giungla tropicale, Phu Quoc si è rapidamente trasformata da località remota e sonnacchiosa a uno dei punti caldi del turismo in Asia. La costa centro-occidentale, vicino a Duong Dong e Long Beach, è quella dove in passato si concentravano ristoranti, hotel e resort, spesso con accesso sull'oceano. Ma, oltre a questa zona relativamente alla buona che meno di due decenni fa ha dato il via al turismo a Phu Quoc, ora imponenti mega progetti stanno trasformando nord e sud dell'isola. Una straordinaria funivia, parchi a tema e un'architettura vistosa, ispirata all'Italia meridionale, hanno cambiato per sempre Phu Quoc, che ormai ha ripudiato le sue umili radici di tranquillo rifugio di backpacker. Restano elementi dei decenni passati, soprattutto sulla rilassata costa est, ma il fascino contemporaneo di Phu Quo è oggi molto più appariscente, energico e adatto alle famiglie.

IL CONSIGLIO

Tradizionalmente alloggi e ristoranti si trovavano al centro della costa ovest di Phu Quoc e la zona a nord e a sud di Duong Dong è ancora una meta popolare per mangiare, bere e dormire. Gli sviluppi spettacolari e più recenti puntano sul nord e sul sud dell'isola.

DA VEDERE
1 Isole An Thoi
2 Aquatopia Water Park
3 Spiaggia di Cay Sao
4 Emerald Bay
5 Isola di Gam Ghi
6 Fabbrica di salsa di pesce Hiep Phong
7 Pagoda di Ho Quoc
8 Hon Thom
v. 11 Khu Rung Nguyen Sinh
9 May Rut Trong
10 Piantagione di pepe
11 Parco nazionale di Phu Quoc
12 Prigione di Phu Quoc
13 Spiaggia di Sao

ATTIVITÀ, CORSI E TOUR
14 Funivia di Hon Thom

PERNOTTAMENTO
15 Jade Mountain Resort & Bar
16 Pier Resort

LOCALI E VITA NOTTURNA
17 Rory's Bar
18 Thom Beach Bar

TRASPORTI
19 Terminal dei traghetti di Bai Vong

UN'ISOLA DIVISA A METÀ

Benvenuti su un'Isola divisa in due. Nel sud di Phu Quoc il vietnamita Sun Group gestisce la Funivia di Hon Thom, l'Aquatopia Waterpark e l'Emerald Bay, mentre il nord è dominato dal grande gruppo Vinpearl. Le attrazioni comprendono **VinPearl Land**, una versione vietnamita di Disneyland (Visneyland?) e una serie di resort e hotel rivolti a un pubblico di famiglie. Con una breve corsa in auto si raggiunge il **VinPearl Safari**, un parco faunistico con una gran varietà di animali tra cui giraffe, elefanti, rinoceronti e lemuri. L'ultima novità di Vinpearl che punta a trasformare il nord di Phu Quoc in una versione vietnamita di Macao o dell'Isola Sentosa di Singapore è il **Grand World Phu Quoc**. I canali (con tanto di gondole) e i tre centri commerciali e divertimenti sono aperti 24 ore su 24.

La gita più popolare da Phu Quoc

NUOTO, SNORKELLING E UN MAGNIFICO PARCO ACQUATICO

La visita alle **Isole An Thoi**, all'estremità meridionale di Phu Quoc, è molto richiesta dai viaggiatori. Gli operatori, tra cui **John's Tours** (phuquoctrip.com), trasportano i turisti dalle strutture ricettive al porto dei traghetti di An Thoi. Da qui prende il largo una piccola flotta di barche: prima si passa sotto l'alta **funivia di Hon Thom** che collega Phu Quoc a **Hon Thom (Isola dell'Ananas)**, poi si prosegue fino all'**Isola di Gam Ghi**, orlata di calette rocciose e perfetta per fare snorkelling lungo la barriera corallina, a qualche centinaio di metri al largo. Purtroppo i pesci scarseggiano sulla barriera, ma è comunque un bel posto per fare il bagno. Da Gam Ghi, di solito le barche proseguono fino all'**Isola di May Rut Trong**, la più turistica delle piccole isole a sud di Hon Thom: in una piccola caletta ci sono alcuni semplici caffè e ristoranti e si possono praticare sport acquatici come kayak e paddleboard. Durante l'alta stagione di Phu Quoc, da novembre ad aprile, l'isola può essere molto affollata, ma basta camminare lungo la costa per trovare un posto più appartato dove fare il bagno, alcune baie più in là. Dopo un pranzo di pesce sulla barca, le richiestissime escursioni di John's Tours proseguono per l'Isola di Hon Thom dove potrete divertirvi nel grande **Aquatopia Waterpark** prima di prendere la funivia che riporta ad An Thoi (a Phu Quoc). Altre apprezzate gite in barca sono le crociere al tramonto e la pesca notturna ai calamari.

Alla scoperta delle isole

PAGODE, PIANTAGIONI DI PEPE E UN PARCO NAZIONALE

Chi vuole esplorare Phu Quoc al di là delle spiagge e dei grandi complessi turistici nel nord e nel sud dell'isola può noleggiare una motocicletta e avventurarsi in modo indipendente nel boscoso interno del Parco Nazionale di Phu Quoc, oppure partecipare alle visite guidate di **John's Tours** (phuquoctrip.com). Le escursioni durano una giornata intera e sono incentrate sulla cultura e la storia dell'isola. L'organizzazione è ottima, le guide parlano inglese e si fa tappa nella spettacolare **Pagoda di Ho Quoc**, sulla costa sud-est dell'isola, costruita nel 2012 e uno dei templi più pittoreschi del Vietnam, e nell'ex **prigione di Phu Quoc**, un famigerato carcere duro costruito dai francesi negli anni '40. Una **piantagione di pepe** e la famosa **fabbrica di salsa di pesce** di Phu Quoc testimoniano il passato commerciale dell'isola; Phu Quoc è celebre in tutto il Vietnam per la sua eccellente salsa di pesce.

DOVE DORMIRE SULL'ISOLA DI PHU QUOC

Cassia Cottage
Cottage con giardino e suite di lusso con vista sul mare, oltre all'eccellente ristorante Spice House. **$$**

La Veranda
Spiaggia ed elegante stile coloniale francese in uno dei primi (e ancora ottimo) resort di lusso a Phu Quoc. **$$$**

Mango Bay
Bungalow piacevolmente semplici in una caletta dietro un boschetto di mango. Ottimi il ristorante e la spa. **$$**

JIMMY TRAN/SHUTTERSTOCK ©

Isola di May Rut Trong

Le escursioni di **Jerry's Jungle Tours** (jerrystours.com) sono più attive e personalizzate con opzioni come passeggiate nella giungla, tour in motocicletta, birdwatching e bouldering nei letti dei torrenti secchi.

Considerato la foresta più grande del Vietnam meridionale, il **Parco Nazionale Phu Quoc** si estende su circa il 70% dell'isola e nel 2010 è diventato Riserva della Biosfera dell'UNESCO. Il tratto di bosco più fitto è nella riserva forestale di **Khu Rung Nguyen Sinh** nel nord di Phu Quoc; per percorrere le sconnesse strade sterrate che la attraversano sono necessarie una moto o una mountain bike, mentre non esistono autentici sentieri escursionistici.

Esplorare la costa orientale

LA PARTE PIÙ TRANQUILLA DI PHU QUOC

Lo sviluppo edilizio è in espansione in molti tratti della costa di Phu Quoc, ma le spiagge più remote sulla costa orientale dell'isola sono ancora tranquille e meritano una visita. Per fare il giro delle spiagge di Phu Quoc la soluzione migliore è noleggiare una motocicletta o uno scooter.

Sulla **spiaggia di Thom** (Bai Thom), sulla punta nord-orientale dell'isola, troverete ristoranti rustici che a pranzo servo-

FUNIVIE E PARCHI ACQUATICI

Viene pubblicizzata come la più lunga funivia sul mare del mondo, con i suoi 7,9 km e i 25 minuti di viaggio tra An Thoi e l'Isola di Hon Thom. Durante il percorso si ammirano la splendida natura delle isole e le barche da pesca tradizionali di Phu Quoc, ma si nota anche l'eccessivo rinnovamento architettonico che ha cambiato volto alla parte sud dell'isola. Il punto di partenza ad An Thoi riproduce una finta città italiana (immaginate una via di mezzo tra Venezia e Positano con un tocco di Roma), mentre all'arrivo a Hon Thom è in corso di costruzione un grande complesso di ville residenziali. Quasi piccolo in confronto all'infrastruttura della funivia, il **Parco acquatico Aquatopia** di Hon Thom conta una ventina di attrazioni, dal lazy river della Lost Lagoon all'elettrizzante scivolo acquatico Snake Fight. Il biglietto di andata e ritorno della funivia comprende scivoli ed esperienze illimitate ad Aquatopia.

DOVE BERE UN DRINK A PHU QUOC

Bittersweet
Dietro un ingresso discreto lungo la via principale di Duong Dong si nasconde un esclusivo cocktail bar.

Rory's Beach Bar
Birre ghiacciate, pizza e minigolf su una bella spiaggia lungo la più tranquilla costa orientale di Phu Quoc.

OCSEN Beach Bar & Club
Pouf, cocktail freschi e musica rilassata perfetti per i reel di Instagram e per ammirare i tramonti sulla costa ovest.

I MIGLIORI RISTORANTI DI PHU QUOC

The Home Pizza
Innovative pizze in stile asiatico, birra artigianale vietnamita e cocktail che danno alla testa. $$

Saigonese
Rivisitazioni fusion di specialità asiatiche. Provate il ceviche di gamberi con menta e peperoncino. $$

Crab House
Eccellente pesce di Phu Quoc con influenze cajun, grazie allo chef e proprietario americano-vietnamita. $$$

Spice House at Cassia Cottage
Ottimi piatti di tutto il Sud-est asiatico e splendida vista a ovest sul tramonto. $$

Troc's Kitchen
I divertenti corsi di cucina si concludono assaggiando insieme piatti tipici locali. $$

LOCHUYNH/SHUTTERSTOCK ©

Spiaggia di Cay Sao

no pesce fresco, la guesthouse **Luna Beach** con sistemazioni di media categoria e il **Thom Beach Bar** con amache, calamari alla griglia e birra fresca. Proseguendo verso sud lungo la strada della costa est – che è stata completata nel 2019 e ha portato inevitabilmente nuove costruzioni in questa parte più remota dell'isola – si incontra **Bai Bon**, ancora non costruita; sentieri sabbiosi portano a spiagge rocciose con vista sui pescherecci e sugli allevamenti di pesce galleggianti.

Circa 5 km più a sud inizia la **spiaggia di Cay Sao**; all'estremità nord ci sono nuove costruzioni ed è un'alternativa al caotico insieme di alloggi e ristoranti intorno a Duong Dong e Long Beach sulla costa ovest. Da non perdere il **Rory's Beach Bar**, i bungalow sull'acqua del **Pier Resort** e il **Jade Mountain Resort & Bar** con cottage sulla collina e piscina.

A sud di Cay Sao, la strada della costa est supera il **terminal dei traghetti di Bai Vong** e la **Pagoda di Ho Quoc**, in cima a una collina, prima di approdare alla mezzaluna sabbiosa della **spiaggia di Sao**, una delle più belle dell'isola. Appena a sud si estende il vasto complesso di **Emerald Bay** con alberghi di lusso e file su file di ville in affitto.

TRASPORTI LOCALI

Phu Quoc è collegata dai traghetti Superdong e Phu Quoc Express con Ha Tien e Rach Gia. Tutti i traghetti arrivano al Terminal di Bai Vong sulla costa sud-orientale dell'isola. Ci sono voli interni regolari da Can Tho, Ho Chi Minh City, Danang e Hanoi e (all'epoca delle nostre ricerche) voli internazionali da Seul, New Delhi e Bangkok. Probabilmente in futuro i collegamenti internazionali aumenteranno.

Con i suoi 580 kmq, Phu Quoc è l'isola più grande del Vietnam. Utilizzate l'app di ride sharing Grab per taxi e motociclette. Si possono anche noleggiare taxi e scooter dall'affidabile Mai Linh. Al di là della costa centro-occidentale e delle zone a nord e a sud, lo scooter è una buona soluzione per esplorare la meno turistica costa est e per avventurarsi nell'aspro interno boscoso di Phu Quoc.

Dintorni dell'Isola di Phu Quoc

Esplorate uno dei poli commerciali in maggiore espansione del Delta o prendete un traghetto verso due località turistiche emergenti.

Con oltre 400.000 abitanti, Rach Gia è una delle città del Delta del Mekong in più rapida crescita; oltre ad avere legami commerciali con Cambogia e Thailandia, è un punto di partenza per l'Isola di Phu Quoc, in particolare per i turisti vietnamiti in arrivo da Ho Chi Minh City. Ma non tutti vengono per scoprire la bellezza e l'energia di Phu Quoc: Rach Gia è anche il punto d'imbarco per l'arcipelago di Nam Du e per Hon Son, due località balneari emergenti, apprezzate dai giovani vietnamiti esperti di social media. Entrambi stanno sperimentando i danni dello sviluppo troppo rapido, come speculazioni immobiliari e aumento della spazzatura e nei prossimi anni, quando diventeranno inevitabilmente ancora più popolari, dovranno affrontare le sfide dello sviluppo sostenibile.

IL CONSIGLIO

A Nam Du e Hon Son non ci sono sportelli bancomat, quindi ritirate il necessario prima di lasciare Rach Gia.

BIG PEARL/SHUTTERSTOCK ©

Isola di Hon Son

POSTI MIGLIORI PER MANGIARE E BERE A RACH GIA

Quan So 1
Grigliate il vostro pesce fresco di oceano su un barbecue posato sul tavolo e innaffiate il tutto con birra fresca. $

Xieu Hon Omakase
Raffinato ristorante giapponese con eccellenti sushi e sashimi e sostanziose ciotole di udon e ramen. $$

Tap Craft Beer
Simpatico locale dove bere una birra la sera e rilassato snack bar durante il giorno. Sedetevi ai tavoli lungo la strada o al piano di sopra con vista sul fiume.

Rosetta Coffee
Locale tranquillo con verde in abbondanza e i migliori espresso e caffè freddo della città.

Arcipalago di Nam Du

Un fiorente porto storico

DIVERSITÀ ETNICA E OMAGGI A UN EROE LOCALE

Un numero significativo di abitanti di Rach Gia, sul Golfo di Thailandia, sono di etnia cinese e khmer. Con un comodo accesso al mare e nelle immediate vicinanze di Cambogia e Thailandia, la provincia ha un'intensa attività commerciale basata su pesca, agricoltura e contrabbando. Prima di imbarcarvi per Phu Quoc, o per le più piccole Nam Du o Hon Son, concedetevi il tempo di visitare alcuni siti locali.

Nguyen Trung Truc è stato il leader di una campagna di resistenza contro i francesi intorno al 1860; un **tempio** in onore di questo pescatore diventato combattente per la libertà sorge appena a nord dell'isola principale di Rach Gia, fittamente costruita e affollata, alla foce dei fiume Cai Lon. Inizialmente era un semplice edificio dal tetto di paglia, ma in seguito è stato ingrandito e ricostruito diverse volte. Nella sala principale, su un altare è collocato un ritratto di Nguyen Trung Truc.

Troverete una **statua** di Nguyen Trung Truc anche nel punto d'incontro di Đ Mac Cuu e Đ Le Loi. Il vicino **Museo di Kien Giang**, ospitato in un elaborato edificio coloniale fran-

DOVE DORMIRE A RACH GIA

Hoa Binh Rach Gia Resort
Camere e appartamenti moderni, vista sul fiume e buoni bar e ristoranti poco lontano. $$

Stay Hostel
Offre bagni privati e utili informazioni per visitare Nam Du e Hon Son; si trova vicino ai punti di partenza dei traghetti. $

Dong Hai Hotel
Camere moderne ed eleganti e un ottimo caffè al piano di sotto; si trova a cinque minuti di cammino dai traghetti. $

cese, comprende interessanti ceramiche e manufatti provenienti da Oc-Eo, una città commerciale del Delta del Mekong che dal I al VI secolo fece parte del regno cambogiano di Funan, influenzato dall'India.

Un remoto arcipelago

FOTO INSTAGRAMMABILI SULLA PLACIDA NAM DU

Orlato di calette sabbiose, l'**arcipelago di Nam Du** è un gruppetto di circa 20 isole situate oltre 80 km al largo della costa. Grazie a Instagram, l'isola principale di **Hon Lon (Isola Grande)** è sempre più popolare tra i giovani viaggiatori vietnamiti, in particolare nei fine settimana e nelle festività, mentre i turisti occidentali sono ancora relativamente rari. Da novembre ad aprile il clima è più secco e stabile.

A **Bai Tret**, il principale villaggio e porto di Hon Lon, il numero di strutture ricettive è in continuo aumento, come anche su altre spiagge dell'isola, in particolare lungo la costa orientale. In linea di massima i prezzi sono superiori di circa un terzo a quelli sulla terraferma e l'elettricità (piuttosto sporadica) è prodotta da rumorosi generatori. Insieme al disturbo provocato dal rumore e dai fumi dei generatori, la spazzatura sparsa sui moli e sulle spiagge vicine a Bai Tret è un problema sempre più pressante; in compenso le altre zone della costa sono relativamente prive di rifiuti.

La spiaggia più bella di Hon Lon è **Bai Cay Men**, nel sud-ovest; si raggiunge con una pista per motociclette lastricata di 15 km che attraversa l'isola. Alcuni capanni servono pesce fresco, noci di cocco e birra e quasi tutte le sere sul molo di Ban Tret troverete aperti alcuni semplici ristoranti. Si possono organizzare escursioni in barca e di snorkelling ad altre isole più piccole dell'arcipelago.

ISOLA DI HON SON

Hon Son, chiamata anche con il nome del suo villaggio principale **Lai Son**, è una bella isola montuosa 50 km a sud-ovest di Rach Gia. Ancora poco costruita, ha una strada che fa il giro dell'isola collegando le varie comunità e alcune spiagge remote. **Bai Bac** e **Bai Bo** sono le spiagge più belle; **Bai Bang**, a est, è famosa per la sua palma da cocco orizzontale e le instagrammabili altalene da spiaggia. Lai Son offre alcune semplici sistemazioni disseminate per l'isola. Il numero di giovani viaggiatori vietnamiti aumenta nei fine settimana e nelle festività, quindi cercate di venire nei giorni feriali.
Raccomandiamo **Island Homestay**, con splendidi panorami sulla costa nord. Uno scooter a noleggio è la soluzione migliore per esplorare l'isola.

TRASPORTI LOCALI

Rach Gia è un importante snodo di trasporti. L'autostazione centrale, subito a nord del centro, serve soprattutto Ha Tien, mentre la stazione di Rach Soi, 7 km a sud della città, serve Ho Chi Minh City e altre destinazioni.

Phuong Trang (FUTA) ha partenze frequenti per Ho Chi Minh City e Can Tho. L'aeroporto di Rach Gia, 10 km a sud-est della città, ha voli regolari per Ho Chi Minh City. I traghetti per Phuoc Quoc di Superdong e Phu Quoc Express partono dall'estremità ovest di Đ Nguyen Cong Tru. Superdong ha anche traghetti per Nam Du e Hon Son (chiamata Lai Son sul sito web). A volte ci sono traghetti tra Nam Du e Phu Quoc con cui ci si può spostare da un'isola all'altra (orari sul sito web di Superdong). I servizi per Nam Du e Hon Son sono ridotti al di fuori del periodo tra novembre e aprile.

MUZHIK/SHUTTERSTOCK ©

Angkor Wat (p358)

AREE PRINCIPALI

SIEM REAP
Il volto contemporaneo e di tendenza di Angkor.
p354

ANGKOR WAT
Potente simbolo di un'intera nazione.
p358

ANGKOR THOM
La grandiosa città fortificata di Angkor.
p366

PRINCIPALI TEMPLI DI ANGKOR
Il meglio del resto.
p369

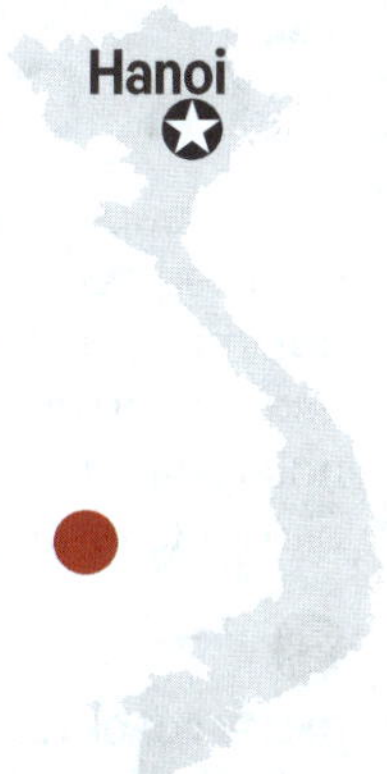

SIEM REAP E TEMPLI DI ANGKOR

CAMBOGIA: I TEMPLI PIÙ GRANDIOSI DEL MONDO

Quasi tutti i turisti vengono per lo straordinario Angkor Wat, ma Siem Reap si sta rapidamente affermando come meta a sé.

Benvenuti nel paradiso terrestre. Angkor è la versione terrena del Monte Meru, il Monte Olimpo dell'hinduismo, dimora degli antichi dèi. I templi sono la perfetta fusione di ambizione creativa e devozione spirituale. I sovrani cambogiani del passato, considerati dèi, cercarono di superare i loro predecessori in dimensioni, proporzioni e simmetrie fino a costruire il più grande edificio religioso del mondo, l'Angkor Wat.

RAWPIXEL.COM/SHUTTERSTOCK ©

I templi di Angkor sono fonte di orgoglio nazionale e luogo di pellegrinaggio per tutti gli khmer e chi viaggia nella regione non può perdersi la loro originale bellezza. Angkor è uno dei principali siti antichi del mondo, con le dimensioni epiche della Grande Muraglia cinese, i dettagli e la complicazione del Taj Mahal e il simbolismo e la simmetria delle piramidi, sintetizzati in un unico sito.

Centro nevralgico e porta di accesso ai templi di Angkor, Siem Reap è da sempre destinata a grandi cose. Oggi si è reinventata come cuore della Cambogia più elegante e offre di tutto, da ostelli festaioli per backpacker a hotel di tendenza, ristoranti di alto livello con vari tipi di cucina, sontuose spa, ottimi negozi, tour locali sia per buongustai sia per avventurieri e una vivace vita culturale che comprende il principale circo contemporaneo della Cambogia. Dopo la pandemia si è impegnata per 'ricostruire meglio' realizzando nuove piste ciclabili che collegano i principali templi di Angkor.

Oltre alla Città dei Templi ci sono altri siti interessanti, tra cui gli straordinari villaggi di Tonlé Sap, importanti riserve ornitologiche e nuovi siti faunistici come la Foresta degli Elefanti di Kulen. La provincia si sta anche affermando come luogo accessibile per sperimentare un soggiorno presso privati e fare un assaggio di vita locale in un villaggio tradizionale. Aggiungete una manciata di remoti templi nella giungla e di montagne sacre e sarete costretti a prolungare il vostro soggiorno.

Siem Reap e i templi di Angkor sono stati devastati dal completo collasso dell'industria turistica durante la pandemia, ma per i cambogiani andare e tornare dall'inferno non è una novità. In fondo cosa sono due anni, quando i templi sono stati vietati ai viaggiatori per due decenni? Angkor è eterna e Siem Reap è tornata.

Per orientarsi

Siem Reap ha ancora lo spirito di una piccola città e nei quartieri centrali è piuttosto facile spostarsi a piedi o con mezzi a pedali o tuk tuk locali. Quando organizzate escursioni ad Angkor e oltre, pensate all'ipotesi di noleggiare un'auto o una moto perché i tuk tuk sono piuttosto lenti.

DALL'AEROPORTO

Molti alberghi e guesthouse di Siem Reap offrono il trasporto gratuito dall'aeroporto se si prenota in anticipo. Accanto al terminal troverete taxi e tuk tuk ufficiali in attesa a US$10/8. Prenotando con un'app per taxi come Grab o PassApp i prezzi scendono a US$6/4.

AUTOMOBILE E MOTOCICLETTA

Quasi tutti gli hotel e le guesthouse procurano auto a noleggio a tariffe dai US$35 in su. A lungo agli stranieri è stato vietato di noleggiare motociclette ad Angkor e dintorni, ma sembra che le regole si siano allentate e ora è facile trovare moto a noleggio per circa US$10.

TUK TUK

I tuk tuk cambogiani, motociclette che trainano carretti coperti, sono un mezzo di trasporto molto diffuso a Siem Reap e Angkor perché permettono ai compagni di viaggio di chiacchierare durante le visite. I prezzi vanno da US$15 a US$25 al giorno, ma bisogna sempre trattare.

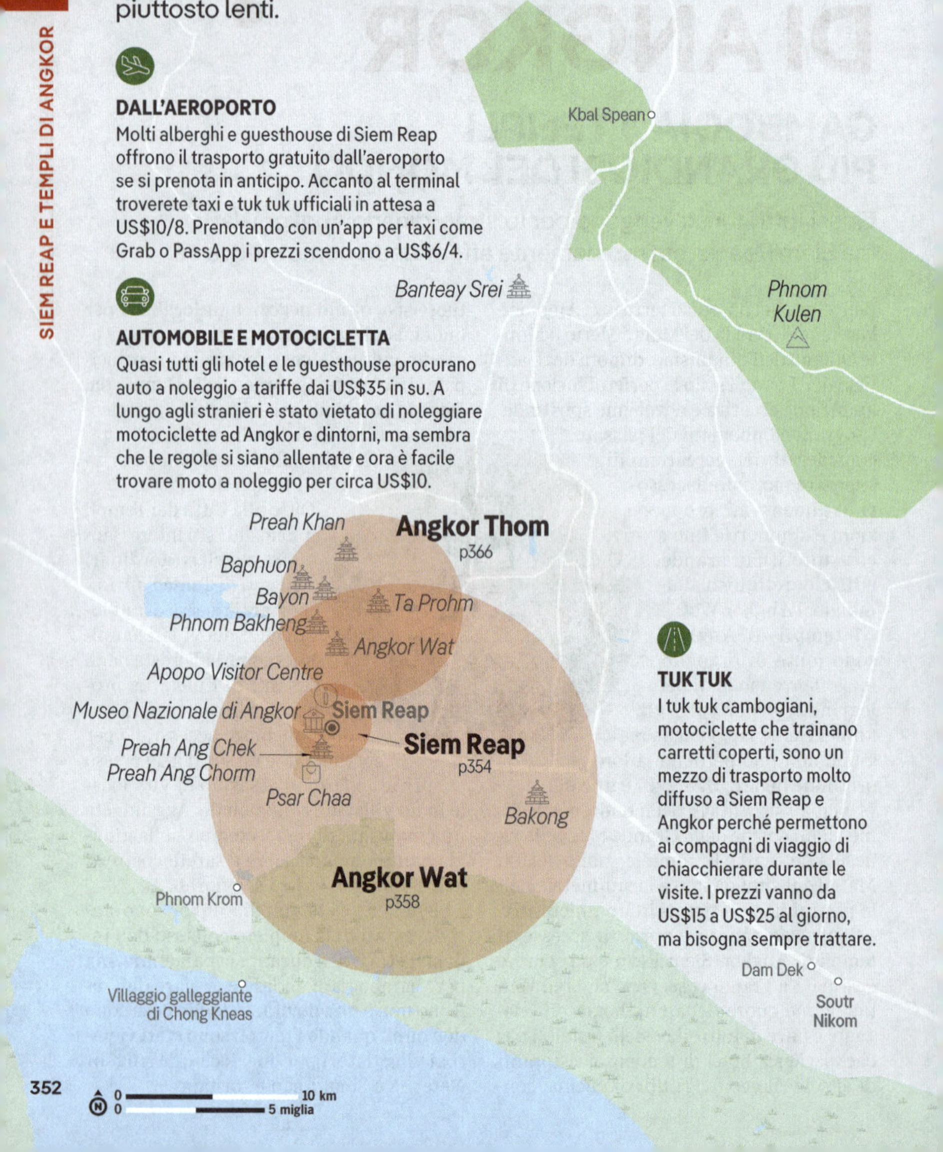

Ritmi di viaggio

Il periodo ideale da trascorrere a Siem Reap va da tre a cinque giorni per visitare i templi di Angkor, esplorare la vivace città e vedere altri siti sparsi nella campagna.

Giorno 1

- Verso le 7.15 visitate il tempio nella giungla di **Ta Prohm** (p370) per evitare la folla. Ammirate la volta della giungla da una nuova prospettiva con **Angkor Zipline** (p371). Fate un pranzo locale vicino ai templi, visitate la grande città fortificata di **Angkor Thom** (p366) con il tour a piedi, esplorate i vivaci bar di **St 26** (p357) o l'eccezionale **Pub St** (p357).

TSUSHI/SHUTTERSTOCK ©

Ta Prohm (p370)

Giorno 2

- Godetevi la madre di tutte le aurore ad **Angkor Wat** (p358). Proseguite per il tempio di **Beng Mealea** (p362), simile a un gigante addormentato nella giungla. Sulla via del ritorno fermatevi a **Banteay Srei** (p371), la galleria d'arte di Angkor con i suoi magnifici bassorilievi. Di sera assistete a uno sfavillante spettacolo del **Phare the Cambodian Circus** (p357).

Altre cose da fare

Scegliete tra una dose di cultura in musei e templi, lo shopping al mercato, un drink in un bar locale o un incontro con la fauna.

VISITATE IL MUSEO NAZIONALE DI ANGKOR

Vetrina dell'arte di Angkor e tappa essenziale prima di visitare i templi.

ESPLORATE PHNOM KULEN

La montagna sacra di **Phnom Kulen** è un misterioso altopiano con templi, cascate e viste dall'alto delle rupi.

TEMPLI DI ROLUOS E KOMPONG PLUK

Abbinate ai templi di Angkor una gita in barca al villaggio su palafitte di **Kompong Pluk**.

RAINYCLUB/SHUTTERSTOCK ©, STANLEY KALVAN/SHUTTERSTOCK ©, DIRK DANIEL MANN/SHUTTERSTOCK©

SIEM REAP

Il centro è caratterizzato dal fiume Siem Reap che nasce dalla montagna sacra di Phnom Kulen, si snoda tra i fossati di Angkor Thom e Angkor Wat, poi attraversa la città prima di riversarsi nel lago di Tonlé Sap. Lungo il fiume sorgono alberghi, ristoranti e alcuni grandiosi edifici antichi dell'epoca del dominio francese.

Pub St è un famoso, anzi famigerato punto di ritrovo e molti dei ristoranti, bar, caffè e negozi si trovano sulla sponda ovest del fiume. Alcuni però preferiscono le più tranquille vie secondarie intorno al Wat Bo, che si stanno affermando come zona bohémienne dove cenare. Siem Reap ha approfittato dello stop forzato del turismo durante la pandemia per rinnovarsi alla grande con nuove strade, giardini pubblici e una magnifica nuova pista ciclabile che collega il centro ai templi di Angkor.

IL CONSIGLIO

Trattate sui prezzi dei trasporti locali all'arrivo a Siem Reap perché, se vi trovate bene, l'autista potrebbe accompagnarvi anche ai templi di Angkor. È anche possibile usare app locali come PassApp e Grab per prenotare tuk tuk in città a un prezzo fisso molto ragionevole.

SCENA ARTISTICA A SIEM REAP

Siem Reap Art Tours (siemreaparttours.com) vi farà scoprire la scena artistica locale in perenne evoluzione. I tour toccano quattro importanti gallerie d'arte e boutique e durano circa 4 ore.

Theam's House (theamshouse.com) è una splendida galleria e laboratorio di lacche e opere del celebre artista Theam. Molto originali e un must per i collezionisti.

Museo Nazionale di Angkor

UNA VETRINA DELL'ARTE DI ANGKOR

Lungo la strada per Angkor si erge imponente il Museo Nazionale di Angkor, un'avanguardistica vetrina della civiltà khmer e della grandiosità di Angkor. Le mostre, allestite in magnifiche sale, sono organizzate per periodo, religione e famiglie reali. Dopo una breve presentazione i visitatori entrano nella Galleria dei Mille Buddha in stile zen, con una bella collezione di immagini. Altre sezioni sono dedicate ai periodi pre-angkoriani di Funan e Chenla, ai grandi re khmer, all'Angkor Wat, all'Angkor Thom e alle iscrizioni.

Dal momento che l'intero museo ha l'aria condizionata, programmate la visita a metà giornata per evitare le soffocanti temperature del mezzogiorno ai templi di Angkor. Le audioguide costano US$5 e sono utili per chi desidera comprendere più in profondità i pezzi esposti. Sono a disposizione sedie a rotelle gratuite per i visitatori con problemi di mobilità.

Calcolate circa due ore per visitare il museo in modo approfondito e fermarvi nel negozio e nel piccolo caffè alla fine della visita.

DOVE MANGIARE PER UNA BUONA CAUSA A SIEM REAP

Haven
Il meglio dell'incontro tra oriente e occidente. Il ricavato aiuta i giovani orfani a trovare un lavoro. **$**

Marum
Il Marum è specializzato in street food cambogiano. Fa parte dei ristoranti didattici Tree Alliance. **$**

Spoons Cafe
Eccellente ristorante cambogiano che sostiene l'istruzione e l'occupazione nel settore alberghiero. **$$**

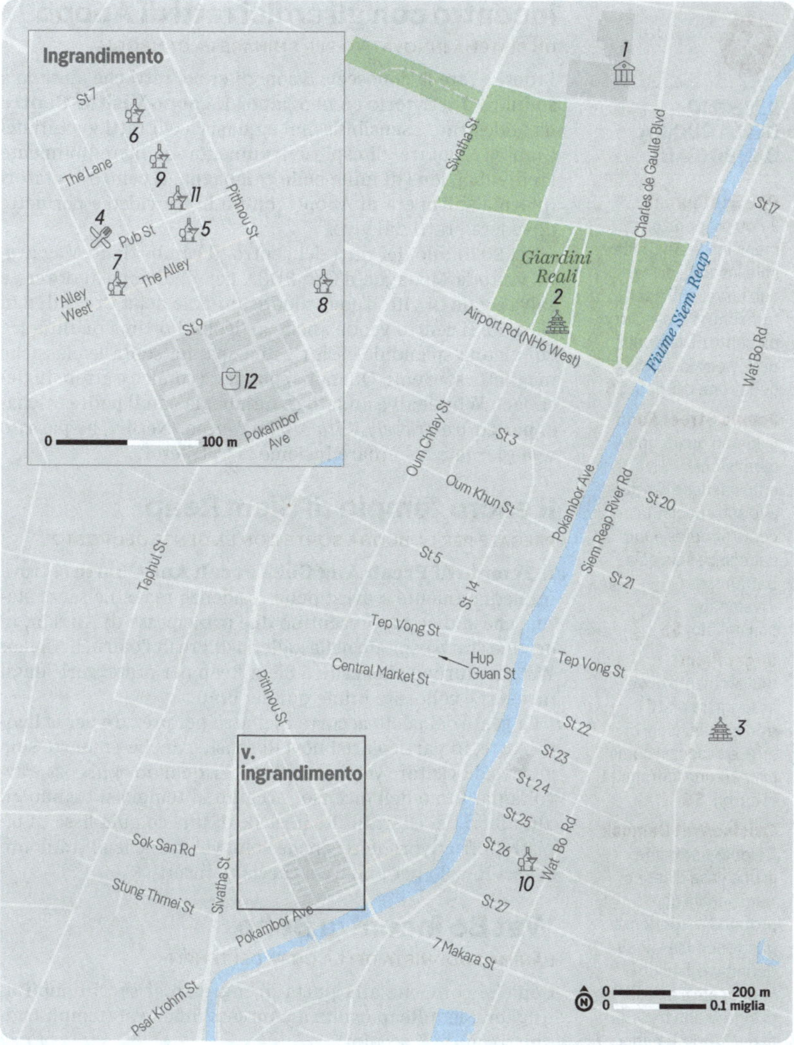

DA VEDERE
1 Museo Nazionale di Angkor
2 Preah Ang Chek Preah Ang Chorm
3 Wat Bo

PASTI
4 Red Piano

LOCALI E VITA NOTTURNA
5 Angkor What? Bar
6 Asana Wooden House
7 Beatnik Bar
8 Laundry Bar
9 Miss Wong
10 St 26
11 Temple Club

SHOPPING
12 Psar Chaa

IL MEGLIO DELLA CUCINA CAMBOGIANA

Pou Restaurant
Il Pou propone un menu innovativo sullo stile insalata di favi con larve, pollo con formiche rosse e curry piccante di verdure. Si trova a Maison 557 nella zona di Boho. **$$**

Jomno Street Food
Il Jomno guadagna recensioni entusiastiche grazie alle sue specialità come noodles *naom banchok* e salsiccia Battambang. Vivamente consigliato. **$$**

Sugar Palm
Bell'ambiente dove assaggiare piatti tradizionali ricchi di erbe e di spezie come *char kreung* (citronella al curry). **$$**

Cuisine Wat Damnak
Celebre ristorante in una casa di legno tradizionale che propone l'esperienza gastronomica khmer definitiva. Il menu stagionale è a base di ingredienti freschi di mercato e cambia ogni settimana. **$$$**

Incontro con gli eroici ratti di Apopo

UN SISTEMA INNOVATIVO PER SMINARE LA CAMBOGIA

Pronti a fare la conoscenza con gli eroici ratti che aiutano a sminare il territorio cambogiano? L'**Apopo Visitor Centre** ha addestrato i sensibilissimi e quasi ciechi ratti giganti del Gambia a fiutare gli esplosivi, aumentando incredibilmente l'individuazione di mine nella campagna. Il centro visitatori informa sull'opera di Apopo con un breve video e permette di vedere i ratti dal vivo.

Nel 2020 uno dei ratti del centro, il cambogiano Magawa, ha vinto la Medaglia d'Oro PDSA per 'dedizione al dovere e salvataggio di vite', l'equivalente animale della Croce di San Giorgio. Il centro vende anche articoli di ottima qualità, tra cui alcune splendide T-shirt, una spanna sopra le classiche magliette souvenir. Quando il popolare comico e attore inglese Jack Whitehall è andato in Cambogia con il padre Michael per girare *Travels With My Father* per Netflix, ha passato una giornata a sminare insieme ai 'ratti eroi'.

Il sacro tempio di Siem Reap

PREGATE PER LA BUONA SORTE CON LA GENTE DEL POSTO

Il **Tempio di Preah Ang Chek Preah Ang Chorm** si trova immediatamente a ovest della residenza reale. Le sacre statue, che si dice rappresentino due principesse di Angkor, in origine erano ospitate nella galleria di Preah Poan nell'Angkor Wat, ma furono trasferite a Siem Reap per proteggerle dagli invasori e collocate infine qui nel 1990.

La gente del posto accorre in massa per pregare per la buona sorte, in particolare i novelli sposi; è anche un luogo suggestivo da visitare verso il crepuscolo, quando ogni cosa è avvolta dal fumo dell'incenso. Accanto al tempio si ergono gli alti alberi dei Giardini Reali, sede di una colonia fissa di pipistrelli frugivori (detti anche volpi volanti) che al tramonto si alza in volo per andare a caccia di insetti.

Wat Bo incontra Boho

L'ANIMA BUDDHISTA DELLA CITTÀ DEI TEMPLI

Come si conviene alla porta di ingresso ai sacri templi di Angkor, Siem Reap ospita alcuni magnifici wat (templi buddhisti) del XIX secolo.

Uno dei templi più antichi della città, il **Wat Bo** ha una collezione di pitture murali di fine Ottocento ben conservate che raffigurano il Reamker, la versione cambogiana del Ramayana. I monaci cantano ogni giorno tra le 16.30 e le 18; è

DOVE DORMIRE A SIEM REAP

Mad Monkey
Uno dei numerosi ottimi ostelli di Siem Reap, con camere private e camerate con accesso libero alla piscina. **$**

Onederz Hostel
Vincitore di diversi 'Hoscars' (gli Oscar di Hostelworld), è uno dei migliori ostelli di Siem Reap. **$**

Funky Village
Indirizzo festaiolo molto apprezzato dai backpacker; nel cortile c'è una piscina dove si gioca a pallanuoto. **$**

uno spettacolo suggestivo e carico di spiritualità per chi ha la fortuna di visitare il tempio in questo momento. Il capo dei monaci custodisce una collezione di antichi tesori buddhisti e sta collaborando con il Ministero della Cultura con l'intenzione di aprire un piccolo museo.

La vicina **St 26** si è affermata come il punto di ritrovo di tendenza di Siem Reap dopo i giorni bui della pandemia e oggi è soprannominata Boho per la vicinanza al Wat Bo.

Miss Wong vi riporterà alla raffinata Shanghai degli anni '20 del Novecento. Gay-friendly e frequentata da ricchi stranieri residenti in città, propone ottimi cocktail e un menu con dim sum. Uno dei locali più eleganti della città, il **Laundry** è il posto ideale per la musica elettronica e ambient ed è sempre pieno durante i fine settimana.

In giro per i locali intorno a Pub St

SCOPRITE LA VITA NOTTURNA DI SIEM REAP

Per una generazione di backpacker **Pub St** e l'**Angkor What? Bar** sono diventati quasi altrettanto celebri dei templi di Angkor. Pub St è la via più nota e attira chi ha voglia di fare baldoria, ma c'è un'infinità di vicoli e vicoletti che attraversano il vecchio quartiere francese in questa parte della città, perfetti per dare il via a un giro di locali.

Iniziate la serata all'**Asana Wooden House**, un'imponente dimora tradizionale di campagna nei sobborghi di Siem Reap. Gli originali cocktail sono ravvivati da vino di riso e si organizzano perfino corsi di preparazione di cocktail. Proseguite con il **Beatnik Speakeasy**, in magnifica posizione all'angolo, dove scoprirete che gli hipster esistevano già negli anni '50, anche se senza barba. Passate dal **Psar Chaa** (mercato vecchio) e concedetevi una cena di cucina locale in una delle numerose bancarelle gastronomiche cambogiane, per essere sicuri di riuscire a reggere le libagioni che verranno.

Puntate poi sulla Pub St vera e propria, ma preparatevi a un volume altissimo. Andate al **Red Piano**, uno dei primi bar-ristoranti aperti in Pub St dove Angelina Jolie ha contribuito a creare il cocktail 'Tomb Raider'. Proseguendo, si incontra un altro locale classico, il **Temple Club**, nonostante ormai l'impero del Temple sia talmente vasto che molti bar della zona sono di proprietà dello stesso gruppo.

Concludete con l'unico e definitivo **Angkor What? Bar**, che si vanta di promuovere il bere irresponsabile dal 1998. Se avete intenzione di tenere duro fino alle 5, abbinate l'Angkor What? con un'alba all'autentico Angkor Wat, anche se è probabile che non ricorderete molto dell'esperienza.

PHARE THE CAMBODIAN CIRCUS

La risposta cambogiana al Cirque du Soleil, il Phare the Cambodian Circus (pharecircus.org) è molto di più di un circo convenzionale. Qui l'enfasi è sulle arti rappresentative e dietro ogni produzione è presente un sottile ma acuto messaggio sociale. Principale organizzazione di circo, teatro e arti rappresentative della Cambogia, il Phare Ponleu Selpak ha inaugurato il suo tendone per gli spettacoli serali nel 2013: il risultato è una forma di intrattenimento unica e da non perdere.

Molti degli artisti hanno toccanti storie personali di abusi e difficoltà, che rendono il loro talento un trionfo contro ogni previsione. Assistere a uno spettacolo sarà fonte di ispirazione per adulti e bambini; tutti i ricavi vengono reinvestiti nelle attività del Phare Ponleu Selpak. I biglietti costano US$18/10 interi/bambini e i posti migliori US$38/18.

Negli spettacoli non si utilizzano animali.

DOVE DORMIRE A SIEM REAP

Baby Elephant Boutique Hotel
A gestione australiana, ha ottimi letti, una zona piscina e un magnifico rooftop. **$$**

Rambutan Resort
Resort gay-friendly ricco di atmosfera distribuito in due splendide ville, con piscina e camere grandi ed eleganti. **$$**

Montra Nivesha
Magnifico boutique hotel in un ambiente suggestivo; le stanze sono circondate da giardini rigogliosi e da due piscine. **$$**

ANGKOR WAT

La sensazione che provano i viaggiatori posando il primo sguardo sull'Angkor Wat, la più grande espressione del genio khmer, è uguagliata solo in pochi luoghi al mondo. Fatto costruire da Suryavarman II (regno 1112–52) e circondato da un vasto fossato, il tempio è uno dei monumenti più grandiosi mai concepiti dalla mente umana. Intorno al complesso del tempio centrale si estende una serie di bassorilievi lunga 800 m, mentre la torre centrale tocca i 55 m di altezza, conferendo all'intero insieme una sublime unità.

Il tempio è il cuore e l'anima della Cambogia, il simbolo nazionale e il fulcro della civiltà khmer, fonte di intenso orgoglio nazionale. Proteso verso il cielo e circondato da un fossato che farebbe impallidire i suoi corrispettivi europei, l'Angkor Wat non è mai stato abbandonato alla mercé degli elementi ed è stato utilizzato in modo quasi continuo dalla sua costruzione a oggi.

IL CONSIGLIO

Calcolate almeno due ore per visitare l'Angkor Wat e mezza giornata se volete decifrare i bassorilievi con una guida e salire sul Bakan, il punto più alto. Si può anche entrare dalla strada rialzata a est, un buon modo per evitare la folla, se volete visitare il tempio all'alba.

LENA SERDITOVA/SHUTTERSTOCK ©

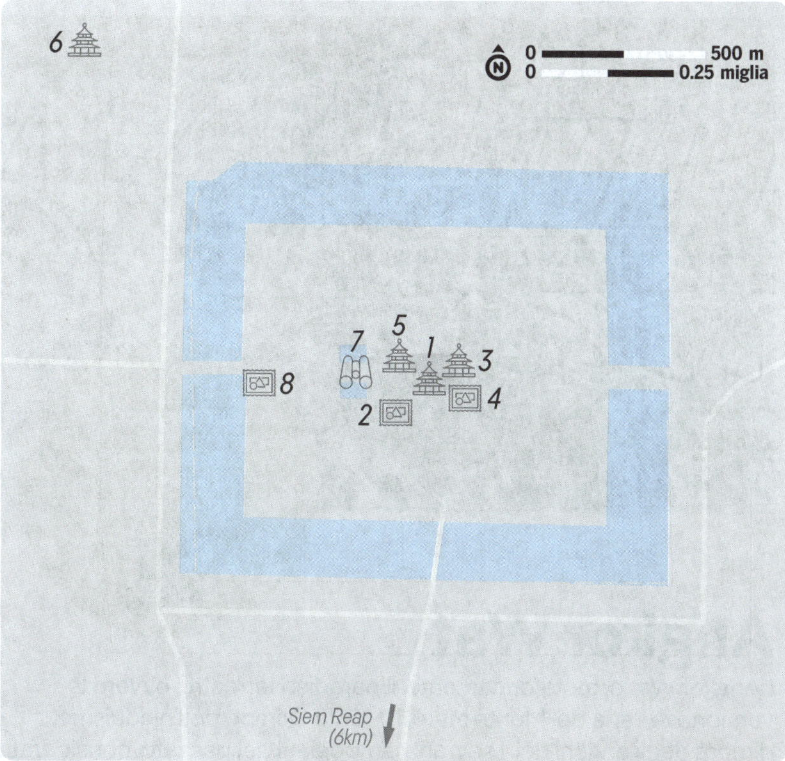

DA VEDERE
1 Angkor Wat
2 Esercito di Suryavarman II
3 Santuario di Bakan
4 Zangolatura dell'Oceano di Latte
5 Galleria dei Mille Buddha
6 Phnom Bakheng
7 Laghetti dell'alba
8 Statua di Vishnu

KHOROSHUNOVA OLGA/SHUTTERSTOCK ©

Galleria dei Mille Buddha (p354)

EMIL LITOV/SHUTTERSTOCK ©

INFORMAZIONI

Visitate angkorenterprise.gov.kh per info sulle visite ai templi o per comprare biglietti online.

DA NON PERDERE

Angkor Wat

L'Angkor Wat è, metaforicamente, il paradiso terrestre, ovvero la versione terrena del Monte Meru, il Monte Olimpo dell'hinduismo, dimora degli antichi dèi. I sovrani cambogiani del passato, considerati dèi, cercarono di superare i loro predecessori in dimensioni, proporzioni e simmetrie fino a costruire l'edificio religioso più grande del mondo, l'Angkor Wat, il 'tempio che è una città'.

DA NON PERDERE

- Strada rialzata occidentale
- Statua di Vishnu
- Laghetti dell'alba
- Bassorilievo dell'Oceano di Latte
- Bassorilievo di Suryavarman II
- Galleria dei Mille Buddha
- Santuario di Bakan

Strada rialzata occidentale

Arrivando da ovest, una strada rialzata in arenaria attraversa il fossato. I blocchi di arenaria con cui è stato costruito l'Angkor Wat furono estratti dalla montagna sacra di Phnom Kulen, a oltre 50 km di distanza, e trasportate su zattere lungo il fiume Siem Reap. La logistica di un'operazione simile è strabiliante e implica il lavoro di migliaia di persone. Secondo le iscrizioni la costruzione dell'Angkor Wat, per quanto incompleta, ha coinvolto 300.000 operai e 6000 elefanti.

Statua di Vishnu

Il muro esterno rettangolare, con un perimetro di 1025 m per 800 m, ha un cancello su ogni lato, ma l'ingresso principale, un portico largo 235 m, decorato con ricche incisioni e sculture, si trova sul lato ovest. Sulla torre sud-est si erge una statua di Vishnu alta 3,25 m e scolpita in un singolo blocco di arenaria (in origine si trovava nella torre centrale del tempio). Vi potrebbe capitare di vedere riccioli di capelli disposti intorno alla statua: sono offerte da parte di giovani che si preparano al matrimonio e di pellegrini che ringraziano per la loro buona fortuna.

Laghetti dell'alba

I due laghetti dove la famiglia reale faceva il bagno, nella parte ovest dell'Angkor Wat, sono il luogo più frequentato per ammirare il sorgere dell'alba sul celebre tempio. Tradizionalmente il laghetto a nord era il più frequentato, ma a causa degli scavi archeologici in corso, ora gran parte dei visitatori sceglie il laghetto a sud. Di solito l'alba è intorno alle 5.45, ma quasi tutti cercano di arrivare al tempio per le 5.30 per trovare un buon punto di osservazione. Se avete la fortuna di trovarvi all'Angkor Wat all'equinozio di primavera o di autunno, vedrete il sole sorgere direttamente sopra la torre centrale.

Bassorilievi

Intorno al complesso del tempio centrale si estende una serie di intricati e stupefacenti bassorilievi lunga 800 m. La maggior parte fu completata nel XII secolo, ma nel XVI secolo vennero aggiunti ai pannelli incompleti diversi nuovi rilievi, di qualità nettamente inferiore. I più famosi sono quelli che raffigurano la Zangolatura dell'Oceano di Latte e l'Esercito di Suryavarman II.

Galleria dei Mille Buddha

Prima della guerra la Galleria dei Mille Buddha (Preah Poan) ospitava centinaia di immagini del Buddha, ma molte sono state rimosse o rubate, lasciando soltanto le poche che si vedono oggi. Molti cambogiani vengono qui in pellegrinaggio per farsi benedire di fronte al Buddha in piedi, nello stesso luogo in cui Angelina Jolie riceve la benedizione in Tomb Raider.

Santuario di Bakan

Noto anche come Bakan, il livello superiore dell'Angkor Wat è aperto (dalle 8 alle 17 tutti i giorni, eccetto festività religiose; dai 12 anni in su) a un numero limitato di visitatori al giorno, grazie a un sistema di ingressi in orari precisi. Salite sui 55 m della torre, godetevi la brezza fresca, ammirate il vasto panorama, poi trovate un angolino tranquillo per contemplare le semplici dimensioni di questo Everest dei templi. Per visitare la parte superiore dell'Angkor Wat è richiesto un abbigliamento che copra gomiti e ginocchia.

COGLIERE L'ALBA

Se state organizzando l'imperdibile visita all'Angkor Wat all'alba, puntate la sveglia prima delle 5 per arrivare al tempio intorno alle 5.15. Di solito il sole sorge dalle 5.30 alle 5.45 a seconda della stagione. Alle 7 il grande evento è finito e potrete esplorare il complesso in relativa solitudine.

I CONSIGLI

- Entrate dalla strada rialzata orientale per evitare i gruppi che passano dalla strada rialzata occidentale.
- Se venite all'alba, portate una torcia perché la strada rialzata in arenaria è sconnessa.
- Non andatevene dopo l'alba: i gruppi organizzati di solito tornano in albergo a mangiare, lasciando l'Angkor Wat quasi vuoto.
- Il pass di tre o sette giorni non va per forza usato in giorni consecutivi, quindi potrete dedicarvi ad attività non collegate ai templi.
- Nella visita dei templi tenetevi l'Angkor Wat per ultimo per coltivare l'aspettativa in termini di dimensioni e proporzioni.

Templi di Angkor

Esplorazione di tre giorni

Il complesso dei templi di Angkor è talmente immenso che i superlativi non gli rendono giustizia. Ospita il più grande edificio religioso al mondo, una moltitudine di templi e una grande città fortificata abbandonata da tempo che fu probabilmente la prima metropoli del Sud-est asiatico, ben prima della comparsa di Bangkok e Singapore.

Partendo dal gruppo di templi di Roluos, una delle prime capitali di Angkor, seguite il grande circuito che tocca il tempio buddhista-hindu di 1 **Preah Khan** e l'elaborato tempio acquatico di 2 **Preah Neak Poan**.

Il secondo giorno limitatevi al piccolo circuito, iniziando con una visita di prima mattina al 3 **Ta Prohm**, per proseguire con il tempio piramidale di Ta Keo, il monastero buddhista di Banteay Kdei e l'immenso bacino per le abluzioni reali di 4 **Sra Srang**.

Poi spingetevi fino al tempio di Banteay Srei, il gioiello dell'arte di Angkor e al Beng Mealea, un remoto tempio nella giungla.

Conservate il meglio per l'ultimo giorno. Ammirate l'alba all' 5 **Angkor Wat** e visitate il tempio all'ora di colazione per scoprire la sua straordinaria architettura senza le folle di turisti. Nel pomeriggio esplorate 6 **Angkor Thom**, un immenso complesso che ospita l'enigmatico 7 **Bayon**.

CONSIGLI

- Per evitare la folla andate all'alba allo Sra Srang, subito dopo all'Angkor Wat e a ora di pranzo al Banteay Srei.
- I pass da tre giorni si possono utilizzare anche in giorni non consecutivi nell'arco di una settimana, ma ricordatevi di specificare che tipo di pass volete.

Bayon
Il surreale tempio di stato voluto dal leggendario re Jayavarman VII, con 216 volti che fissano i pellegrini affermando l'autorità religiosa e il potere regale.

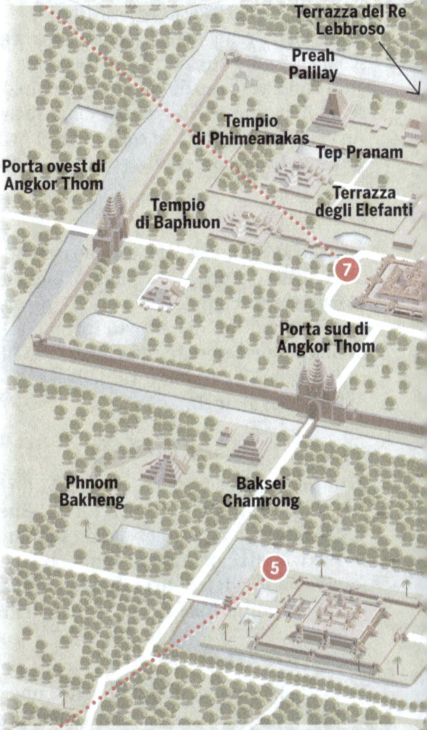

Angkor Wat
Il più grande edificio religioso del mondo. Ammirate l'alba in questo luogo sacro, poi osservate gli splendidi bassorilievi – la fede incisa sulla pietra.

PRETO PEROLA/SHUTTERSTOCK ©

Angkor Thom

L'ultima grande capitale dell'impero khmer nasconde un'infinità di templi. Le sue proporzioni epiche ispiravano e terrorizzavano in uguale misura.

EFIRED/SHUTTERSTOCK ©

Preah Khan

Tempio sincretico dedicato a Buddha, Brahma, Shiva e Vishnu; gli immensi corridoi sono un'infinita sala degli specchi.

DREAMLOVEYOU/SHUTTERSTOCK ©

Preah Neak Poan

Se Las Vegas adottasse il tema di Angkor, questa sarebbe la piscina: una piccola torre in mezzo a un lago circondato da quattro laghetti minori.

Ta Prohm

È il tempio di Tomb Raider, ma anche Indiana Jones andrebbe bene. La natura trionfa e spettacolari radici strangolano le pietre sopravvissute.

Sra Srang

L'antica vasca delle abluzioni reali non ha rivali al mondo e costituisce un'ottima tappa per ammirare l'alba o il tramonto.

DMITRY RUKHLENKO/SHUTTERSTOCK ©

PAVEL SZABO/SHUTTERSTOCK ©

LE APSARA DELL'ANGKOR WAT

L'Angkor Wat è celebre per le sue affascinati *apsara* (ninfe celesti). Ognuna delle quasi 2000 *apsara* scolpite sulle pareti dell'Angkor Wat è unica e tra tutte sfoggiano ben 37 tipi di acconciatura. Molte di queste incantevoli *apsara* sono state danneggiate da secoli di escrementi di pipistrelli, ma ora sono in fase di restauro grazie al **German Apsara Conservation Project** (GACP; gacp-angkor.de). L'organizzazione ha un piccolo chiosco informativo nell'angolo nord-ovest dell'Angkor Wat, vicino al wat moderno, dove sono in vendita belle cartoline e immagini di Angkor.

JOSHUA DAVENPORT/SHUTTERSTOCK ©

Tempio-montagna di Phnom Bakheng

ALTRE IDEE PER L'ANGKOR WAT

L'ANGKOR WAT VISTO DAL CIELO

Per ammirare l'**Angkor Wat** (p358) dall'alto si può salire sull'Angkor Balloon, una mongolfiera a circa 1,3 km dal tempio, o fare un giro in elicottero sopra i templi con Helistar.

Il tempio-montagna di Phnom Bakheng

La maggiore attrattiva del Phnom Bakheng, circa 400 m a sud di Angkor Thom, è il tramonto sull'Angkor Wat. Per molti anni lo spettacolo si era trasformato in una sorta di circo, con folle di turisti che si inerpicavano sulle pendici della collina, contendendosi lo spazio a disposizione. Ora i numeri sono stati limitati a soli 300 visitatori alla volta, quindi arrivate presto (verso le 16) per garantirvi un posto con vista sul tramonto. Il tempio, costruito da Yasovarman I (regno 889-910), ha cinque gradoni con sette li-

DOVE MANGIARE VICINO ALL'ANGKOR WAT

Angkor Parvis
All'ingresso dell'Angkor Wat è stato ricavato uno spiazzo con ristorantini, caffè e negozi di souvenir. **$**

Mahob
In khmer cibo si dice *mahob* e qui il *mahob* è davvero squisito: provate il manzo con formiche rosse cotto nel wok. **$$**

Amok Khmer
Ristorante all'aperto bordo piscina con cucina tradizionale khmer, tra cui uno straordinario *amok*. **$$**

velli. Pare che il Phnom Bakheng sia stato il sito del primo tempio-montagna costruito nelle vicinanze di Angkor. Yasovarman I preferì Phnom Bakheng alla zona di Roluos, dove si trovavano l'antica capitale e i templi-montagna.

Alla base ci sono, o meglio c'erano, 44 torri e ognuno dei cinque gradoni aveva 12 torri. Sulla cima del tempio sorgono 12 torri in corrispondenza dei punti cardinali e un santuario centrale. Tutti questi numeri hanno un significato simbolico. I sette livelli rappresentano i sette paradisi hindu, mentre le torri, escludendo il santuario centrale, sono in tutto 108, un numero di particolare buon auspicio e collegato al calendario lunare. Alcuni preferiscono salire sulla collina la mattina presto quando fa fresco - e i turisti sono meno numerosi. Però il tramonto sul Baray occidentale da qui è uno spettacolo straordinario; calcolate almeno due ore per godervi in pieno l'esperienza.

Tenete presente che, per scattare foto di buona qualità dell'Angkor Wat dalla cima del Phnom Bakheng, avrete bisogno di uno zoom serio, visto che il tempio si trova a 1,3 km di distanza.

VISITE GUIDATE AD ANGKOR

I viaggiatori che hanno solo un giorno o due da dedicare a questo sito straordinario forse preferiranno partecipare a una visita guidata organizzata localmente. È possibile contattare una guida turistica ufficiale a Siem Reap, dove diversi operatori propongono visite guidate che vanno da semplici escursioni in giornata a tour in bicicletta o esplorazione di templi più remoti. La Khmer Angkor Tour Guide Association rappresenta alcune delle guide autorizzate di Angkor. Le guide che parlano inglese o francese si fanno pagare un minimo di US$30 al giorno; quelle che parlano altre lingue, come italiano, tedesco, spagnolo, giapponese e cinese, sono più costose perché meno numerose.

Statua fuori da Angkor Thom (p366)

ANGKOR THOM

È difficile immaginare un edificio più grande o più bello dell'Angkor Wat, ma ad Angkor Thom (Grande Città) la somma delle parti dà vita a un complesso davvero magnifico. Incentrata sul Bayon, il surreale tempio di stato di Jayavarman VII, Angkor Thom è racchiusa da una formidabile cerchia muraria alta 8 m e lunga 13 km e circondata da un fossato largo 100 m che avrebbe bloccato anche gli invasori più agguerriti.

Nel centro della città fortificata si trovano i monumenti più importanti, tra cui il Bayon, il Baphuoeale, il Phimeanakas e la Terrazza degli Elefanti. Per visitare Angkor Thom in modo approfondito, calcolate una mezza giornata. Dopo aver esplorato Angkor Thom, dirigetevi verso il suggestivo tempio nella giungla di Ta Prohm, dove la natura prosegue la sua avanzata inesorabile.

IL CONSIGLIO

Se arrivate dall'Angkor Wat, entrerete ad Angkor Thom dalla porta sud. Arrivando da Ta Prohm, passerete dalla Porta della Vittoria sul lato est. L'immensa porta nord di Angkor Thom collega la città fortificata a Preah Khan e ai templi del Grande Circuito. La porta ovest porta al Baray occidentale.

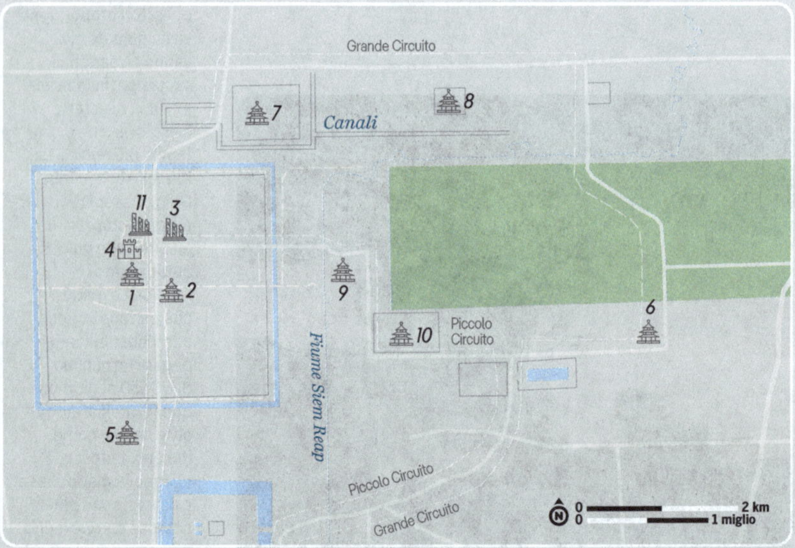

DA VEDERE
1 Baphuon
2 Bayon
3 Kleangs
4 Phimeanakas
5 Phnom Bakheng
6 Pre Rup
7 Preah Khan
8 Preah Neak Poan
9 Ta Keo
10 Ta Prohm
11 Terrazza del Re Lebbroso

Faccia a faccia con il Bayon

GLI ENIGMATICI SORRISI DI AVALOKITESHVARA

Nel cuore di Angkor Thom si erge il Bayon, il tempio di stato di Jayavarman VII costruito nel XII secolo e di una bellezza ipnotica, anche se vagamente inquietante. È l'incarnazione del genio creativo e dell'ego ipertrofico del re più famoso della Cambogia.

Le sue 54 misteriose torri sono decorate con 216 giganteschi volti sorridenti di Avalokiteshvara e il tempio è abbellito da 1,2 km di straordinari bassorilievi con oltre 11.000 figure.

Anche se oggi si sa che il Bayon è stato fatto costruire da Jayavarman VII, per molti anni le sue origini sono state ignote. Essendo avvolto in una fitta giungla, i ricercatori non hanno compreso subito che si trovava esattamente al centro di Angkor Thom. Il Bayon è ancora circondato da un fitto mistero, che del resto sembra appropriato a un monumento celebre per i suoi enigmatici volti sorridenti.

Il buddhismo incontra l'hinduismo a Baphuon

IL PUZZLE PIÙ GRANDE DEL MONDO

Baphuon è stata definito 'il puzzle più grande del mondo'. Prima della guerra civile il tempio di Baphuon è stato smontato pezzo per pezzo con estrema cura da una squadra di archeologi, ma le loro precise annotazioni sono andate distrutte durante il regime degli khmer rossi, lasciando gli esperti con 300.000 pietre da rimettere a posto. Dopo anni di estenuanti ricerche, il tempio è stato in parte restaurato.

Nel XVI secolo il muro portante sul lato ovest del secondo livello fu trasformato in un Buddha sdraiato di 60 m. Nel momento di maggiore splendore Baphuon era uno dei templi più spettacolari di Angkor. Situato 200 m a nord-ovest del Bayon, è una rappresentazione piramidale del mitico Monte Meru. I lavori probabilmente iniziarono sotto Suryavarman I e furono terminati da Udayadityavarman II.

BUSTI DI RE JAYAVARMAN VII

Il pensoso busto di re Jayavarman VII è un celebre simbolo della Cambogia e un souvenir molto richiesto dai turisti. Nel **Museo Nazionale di Angkor** potrete vederne alcuni splendidi originali. (p355)

VI PRESENTIAMO RE JAYAVARMAN VII

Devoto seguace del Buddhismo Mahayana, Jayavarman VII (regno 1181-1219) fece costruire la città di Angkor Thom e molti dei templi che oggi si visitano ad Angkor. Ma Jayavarman VII è una figura con molte contraddizioni. I bassorilievi del Bayon lo raffigurano mentre guida battaglie di terribile ferocia, mentre le statue del re hanno un aspetto meditativo e spirituale. Il programma di costruzione dei templi fu portato avanti in gran fretta, senz'altro imponendo enormi sacrifici alla forza lavoro. Il re era in parte spinto dal desiderio di legittimare una nuova religione presso una popolazione in gran parte hindu. Ma sotto diversi aspetti fu anche il primo leader progressista della Cambogia, sostenendo l'uguaglianza tra i sudditi, abolendo le caste e portando avanti un programma di costruzione di scuole, ospedali e strade.

DOVE MANGIARE SPENDENDO POCO

Road 60 Night Market
Tuffatevi negli spuntini cambogiani, tra cui una vasta scelta di insetti fritti e carni alla griglia tra cui le quaglie. **$**

Tevy's Place
Delizioso ristorante a gestione familiare lungo la St 26 con ricca scelta di piatti tipici cambogiani a prezzi incredibilmente bassi. **$**

Banllé Vegetarian Restaurant
Ottimo posto per un amok di verdure e saporiti frullati di frutta e verdura. **$**

VISITA A PIEDI DI ANGKOR THOM

Angkor Thom è un posto ideale da esplorare a piedi grazie alle dimensioni non esagerate e agli splendidi templi.

Partite dalla spettacolare **1 porta sud**, ammirando l'immensa rappresentazione della Zangolatura dell'Oceano di Latte prima di salire sulle mura di questa antica città e dirigervi a ovest. All'angolo sud-ovest ammirate il **2 Prasat Chrung**, uno dei quattro templi identici che segnano gli angoli della città.

Tornati sulle gigantesche mura, proseguite fino alla **3 porta ovest**, ammirando il panorama sull'immenso Baray Occidentale a sinistra. Scendete alla porta ovest e dirigetevi a est lungo il sentiero che si inoltra nel cuore di Angkor Thom; non lasciatevi distrarre dalla bellezza del Bayon e conservatelo per la fine. Se siete con una guida, dovrete visitarlo subito seguendo l'ordine designato, ma i viaggiatori indipendenti possono fare a modo loro. Girate verso nord fino al **4 Baphuon** e andate sul retro del tempio. Poi superate il piccolo tempio di **5 Phimeanakas** e l'antico complesso del palazzo reale, una zona di alti alberi e muri cadenti con un suggestivo *foliage*. Proseguite verso nord fino al piccolo ma grazioso **6 Preah Palilay**, sovrastato da un imponente gruppo di alberi di kapok.

È ora di tornare su rotte più battute con una passeggiata sulla **7 Terrazza del Re Lebbroso** e lungo la tribuna cerimoniale e luogo di udienze del sovrano, la **8 Terrazza degli Elefanti**. Se avete tempo, spingetevi a est per osservare le torri di laterite di Prasat Suor Prat e il suggestivo tempio buddhista di Preah Pithu. In alternativa, proseguite fino al pezzo forte del percorso: il **9 Bayon**, bizzarro ma magnifico e uno dei più enigmatici tra i templi di Angkor.

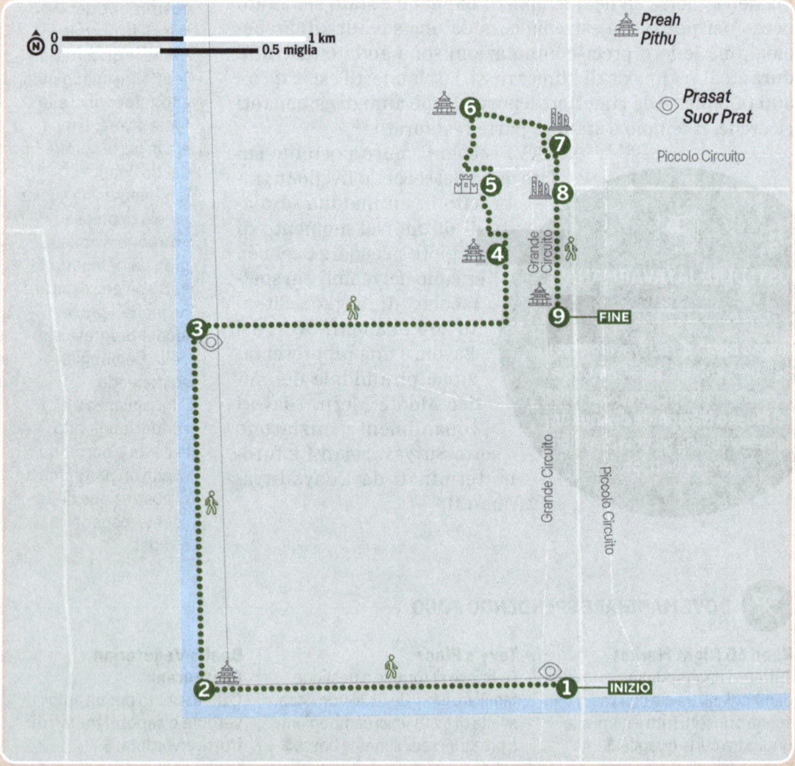

PRINCIPALI TEMPLI DI ANGKOR

L'Angkor Wat sarà l'immagine simbolo della Cambogia, ma ci sono molti altri splendidi templi che sarebbero attrazioni di prima categoria se solo si trovassero nei paesi vicini. Ma le meraviglie costruite dagli antichi khmer sono talmente tante che ad Angkor si incontrano templi stupendi a ogni angolo.

Il Ta Prohm ovvero 'il tempio di Tomb Raider' è il luogo dove ammirare il potere della natura che avvolge le pietre con i suoi tentacoli, mentre il delicato Banteay Srei ospita le più belle incisioni di Angkor. I templi di Roluos sono un viaggio nel passato, quando la capitale di Angkor era Hariharalaya, e la prima capitale Mahendraparvata si nasconde nella giungla sulla montagna sacra di Phnom Kulen. Più oltre si trovano il Fiume dei Mille Lingas a Kbal Spean e le spettacolari rovine di Beng Mealea, lentamente soffocate dalle piante rampicanti e dalle liane della giungla.

IL CONSIGLIO

Si può abbinare la visita di alcuni dei templi per sfruttare al massimo la giornata. Il Ta Prohm e i templi dei 'piccolo circuito' si abbinano agevolmente al Preah Khan e ai templi del 'grande circuito'. Se vi spingete al remoto Koh Ker, passate dal Beng Mealea.

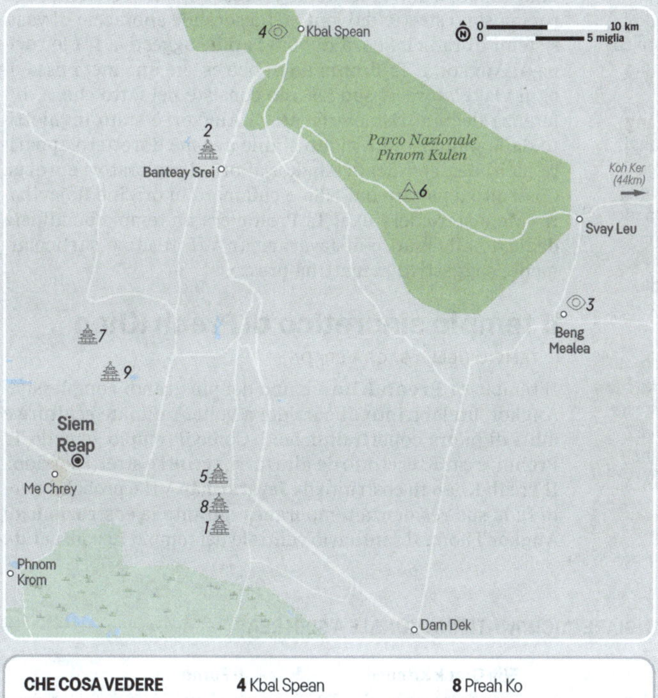

CHE COSA VEDERE
1 Bakong
2 Banteay Srei
3 Beng Mealea
4 Kbal Spean
5 Lolei
6 Phnom Kulen
7 Preah Khan
8 Preah Ko
9 Ta Prohm

VILLAGGI GALLEGGIANTI VICINO A SIEM REAP

Chong Kneas
Il villaggio cambogiano di Chong Kneas è una sorta di circo ma, con tutti i suoi difetti, è molto pittoresco e la visita si può abbinare al tramonto dal tempio di Phnom Krom, in cima a una collina.

Kompong Pluk
Il villaggio di Kompong Pluk è un luogo accogliente e quasi irreale con case su alte palafitte. Vicino c'è una foresta allagata, che viene sommersa quando il livello del lago si alza durante le piene del Mekong.

Kompong Khleang
Una delle più grandi comunità sul Lago Tonlé Sap, Kompong Khleang è più grande degli altri villaggi e vanta diverse elaborate pagode.

Me Chrey
Uno dei villaggi galleggianti 'scoperto' più di recente, Me Chrey è una comunità molto piccola, ma decisamente meno turistica della più affollata Chong Kneas.

Preah Khan

Il tempio nella giungla di Ta Prohm

DOVE TOMB RAIDER INCONTRA INDIANA JONES

Il cosiddetto 'Tempio di Tomb Rider', il **Ta Prohm**, è avvolto dalle ombre e dalle luci della giungla e le sue torri e mura in rovina sono strette dal lento e inesorabile abbraccio di vasti sistemi di radici. Senza dubbio la più suggestiva tra le rovine di Angkor, il Ta Prohm dovrebbe essere una meta fissa di ogni viaggiatore. Il suo fascino consiste nel fatto che, a differenza degli altri monumenti di Angkor, è stato inghiottito dalla giungla ed è molto simile a come dovettero apparire molti degli edifici di Angkor ai primi esploratori europei. Costruito a partire dal 1186 e chiamato in origine Rajavihara (Monastero del Re), il Ta Prohm era un tempio buddhista dedicato alla madre di Jayavarman VII. Il sito è particolarmente suggestivo la mattina presto.

Il tempio sincretico di Preah Khan

IL TEMPIO DELLA SACRA SPADA

Il tempio di **Preah Khan** è uno dei più grandi complessi di Angkor, un labirinto di corridoi a volta, raffinate sculture e muri di pietra coperti di licheni. Come il tempio gemello Ta Prohm, è caratterizzato da alte torri, recinti e stretti corridoi. Il Preah Khan fu costruito da Jayavarman VII e probabilmente fu la sua residenza temporanea durante la costruzione di Angkor Thom. Il santuario centrale del tempio fu consacrato

DOVE MANGIARE CUCINA INTERNAZIONALE A SIEM REAP

Cul-de-Sac
Elegante ristorante francese che serve carni scelte e specialità transalpine nel bel giardino di una casa in legno restaurata. **$$**

Elia Greek Kitchen
Questa piccola taverna greca vicino a Psar Chaa ricorda davvero il Mediterraneo e anche il cibo è piuttosto autentico. **$**

Il Forno
Chi ha nostalgia della cucina italiana sarà felice di trovare antipasti freschi, pizze e piatti italiani casalinghi. **$$**

nel 1191. Un autentico tempio sincretico, l'ingresso est è dedicato al buddhismo Mahayana con porte di uguali dimensioni, mentre gli altri punti cardinali sono dedicati a Shiva, Vishnu e Brahma con porte sempre più piccole per sottolineare la natura diseguale dell'hinduismo.

I templi arcaici di Roluos

L'ANTICA CAPITALE DI HARIHARALAYA

I monumenti di Roluos, dove sorgeva Hariharalaya, la capitale di Indravarman I, sono tra i più antichi templi permanenti di grandi dimensioni costruiti dagli khmer e segnano l'inizio della grande arte classica khmer. Prima della costruzione del tempio di Bakong in genere si utilizzavano materiali più leggeri (e meno durevoli) come mattoni. Oltre all'imponente tempio piramidale di Bakong, il gruppo di Roluos comprende il tempio di mattoni di Preah Ko e Lolei, in origine un tempio su un'isola. Calcolate circa tre ore per esplorare i tre templi di Roluos e i vicini progetti artigianali. Pianificate una mezza giornata di visita per i templi di Roluos e il villaggio su palafitte di Kompong Pluk sul Lago di Tonlé Sap.

L'incantevole Banteay Srei

MOLTO PIÙ DI UN TEMPIO

Considerato da molti il gioiello dell'arte di Angkor, il Banteay Srei è costruito in una pietra dalle sfumature rosate e comprende alcuni dei bassorilievi in pietra più belli del mondo. Iniziato nel 967, è uno dei templi più piccoli di Angkor, ma compensa le dimensioni ridotte con la qualità. Vera galleria artistica di Angkor, questo tempio hindu dedicato a Shiva è preservato alla perfezione e molti dei suoi bassorilievi sono tridimensionali. Nei dintorni di questo splendido tempio si stanno studiando nuove mete ed esperienze, come soggiorni presso privati, passeggiate nei villaggi, gite su carri trainati da buoi, visite a frutteti e laboratori artigianali per incoraggiare i viaggiatori a fermarsi più a lungo ed esplorare i dintorni.

Gite in giornata oltre il Banteay Srei

UN LUNGO VIAGGIO DA SFRUTTARE AL MASSIMO

Consigliamo di abbinare la visita al Banteay Srei con quella ad altri templi remoti, considerati i 32 km di viaggio necessari per arrivare fin qui. Nella stessa giornata potrete visitare il piccolo tempio rosa e la montagna sacra di Phnom Kulen (p372) oppure fare un'escursione a piedi al Fiume dei Mille Linga a Kbal Spean (p372).

PERCHÉ AMO PHNOM KULEN

Nick Ray,
autore Lonely Planet
@lpnickray

Ho visitato per la prima volta Phnom Kulen nel 1998, poco dopo la liberazione dagli khmer rossi. Per andare al Fiume dei Mille Linga bisognava inerpicarsi a piedi sulla montagna per circa tre ore. Nel 2001 ho accompagnato il regista Jean-Jacques Annaud in un sopralluogo agli animali guardiani Sra Damrei a Phnom Kulen, zigzagando in moto tra cartelli di 'Pericolo!! Mine!!'. Ho avuto la fortuna di conoscere molti dei principali archeologi della missione LIDAR che nel 2012 ha portato alla luce la città perduta di Mahendraparvata e che nell'ultimo decennio mi ha generosamente messo a parte dei segreti della montagna sacra. C'è qualcosa di magico in questo luogo difficile da esprimere a parole.

DIVERTIMENTI IN FAMIGLIA A SIEM REAP E AI TEMPLI DI ANGKOR

Angkor Zipline
Esperienza adatta alle famiglie (angkorzipline.com) con 10 zipline, 21 piattaforme sugli alberi e una calata in corda doppia.

ICF Wake Park
L'ICF Wake Park (icf-wakepark.com) si trova su un lago e propone wakeboard, sci d'acqua kneeboard e parchi gioco.

Quad Biking
Ci sono diverse agenzie di quad (ATV) che organizzano gite al tramonto in campagna e avventure più lunghe.

ESPERIENZE NATURALISTICHE VICINO ANGKOR

Foresta degli elefanti di Kulen
Una sorta di casa di riposo per gli elefanti da lavoro di Angkor, è un posto tranquillo per passeggiare in compagnia della mandria. I tour costano US$80 a testa, pranzo e trasferimento compresi (2 ore tra andata e ritorno).

Angkor Wildlife & Aquarium
L'Angkor Wildlife & Aquarium espone il meglio degli invisibili giganti di acqua dolce che solcano il Mekong, tra cui il pesce gatto gigante e la razza gigante. L'ingresso costa US$18/10 per adulti/bambini; si trova 30 km a sud-est di Siem Reap.

Angkor Centre for the Conservation of Biodiversity (ACCB)
L'ACCB si trova in posizione comoda vicino a Kbal Spean; si prende cura di circa 45 specie tra cui gibboni dal berretto e langur indocinesi. Ogni giorno (tranne domenica) ci sono visite guidate alle 9 e alle 13. Offerta minima US$3 a testa.

DMITRY FINKEL/SHUTTERSTOCK ©

Cascata, Phnom Kulen

La Montagna Sacra di Phnom Kulen

IL LUOGO NATALE DELL'IMPERO KHMER

Considerata dagli khmer la montagna più sacra della Cambogia, il Phnom Kulen è un popolare luogo di pellegrinaggio nei fine settimana e durante i festival. Ha svolto un ruolo importante nella storia dell'impero khmer perché fu qui che nell'802 Jayavarman II si proclamò *devaraja* (re-dio), dando origine al regno di Cambogia. Le attrattive principali sono un gigantesco Buddha sdraiato, centinaia di *linga* scolpiti nell'alveo del fiume, un'imponente cascata e alcuni templi remoti. Dista circa due ore da Siem Reap.

I bassorilievi del Kbal Spean

IL FIUME DEI MILLE LINGA

Il Kbal Spean è un alveo fluviale con magnifici bassorilievi nel profondo della giungla a nord-est di Angkor. Il nome significa 'testa di ponte' in riferimento al ponte naturale in pietra, ma

SHOPPING TERAPIA A SIEM REAP

Satcha
Subentrato ad Artisans Angkor, è un bel centro di incubazione di progetti artigianali che supporta gli artigiani indipendenti.

AHA Fair Trade Village
Per souvenir di produzione locale in questo mercato artigianale troverete una buona scelta di articoli tradizionali.

SATU Concept Store
Interessante negozio con un'accurata selezione dei migliori prodotti locali della Cambogia.

è noto anche come 'Fiume dei Mille Linga'. I *linga* (simboli fallici) sono stati scolpiti con estrema cura nell'alveo fluviale e in tutta la zona sono disseminate immagini di divinità hindu. Fu 'scoperto' nel 1969, quando l'etnologo Jean Boulbet visitò la zona guidato da un eremita. Dista circa un'ora e mezzo da Siem Reap e si visita con una passeggiata di circa due ore.

Beng Mealea, il gigante addormentato

UN'AUTENTICA ROVINA NELLA GIUNGLA

Lo spettacolare Beng Mealea, circa 68 km a nord-est di Siem Reap, è uno dei templi più misteriosi di Angkor, dove la natura si è davvero scatenata. Esplorare questo Titanic dei templi, costruito con la stessa planimetria dell'Angkor Wat, è una vera esperienza da Indiana Jones. Realizzato nel XII secolo sotto Suryavarman II, il Beng Mealea è circondato da un grande fossato che misura 1,2 km per 900 m.

Koh Ker, la capitale dell'usurpatore

LA GRANDE RIVALE DI ANGKOR

Abbandonata alle foreste del nord, Koh Ker, capitale dell'impero di Angkor dal 928 al 944 sotto un usurpatore, è uno dei complessi di templi più remoti di Angkor. I visitatori di solito partono dal **Prasat Krahom**, con interessanti bassorilievi in pietra su architravi, stipiti e sottili colonnine alle finestre. Il monumento principale è il **Prasat Thom**, una piramide di arenaria larga 55 m e alta 40 m che ricorda i maya e i cui sette livelli offrono una vista spettacolare sulla foresta. Arrivando a Koh Ker da sud, si può seguire un percorso circolare che tocca tutti i templi principali di questa ex capitale reale, tra cui lo spettacolare Prasat Bram a sud-est, il Prasat Krahom e il Prasat Thom a nord e i *linga* di Prasat Leung a nord-est, passando accanto al *rahal* (cisterna).

IL TEMPIO DIMENTICATO DI CHAU SREI VIBOL

Il piccolo tempio di **Chau Srei Vibol** fa parte di un complesso più grande che comprendeva l'intera collina. È poco visitato rispetto ad altri templi e quindi molto suggestivo al tramonto. Il santuario centrale in rovina è completato da un grazioso wat di inizio Novecento. Le mura di laterite intorno alla collina danno un'idea delle dimensioni passate del tempio.

Per raggiungerlo uscite dalla statale Bakong-Anlong Veng in direzione est circa 8 km a nord della NH6, o 5 km a sud di Phnom Bok; il bivio è indicato da un piccolo cartello che è facile non notare. Se vi doveste perdere, la gente del posto è cordiale e disponibile.

LA ZANGOLATURA DELL'OCEANO DI LATTE

Il Beng Mealea ha una delle più piccole rappresentazioni della Zangolatura dell'Oceano di Latte, ma ad Angkor troverete dipinti monumentali di questo mito hindu ad **Angkor Thom** (p366), **Preah Khan** (p370) e **Angkor Wat** (p358).

DOVE DORMIRE VICINO A KOH KER

Koh Ker Jungle Lodge
Questa splendida antica casa in legno a Koh Ker ha due camere private e ospita anche gruppi. **$**

Mom Morokod Koh Ker Guesthouse
Tranquilla guesthouse con 11 camere spaziose e pulite con bagno. **$**

Koh Ker Temple Gardens Hotel
Boutique hotel con bungalow singoli con aria condizionata intorno a una piscina. **$$**

DA SAPERE

I capitoli di questa sezione trattano gli argomenti più importanti che dovrete conoscere in Vietnam. Sono ricchi di informazioni pratiche e di spunti preziosi che vi aiuteranno ad orientarvi e a trarre il massimo dal vostro viaggio.

Riparazioni improvvisate

Arrivo

Ho Chi Minh City e Hanoi sono i due principali punti d'ingresso al paese. Tan Son Nhat International Airport dista 8 km dal centro di Ho Chi Minh City; Noi Bai International Airport si trova a 35 km dal Quartiere Vecchio di Hanoi. Le truffe con i taxi sono frequenti; valutate Vietnam VIP Arrival (vietnamviparrival.com) per uscire in fretta dal controllo passaporti e raggiungere subito l'hotel. Vinasun e Mai Linh sono compagnie affidabili.

Documenti e visti

Se non esenti, i visti si ottengono online (evisa.xuatnhapcanh.gov.vn). Stampate la conferma e preparate i documenti necessari. Vietnam Visa Center (vietnamvisacenter.org) è un'agenzia affidabile. Le norme cambiano spesso, controllate prima.

SIM card

Viettel, Vinaphone e Mobifone sono le tre compagnie principali del Vietnam. Trovate un fornitore di SIM card appena uscite dall'aeroporto o pre-acquistatene una da Klook (klook.com) per risolvere il tutto più facilmente.

Wi-Fi

La connessione wi-fi è disponibile in entrambi gli aeroporti ma è lenta e inaffidabile. Meglio fermarsi a mangiare in un ristorante, vi daranno una ricevuta con la password temporanea per il wi-fi.

Posti di confine

Il Vietnam confina con la Cambogia, la Cina e il Laos e i punti di attraversamento ufficiali sono decine. Agli stranieri è in genere consentito di varcare il confine soltanto tra le 7 e le 17.

Trasporti pubblici dall'aeroporto

	Ho Chi Minh Distretto 1	Hanoi Quartiere Vecchio
TAXI	30 min US$7	60 min US$17
BUS	45 min US$2	105 min US$2
TRANSFER PRIVATO	30 min US$11	60 min US$20

ESENZIONE DEL VISTO

Nell'intento di promuovere il turismo e l'economia locale, i viaggiatori che entrano in Vietnam da alcuni paesi sono esenti dal visto. Ai cittadini di vari paesi del Sud-est asiatico, come Singapore, Thailandia e Indonesia, non è richiesto un visto per soggiorni inferiori ai 30 giorni. Chi proviene da Italia, Regno Unito, Francia, Germania, Spagna e alcuni altri paesi UE può soggiornare in Vietnam per periodi inferiori ai 45 giorni senza bisogno di un visto. Documenti necessari: passaporto con validità residua di almeno sei mesi, biglietto di andata e ritorno o di proseguimento del viaggio, prenotazione alberghiera. Le norme cambiano di frequente, verificatele.

Trasporti locali

L'ideale in Vietnam è spostarsi in aereo, in treno o in autobus notturni. In città, usate le app per trovare un conducente che vi accompagni in auto o in moto.

COSTI DI VIAGGIO

Noleggio moto **da US$6/giorno**

Biglietto ferroviario da Danang a Hué **da US$7**

Carburante **circa US$1/l**

Noleggio bicicletta **US$3/giorno**

Grab

Grab consente di prenotare passaggi in auto e in moto. Funziona come Uber: la tariffa si calcola in base all'orario e alla distanza percorsa. Spostarsi all'ora di punta costa di più. Altre app simili sono Gojek e Be.

Patente di guida

Per guidare in Vietnam, che sia una motocicletta o un'auto, serve la patente di guida internazionale, che va richiesta nel proprio paese. Per le bici elettriche e i motocicli fino a 50cc non serve la patente.

IL CONSIGLIO

Se viaggiate durante una festa nazionale, prenotate in anticipo l'aereo, il treno o l'autobus perché i biglietti potrebbero andare esauriti in fretta.

CONQUISTARE LE STRADE

Il traffico in Vietnam può sembrare caotico, ma c'è un metodo in tutto quel caos. La prima regola: più grande è il veicolo, maggiore sarà il rispetto dovuto. Se voi siete in moto e gli altri in auto, l'auto avrà la precedenza. La gente del posto non utilizza specchietti retrovisori, quindi sentitevi autorizzati a suonare il clacson per avvertire che ci siete anche voi. Se vi trovate su una rotonda e non sapete cosa fare, aspettate qualche altro mezzo e utilizzatelo come protezione mentre procedete.

AL VOLANTE

La guida è a destra

Dare la precedenza ai veicoli di dimensioni maggiori.

0

Il limite di alcol nel sangue è di 0,00%.

Autobus

Gli autobus in Vietnam offrono un servizio capillare e raggiungono anche i villaggi più piccoli, ma gli autobus privati con posti letto costituiscono la scelta migliore, sono molto comodi e non costosi. Avrete una vasta scelta di compagnie e percorsi.

Treno

La linea ferroviaria scorre principalmente lungo la costa, portandovi da Ho Chi Minh City fino ad Hai Phong e Lao Cai. Nelle tratte notturne l'aria condizionata è al massimo, quindi tenete a portata di mano qualche strato più caldo.

Aereo

Vietnam Airlines, Bamboo Airways e Vietjet sono le tre maggiori compagnie aeree. Molte città hanno un aeroporto; le più piccole di solito hanno collegamenti diretti solo per Hanoi e Ho Chi Minh City. Vietjet è la più economica, ma è famosa per i ritardi e le cancellazioni.

Moneta

VALUTA: **DONG (D); €1 = 25,95d**

Cambio valuta
I dollari USA si cambiano all'aeroporto, in banca e in albergo, ma i posti migliori per cambiare la valuta sono i gold shop, equivalenti dei nostri 'Compro oro'. Non applicano commissioni e il tasso di cambio è migliore di quello praticato altrove. I gold shop hanno spesso insegne rosse e oro e si trovano nelle vicinanze dei mercati.

Carte di credito e di debito
Visa e MasterCard sono accettate ovunque, soprattutto in alberghi, centri commerciali e ristoranti di buon livello. Le guesthouse più piccole, le bancarelle di street food e gli esercizi commerciali in campagna potrebbero non disporre delle tecnologie necessarie per accettare pagamenti con le carte. Tenete del contante.

Mance
Alcuni ristoranti e alberghi aggiungono nel conto una percentuale per il servizio; in altri casi, non è consuetudine lasciare una mancia, ma se volete farlo sarà molto apprezzata.

QUANTO COSTA...

Piano dati **da US$6**

Birra **US$0.80**

Massaggio **US$12**

Abiti su misura **da US$13**

COME... Non farsi truffare

Fatevi dire il prezzo: anche le salviette umidificate che vi aspettano al tavolo o le arachidi servite con il drink potrebbero essere a pagamento. Utilizzate un'app come Grab per evitare truffe in taxi. Attenti alle agenzie con nomi simili a quelle rispettabili: i siti che imitano quello ufficiale delle ferrovie hanno biglietti a costi maggiorati.

PERCHÉ COSÌ POCO?
Il Vietnam è noto per essere una destinazione molto conveniente: i costi della manodopera, dei materiali e del cibo sono bassi, rendendo un abito su misura o un *banh mi* molto economici. I commercianti vendono cibo a buon mercato e offrono servizi poco costosi perché la maggior parte della clientela è locale e non può permettersi di spendere troppo.

IL CONSIGLIO
Le banconote da 500.000d (US$20) e 20.000d (US$0,80) sono entrambe stampate su carta blu ed è facile confonderle. Assicuratevi di pagare con la banconota giusta.

Strutture ricettive

Sogni di design

Il famoso architetto e designer d'interni Bill Bensley è il talento che sta dietro a varie magnifiche strutture ricettive in Vietnam, come il Capella Hanoi con gli opulenti interni ispirati al vicino Teatro dell'Opera, l'isolata Yen Tu MGallery che riporta in vita un monastero del XII secolo e il JW Marriott Phu Quoc, un'università abbandonata convertita in hotel. Ciascuno ha una sua storia da raccontare celata in ogni dettaglio della progettazione.

Glamping

Il glamping vi consente di stare a contatto con la natura senza rinunciare ai comfort moderni: letti soffici, lenzuola di qualità, mobili di design e un bagno con la doccia. CampArt by #MoJen appena fuori Dalat è un magico sito di glamping sul lago, con cibo delizioso e un bel bar. CoCo Beachcamp è situato sulle rive di Lagi e presenta tende stile bohemién con tanto di aria condizionata.

Riposare in bungalow

I bungalow sono in genere dei semplici edifici a un piano, con il tetto spiovente e una terrazza; in Vietnam una sistemazione in bungalow può variare, dalla più spartana alla più lussuosa. Al Trang An Hamlet Bungalow a Ninh Binh avrete un bungalow di bambù con tetto di fibra vegetale per un prezzo molto economico; il Topas Ecolodge a Sapa offre invece dei bungalow in pietra stile chalet con balcone privato a tariffe considerevoli.

QUANTO COSTA UNA NOTTE IN...

un bungalow
US$15

un letto in camerata
US$4-15

soggiorno in famiglia
US$15-20

Come la gente del posto

Un soggiorno in una casa privata è una soluzione economica ma anche una lezione in prima fila di storia, cultura e perle nascoste: i vostri padroni di casa sono gli esperti che ben volentieri condivideranno le loro conoscenze. La famiglia ospitante vi inviterà a tavola, dandovi la possibilità di condividere i piatti che i locali mangiano quotidianamente. E se il vostro soggiorno coincide con una festività, avrete senz'altro l'occasione di prendere parte alle celebrazioni.

Dormire con poco

Se siete un viaggiatore zaino in spalla con un budget ridotto, in Vietnam non vi mancheranno gli ostelli: alcuni sono essenziali, altri hanno uno stile caratteristico. **Meander Hostel** a Ho Chi Minh City propone qualche lusso e un design minimalista funzionale e divertente.

UNO SCAMBIO ALLA PARI

Optando per una sistemazione in una casa privata locale si contribuisce all'economia della zona e si portano benefici alla comunità. Molte regioni del Vietnam dipendono esclusivamente dal turismo che è la loro unica entrata, quindi contribuirete alla loro sussistenza alloggiando in bungalow rustici o in accoglienti case private. Se poi vorrete condividere con gli amici a casa ciò che avete imparato – storia, cultura, cibo, artigianato – amplificherete l'interesse, facilitando lo sviluppo della zona e contribuendo alla prosperità della gente del posto.

Viaggio in famiglia

Con la sua ricca cultura e la sua storia, il Vietnam possiede uno scrigno di leggende e di racconti che conquisteranno voi e i vostri bambini, e non mancano nemmeno le attività adatte a tutta la famiglia. Dal kayak nella Baia di Ha Long al trekking nella giungla, dallo snorkelling a Phu Quoc fino a un giro sulla funivia più lunga del mondo.

Tour

Valutate se unirvi a un piccolo gruppo per un tour: è un ottimo modo per visitare i siti e imparare la storia e la cultura del Vietnam, con il minimo sforzo per organizzare trasporti, sistemazioni e pasti. Tra le migliori agenzie di tour organizzati in Vietnam citiamo Explore!, G Adventures e Grasshopper Adventures. E se i bambini si lamentano, voi potete scaricare le responsabilità dicendo 'Non abbiamo scelta, fa parte del tour.'

Da sapere

Sono davvero pochi i ristoranti e le strutture pubbliche che dispongono di fasciatoio, e non contate sul fatto che i ristoranti abbiano il seggiolone, perché ne troverete di rado. In auto non si usano le cinture di sicurezza, che sono spesso infilate tra i sedili. Nelle campagne è probabile trovare i gabinetti alla turca con le doccette, anziché la carta igienica.

IL MEGLIO PER I BAMBINI

Hoi An (p192)
La spiaggia di An Bang, le rovine di My Son, le lanterne di carta nel fiume Thu Bon.

Hué (p166)
Una crociera lungo il Fiume dei Profumi, i resti della Città Imperiale, le specialità gastronomiche reali.

Baia di Ha Long (p90)
Una crociera notturna, kayak tra le isolette carsiche, le pedalate nel parco nazionale.

Hanoi (p60)
In bici nel Quartiere Vecchio, a piedi intorno al Lago Hoan Kiem e uno spettacolo di marionette sull'acqua.

Trasporti

Se durante il viaggio pensate di andare in motocicletta o in bicicletta con i bambini dietro, portatevi i caschi da casa. I modelli legali che assicurano un buon livello di sicurezza sono difficili da reperire in Vietnam.

Mangiare fuori

La cucina vietnamita è fresca e leggera, non è speziata come quella thailandese, pertanto è più adatta alle papille gustative dei più piccini. Grazie all'influenza francese, è facile trovare pane e prodotti caseari.

CI VUOLE UN INTERO VILLAGGIO

I vietnamiti adorano i bambini stranieri e non lo nascondono in nessun modo. Preparatevi perché le donne vi toglieranno i vostri figli dalle braccia per coccolarli mentre voi mangiate, e ve li restituiranno una volta saldato il conto. Non è un male, se volete gustare il vostro pho senza dover gestire i vostri piccoli. Lo fanno perché trovano carini i bambini stranieri, ma anche perché desiderano dare una mano ai turisti. In Vietnam la gente ritiene che ci voglia un intero villaggio per crescere un bambino, fa parte della loro cultura aiutare ogni volta che si può.

A SINISTRA: R.M. NUNES/SHUTTERSTOCK ©, IN ALTO A DESTRA: ALEX FROM THE ROCK/SHUTTERSTOCK ©

Salute e sicurezza

STAGIONE DEI TIFONI

Ogni anno, approssimativamente tra ottobre e dicembre, le regioni centrali vengono colpite da potenti tempeste tropicali dal Mar Cinese Meridionale (Mare Orientale) e possono verificarsi forti venti, inondazioni e interruzioni di corrente. In caso di previsioni particolarmente avverse, il governo emette ordine di non uscire di casa.

Conseguenze dei tifoni

Dopo il passaggio di forti tempeste, Hoi An è soggetta a inondazioni. Può sembrare una seccatura, ma il consiglio è di approfittare della situazione e di quello che propone. Guadate per le strade allagate, osservate la gente del posto che attraversa la città in canoa, arrotolatevi le maniche e date una mano a liberare le strade dai detriti e sbloccare i corsi d'acqua.

Collasso da calore

Nei mesi più caldi (da marzo a maggio nel Sud e da maggio a luglio nel Nord) le temperature possono salire sopra i 40°C. Per evitare lo stress da calore, evitate il sole del mezzogiorno, vestite con abiti leggeri e bevete molta acqua. Se sentite spossatezza, emicrania, capogiri e nausea, mettetevi all'ombra e bevete molto per reintegrare i liquidi.

DONNE IN VIAGGIO

Le app per i passaggi in auto sono la soluzione più sicura per chi viaggia da sola di notte. Salite sull'auto giusta.

SICUREZZA PER GLI INCENDI NELLE FORESTE

Blu	Verde	Giallo	Arancio	Rosso
Basso rischio	Rischio medio	Alto rischio	Pericolo	Molto pericoloso

Truffe

Guardarsi dai taxi fasulli in aeroporto, dai conducenti che fanno dei lunghi giri prima di arrivare a destinazione o che usano tassametri truccati. Ci sono ristoranti che non espongono i prezzi e presentano conti salati, venditori sorridenti che si fanno fotografare e chiedono una mancia. Chiedete prima il prezzo, sempre.

SCIPPI

Nelle grandi città può accadere che mentre si cammina o si viaggia sul sedile posteriore di una moto, qualcuno si avvicini e strappi il telefono, la borsa o altri oggetti alla vittima prescelta e fugga via di corsa. Per andare sul sicuro, non usate il telefono davanti a tutti e non portate borse troppo grandi.

Cibo, bevande e vita notturna

Orari dei pasti

An sang (prima colazione, 6-9) Offre le opzioni più diverse, dalla zuppa di noodle alle baguette farcite, dal riso glutinoso al congee e molto altro.

An trua (pranzo, 11-14) Riso e un piatto di accompagnamento. Nei ristorantini **com binh dan** tutti i piatti sono esposti, basta indicare ciò che si desidera.

An toi (cena, 17-21) Una faccenda comunitaria chiamata nhau. I piatti serviti si sposano bene con la birra.

Dove mangiare

Street food Bancarelle lungo la strada con tavolini e sedie di plastica; servono le loro specialità e il menu è limitato.

Lau Ristoranti di hotpot fai da te. Scegliete la combinazione sul menu, poi usate il fornello a gas sul tavolo per bollire il brodo prima di aggiungere la carne e le verdure.

Nhau Locali concentrati più che altro sulle bevande; il cibo è di accompagnamento.

LEGGERE IL MENU

Banh tortino salato, crepe, dumpling o involtino

Banh trang carta di riso

Bat piccola porzione

Bo manzo

Bun noodles rotondi

Ca pesce

Cay speziato

Chai bottiglia

Chay vegetariano

Com riso

Da ghiaccio

Dia piatto

Ga pollo

Giai khat bevande

Goi insalata

Hai san pesce

Hap al vapore

Heo maiale

Lau hotpot

Luoc bollito

Ly tazza

Mien noodles trasparenti o vermicelli

Mon phu contorno

Nong caldo

Nuoc cham salsa

COME... Distinguere tra le gastronomie regionali

Le tre regioni del Vietnam hanno una cucina molto diversa. I piatti del nord sono influenzati dalla Cina: i sapori sono leggeri e bilanciati, si esaltano i gusti naturali degli ingredienti. Nel Centro abbondano le spezie e le erbe aromatiche, quindi aspettatevi cibi dai sapori forti e complessi; molto diffuse anche le arachidi, sminuzzate sopra i piatti oppure in salsa. La cucina del Sud riflette le influenze internazionali con l'uso del latte di cocco, come in Thailandia e in Cambogia; si apprezza molto il dolce e lo zucchero è l'ingrediente principale in piatti come ca kho to (pesce brasato). Anche per il clima caldo, questa è la regione dei cibi più freschi, come goi cuon (involtini estivi) e si utilizza molto la nuoc mam (salsa di pesce).

QUANTO COSTA...

Panino Banh Mi
US$0,80

Caffè freddo
US$1

Pho
US$1,40

Street food
US$1

Lau
US$8

Birra locale
US$0,80

Pizza
US$6

COME...

Bere alcol

Bere alcol in Vietnam è un piacere da condividere con gli amici: più si è, meglio è. L'alcolico preferito è la birra, portata in tavola in casse a temperatura ambiente con un secchio di ghiaccio: basta aggiungerlo al proprio bicchiere e poi versarci la birra. Di norma i vostri amici riempiranno il vostro bicchiere, e voi riempirete il loro.

Se uscite con dei vietnamiti preparatevi a brindare spesso. 'Chuc suc khoe' significa 'alla tua salute'. Un altro brindisi popolare è 'mot, hai, ba, gio' che significa 'uno, due, tre, dentro'. Spesso segue un 'tram phan tram', che letteralmente significa 'cento per cento', ovvero, 'tutto d'un fiato'. Con la birra si serve anche del cibo.

Tiger, Heineken, Carlsberg e San Miguel vengono prodotte e imbottigliate in Vietnam. Le etichette locali come 333, Hanoi Beer, Huda sono più convenienti. Una bia hoi (birra alla spina) ha un tasso alcolico di appena il 4% e costa davvero pochissimo. La bia tuoi (birra fresca) è molto simile, si serve più comunemente nel Sud.

Può capitarvi di bere un ruou can (distillato del riso), una bevanda analcolica fatta con riso (glutinoso o meno), erbe aromatiche e frutta; talvolta ci infilano anche un serpente, un geco o uno scorpione. Tradizionalmente, gli ingredienti vengono mischiati, scaldati, poi seppelliti sotto terra a fermentare per circa un mese.

Son Tinh

Son Tinh produce l'artigianale e pluripremiato *ruou can* in molti gusti diversi. Si trova in tutto il paese e costituisce il souvenir perfetto.

ETICHETTA A TAVOLA

Una volta arrivati, aspettate che il padrone di casa vi indichi il vostro posto a tavola: la collocazione dei commensali dipende dalla loro importanza per la famiglia, dalla statura e dall'età. In segno di rispetto, la persona più anziana si siede per prima e viene anche servita per prima.

Spesso i pasti in famiglia consistono in piatti diversi al centro del tavolo, da cui si prende il cibo per mangiarlo nella propria ciotola con bacchette o un cucchiaio. Può essere il padrone di casa a servirvi, invitandovi a mangiare. Si può avvicinare la ciotola al viso, sorbire il brodo e raccogliere gli ultimi pezzetti con le bacchette.

Durante il pasto passate le pietanze agli altri con entrambe le mani. Mai infilare le bacchette in verticale in mezzo a una ciotola, perché ricordano l'incenso sull'altare, simbolo di morte. Non utilizzate le bacchette per indicare qualcosa o qualcuno.

Non si prende il cibo dal piatto di portata per portarlo direttamente alla bocca: trasferitelo nella vostra ciotola prima di consumarlo.

Mangiate tutto quello che avete nella ciotola per dimostrare il vostro apprezzamento; una volta finito, appoggiate le bacchette sopra il bordo.

È scortesia alzarsi da tavola mentre gli altri stanno ancora mangiando. Fermatevi, scambiate due chiacchiere con gli altri commensali oppure date una mano a servire il dessert mentre aspettate che tutti finiscano.

Viaggio responsabile

Cambiamento climatico e viaggi

È impossibile ignorare l'impatto ambientale dei nostri viaggi e l'importanza di cambiare le cose dove possibile. Lonely Planet esorta tutti i viaggiatori a essere responsabili. Molti siti web mettono a disposizione i 'carbon calculators' (misuratori di anidride carbonica), che consentono di calcolare le emissioni prodotte da un viaggio; provate resurgence.org/resources/carbon-calculator.html. Molte compagnie aeree e siti di prenotazione offrono la possibilità di compensare l'impatto delle emissioni di gas serra sostenendo iniziative a difesa del clima in tutto il mondo. Lonely Planet provvede alla compensazione di tutti i viaggi effettuati dal suo staff, pur riconoscendo che si tratta di una riduzione dell'impatto più che di una soluzione.

Crociere

Esplorate le baia di Ha Long con Bhaya Cruises (bhayacruises.com), la prima compagnia sostenibile che si impegna a operare responsabilmente, proteggere il presbite dalla testa bianca e tenere pulita la baia.

Trekking

Partecipate alle escursioni di Sapa Sisters (sapasisters.com), impresa sociale gestita dalle donne hmong. Pernottate con una famiglia locale per sperimentare la tipica ospitalità hmong e i deliziosi pasti preparati in casa.

Speleologia

A Phong Nha visitate le grotte con Oxalis Adventure Tours (oxalisadventure.com), una compagnia che impiega gli abitanti dei villaggi locali, utilizza toilette compostabili nei campeggi, non lascia rifiuti o scarti e gestisce regolarmente valutazioni sull'impatto ambientale.

Souvenir

Collective Memory (collectivememory.vn) nel Quartiere Vecchio di Hanoi ha una buona scelta di prodotti del commercio equo realizzati da artigiani e abitanti dei villaggi di tutto il paese, scelti a mano per la qualità e la loro essenza vietnamita.

Acquistate saponette profumate e prodotti di bellezza senza olio di palma da Le Mai (lemaivietnam.com.vn), realizzati con estratti di piante e confezionati con materiali riciclati.

Soggiornate al Topas Ecolodge (topasecolodge.com), un rifugio di lusso socialmente responsabile sulle montagne di Sapa: tutto il personale è originario dei villaggi vicini.

Salvare gli elefanti

Il Parco Nazionale Yok Don (yokdonnationalpark.vn) a Dak Lak ha fatto squadra con l'associazione Animals Asia per creare il primo tour etico con gli elefanti. Osservate gli elefanti un tempo in cattività procurarsi il cibo, mangiare e dormire nel loro habitat naturale.

Prendete un caffè e un dolce da Simple Coffee (simplecoffee.vn), servito da persone con disabilità in un programma di formazione professionale.

Fate volontariato nell'economica Maison Chance (maison-chance.org), che devolve i profitti agli orfanotrofi e ai programmi per persone con disabilità.

Cena

Gustatevi i piatti europei e vietnamiti di Mai Sen Bistro (facebook.com/maisenbistro/) a Ho Chi Minh City. Il ristorante è gestito dai tirocinanti di An Re Mai Sen, un programma per le tribù delle colline, le vittime di Agent Orange, e altri gruppi in difficoltà.

2050

Attualmente al quarto posto nel mondo per quantità di rifiuti plastici, il governo del Vietnam ha approvato un programma a lungo termine per la tutela ambientale, che punta a raggiungere le emissioni zero entro il 2050.

Agricoltura biologica

Partecipate a un tour per vedere come si produce tradizionalmente il caffè alla K'ho Coffee Farm (khocoffee.com) appena fuori Da Lat. L'azienda sostiene 50 famiglie appartenenti a minoranze etniche e utilizza metodi agricoli che limitano l'erosione del suolo e la deforestazione; i prodotti non sono trattati con ormoni e antibiotici.

SITI UTILI

vietnam.travel/sustainability
Una lista di opzioni per il turismo responsabile in Vietnam.

worldpackers.com
Programmi di scambio con opportunità di volontariato.

vietnamresponsibletourism.com
Impresa sociale che propone tour e volontariato.

Viaggiatori LGBTIQ+

Il Vietnam è ospitale e accogliente nei confronti dei viaggiatori LGBTIQ+, anche se la società in generale ha un atteggiamento conservatore verso l'omosessualità. In un passato recente, il paese ha fatto sforzi positivi per riconoscere la comunità queer: dal 2015 i matrimoni tra persone dello stesso sesso non sono più proibiti e il VietPride è una grande festa a Ho Chi Minh City e ad Hanoi, mentre tutto il paese ha celebrazioni meno sfarzose.

La grande festa

VietPride (facebook.com/vietpride.vn) ha luogo ogni anno per diversi giorni a Ho Chi Minh City, Hanoi e varie altre città e province. L'evento di Hanoi è il più grande e comprende una parata, proiezioni cinematografiche, dibattiti, mostre informative e tante feste chiassose. Sia ad Hanoi sia a Ho Chi Minh City il VietPride si svolge in settembre. Full Disclosure Entertainment (facebook.com/fulldisclosurevn) fa spettacoli ogni mese in vari locali di Ho Chi Minh City, con drag show, musica dal vivo e un DJ fino a tarda notte.

BAR GAY FRIENDLY

Troverete numerosi locali queer a Ho Chi Minh City e ad Hanoi, le due città più grandi. Nel sud provate Thi Bar per l'atmosfera rilassata e la musica dal vivo, oppure fate festa a Les Come Out, la prima serie di eventi per donne queer e trans. Ad Hanoi, prendete una birra al Golden Cock Bar, un locale gay di lunga tradizione, o un cocktail da Savage, una lounge di proprietà gay.

SPETTACOLI DI DRAG QUEEN

Le drag queen di GenderFunk organizzano eventi al The Observatory e altre sedi di Ho Chi Minh City: vedrete furiose battaglie in passerella e sfacciate serate di bingo. Anche Sai Gon Tan Thoi ha show ogni settimana al Rubik Zoo.

Volontariato e reti sicure

iSEE (isee.org.vn) è un gruppo locale che si fa portavoce dei diritti delle minoranze nella società vietnamita, compresa la comunità LGBTIQ+. Uno dei progetti guidati da Save the Children (vietnam.savethechildren.net) sostiene i giovani senza mezzi ed emarginati che non si conformano alle norme di genere della società.

TURISMO

ICS Center (ics.org.vn) è la maggiore organizzazione LGBTIQ+ presente in Vietnam ed è responsabile del VietPride. HE Travel (hetravel.com) si definisce 'King of Gay Travel' e propone un tour del Sud-est asiatico che comprende Hanoi, la Baia di Ha Long e il Delta del Mekong, e Angkor Wat in Cambogia. Out Adventures fornisce una breve guida ai viaggi gay in Vietnam (outadventures.com/gay-travel/destinations/vietnam/).

Mentalità conservatrice

Se in generale la gente del posto ha un atteggiamento rilassato e tollerante verso i turisti LGBTIQ+, i valori della famiglia tradizionale sono profondi e l'omosessualità resta un tema dibattuto. Gli anziani e gli abitanti delle aree rurali tendono a essere meno aperti rispetto ai giovani e ai residenti in città.

Viaggio accessibile

Come altri paesi in via di sviluppo, il Vietnam non è stato costruito pensando alle persone con disabilità; le cose però stanno cambiando, ci sono nuove leggi per la costruzione e la ristrutturazione di edifici pubblici con strutture accessibili.

Baia di Ha Long

ERA Cruises (eracruises.com) organizza crociere sulle baie di Ha Long e Lan Ha con spazi per sedie a rotelle e ascensori a tutti i piani. Le escursioni in giornata con Jade Sails (jadesails.com) sono accessibili alle sedie a rotelle.

Aeroporto

La maggior parte delle linee aeree vietnamite fornisce assistenza speciale contattandole almeno 24 ore prima della partenza. Fornite le misure della vostra sedia a rotelle, e spiegate il livello della vostra disabilità.

Strutture ricettive

Le porte dei bagni negli alberghi possono essere molto strette. Contattate la struttura prima di prenotare per essere sicuri che la sedia a rotelle riesca a passare.

TRASPORTI

Per spostarsi all'interno delle città chiedete al vostro hotel di organizzarvi un taxi a 7 posti; in alternativa utilizzate l'app Grab, e selezionate l'opzione '7 posti'. Gli autobus con posti letto sono un'opzione migliore dei treni per spostarsi da una città all'altra.

Nguyen Hue

Ho Chi Minh City si sta impegnando per rivolgersi a chi ha una disabilità visiva; per esempio, i semafori in Nguyen Hue emettono segnali uditivi per indicare quando attraversare in sicurezza.

Marciapiedi

I marciapiedi in Vietnam non sono ad uso esclusivo dei pedoni e risultano spesso occupati da motociclette parcheggiate e bancarelle di street food. Per passare occorre scendere in strada, solitamente in un traffico caotico.

SITI UTILI

DMap (drdvietnam.org) è un'app con una lista completa di strutture accessibili in Vietnam: ristoranti, parchi, centri commerciali, locali per divertimenti, uffici, edifici religiosi. Il software è in vietnamita e in inglese, disponibile per iOS e Android.

Du Lich Tiep Can (dulichtiepcan.com) è un sito che segnala quali attrattive, trasporti, ristoranti, alberghi e altri esercizi commerciali sono accessibili in sedia a rotelle in Vietnam.

MAISON CHANCE

Maison Chance (maison-chance.org) gestisce due guesthouse completamente accessibili in sedia a rotelle a Ho Chi Minh City e Dak Nong. I profitti vengono devoluti a un orfanotrofio e a vari programmi di formazione professionale per persone con disabilità. Gli ospiti possono contribuire con del volontariato durante il loro soggiorno.

Lingua

Il vietnamita è la lingua ufficiale del Vietnam ed è parlata da circa 85 milioni di persone in tutto il mondo. Appartiene alla famiglia linguistica mon-khmere e il muong (la lingua di una tribù in collina) è il suo parente più stretto.

Saluti e conversazione di base

Ciao. Xin chào.
Arrivederci. Tạm biệt.
Sì. Vâng. (N)
Dạ. (S)
No. Không.
Per favore. Làm ơn.
Grazie Cảm ơn.
Prego. Không có chi.
Scusi/spiacente. Xin lỗi.
Come stai? Có khỏe không?
Bene, grazie. E tu?
Khỏe, cám ơn. Còn bạn thì sao?
Come ti chiami? Tên là gì?
Mi chiamo... Tên tôi là...
(Non) capisco. Tôi (không) hiểu.

Per strada

Dove si trova...? ... ở đâu ?
Qual è l'indirizzo? Địa chỉ là gì?
Può scrivermelo, per favore? Xin viết ra giùm tôi.
Può farmelo vedere (sulla cartina)? Xin chỉ giùm (trên bản đồ này)?
Vada dritto. Thẳng tới trước.
Di fronte. đằng trước.
Vicino (a). gần.
Sull'altro lato. đối diện.

Ora e data

Che ore sono? Mấy giờ rồi?
Sono le (otto) in punto. Bây giờ là (tám) giờ.
mattina buổi sáng
pomeriggio buổi chiều
sera buổi tối
ieri hôm qua
oggi hôm nay
domani ngày mai

Emergenze

Aiuto! Cứu tôi!
Mi lasci stare! Thôi!
Mi sono perso. Tôi bị lạc đường.
Chiamate la polizia, per favore.
Làm ơn gọi công an.
Chiamate un medico, per favore.
Làm ơn gọi bác sĩ.
Sto male. Tôi bị đau.
Mi fa male qui. Chỗ bị đau ở đây.

Cibo e bevande

Vorrei ... Xin cho tôi ...
Non troppo piccante, per favore.
Xin đừng cho cay quá.
Sono vegetariano.
Tôi ăn chay.
Sono allergico (alle arachidi).
Tôi bị dị ứng với (hạt lạc).
Posso avere una (birra), per favore?
Xin cho tôi (chai bia)?
Salute!
Chúc sức khoẻ!

NUMERI

1 một
2 hai
3 ba
4 bốn
5 năm
6 sáu
7 bảy
8 tám
9 chín
10 mười

In breve

Pausa pranzo

In Vietnam si fa una pausa per pranzo dalle 11.30 alle 13 oppure dalle 12 alle 13:30. Le banche, le scuole e i negozi, tranne i ristoranti, chiudono in questi orari.

Accessi a internet

A eccezione delle regioni montane e delle isole remote, in tutto il Vietnam è disponibile la connessione wi-fi. In molti esercizi commerciali è necessaria una password d'accesso che va richiesta allo staff.

Fumo

Fumare, anche le sigarette elettroniche, è consentito negli spazi pubblici come in molti ristoranti e caffè. Gli aeroporti dispongono di stanze apposite una volta superati i controlli di sicurezza.

Servizi igienici

I water sono spesso corredati di una doccetta. Nelle zone rurali si trovano servizi igienici alla turca.

Acqua

Non bevete l'acqua del rubinetto; se proprio dovete, meglio farla bollire prima per un minuto.

BUONO A SAPERSI

Fuso orario
GMT+7 (7 h avanti rispetto all'Italia)

Prefisso del paese
84
Dall'Italia 0084
Per l'Italia 0039

Numero di emergenza
113 (polizia)

Popolazione
98,18 milioni

Elettricità 220V/50Hz

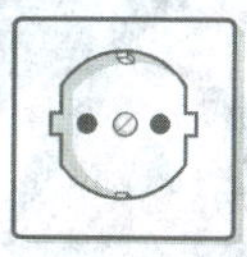

Tipo F
220V/50Hz

FESTIVITÀ

Il Vietnam celebra sei feste pubbliche; Alcuni esercizi possono chiudere se forniscono servizi non essenziali. Quando la festività cade nel weekend, chi lavora ha il diritto al giorno successivo (il lunedì) di riposo.

Capodanno
1° gennaio

Capodanno vietnamita (Tet)
gennaio/febbraio

Commemorazione del Re Hung
aprile

Festa della Riunificazione
30 aprile

Festa dei Lavoratori
1° maggio

Festa nazionale
2 settembre

DONG NHAT HUY/SHUTTERSTOCK ©

STORIA E SOCIETÀ

I nostri autori approfondiscono diversi aspetti della vita in Vietnam.

Calligrafo vietnamita
DONG NHAT HUY/SHUTTERSTOCK ©

Il Tempio della Letteratura (p86), Hanoi

BOIVIN NICOLAS/SHUTTERSTOCK ©

STORIA DEL VIETNAM IN 15 LUOGHI

La nascita del moderno stato del Vietnam è una storia fatta di 2000 anni di conflitti, invasioni e rivolte. La Cina, i mongoli, la Francia e gli Stati Uniti sono stati tutti respinti durante questa immane lotta per diventare una nazione autonoma. Oggi il paese è unito, i confini sicuri e i vietnamiti si godono un periodo di progresso duraturo. Di Iain Stewart

ALL'OMBRA di un vicino gigantesco, i vietnamiti hanno dovuto prima di tutto vedersela con la Cina. Dopo un tentativo di resistere al dominio cinese nel II secolo a.C., sono stati costretti a sopportare 1000 anni di occupazione.

La guerra del Vietnam, che ha catturato l'attenzione dell'Occidente, per i vietnamiti è stato un conflitto catastrofico che ha lasciato in rovina la loro nazione e ha provocato tre milioni di vittime. Alla fine hanno prevalso l'orgoglio e il coraggio, due caratteristiche molto vietnamite, e gli americani sono stati cacciati – ultimi di una lunga fila di ospiti indesiderati che hanno finito per togliere il disturbo. Guidati da Ho Chi Minh, disposto a tutto per ottenere la vittoria, i vietnamiti hanno sconfitto anche gli Stati Uniti.

Nei secoli sono stati battuti khmer, mongoli e cham. C'è stato poi un umiliante periodo di colonialismo sotto i francesi. Nel 1979, appena dopo i terrificanti orrori della guerra del Vietnam, il paese in ginocchio ha affrontato l'invasione di un esercito cinese. Inevitabilmente tutti questi invasori hanno lasciato un segno. I cinesi hanno introdotto il buddhismo, il taoismo e i principi del confucianesimo. I francesi hanno portato le ferrovie, edifici grandiosi e la loro cucina. E, malgrado gli americani abbiano lasciato una nazione devastata, l'orgoglio vietnamita è rimasto intatto.

1. Il Bunker del colonnello de Castries

L'IGNOMINIOSA FINE DELL'INDOCINA

Il Bunker del colonnello de Castries, un rifugio sotterraneo lungo appena 20 m e largo 7 m protetto da sacchi di sabbia e supporti in acciaio, è solo uno dei molti resti delle battaglie combattute nella città montana di Dien Bien Phu. Oggi non resta granché da guardare, ma il 7 maggio 1954 dopo 57 giorni di attacchi incessanti, il bunker fu conquistato dal Viet Minh. Fu issata la bandiera vietnamita ponendo una fine umiliante e ingloriosa a oltre un secolo di Indocina francese con la resa del colonnello de Castries. Si calcola che 13.000 soldati francesi morirono nella battaglia di Dien Bien Phu, mentre le perdite del Viet Minh furono circa il doppio.

Per maggiori informazioni sul Bunker del colonnello De Castries, v. pag. 136.

2. Tempio della Letteratura

UN'ANTICA UNIVERSITÀ

Raffigurato sulle banconote vietnamite da 100.000d, il Tempio della Letteratura di Hanoi è il più grandioso e imponente monumento antico del paese. Costruito nel 1070 in onore di Confucio, è stato a lungo associato all'istruzione, in origine come sede di studi confuciani. Oggi gli studenti universitari della capitale vengono a rendere omaggio prima degli esami importan-

ti. Nel cortile del The Thai Hoc è sorta la prima università vietnamita con tanto di aule e classi. Una serie di altari rendono omaggio a celebri professori al piano terra, e a sovrani al piano superiore.

Per maggiori informazioni sul Tempio della Letteratura, v. pag. 86.

3. Song Hong

IL CUORE DEL VIETNAM

Fu sulle rive del Song Hong (Fiume Rosso), culla della cultura vietnamita, che nel 2000 a.C. si affermò la coltivazione del riso in acqua. Durante il periodo Dong Son, nell'Età del Bronzo, la regione fu coltivata in modo intensivo. La sua importanza agricola fu poi riconosciuta dagli imperatori Han che nel 111 a.C. si annessero la zona dando il via a 1000 anni di dominio cinese

I vietnamiti costruirono su una sponda del Song Hong la loro prima capitale Thang Long ('Drago che si alza in volo'), l'attuale centro di Hanoi. Il fiume è ancora il fulcro del Vietnam e il suo delta produce cibo per tutto il nord del paese.

Per maggiori informazioni sul Song Hong Rosso, v. pag. 89.

4. Casa di Ho

UN LUOGO DI PELLEGRINAGGIO

Padre del Vietnam moderno, Nguyen Sinh Cung, più noto come Ho Chi Minh, visse una vita straordinaria, in gran parte in esilio. Lavorò come chef a Londra, mercante e marinaio e trascorse anni in Cina e in Russia. Da piccolo Ho viveva nel villaggio isolato di Kim Lien, 14 km a ovest di Vinh. Oggi è stato creato un museo nella ricostruzione della sua casa natale, un semplice edificio di legno con muri di bambù. È diventato un luogo di pellegrinaggio, visitato ogni anno da migliaia di vietnamiti per i quali la semplicità dell'edificio simboleggia la vita di Ho e il suo impegno per creare una nazione indipendente.

Per maggiori informazioni sulla Casa di Ho, v. pag. 83.

5. Parco Nazionale di Cat Tien

UNA FRAGILE RISERVA NATURALE

Il Vietnam ha fondato il suo primo parco nazionale nel 1962 e oggi il 9% del territorio nazionale è protetto. Ma gli animali delle riserve sono minacciati dai bracconieri per commerci illegali. In Vietnam il corno di rinoceronte si vende da oltre 2000 anni e gli si attribuiscono assurdi poteri di aumentare la libido e di curare il cancro. All'inizio degli anni '90 nel Parco Nazionale di Can Tien è stato scoperto un gruppo di rinoceronti di Giava, considerati estinti nell'Asia continentale. Ma 20 anni dopo l'ultimo esemplare è stato ucciso dai bracconieri, vittima dell'indifferenza del Vietnam verso le questioni ambientali.

Per maggiori informazioni sul Parco Nazionale di Cat Tien, v. pag. 248.

6. Fiume Ben Hai

UNA LINEA DIVISORIA

Nel 1954, con la cacciata dei francesi, il Vietnam fu diviso in due: il Viet Minh controllava il nord, mentre nel sud fu creato lo stato del Vietnam del Sud. Per 21 anni il Fiume Ben Hai funse da confine tra i due Vietnam, con una zona demilitarizzata su entrambe le sponde. Oggi il fiume vanta un monumento alla riunificazione ed è attraversato da ponti, tra cui una riproduzione in ferro di un ponte del periodo francese.

Per maggiori informazioni sul Fiume Ben Hai, v. pag. 174.

7. Cittadella di Hué

UN'ENCLAVE IMPERIALE

Quasi del tutto distrutta nell'offensiva Tet durante la guerra del Vietnam, la Cittadella è stata ricostruita negli ultimi decenni. Patrimonio dell'Umanità dell'UNESCO dal 1993, risale all'inizio del XIX secolo, quando Hué divenne capitale del Vietnam con l'imperatore Gia Long. Il suo sogno di un insieme di palazzi reali affacciato sul Fiume dei Profumi era ispirato alla Città Proibita di Beijing. Il complesso, allineato con i cinque punti cardinali, simboleggia i cinque elementi della cultura cinese.

Per maggiori informazioni sulla Cittadella di Hué, v. 166.

8. Ponte Coperto Giapponese

IL CAPOLAVORO DI HOI AN

La costruzione più famosa di Hoi An è il raffinato Ponte Coperto Giapponese di fine Cinquecento. All'epoca Hoi An era uno dei porti più importanti dell'Asia Orientale, frequentato da mercanti e marinai provenienti da Europa, Cina, India e Giappone. In origine il ponte fu costruito per collegare i quartieri giapponese e cinese della città, coperto per riparare dal sole e dalla pioggia. I giapponesi lo utilizzarono solo per una quarantina d'anni: nel 1637 il Giappone vietò ogni contatto con il mondo esterno e i commercianti dovettero fare ritorno in patria.

Per maggiori informazioni sul Ponte Coperto Giapponese, v. pag. 192.

9. Bitexco Tower

IL PIÙ BEL GRATTACIELO DI SAIGON

Da quando è stato costruito, nel 2010, in Vietnam sono sorti grattacieli più alti e molti altri sono in progetto, ma l'elegantissima Bitexco Tower è ancora il grattacielo più bello del paese. Progettato dall'archistar Carlos Zapata, rappresenta da più punti di vista il dinamismo, l'ottimismo e il progresso del Vietnam del XXI secolo.

Thrillist.com ha collocato la torre di 263 m al secondo posto dell'elenco dei 'Grattacieli più Belli del Mondo'.

Per maggiori informazioni sulla Bitexco Tower, v. pag. 273.

10. My Son

UNA CAPITALE CHAM

Anche se i cham sono stati gli abitanti originari del Vietnam costiero, oggi costituiscono solo un piccolo gruppo minoritario. La loro cultura fu notevolmente influenzata da quella indiana, in particolare per l'arte e la religione, tanto che usavano il sanscrito come lingua sacra. Le suggestive rovine di My Son, in una valle isolata, sono i resti più belli dell'architettura cham, un magico insieme di templi dedicati al dio Shiva, molti dei quali furono pesantemente danneggiati dai bombardamenti americani del 1969. Oggi in Vietnam ci sono circa 130.00 abitanti di lingua cham, che praticano l'islam o l'hinduismo.

Per maggiori informazioni su My Son, v. pag. 198.

11. Memoriale di Son My

UN DOLOROSO RICORDO DELLA GUERRA

Alle 7:30 del 16 marzo 1968 i soldati americani della Charlie Company atterrarono in elicottero a Son My, nel Vietnam centrale, considerato una roccaforte dei viet cong. Il massacro degli abitanti, poi nascosto, cambiò il corso della guerra: i soldati americani tornati dal Vietnam erano criticati e chiamati 'assassini di bambini'. Il toccante memoriale di Son My, in un parco, riporta i nomi delle 504 vittime con dettagli davvero angoscianti. Il tutto si conclude con un tocco di speranza, narrando gli sforzi degli abitanti per ricostruire le proprie vite dopo il massacro.

Per maggiori informazioni sul Memoriale di Son My, v. pag. 208.

12. La rivolta di Lam Son

LA ROCCAFORTE DEI RIBELLI

Nel 1418 il leader ribelle Le Loi scatenò la Rivolta di Lam Son rifiutando di diventare ufficiale della dinastia Ming. Il centro della rivolta contro i cinesi era la città di Thanh Hoa e si combatteva con la guerriglia. Nel 1425 scoppiarono insurrezioni in varie regioni. Le Loi cercò supporto nel Vietnam centrale e settentrionale e alla fine i cinesi furono sconfitti. Nel 1426 l'esercito ribelle aveva conquistato tutti i territori da Thanh Hoa a Danang e l'anno seguente entrò a Hanoi. Oggi in Vietnam Le Loi è considerato un eroe nazionale per le vittorie militari e le riforme agrarie.

Per maggiori informazioni sulla Rivolta di Lam Son, v. pag. 26.

13. Palazzo della Riunificazione

IL SIMBOLO DELLA FINE DI UN'ERA

Affacciato su uno dei viali più grandiosi e dei parchi più belli di Ho Chi Minh City, il Palazzo della Riunificazione è uno splendido edificio modernista. La sua importanza storica per la nazione vietnamita è estre-

SEAN HSU/SHUTTERSTOCK ©

Palazzo della Riunificazione (p278), Ho Chi Minh City

mamente profonda, il simbolismo e l'impatto per la storia del XX secolo epocali. Fu qui che il 30 aprile 1975 si concluse in modo spettacolare la Guerra del Vietnam, quando il carro armato nord vietnamita N. 843 abbatté i maestosi cancelli di ferro del palazzo. Sotto gli occhi dei media mondiali, un soldato spiegò poi la bandiera viet cong dal balcone centrale e la riunificazione fu completa.

Per maggiori informazioni sul Palazzo della Riunificazione, v. pag. 278.

14. Stazione della metro di Ven Thanh

UN NUOVO CAPOLINEA A HO CHI MINH CITY

Trent'anni fa meno dell'1% degli abitanti di Saigon possedeva un'automobile. Oggi il traffico è frenetico, i livelli di inquinamento spaventosi (secondo AirVisual Ho Chi Minh City era la seconda città più inquinata al mondo nel giugno 2020) e si stima che nella sola Ho Chi Minh City ci siano sette milioni di moto. Il governo non è riuscito a potenziare i trasporti pubblici, causando un enorme impatto sulla salute pubblica e la produttività. La nuova stazione della metropolitana di Ben Thanh è il capolinea della prima ferrovia urbana di Ho Chi Minh City. Le autorità sperano che spinga gli abitanti a usare i mezzi pubblici rinunciando alle amatissime moto (che nella capitale forse verranno del tutto vietate).

Per maggiori informazioni sulla Stazione di Ben Thanh, v. pag. 282.

15. Delta del Mekong

IL FIUME CHE NUTRE IL PAESE

La regione più fertile del Vietnam è il Delta del Mekong, una vasta zona agricola irrigata dal grande fiume e nutrita dal suo limo. È una 'ciotola di riso' dal IV secolo a.C. ed è stata determinante nel successo dell'impero khmer, quando si chiamava Kampuchea Krom (Cambogia inferiore). Etnicamente il Delta resta strettamente legato alla Cambogia (in Vietnam ci sono più di 10 milioni di khmer krom) e molti cambogiani lo considerano una provincia persa.

Circa il 60% di tutto il riso vietnamita è prodotto qui come anche buona parte della frutta tropicale. Ma il futuro del Delta è minacciato da vari fronti: gli impianti idroelettrici lo rendono meno fertile, i mercati galleggianti chiudono e l'aumento del livello del mare alza la salinità.

Per maggiori informazioni sul Delta del Mekong, v. pag. 299.

CONOSCERE I VIETNAMITI

Non offendetevi se un vietnamita vi chiede l'età o fa un commento sul vostro peso. Sta solo cercando di conoscervi. JAMES PHAM presenta la sua gente.

A PRIMA VISTA può sembrare che i vietnamiti siano una popolazione omogenea, ma in realtà il Vietnam è composto da ben 54 gruppi etnici. I vietnamiti di etnia kinh costituiscono l'85% della popolazione, ma in luoghi come Dalat, Kontum e nelle regioni di montagna vicino al confine con la Cina, vivono diversi gruppi etnici come gli h'mong, i tay e i c'ho, quasi sempre con lingue, religione e rituali distinti.

Ovunque si vada, ai viaggiatori i vietnamiti sembreranno spesso impenetrabili dietro il loro sorriso timido. A scuola si studia inglese per molti anni, ma ci si concentra sulla grammatica e sull'apprendimento mnemonico e i ragazzi hanno poche occasioni di fare pratica ascoltando e parlando. Gli studi dimostrano che gli studenti vietnamiti eccellono nella matematica, ma hanno scarse competenze di inglese.

Questo non significa che i vietnamiti non apprezzino l'istruzione. Anzi, il Vietnam è uno dei pochi paesi a basso reddito che si piazza alla pari o perfino supera molti paesi più ricchi, con un'anomalia nota come 'effetto Vietnam'. Molti genitori accompagnano i figli a lezioni private dopo la scuola quasi ogni giorno, mentre nel fine settimana ci sono i corsi extra di inglese, il tutto nella speranza che un giorno i ragazzi possano studiare, lavorare o vivere all'estero.

Questa industriosa etica del lavoro prosegue anche nell'età adulta, determinando uno dei tassi di disoccupazione più basso e una delle economie in più rapida crescita di tutti i paesi dell'Asia orientale e del Sud-est asiatico. Anche il fatto che quasi il 40% dei circa 100 milioni di vietnamiti sia al di sotto dei 24 anni promette bene per il futuro.

Altrettanto importante per i vietnamiti è la famiglia. I figli quasi sempre vivono con i genitori fino al matrimonio e spesso anche dopo. In famiglia condividere i pasti è la norma. Del resto la condivisione è diffusa in ogni settore. In genere i vietnamiti odiano fare qualsiasi cosa da soli, per cui interi gruppi di colleghi pranzano insieme o si accordano per fare una pausa caffè o bere una birra alla spina in compagnia. Bere birra (di solito con ghiaccio) può essere quasi considerato un passatempo nazionale e molti accordi di affari vengono sigillati davanti a copiose quantità di alcol. Non c'è da sorprendersi che il consumo medio di birra dei vietnamiti sia di 45 litri l'anno.

LA GENERAZIONE CONNESSA

I vietnamiti trascorrono in media sei ore e 47 minuti al giorno connessi a internet, due ore e 21 minuti dei quali sui social media. Il Vietnam ha anche una delle maggiori diffusioni di smartphone in Asia con il 73,5% degli adulti che ne utilizza uno.

Essere diretti è un'altra caratteristica dei vietnamiti. Non stupitevi se vi viene chiesto in che anno siete nati, quanto guadagnate, se siete sposati e avete figli o quanto vi è costata la vostra casa. Si può restare particolarmente spiazzati da un commento non richiesto sul peso o sull'aspetto fisico. Di solito non si tratta di un insulto, ma piuttosto di una curiosità amichevole. In Vietnam i confini della privacy sono meno rigidi rispetto a molti altri paesi. Inoltre la domanda sull'età è legittima, perché i vietnamiti si rivolgono in modo diverso alle persone a seconda della loro età in rapporto a quella di chi parla.

SONO FIGLIO DI DUE VIETNAMITI

Sono nato a Ho Chi Minh City, ma grazie a una zia cittadina americana sono emigrato negli Stati Uniti con i familiari più stretti pochi giorni prima della caduta del Vietnam del Sud. Mio padre è del nord, vicino ad Hanoi. La sua famiglia ha partecipato alla migrazione di massa dei vietnamiti del nord che nel 1954 sono andati a sud prima che chiudessero i confini tra i due Vietnam. Mia madre è nata a Cai Rang, una cittadina di campagna celebre per avere il più grande mercato galleggiante del Delta del Mekong. Mi piace essere il prodotto di due Vietnam, essere cresciuto mangiando specialità del nord e ascoltando i miei nonni parlare nel loro chiuso accento di Hanoi, mentre mia madre con la sua cadenza campagnola mi parlava della sua infanzia sotto il colonialismo francese. Ora vivo in Vietnam da oltre dieci anni e sono uno dei vietnamiti di ritorno, che hanno abitato all'estero per lavoro o studio e sono felici di rifarsi una vita nel proprio paese natale.

Grotta di Huyen Khong nelle Montagne di Marmo (p185)

IL VIETNAMITA

UNA LINGUA BELLA E MELODIOSA

Imparare il vietnamita significa immergersi in una lingua incredibilmente espressiva e creativa. Di James Pham.

COSA HANNO IN COMUNE 'pesce maiale' 'mani missile' e 'bocca triste'? Sono tutte parole in vietnamita, una lingua a volte esasperante da imparare, quando un tono sbagliato cambia completamente il significato di una parola. Ma chi persevera viene ricompensato da un'infinità di gioiose scoperte alla scoperta di una lingua incredibilmente espressiva con una bellezza melodica tutta sua.

Quando il Vietnam emerse da mille anni di dominio cinese all'inizio del X secolo, il vietnamita si scriveva con due sistemi di caratteri cinesi. Il cinese classico o letterario (chiamato 'Chữ Hán' in vietnamita) era usato ai fini ufficiali, mentre per la poesia e la prosa si utilizzava un insieme adattato di caratteri cinesi per trascrivere il vietnamita parlato (chiamato 'Chữ Nôm').

Oggi il vietnamita scritto in caratteri cinesi si può vedere ancora in antiche steli sparse per il paese, tra cui il Tempio della Letteratura di Hanoi, e nelle opere decorative di calligrafia. Nel vietnamita moderno le parole di origine cinese costituiscono circa il 30% del vocabolario quotidiano. Altri prestiti linguistici riflettono un centinaio di anni di colonizzazione francese e comprendono i termini per indicare cibo e vestiario introdotti dai francesi, ma ci sono anche parole più recenti di origine americana. Per esempio un vietnamita può iniziare la giornata con una baguette spalmata di *bơ* (da *beurre*, cioè burro) e una tazza di *cà phê* (da *café*) per poi indossare una *sơ mi* (da *chemise*, camicia) e una *cà vat* (da *cravate*, cravatta) e andare alla *ga* (da *gare*, stazione).

Fu solo nel XVII secolo che un alfabeto vietnamita in caratteri latini venne codificato dai missionari europei, tra cui il gesuita Alexandre de Rhodes. L'alfabeto di 29 lettere, con l'aggiunta di cinque toni, facilitò notevolmente le comunicazioni con il vietnamita medio. Ma il nuovo sistema di scrittura per oltre 200 anni si diffuse solo nella comunità cattolica, fino al 1910, quando l'amministrazione coloniale francese lo inserì nell'istruzione obbligatoria.

Un altro motivo per cui il Vietnam adottò un alfabeto con caratteri latini, mentre

IN ALTO A SINISTRA: AMADEUSTX/SHUTTERSTOCK © IN BASSO A DESTRA: QUANG NGUYEN VINH/ SHUTTERSTOCK ©

la Cambogia e il Laos, a loro volta parte dell'Indocina francese, non lo fecero mai, fu l'influenza degli imperatori della dinastia Nguyen. Desiderosi di alfabetizzare la gente comune, utilizzarono il loro potere e la loro influenza per diffonde il Chữ Quốc Ngữ ('alfabeto della lingua nazionale') al livello di base delle scuole dei villaggi nel Vietnam del sud. Oggi il Vietnam è uno dei pochi paesi del Sud-est asiatico a utilizzare un alfabeto latino, oltre a vantare uno dei più alti tassi di alfabetizzazione al mondo.

C'è però un lato oscuro nel Quốc Ngữ, un alfabeto creato dai missionari cristiani inviati per preparare il terreno alla colonizzazione. La motivazione alle spalle della creazione di un alfabeto più facile da usare era contribuire al proselitismo, con lo scopo ultimo di distogliere i vietnamiti dalle loro credenze tradizionali, tra cui il confucianesimo di origine cinese. In seguito le potenze coloniali lo usarono per sostituire il sistema di scrittura cinese, tagliando ulteriormente i legami con la Cina. Alcuni si spingono a definirlo arma di genocidio culturale, perché dopo qualche decennio dalla sua introduzione come alfabeto nazionale quasi nessun vietnamita era più in grado di leggere i caratteri cinesi e, con loro, secoli di documenti storici e letteratura.

Malgrado l'alfabeto familiare, che facilita in particolare chi parla l'inglese e le lingue latine, il vietnamita è classificato come 'lingua difficile' dal Foreign Service Institute (incaricato di formare i diplomatici degli Stati Uniti), alla pari del russo e dell'amarico. In parte è a causa dei toni che si applicano alle circa 35 combinazioni di vocali, spesso descritti come decrescente, stridente, crescente o compresso. A seconda del tono, una parola come '*la*' può significare 'gridare', 'foglia', 'essere', 'insolito' o 'esausto'.

Un altro aspetto peculiare del vietnamita è l'uso dei classificatori, parole utilizzate per descrivere un insieme di oggetti.

Per esempio i viaggiatori potranno incontrare la parola '*thit*', cioè 'carne', sul menu. Può essere seguita da *gà* per indicare il pollo, *bò* per il manzo o *heo* per il maiale. A tavola si incontra anche la parola *bánh*, un classificatore spesso tradotto come torta. Ma aggiungendo *mì* (grano) diventa pane, con *ngot* (dolce) diventa un dolce e con *cuốn* (involtino) un involtino di farina di riso ripieno di maiale.

Il vietnamita è spesso definito monosillabico, perché ogni morfema (la più piccola unità linguistica dotata di significato) consiste di una sola sillaba. Ma la lingua ha un'infinità di modi in cui combinare questi morfemi per creare nuove parole.

Per esempio, *xinh* significa grazioso. Ma raddoppiandolo *xinh xinh* significa 'grazioso ma non troppo'. 'Bocca triste' è quel languorino che si sente quando non si è davvero affamati ma si ha voglia mangiare qualcosa per il gusto di farlo, mentre 'mani missile' indica il suono degli applausi.

Alcune parole vietnamite hanno una forte valenza visiva, come 'pesce maiale', per indicare i delfini (forse a causa del muso sporgente). 'Torta corno di bufalo' significa *croissant* (girate un *croissant* a U e immaginatelo sulla testa di un bufalo). Altre parole riducono un oggetto alla sua forma più elementare, come 'parlare elettronico' per telefono o 'mobile freddo' per frigorifero.

Poi ci sono proverbi che aiutano a capire i valori più cari ai vietnamiti. 'Quando bevi, ricorda la sorgente. Quando mangi un frutto, ricorda chi ha piantato l'albero' recita un noto proverbio, riferendosi alla profonda gratitudine che i vietnamiti provano per gli insegnanti, i genitori e gli antenati.

Imparare il vietnamita, con i suoi toni precisi e un'infinità di combinazioni di parole, può essere estremamente frustrante, ma è anche un'esperienza appagante grazie alla sua ricca storia e alla sua natura poetica.

Bambini della minoranza h'mong

LA RINASCITA DELL'ARTIGIANATO

Come le secolari tecniche artigianali evitano l'estinzione adattandosi ai tempi moderni. Di Diana Truong

L'ARTIGIANATO TRADIZIONALE in Vietnam è una forma d'arte che va sparendo, soppiantata dalla produzione di massa a basso costo e con un'infinita varietà di modelli. Gli artigiani non ricevono abbastanza ordini per lavorare con regolarità e devono decidere se portare avanti o meno la tradizione di famiglia. Molti abbandonano in cerca di una fonte di reddito migliore e più stabile. Altri si tengono stretti il loro sapere e lo adattano ai tempi moderni, cercando vie diverse per esercitare il loro mestiere.

La tradizionale fabbricazione di carta con il bambù è entrata in crisi con l'industrializzazione della produzione della carta. Nel 2011 era sulla soglia dell'estinzione, quando l'artista Phan Hai Bang ha deciso di resuscitarla, adattando il metodo secolare al XXI secolo. Bang, fondatore del giardino artistico di Truc Chi a Hué, ha sperimentato diverse tecniche di fabbricazione della carta inserendo il suo tocco personale nell'ultima fase.

Tradizionalmente, la carta si finisce pressando strati bagnati finché non si ottiene un unico foglio. Realizzato correttamente, il processo produce una carta perfetta dalla consistenza regolare. Bang si è reso conto che quando la pressione non è uniforme, come capita spesso quando si lavora a mano, il risultato è una superficie irregolare che si può modellare come desidera l'artigiano, creando un'opera d'arte. Da al-

Fabbricazione tradizionale della carta con la corteccia dell'albero

lora le opere di Truc Chi sono comparse in mostre in tutto il paese e sono state uno dei doni di benvenuto all'imperatore e all'imperatrice del Giappone durante la loro visita a Hué nel 2017.

Attratta dalla durata, resilienza e consistenza sottile della carta fatta a mano, Tran Hong Nhung ha visitato i villaggi del nord dove si fabbrica la carta in modo tradizionale per imparare di più su questo artigianato risalente al III secolo. Con grande sorpresa, ha scoperto che solo poche famiglie del villaggio di Dong Cao, a Bac Ninh, praticavano il mestiere e che all'epoca l'artigiano più giovane aveva 40 anni.

Determinata a mantenere in vita l'arte, Nhung ha fondato Zo Project per preservare, supportare ed espandere le tecniche tradizionali di fabbricazione della carta. L'impresa sociale lavora con artigiani dei villaggi in cui si produce la carta per migliorare le loro tecniche e con stilisti per creare nuovi prodotti di carta adatti alle esigenze contemporanee.

PER AIUTARLI A MANTENERE IN VITA LE TRADIZIONI ANCESTRALI IL FONDATORE DEL MARCHIO DI MODA SOSTENIBILE HA CREATO UNA LINEA DI RAFFINATI GIOIELLI IN BRONZO.

Tessuti appena tinti asciugano al sole

A SINISTRA: ANNA RUDANOVSKI/SHUTTERSTOCK ©; A DESTRA: TZIDO SUN/SHUTTERSTOCK ©

Gli abitanti di Phuoc Kieu, a 10 km dalla località turistica di Hoi An, hanno iniziato a forgiare il bronzo nel XVI secolo e continuano ancora oggi, malgrado l'impatto della modernità. La fiorente attività, celebre per i gong di bronzo (si realizzavano più di 200 tonnellate di oggetti in bronzo l'anno), è andata in crisi negli anni '80 con l'arrivo sul mercato di prodotti importati più economici realizzati in serie.

Erwan Perzo di Metiseko ha colto il grande potenziale del villaggio di Phuoc Kieu e dei suoi talentuosi artigiani. Per aiutarli a mantenere in vita le tradizioni ancestrali, il fondatore del marchio di moda sostenibile ha creato una linea di raffinati gioielli in bronzo. lavorando con gli abitanti di Phuoc Kieu. Gli artigiani cesellano con martello e chiodi grandi lastre di bronzo, regolano la pressione per raggiungere la consistenza desiderata e poi danno al metallo la forma definitiva.

Le famiglie del Delta del Mekong meridionale coltivavano ebani e ne utilizzavano i frutti per tingere la seta. Negli ultimi il lavoro è diminuito a causa dell'assenza di domanda, dei costi elevati e di modi più remunerativi di sfruttare il terreno.

Chi conosceva la difficile arte della tintura ha abbandonato l'attività per altri mestieri e questa tradizione così speciale ha iniziato a sparire. Determinata a preservarla, Thao Vu di Kilomet si è accordata con gli artigiani dell'ebano per realizzare sete tinte a mano per la sua linea di moda. Tradizionalmente la tintura su seta crea un brillante effetto laccato. Sperimentando la tintura del frutto dell'ebano su diverse sete, l'eco imprenditrice ha creato una splendida finitura nera opaca con seta tussah.

In secoli di creazione, adattamento e miglioramenti le arti vietnamite di fabbricazione della carta, lavorazione del bronzo e tintura della seta si sono perpetuate e restano un importante patrimonio culturale. Ogni acquisto di oggetti di produzione locale aumenta la fiducia in se stesso dell'artigiano, gli permette di migliorare la tecnica e di portare avanti la sua arte.

IL CAFFÈ FORTE E ROBUSTO

Dai caffè lungo le strade ai negozi artigianali, trovare caffeina di qualità in Vietnam è la norma. Di Katie Lockhart.

IL SENTORE DI fumo di sigaretta mischiato a quello dei chicchi di caffè impregna l'aria. Un gruppo di uomini anziani gioca a domino. Accanto a loro, due donne scattano selfie sorseggiando *cà phê sũa đá*. Bere il caffè in Vietnam è un rito sociale, un modo semplice ed economico di condividere uno dei piccoli piaceri della vita.

Il Vietnam produce oltre 30 milioni di sacchi di caffè all'anno, un numero in continua crescita, tanto che la produzione nazionale di caffè è seconda solo al Brasile. I due paesi, oltre a essere grandi produttori di caffè, sono stati entrambi colonizzati dalla Francia a un certo momento della loro storia. L'amore per il caffè dei vietnamiti in effetti risale all'occupazione francese a metà dell'Ottocento. Ma in Vietnam non era possibile bere il *café au lait* tanto amato dai francesi. Così i colonizzatori importarono nel paese il latte condensato; ancora oggi la bevanda preferita di molti vietnamiti, naturalmente a seconda della parte del paese in cui ci si trova, è il *cà phê sũa đá*, un caffè freddo con uno spesso strato di latte condensato dolce.

Selezione dei chicchi di caffè

Nel sud del Vietnam si serve il caffè in stile Saigon in un bicchiere alto con ghiaccio in abbondanza per combattere il calore soffocante. Nel centro e nel nord del paese il caffè è servito in un bicchiere più piccolo e spesso si beve caldo, come antidoto al clima a volte freddo e piovoso.

Uno dei tipi di caffè più famosi di Hanoi è il *cà phê trứng* (caffè all'uovo). Si tratta di un forte caffè nero ricoperto da uno spesso strato di dolcissima spuma all'uovo. In tutto il paese troverete il *cà phê cốt dừa* (caffè al cocco). Si tratta di un frappè freddo al caffè che ogni locale prepara a modo suo, ma contiene sempre crema di cocco o latte di cocco e latte condensato dolce.

VAGABONDANDO PER LE VIE ALBERATE DELLA VECCHIA HANOI O TRA I VICOLI ILLUMINATI DA LANTERNE DI HOI AN, NOTERETE UNA COSTANTE: OVUNQUE CI SONO MAGNIFICI CAFFÈ.

Anche se vi verrà voglia di assaggiare tutte le eccellenti e gustose varietà di caffè l'una dopo l'altra, non bevetene troppe. Il caffè vietnamita è celebre per accelerare il battito cardiaco e fare sudare la fronte; in altre parole è forte. In effetti il 95% del caffè coltivato in Vietnam è di varietà robusta e l'altro 5% di arabica. Molti sono convinti che più forte è il caffè, di migliore qualità sono i chicchi.

I veri intenditori di caffè cercheranno la robusta proveniente dagli Altopiani Centrali. Al Sũa Cafe di Hoi An, il direttore Thanh Huynh si procura l'arabica di Câu Đât Farm a Da Lat e la robusta di Kon Tum negli Altopiani Centrali. Poi tosta i chicchi secchi nel locale prima di macinarli e metterli in un *phin* di acciaio o di alluminio.

Il *phin* è la peculiare caffettiera vietnamita; consiste di due elementi principali: la camera di infusione e il filtro a pressione utilizzato per pressare il caffè, ci spiega Trung Phan, proprietario dell'Espresso Station di Hoi An. 'Quando l'acqua calda attraversa la camera di infusione estrae l'essenza del caffè che viene rilasciata goccia a goccia nella tazza sul fondo.'

Quando il jet lag si fa sentire non c'è bisogno di fare troppo i difficili. Vagabondando per le vie alberate della vecchia Hanoi o tra i viali illuminati da lanterne di Hoi An, noterete una costante: ovunque ci sono magnifici caffè. Da localini minuscoli e stretti che aprono alle 4 del mattino a spazi di co-working frequentati da nomadi digitali e aperti fino a tarda notte, i posti dove procurarsi una dose di caffeina non mancano mai. A ogni angolo di strada, tra le immancabili motociclette, spuntano pittoreschi caffè artigianali e sono sempre più diffusi i caffè con personale disabile, come il Sũa Cafe di Hoi An.

Come testimonia il lento processo di preparazione con il *phin*, il caffè vietnamita va gustato in tutta calma. Al momento di ordinare non chiedete mai una tazza da portar via: è l'antitesi della rilassata cultura del caffè tanto cara ai vietnamiti. Senza contare che vi perdereste la frenetica bellezza della vita quotidiana che sfila incessante davanti alle finestre dei caffè cittadini.

Caffè di Dalat

A SINISTRA: MOHAMMAD ALDI PURNOMO/SHUTTERSTOCK © A DESTRA: QUANG NGUYEN VINH/SHUTTERSTOCK ©

COMMERCIO ILLEGALE DI FAUNA

Il traffico illegale di tigri e altre specie in pericolo ha decimato la biodiversità in Vietnam. Di Iain Stewart.

LA VOCE si è sparsa in fretta ed è stata ripresa da un canale di notizie statale. Nell'agosto 2022 l'abitante di un villaggio ha riferito di avere avvistato una tigre nel parco nazionale di Phong Nha-Ke Bang. La notizia ha provocato entusiasmo tra i gruppi ambientalisti del paese. Sono state piazzate delle fototrappole ma senza esito.

Forse la tigre ha attraversato la frontiera con il Laos, perché oggi le tigri sono praticamente estinte in Vietnam; secondo la ONG Save Vietnam's Wildlife, l'ultima foto di una tigre in libertà risale al 1998.

Il modo di pensare sta lentamente cambiando, ma alcuni vietnamiti credono ancora che i prodotti a base di tigre abbiano proprietà medicinali o siano afrodisiaci. In un'inchiesta del 2019 il gruppo TRAFFIC contro il commercio di fauna selvatica ha riscontrato che il 6% degli intervistati (tutti vietnamiti di città) aveva usato prodotti di osso di tigre. Con una popolazione di 100 milioni, è evidente che la domanda resta considerevole malgrado le campagne dei social media per stigmatizzarne l'uso.

Le tigri sono praticamente estinte in Vietnam

Acquistare prodotti a base di tigre in Vietnam non significa trovare un negozio di medicina tradizionale che venda merci sotto banco; il commercio ormai si svolge in gran parte online. TRAFFIC ha trovato più di mille prodotti di tigre in vendita sul web, soprattutto su Facebook.

Il Vietnam è uno dei paesi con più biodiversità al mondo e ospita oltre 300 specie di mammiferi (il Regno Unito ne ha circa 90) e 963 specie di uccelli. In un viaggio di ricerca del WWF in Vietnam nel 2016 sono state trovate 65 specie sconosciute alla scienza, tra cui una lucertola coccodrillo.

EDUCATION FOR NATURE DI HANOI SI IMPEGNA PER COMBATTERE IL TRAFFICO DI FAUNA SELVATICA.

Eppure, visitando un parco nazionale vietnamita di solito troverete una foresta silenziosa. Gli avvistamenti di animali sono rari, a causa soprattutto dei bracconieri che piazzano trappole per catturare animali destinati al commercio illegale. Vengono venduti soprattutto ai ristoranti di selvaggina (spesso ai margini dei parchi nazionali). L'affare più conveniente è vendere carni di animali rari con cui i ricchi fanno colpo sui clienti in un pranzo d'affari.

Elefante che mangia l'erba

A SINISTRA: KYSLYNSKAHAL/SHUTTERSTOCK ©; A DESTRA: MICHEL ARNAULT/SHUTTERSTOCK ©

Per combattere queste abitudini consolidate ci vuole tempo. I gruppi come Save Vietnam Wildlife puntano sui giovani, organizzando visite scolastiche; più di 11.000 bambini che vivono vicino ai parchi nazionali hanno partecipato a programmi di conservazione. Nel 2019 WildAid e CHANGE in accordo con i templi buddhisti hanno invitato i vietnamiti a proteggere rinoceronti, pangolini ed elefanti in una campagna chiamata 'Be Their Bodhisattva' ('Sii il loro Salvatore').

Education for Nature di Hanoi si impegna per combattere il traffico di fauna selvatica. Un numero verde introdotto nel 2020 per segnalare crimini contro la fauna ha portato a dieci segnalazioni al giorno e al salvataggio di animali come tigri e scimmie.

Anche il governo vietnamita, di solito lento a reagire e a punire con efficacia i crimini ambientali, ha iniziato a intervenire dopo la pandemia di Covid-19, sottolineando possibili collegamenti tra il consumo di selvaggina e le malattie. Il messaggio sembra avere funzionato: nel 2021 una ricerca del WWF ha riscontrato un diffuso consenso alla proposta di chiudere i mercati illegali di animali selvatici.

In Vietnam permane l'antica tradizione di rispettare e perfino venerare i grandi animali marini, come le balene. Nel Tempio di Van Thuy Tu a Phan Thiet, una cittadina di mare di provincia, si nasconde una sorpresa: lo scheletro di 19 m di una balenottera comune. I pescatori vietnamiti credono che le balene siano divinità marine che li guidano e li proteggono nell'oceano. Pare che la tradizione risalga ai tempi degli antichi khmer e cham. Molti altri villaggi di pescatori hanno templi dedicati alle balene e lungo la costa si svolgano feste annuali delle balene (Le Hoi Cau Ngu).

Resta il problema di sradicare credenze consolidate sulla cucina e la medicina tradizionale. Il modo di pensare sta cambiando, soprattutto tra i giovani, ma il progresso avanza con lentezza.

BIA HOI O ARTIGIANALE?

Il mondo della birra più vivace dell'Asia. Di Brett Atkinson

IL CONSUMO ANNUALE DI BIRRA IN VIETNAM è di quasi 4 miliardi di litri, il più alto di tutti i paesi del Sud-est asiatico, e si ritiene che i vietnamiti siano i secondi consumatori di birra pro capite – appena dopo la Cambogia – di tutti i paesi asiatici, battendo anche grandi potenze economiche come Cina, Corea del Sud e Giappone. Dal più umile dei locali di *bia hoi* lungo la strada alle birrerie cosmopolite con birre artigianali che non sfigurerebbero in città come Portland, Melbourne o Wellington, il panorama è incredibilmente variegato e spesso le birre si accompagnano alla buona cucina.

La birra fu introdotta in Vietnam dai francesi alla fine del XIX secolo per rinfrescare i soldati coloniali. Presto le birre prodotte ad Hanoi da Alfred Hommel trovarono un mercato tra i vietnamiti della classe media desiderosi di ostentare il loro sofisticato stile di vita urbano e bere qualcosa di diverso dal *ruou gao* (vino di riso tradizionale). La birra era anche un'alternativa economica al più costoso vino francese di importazione. All'inizio del XX secolo un altro francese, Victor Larue, aprì una piccola birreria nel sud del paese, a Saigon. La marca 'Larue' è ancora popolare nel sud del Vietnam e, insieme a Heineken e Tiger, è ora di proprietà di Asia Pacific Breweries, con sede a Singapore. Cercate l'etichetta blu e gialla di Larue da cui spunta, piuttosto inattesa, una tigre.

Dopo la partenza dei francesi nel 1954 la birreria Hommel fu nazionalizzata e divenne HABECO (Hanoi Beer Alcohol & Beverage Joint Stock Corporation), la birreria ufficiale di Hanoi. Alla fine della guerra del Vietnam, nel 1975, altre marche del sud tra cui la 333 (chiamata localmente 'Ba Ba Ba') vennero incorporate in un'altra compagnia statale, la SABECO (Saigon Alcohol Beer & Beverage Joint Stock Corporation).

Nel 1961 l'HABECO introdusse un tipo di birra che oggi costituisce una vera peculiarità della cultura vietnamita. Chiamata *bia hoi* ('birra fresca'), è una birra di largo consumo. Viene preparata fresca ogni mattina, servita non pastorizzata e senza agenti conservanti e consegnata ai bar su base giornaliera perché venga consumata il giorno stesso. Fruttata, fresca, con un forte sentore di luppolo e un grado alcolico di appena 2–4%, la *bia hoi* è la bevanda ideale da consumare durante il caldo tropicale dell'estate vietnamita.

Oggi i viaggiatori troveranno semplici locali di *bia hoi* lungo le strade di tutto il paese, anche se resta un'esperienza tipica di Hanoi. Sedetevi su una minuscola sedia di plastica blu e ordinate spuntini come calamari secchi o rane alla griglia con peperoncino e citronella. Potrete permettervi di bere diversi bicchieri di birra ghiacciata, spillati direttamente dal fusto e venduti a un prezzo di circa 12.000d (US$0,50). Una popolare zona di *bia hoi* a Hanoi è Nha Hang Lan Chin all'angolo delle vie Hang Tre e Hang Thung. Mentre bevete, vi potrà capitare di sentire cori di 'Tram phan tram!' ('Salute') che echeggiano tra i tavoli. Un altro popolare brindisi che si fa bevendo birra è 'Mot! Hai! Ba! Dzo!' ('Uno! Due! Tre! Bevi!').

FRUTTATA, FRESCA, CON SENTORE DI LUPPOLO E UN GRADO ALCOLICO DI APPENA 2-4%, LA BIA HOI È PERFETTA NEL CALDO TROPICALE DELL'ESTATE VIETNAMITA.

Un'altra tradizione legata alla birra diffusa in Vietnam sono le birrerie in stile ceco, un'eredità della fraternità socialista prima della dissoluzione della Cecoslovacchia, alla fine del 1992. Sia in Repubblica Ceca sia in Slovacchia vivono consistenti comunità vietnamite e alla fine degli anni '90 in Vietnam sono state fondate varie birrerie ceche, tra cui Hoa Vien a Ho Chi Minh City e GoldMalt Beer a Hanoi. Oggi servono accettabili versioni di birre chiare della tradizione ceca e, grazie ai legami storici del Vietnam con l'ex Germania Est (un altro paese con una folta comunità vietnamita), non è insolito trovare qualche birra in stile tedesco. Decorate con lucide apparecchiature di birrificazione e arredate come un pub di Praga o Pilsen, rappresentano un'aggiunta caratteristica all'ambiente della birra vietnamita e forse gli unici luoghi al mondo in cui potrete ordinare calamari alla griglia seguiti da un *guláš* in puro stile ceco.

Lo sviluppo più recente e probabilmente più entusiasmante della scena della birra vietnamita è l'evoluzione delle birre artigianali; è probabile che in Vietnam si produca la migliore birra artigianale di tutta l'Asia. Fondata nel 2015, la Pasteur Street Brewing Company è nata in un locale minuscolo sopra una sartoria nel centro di Ho Chi Minh City, ma ora è cresciuta e vanta altre sedi in città e un locale a Hanoi. Per differenziarsi, il primo anno la Pasteur Street ha prodotto più di 100 birre artigianali, spesso sfruttando gli ingredienti locali. Ancora oggi spilla regolarmente una birra saison in stile belga con zenzero, citronella e pepe dell'Isola di Phu Quoc, un'agrumata IPA con succo di pomelo e un'IPA con fiori di gelsomino di Sapa che al momento è la birra artigianale più popolare del Vietnam. La Cyclo Imperial Stout di Pasteur Street, una birra scura con cioccolato biologico Dalat della Maison Marou, di Ho Chi Minh City, è stata giudicata la migliore birra scura al cioccolato del mondo nel campionato mondiale della birra del 2016.

Più o meno nello stesso periodo dell'inaugurazione di Pasteur Street a Ho Chi Minh City sono stati aperti altri birrifici artigianali con prodotti come Platinum e Fuzzy Logic. BiaCraft oggi ha sette locali a Ho Chi Minh City che servono una vastissima scelta di birre vietnamite.

Altri birrifici di Ho Chi Minh City sono East West Brewing, che si rivolge a un mercato più locale e Heart of Darkness Brewing che chiama tutte le sue birre con nomi tratti da 'Cuore di Tenebra' di Joseph Conrad (assaggiate l'IPA Kurtz's Insane) e ha aperto con successo un locale a Singapore. Nel resto del Vietnam, la 7 Bridges Brewing, con sede a Danang, ha locali a Ho Chi Minh City e a Hanoi, mentre Furbrew, un piccolo birrificio di Hanoi, ha perfino creato una birra ispirata al *pho*, la tradizionale zuppa vietnamita.

MOTO, UNA FINE ANNUNCIATA?

La motocicletta è un'immagine simbolo dell'estetica vietnamita. Ma per quanto ancora? Di Joshua Zukas.

CHE ASPETTO AVRANNO le future città del Vietnam? Per farvi un'idea delle speranze e dei sogni degli urbanisti e degli immobiliaristi, cercate le gigantesche riproduzioni 3D che schermano i titanici cantieri di Hanoi e Ho Chi Minh City. In queste pubblicità cittadini in abito elegante camminano su marciapiedi puliti e ordinati. Lucide automobili sfrecciano tra palazzi di uffici biofilici. A volte un elicottero si libra all'orizzonte.

Le due ruote sono un male?

Basta chiedersi cosa mostrano queste immagini e cosa no per capire che la prima omissione sono le *xe may* (moto). Dove sono finite? Considerata la passione dei vietnamiti per le loro amate moto e l'onnipresente rombo dei motori in ogni angolo del paese, è impossibile immaginare un Vietnam senza motociclette.

Eppure Hanoi, una città con quasi sei milioni di moto, ha deciso di vietarle dal

Ora di punta, Ho Chi Minh City (p264)

2030. Nel 2017 politici locali hanno votato il divieto quasi all'unanimità, apparentemente convinti che avrebbe portato strade ordinate e aria pulita. Gli abitanti di Hanoi hanno riso dell'idea, sottolineando che i programmi del governo per il futuro si concretizzano molto raramente.

Ma sono passati anni dall'annuncio e non c'è stata nessuna marcia indietro. Al contrario, si mormora che Ho Chi Minh City, la più grande città del Vietnam, stia meditando di introdurre un divieto simile, anche se le autorità lo negano. Comunque il governo ha chiesto a Ho Chi Minh City, dove circola almeno un milione di moto più di Hanoi, di ridurre il loro uso. Lo stesso vale per le altre grandi città del paese, Hai Phong, Danang e Can Tho.

GRAZIE ALLE MOTO, HANOI E HO CHI MINH CITY HANNO EVITATO IN GRAN PARTE I TERRIBILI INGORGHI CHE AFFLIGGONO LE METROPOLI DEL SUD-EST ASIATICO.

Il Vietnam sta per divorziare dalla motocicletta? Probabilmente no. Questi annunci sono stati fatti quando lo sviluppo dei trasporti pubblici sembrava promettere bene. La ferrovia urbana era considerata una valida alternativa alle moto, ma la rete della metropolitana di Hanoi è limitata e gli ampliamenti sono in ritardo. La condizione della metropolitana di Ho Chi Minh City è perfino peggiore perché i progressi nella costruzione vengono regolarmente bloccati da una serie di scandali di corruzione.

Le quattro ruote un bene?

A meno che i trasporti pubblici migliorino in modo significativo prima dell'entrata in vigore dei divieti, chi abita in città sarà costretto a spostarsi in auto o in taxi, causando ancora più traffico e inquinamento – non meno. Grazie alle moto Hanoi e Ho Chi Minh City hanno evitato in gran parte i terribili ingorghi che affliggono le metropoli del Sud-est asiatico come Jakarta e Manila. Nel 2011 la World Bank ha teorizzato che se i vietnamiti si mettessero al volante con la stessa frequenza dei malesi, Hanoi sarebbe un ingorgo perpetuo.

Malgrado gli allarmati avvertimenti dei paesi vicini, le automobili di proprietà sono sempre più numerose in Vietnam. È difficile capire se è la minaccia dei divieti a distogliere la popolazione dalle moto e a spingerla all'acquisto delle auto, ma ovviamente le quattro ruote possiedono altre attrattive. Purtroppo con il crescere delle automobili aumentano i motivi per comprarne una, in una versione esponenziale di quello che gli economisti chiamano tragedia dei beni comuni.

La diffusione delle automobili aumenta il rischio di incidenti, che sono più spesso fatali ai motociclisti che agli automobilisti. In parallelo, con le auto che intasano le strade, i tempi dei viaggi si allungano e l'inquinamento aumenta, ma è meglio essere bloccati nel traffico in un'auto con l'aria condizionata e purificata. Risultato? Le auto continuano ad aumentare.

Alla scoperta della campagna

Mentre il futuro delle motociclette nelle grandi città del Vietnam è poco chiaro, in campagna le moto continuano a regnare sovrane. Tendenzialmente non consigliamo ai viaggiatori di guidare moto nelle aree urbane perché di solito ci sono mezzi migliori e più sicuri per spostarsi: a piedi a Hoi An, in bicicletta a Hué e in taxi a Hanoi, Ho Chi Minh City e Danang.

Ma quando si tratta di esplorare la campagna, disporre di una moto è spesso la chiave per accedere alle esperienze più belle.

Tenete presente che guidare una moto con più di 50cc senza una patente locale o internazionale è illegale, anche se il divieto di solito non viene applicato. Però l'assicurazione di viaggio per lo più non copre i costi sanitari se si ha un incidente guidando senza patente. Ricordate comunque che potrete godervi tutti i vantaggi di una moto senza doverne guidare una. Vi basterà ingaggiare un autista.

INDICE

Cartine **000**

Finito di stampare presso Stampatre, Torino

Ristampa: 1 2 3 4 5 6

Anno: 2024 25 26 27 28

‘Il Vietnam offre magnifici viaggi su strada. I panorami più spettacolari sono all’estremo nord con splendidi paesaggi alpini e il leggendario altopiano di Dong Van.’

Joshua Zukas

‘Non esitate. Cercate una bancarella affollata, sedetevi su uno sgabello di plastica e mangiate con la gente del posto. Ci sono centinaia di specialità regionali di street food che vi aspettano.’

Iain Stewart

A SINISTRA: JIMMY TRAN/SHUTTERSTOCK ©; A DESTRA: MAZUR TRAVEL/SHUTTERSTOCK ©

QUESTA GUIDA

Traduzione
Silvia Cosimini, Daniela Donato, Olimpia Medici

Responsabile redazione guide
Silvia Castelli

Coordinamento
Antonia Mastrolacasa, Angelica Taglia

Aggiornamenti
Luciana Defedele

Editing
Antonia Mastrolacasa

Impaginazione
Anna Dellacà, Claudia Mastrogiacomo

Rielaborazione grafica cartine
Guido Mittiga

Rielaborazione copertina
Sara Gasparini
supervisione
Sara Viola Cabras

Produzione
Alberto Capano

Vietnam
13ª edizione italiana – Novembre 2023
Tradotto dall’edizione originale inglese:
Vietnam (16th edition, August 2023)

ISBN 978-88-5928-329-4

Tradotto e pubblicato da EDT srl su licenza esclusiva di Lonely Planet Global Limited.
Per informazioni relative al contenuto di questa pubblicazione contattare EDT srl.

EDT srl
17 via Pianezza, 10149 Torino, Italia
☎ (39) 011 5591 811 – fax (39) 011 2307 034
edt@edt.it, lonelyplanetitalia.it

Stampato da Stampatre, Torino